로마 전쟁

Essential Histories Special 6

ROME AT WAR : CAESAR AND HIS LEGACY

First published in Great Britain in 2005 by Osprey Publishing Ltd.,
Midland House, West Way, Botley, Oxford OX2 0PH, UK.
All rights reserved.

Korean language translation ⓒ 2020 by Planet Media Publishing Co.

KODEF 세계 전쟁사 ❸

로마 전쟁

위대한 정복자 율리우스 카이사르와 그의 유산

케이트 길리버 · 에이드리언 골즈워디 · 마이클 휘트비 지음
김홍래 옮김

플래닛미디어
Planet Media

● 일러두기

1 이 책은 영국 오스프리Osprey 출판사의 〈에센셜 히스토리스Essential Histories〉 시리즈 중 *THE ROME AT WAR : CAESAR AND HIS LEGACY*를 완역한 것이다.

2 주는 모두 옮긴이의 주다.

3 맞춤법과 외래어 표기는 1989년 3월부터 시행된 「한글 맞춤법 규정」과 『문교부 편수자료』, 『표준국어대사전』(국립국어연구원, 1999)을 따랐다.

카이사르의 유산과 그것의 쇠퇴

미국의 소설가 겸 극작가인 고어 비달Gore Vidal은 우리에게 이렇게 말한다. "율리우스 카이사르Julius Caesar는 알렉산드로스 대왕Alexandros the Great의 흉상 앞에 서서 눈물을 흘렸다. 왜냐하면 알렉산드로스 대왕이 29세에 세계를 정복하고 32세에 세상을 떠난 반면, 카이사르 자신은 33세라는 늦은 나이에 시작해 아직도 자기 나라조차 장악하지 못했기 때문이다."

머지않아 카이사르 자신도 한 사람의 정복자로 출발하여 혁명가를 거친 다음 마침내 로마 세계의 종신 독재관이 되었다. 그의 업적은 알렉산드로스 대왕의 업적에 결코 뒤지지 않았지만, 그럼에도 불구하고 그는 56세라는 나이에 알렉산드로스 대왕의 발자취를 따라 동방에서 또 다른 정복을 추구하고 싶은 욕망을 느꼈다. 여하튼 그의 파르티아Parthia 원정은 암살자들이 BC 44년 3월 이데스Ides *에 그의 모든 야망을 순식간에 잠재워

버리는 바람에 계획 단계를 넘지 못하고 끝나버리고 말았다.

카이사르는 알렉산드로스 대왕처럼 세계를 정복했지만, 그것을 지배해볼 수 있는 기회를 갖지 못했다. 따라서 군인으로서 그를 평가할 수는 있지만, 제왕으로서 평가할 수는 없다. 알렉산드로스 대왕처럼 그도 이후 로마 제국의 창건자인 아우구스투스^Augustus^부터 제국의 해체나 점진적인 쇠퇴 과정을 목격하게 되는 후대의 지배자들에게까지 큰 영향력을 미쳤다. 카이사르의 시대로부터 7세기가 흐른 뒤, 오늘날 우리가 로마 제국이 아니라 비잔틴 제국이라 부르는 제국의 황제들은 로마가 아니라 콘스탄티노플^Constantinople^에서 머물며 라틴어가 아니라 그리스어로 명령을 내리고 주피터 신에게 제물을 바치는 대신 성찬용 빵을 나누었음에도 불구하고 여전히 자신이 카이사르의 후예라고 선언하면서 그에 필적하는 인물이 되고자 최선을 다했다. 카이사르는 지칠 줄 모르는 자기선전가이자 과감하고 능력이 뛰어난 장군이었다. 그가 자기를 선전하는 회고록을 쓴 덕분에 우리는 갈리아 부족들^Gallic tribes^을 상대로 벌인 전쟁에 대해 많은 것을 알게 되었다. 우리는 동시대 로마인 대부분이 카이사르가 갈리아 지방에서 저지른 행위가 심지어 오늘날 우리가 잔학행위라고 부를 만한 것이었더라도 그것을 지지했다고 볼 수밖에 없다. 카이사르 자신의 냉혹한 진술을 통해 우리도 잘 알고 있는 텐크테리^Tencteri^ 부족과 우시페테스^Usipetes^ 부족의 학살을 생각해보자.

"그들은 고향을 버리고 라인 강을 건널 때 모든 소유물을 가지고 왔기 때문에 여자와 아이들도 많았다. 그들은 사방으로 도주하기 시작했다. 카이사르는 기병에게 그들을 추격하라고 명령했다."

---

* **이데스** 고대 로마 달력에서 노네스^nones^ 후의 8일째 되는 날로, 3월, 5월, 7월, 10월은 15일, 그 이외의 달은 13일을 가리킨다. 따라서 이 경우는 15일을 말한다.

케이트 길리버는 이 책의 1부에서 카이사르의 『갈리아 전기Commentarii de Bello Gallico』에 대한 자신의 연구를 통해 우리에게 상기시켜주는 바와 같이, 추격자들은 아무런 자비심을 보이지 않았고, 그 결과 비전투원에 대한 잔학한 살육이 자행되었다. 분명히 로마에서는 많은 시민들이 그 결과를 열렬하게 칭송했겠지만, 일부 사람들은 카이사르의 행위에 대해 실망감을 표현했다. 카토Cato는 카이사르에 대한 전범재판을 요구하고 나섰고, 이 문제에 대한 그의 비타협적인 태도는 결국 내전을 초래하는 데 일조했다. 물론 카토 역시 카이사르만큼 정치적인 인물이었기 때문에 길버트가 주장하는 것처럼, 그가 카이사르를 기소하려고 했던 것은 "정의를 구현하려고 그랬다기보다는 카이사르의 명성을 떨어뜨리는 데 더 큰 목적"을 두고 있었을지도 모른다.

나폴레옹을 되돌아보면서 어느 정도 안전거리를 유지한 채 히틀러와 스탈린이 존재하는 세상에서 어떤 일들이 자신들을 기다리고 있는지 상상조차 하지 못한 20세기의 역사가들은, 카이사르를 평가할 때 약간은 그를 이상화시켜서 생각하는 경향이 있었다. 지금은 역사가들이 갈리아 전쟁으로 초래된 인간의 고통을 정면으로 마주해야만 한다는 의무감을 느끼고 있다. 에이드리언 골즈워디가 언급한 것처럼 갈리아 전쟁에서 카이사르와 그의 군단은 "아주 잔학하게 싸웠고, 일부 출처에 따르면 10년이 채 흐르기도 전에 100만 명 이상이 죽음을 당했다." 물론 대량살상이 카이사르가 수행한 전쟁의 실제적인 목적은 아니었다. 생존자들은 노예로서 가치가 있었고, 인신매매를 통해 카이사르는 큰 부자가 되었기 때문이다.

갈리아에서의 성공은 카이사르에게 한 걸음 더 나아갈 수 있는 길을 열어주었다. 즉, 로마 자체를 상대로 하는 전쟁, 아니 더 정확하게 말해서 로마의 지배층에 있는 그의 경쟁자들을 상대로 하는 전쟁의 길이 열린 것이다. 로마가 내전에 돌입하게 되는 일련의 과정은 너무나 복잡한데, 이

책의 2부에서 보게 될 골즈워디의 설명은 이보다 더 이해하기 쉬운 설명을 거의 찾아보기 힘들 정도로 간결하다. 그와 동시에 카이사르와 그의 유산을 두 가지 관점에서 본 그의 평가도 설득력이 있다. 내전으로부터 로마 제국이 성립할 때까지 스페인에서 이집트로 전개되는 전쟁과 수세기에 걸친 긴 세월 동안 아직도 생생한 각 개인들(카토와 클로디우스Clodius, 키케로Cicero, 카이사르, 폼페이우스Pompeius, 클레오파트라Cleopatra, 안토니우스Antonius를 비롯한 여러 인물들)의 상호작용은 전 인류 역사에서 가장 매력적인 시대를 구성한다.

내전의 혼란은 마침내 로마 제국의 팍스 로마나Pax Romana로 대체되었고, 이 시기는 카이사르 이후 2세기가 지난 하드리아누스Hadrianus와 안토니누스 등의 5현제 시대에 그 절정을 이루었다. 하지만 그 후, 역사가 카시우스 디오Cassius Dio의 표현을 빌리자면, '황금의 제국'이 '녹슨 고철의 제국'으로 변질되었다. 마이클 휘트비가 3부에서 기술한 시기가 되면, 카이사르가 진수시킨 배가 인원을 초과하는 바람에 이곳저곳에 물이 새고 상어 떼에 둘러싸인 채 암초 근처를 위험하게 항해하게 된다.

이 시기의 황제나 장군들은 능력만 된다면 분명 카이사르를 (그리고 동방에 눈독을 들인다는 점에서 알렉산드로스 대왕을) 모방하려고 했겠지만, 그들의 에너지 대부분을 궁정의 음모를 저지하거나, 언제 배반할지 모르는 친족을 감시하거나, 세금을 거두는 문제로 고민하거나, 야만인들의 침공에 대비하거나, 당시 로마 제국의 라이벌인 초강대국 페르시아와 경쟁하는 데 소진했다. 유스티니아누스Justinianus 황제와 그의 장군 벨리사리우스Belisarius는 옛 로마 영토를 재정복하는 꿈을 실현했다. 하지만 그 이전과 이후의 황제들은 재앙을 일상적인 현상으로서 받아들이는 법을 터득해야 했다. 당시 종말론적인 종교가 대중의 상상력 속에 그렇게 단단하게 뿌리를 내린 것은 어찌 보면 너무 당연한 일이었다. 헤라클리우스Heraclius 황제는 제국을 잃었다가 회복했지만 또다시 순식간에 팽창한 이슬람 세력에게 다시 제국을 잃은 인물이기에 대중에게 잘 알려져 있지 않지만, 그로 인해 약해진 로마 제국은 영원히 해체되었고, 또 다른 카이사르가 되려고 하는 사람들의 꿈은 종말을 맞게 되었다.

휘트비의 과업(별로 기대할 것이 없는 혼란의 시대에 어느 정도 통일성을 부여하는 것)은 참조할 수 있는 문헌들도 별로 없는 데다가 있는 것마저도 내용이 모호했기 때문에 길리버나 골즈워디가 수행한 과업보다 훨씬 더 어려운 일이었다. 그럼에도 불구하고 영국의 역사가 에드워드 기번Edward Gibbon에게 그렇게 큰 영감을 불어넣었던 로마 제국의 쇠망 시기는 자신만의 매력, 즉 신을 닮은 인간들이 너무나 인간적인 신들의 행동을 모방하는 고전 세계의 태양처럼 눈부신 매력이 아니라 신비롭고 어두우며 영묘한 비잔틴의 매력을 발산한다. 비잔틴 사람들은 현세의 영광에서 벗어나 그들이 신성하다고 선언한 보이지 않는 제국으로 향하는 길을 닦았다.

스티븐 세일러Steven Saylor *

---

* 오스틴Austin에 있는 텍사스 대학을 졸업하고 현재는 캘리포니아 버클리Berkeley에 살고 있다. 키케로와 카이사르 시대를 배경으로 한 범죄 소설인 〈로마의 비밀Roma Sub Rosa〉 시리즈의 저자다. 이 시리즈에서 가장 최근에 발표된 작품인 『카이사르의 판결The Judgement of Caesar』에 대해 《선데이 타임즈Sunday Times》는 "세일러가 동시대 다른 어떤 작가들보다 더 설득력 있게 고대 세계를 재현했다"고 논평했으며, 《퍼블리셔스 위클리Publishers Weekly》는 '최고의 역사소설'이라고 격찬했다.

Rome at War
●●●

차례

3부 로마 제국의 전쟁 AD 293~AD 696

서론
로마의 공화정 그리고 대두된 문제점들

로마는 처음에는 군주제였지만, BC 6세기 말에 공화제로 바뀌었다. 이와 같은 정치 혁명은 고대 세계의 도시국가에서 흔한 일이었지만, 공화제로 바뀐 이후 로마는 다른 도시국가들을 끊임없이 괴롭히던 잦은 내분도 일어나지 않고 상당히 안정적인 모습을 보였다. 로마인들은 처음에 점진적으로 자신들의 영역을 확장시켜나가더니 BC 3세기가 시작될 무렵에는 사실상 이탈리아 반도 전역을 지배하게 되었다. 카르타고와의 전쟁은 BC 265년에 시작되어 산발적으로 지속되다가 BC 146년 카르타고가 완전히 멸망할 때까지 이어졌고, 그 결과 로마는 해외의 속주들을 획득하게 되었다. 이 무렵 로마는 알렉산드로스 대왕의 제국이 분열되면서 후계자들이 세웠던 왕국들을 간단히 제압하고 지중해의 모든 영역을 지배하게 되었다.

로마의 팽창은 계속되었고, 로마 군단은 외국과의 전쟁에서 승승장구했다. 이들은 비록 개별 전투에서 패한 적은 있어도 결코 전쟁에서 지는 모습을 보여주지 않았다. 하지만 여러 세기에 걸쳐 로마의 정치적 삶을 특징지어왔던 목표를 위한 단결력과 사회적 안정이 서서히 붕괴되기 시작했다.

로마의 공화제는 의도적으로 국가에 소속된 어떤 개인이나 집단도 압도적이고 지속적인 권력을 누리지 못하게 만들었다. 공화국의 정무관인 마기스트라투스magistratus는 권한imperium(고대 로마의 명령권)이 1년으로 제한되었고, 그 이후에는 다시 민간인 생활로 돌아가야 했다. 2명의 집정관 consul은 최고위 정무관이었다. 일련의 관습과 법률에 근거하여 어떤 개인도 같은 직책에 연속적으로 선출되거나 너무 어린 나이에 선출될 수 없었다. 실제로 한 사람이 두 번 이상 집정관이 되는 경우는 매우 드물었다. 전임 정무관들과 로마의 부유한 시민들 중에서 선발된 자들이 상시 자문기관인 원로원을 구성하여 정무관들에게 조언을 제공하거나 외국 사절의 접견이나 파견 등과 같은 정부의 중요 업무들을 감독했다. 또한 원로원은 각각의 정무관들에게 속주(이 당시까지 속주는 정무관의 책임 영역을 의미했고, 차츰 로마의 지배 지역이라는 확고한 지리적 의미를 획득해가고 있던 상태였다)들을 할당해주었고, 특정 인물이 같은 속주에 몇 년간 권한을 행사할 수 있도록 그들의 명령권을 연장해주기도 했다.

로마의 정치계는 서로 격렬하게 경쟁을 벌였으며, 그 속에서 원로원 의원들은 자신에게 민간 부분의 책무나 군사 부분의 의무, 혹은 양쪽 모두를 부여하는 특정 경력을 추구했다. 특정 정책을 옹호하기 위해 입후보하는 경우는 거의 드물었고, 원로원 내에 오늘날의 정당에 상응하는 조직은 존재하지 않았다. 귀족들은 각자 자신이 능력 있는 사람이며 공화국이 그에게 군대를 지휘하는 일이든 수로를 건설하는 일이든 무엇을 요구하든 간에 거기에 대처할 준비가 되어 있음을 나타내려고 애썼다. 그들은 자신이 이전까지 이룩한 업적들을 과시하거나, 아니면 (대체로 출마하기 전에는 그런 업적을 만들 수 있는 기회조차 갖지 못하는 경우가 많았기 때문에) 자기 가문이 과거에 이룩했던 업적들을 내세웠다. 선거에는 막대한 돈이 사용되었는데, 특히 운동경기나 검투사 대결, 축제, 거대한 기념물 설치 등에 지출되었다. 이런 관행은 정평이 나 있는 아주 부유한 소수 핵심적인 가문에 아주 유리하게 작용했고, 그 결과 이들이 고위 정무관을 독점하다시피 했다. BC 1세기경에는 8명의 법무관praetor(집정관 바로 아래의 고위 정무관직)이 있었고, 그 밑으로도 다수의 정무관직이 존재했지만, 집정관은 오직 2명만 선출되었다. 이는 600명의 원로원 의원들 중 절대 다수가 집정관에 선출될 수 없었다는 의미였다. 고위 정무관직, 그 중에서도 집정관직은 위대한 책무를 수행할 수 있는 기회를 제공했다. 따라서 그 직책을 수행하는 사람은 자신은 물론이고 가문의 명성을 빛낼 위대한 영광을 얻게 될 가능성이 높았는데, 그러한 영광은 가문의 운명에 유리하게 작용했다. 집정관은 가장 중요한 전쟁에서 군대를 지휘했고, 로마에서는 군사적 영광이 그 어떤 성취보다도 중요했다. 또한 대규모 전쟁에서 승리한 자는 전리품에서 큰 몫을 차지하고 많은 포로들을 노예로 팖으로써 전쟁을 통해 재정적인 이익도 취할 가능성이 높았다. 각각의 원로원 의원들은 동시대의 다른 인물들보다 더 높은 지위에서 공화국에 봉사하기 위해 치열한 경쟁을 벌였다. 로마의 엘리트들이 사용한 선거운동은 과장된 문구들로 가득했고, 각 후보는 상대방보다 더 위대한 행동을 했다고 주장하는 데 열을 올렸으며, 어떤 행동을 최초로 수행했거나 새로운 적을 물리친 적이 있는 사람이 특별히 더 높은 평가를 받았다. 귀족 사회의 경쟁은 국가를 위해 열정적으로 영광을 추구하는 정무관직 종사자들을 지속적으로 공급해주었기 때문에 여러 세대에 걸쳐 공화국에 유리하게 작용했다.

하지만 BC 2세기 말부터 이런 체계가 붕괴되기 시작했다. 로마가 급

■■■■■■ 비아 사크라Via Sacra(신성한 길)는 로마의 중심부를 관통하는 길로, 이 지점에서 포룸Forum(고대 로마의 공공 집회 장소로 쓰이던 광장)을 지난다. 승리를 거둔 장군들은 이 길을 따라 개선행진을 했다. (AKG 베를린)

속하게 팽창했지만, 정복으로 얻은 엄청난 이익이 균등하게 분배되지 않아서 소수 가문만이 엄청난 혜택을 받았다. 원로원 내에서도 부자와 빈자 사이의 격차가 크게 벌어지면서, 최고 부유층에 속하는 의원은 엄청난 자금을 투입하여 자기 자신이나 가족의 당선 가능성을 높였다. 정치 경력을 추구하는 데 들어가는 비용은 크게 증가했고, 연륜은 있지만 그리 부유하지는 않은 원로원 의원이 느끼는 부담감은 아예 정치계의 엘리트 집단에 속하지 않는 사람들이 느끼는 것이나 별로 차이가 없었다. 그런 사람들은 오로지 선거자금을 빌려야만 당선 가능성이 있었고, 최고 정무관직에 당선되어 그 빚을 갚을 수 있는 여유가 생기기를 바랐다. 따라서 낙선은 정치적 몰락은 물론이고 재정적 파탄까지 초래했다. 이런 위험 때문에 당사자는 필사적인 노력을 경주할 수밖에 없었다. 이와 동시에 가장 부유하고 명성이 높은 가문의 인물은 기존의 관행을 무시하고 많은 지지자들을 확보함으로써 자신의 선조보다 훨씬 더 뛰어난 경력을 쌓을 수 있는 기회를 노렸다. 이 두 가지 유형은 모두 '평민파populares'*로 기울어지기 쉬웠다. 평민파라는 말은 비평가들이 빈곤층에게 오락이나 보조금, 무료 식사, 혹은 토지를 약속함으로써 그들의 지지를 얻고자 하는 사람들을 나타내고자 사용했던 거의 독설에 가까운 표현이었다. 평민파는 일종의 이단자로, 지위가 확고한 원로원 의원들의 유대관계를 벗어나 그들이 싫어하는 방식으로 행동했다. 그것은 대단히 위험한 정치 행태이면서 동시에 엄청난 잠재적 가능성을 지닌 방식이기도 했다. BC 133년에 대단히 유명한 가문 출신인 한 명의 급진적인 호민관**(10명의 호민관은 군사적 책임이 없는 정무관으로서 평민의 권익을 보호하는 것이 임무였다) 티베리우스 셈프로니우스 그라쿠스Tiberius Sempronius Gracchus가 호민관으로 재선되려고 시도하는 과

---

* **평민파** 고대 로마 공화정 말기에, 지배층 가운데 민중의 이익을 옹호하던 일부 정치가들. 조직적이지 못했으며 결집력이 약했다. 민중파라고도 한다.
** **호민관** 고대 로마에서 평민의 권리를 지키기 위해 평민 중에서 선출한 관직. 공화정 초기인 BC 494년 평민과 귀족과의 신분 투쟁 결과 생긴 것이라 한다. 정원은 BC 449년 이후 10명이었고, 임기는 1년이며, 평민의 생명과 재산을 지키는 것이 임무였다. 그 신분은 신성불가침이며, 정무관과 원로원의 결정에 대해 거부권을 발동할 수 있었다.

정에서 일단의 원로원 의원들에게 죽음을 당했다. BC 121년에는 그의 동생 가이우스Gaius가 형보다 더 급진적인 정책을 추진하지만 로마의 중심부에서 거의 내전에 가까운 폭력사태를 초래한 뒤 결국 정적에게 둘러싸여 자살을 하게 된다. 그러나 소수의 인물들이 과거에는 상상도 못했던 선거의 승리를 거두기 시작하면서, 정치 경력에 제약을 가하던 오랜 선례도 차츰 붕괴되기 시작했다. BC 104년~BC 100년에 가이우스 마리우스Gaius Marius 장군은 연속해서 다섯 번이나 집정관에 선출되었다.*

같은 시기에 로마 군대가 직업군인으로 바뀌면서 군대와 사회의 나머지 구성원들 사이의 관계에도 근본적인 변화가 일어났다. 이때까지 로마 군단은 시민병들로 구성되어 있었는데, 특정 재산 요건을 갖춘 시민들은 누구든 공화국의 부름이 있을 때 병역의 의무를 수행하도록 되어 있었다. 자체적으로 말과 필수 장비들을 조달할 수 있는 부유층은 기병으로 복무했고, 어느 정도 여유가 있는 사람들은 중장보병이 되었으며, 가난한 사람은 경보병으로 복무했고, 극빈자의 경우는 아예 복무 기회 자체가 없었다. 실제적인 관점에서 볼 때, 로마 군대는 언제든 싸울 준비가 되어 있던 로마 사회의 단면을 보여주었다. 이들에게 군복무는 경력이 아니라 의무였다. 어느 정도 재산이 있는 사람(그들 대부분은 농부였다)은 복무 기간이 끝나면 쉽게 민간인 생활로 돌아갈 수 있었다. 하지만 제국이 팽창하면서, 전쟁은 더 장기간 지속되었고, 더 먼 곳에서 수행되었으며, 동시에 정복된 지역을 방어하기 위해 상시 주둔군의 수요도 계속 증가했다. 스페인의 여러 속주들 중 한 곳에서 10년 동안 주둔군으로 복무할 경우, 작은 농장의 소유자에게 그것은 파산을 의미했다. 군복무에 대한 인기는 점점 시

---

* 가이우스 마리우스는 이외에도 BC 107년과 BC 86년에도 집정관에 선출되어 모두 일곱 번 집정관을 지냈다.

들해졌고, 그에 따른 해결책은 군대를 자신의 직업으로 삼을 의사가 있는 사람들로 병력을 충원하는 것이었다. 병사가 받는 급료는 대단히 낮았고 근무 조건 역시 아주 열악했기 때문에 군복무는 과거에 병역의 의무를 수행할 기회조차 부여되지 않았던 극빈층에 속하는 시민들에게나 매력적이었다. 그런 사람들은 병사로서는 뛰어났지만, 일단 전쟁이 끝나고 그들이 소속되었던 군단이 해체될 경우, 되돌아갈 민간인으로서의 삶이 존재하지 않았다. 원로원은 그와 같은 변화를 인정하려고 하지 않았고, 군복무는 아무런 공식적 보상도 제공할 필요가 없는 의무라는 입장을 고수하면서 퇴역한 병사들을 위한 어떠한 대책도 마련하지 않았다. 지휘관들은 자기 휘하에 있던 병사들을 정복 지역의 식민지에 정착시키기를 원했기 때문에 개별적으로 병사들에게 제공할 토지를 요구하기 시작했다. 그러자 병사들은 그들을 무시하는 공화국보다는 그와 같은 보상을 제공하는 지휘관들에게 더 충성하는 경향을 보이기 시작했다.

직업군인의 등장은 원로원이 대응에 실패하여 로마 사회를 괴롭힌 여러 문제들 중에서 가장 중요한 문제였겠지만, 중요한 문제는 그뿐만이 아니었다. 로마가 팽창하고 엄청난 수의 노예가 유입되면서 이탈리아의 경제와 사회는 근본적인 변화를 겪었다. BC 1세기 말에 로마의 인구는 100만 명으로 치솟았고, 그들 중 장기 무직자가 큰 비중을 차지했다. 평민파의 정치가들은 토지를 빼앗긴 농부들이나 도시와 농촌의 빈민 문제에 초점을 맞춤으로써 그들의 지지를 얻을 것으로 확신했다. 이 모든 요인들이 사회 불안을 초래했다. BC 88년에 집정관 루키우스 코르넬리우스 술라Lucius Cornelius Sulla는 마리우스가 그에게 부여된 지휘권을 빼앗으려고 하자, 군단을 이끌고 로마로 들어와 권력을 장악했다. 이어 내전이 벌어졌고, 그 결과 술라는 1년 이상 독재관dictator*으로 군림했다. 그 이후, 로마 공화국은 잠깐 동안을 제외하고 안정을 되찾지 못한 채 쿠데타 시도와 정치적

18

폭력, 내전이 꼬리에 꼬리를 물며 지루하게 반복해서 벌어졌다. 술라는 유서는 깊지만 영락한 귀족 가문 출신이었기 때문에 공화국 내에서 높은 지위를 차지하기 위해서는 그처럼 극단적인 수단을 사용할 수밖에 없었다. 그는 자신의 태생이 그것을 정당화시켜줄 것이라고 믿었다. 술라와 비슷한 배경을 갖고 그와 비슷한 방식으로 행동한 사람들은 그 이외에도 여러 명이 있었다. 그 중에서 가장 성공한 인물이 바로 모든 로마인들 중에서 가장 유명한 가이우스 율리우스 카이사르Gaius Julius Caesar다.

율리우스 카이사르

독재관으로서 카이사르는 그의 조카인 아우구스투스가 로마 제국을 수립할 수 있는 기초를 닦았고, 이집트의 클레오파트라 여왕과 바람을 피워 악명을 날리기도 했으며, 심지어 윤년을 도입하기도 했지만, 그 전까지 그를 지지했던 친구와 동료들에게 암살당했다. 하지만 독재관이 되기 전, 그는 믿을 수 없을 정도로 짧은 기간 동안 유럽에서 엄청난 영토를 정복했다. 카이사르가 점령한 갈리아의 속주들(아퀴타니아Aquitania, 갈리아 벨기카Gallia Belgica, 갈리아 루그두넨시스Gallia Lugdunensis)은 현재 프랑스와 벨기에, 룩셈부르크, 독일의 라인 강 서안 지역에 해당하며, 그 면적은 78만 제곱

---

* **독재관** 로마 공화정 시대에 있었던 관직의 하나다. 로마 건국 초기부터 있었던 직책이나 상설직이 아닌 임시직이었다. 외적의 침략 등 비상시, 국론 일치를 위해 한 사람에게 모든 권한을 맡기어 극복토록 했다. 임기는 6개월이었으며 원로원의 추천을 받아 집정관이 지명했다. 공화정 말기에 들어서면서 루키우스 코르넬리우스 술라 및 율리우스 카이사르 등, 종신독재관에 취임하는 이들이 생겨났다. 율리우스 카이사르는 이 직책에 취임한 후 이 직책을 통해 그가 왕이 되려 한다고 주장한 공화파에게 암살당했다.

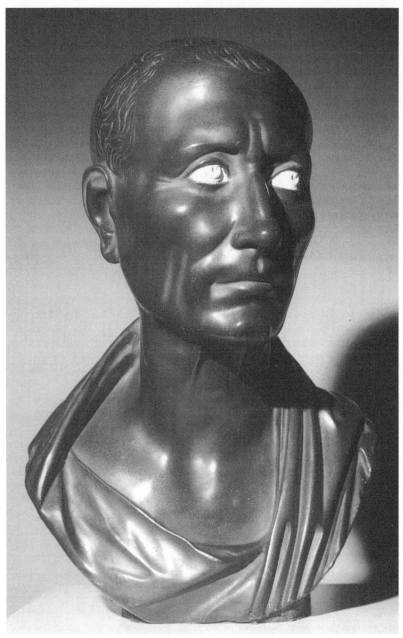

▪▪▪▪▪ 율리우스 카이사르(BC 102년~BC 44년)의 흉상. 그는 로마의 정치가이자 장군으로 BC 1세기 중엽에 갈리아를 정복했다. (Ancient Art and Architecture)

킬로미터가 넘는다. 현대 유럽의 상당 부분을 포함하는 정치 지도는 율리우스 카이사르의 9년에 걸친 갈리아 전쟁에서 그 기원을 찾을 수 있다. 또한 갈리아에서 전쟁을 하는 동안, 카이사르는 군대의 선두에 서서 라인강을 건너고 영국 해협을 건너서 당시 신비하고 무시무시하며 심지어는 신화적인 섬으로까지 여겨지던 브리타니아Britannia에 도착한 최초의 로마인이 되었다.

이 유례없는 전쟁에 대한 기록은 단 한 가지만 전해지고 있는데, 그것은 바로 카이사르 자신이 쓴 기록이다. 카이사르는 위대한(게다가 유례가 없을 정도로 운이 좋은) 장군이자 사람들을 고무시키는 지도자인 동시에 자기 과시의 중요성을 완벽하게 파악했던 영민한 정치가였다. 오늘날의 관점에서 보면, 그는 아주 능력이 뛰어난 언론대책 전문가였던 셈이다. 카이사르의 『갈리아 전기』는 그리스 로마 세계로부터 전해진 가장 세밀한 전쟁 체험기다. 그는 매년 자신의 회고록Commentarii을 쓰고 그것을 로마에서 출판했다. 로마에 있는 사람들은 모두 갈리아의 소식에 목말라 있었고, 전쟁의 진행 상황에 열광적으로 환호했다. 카이사르는 로마의 승리(더불어 그에 대한 자신의 기여도)는 과장하고 그 반대의 경우는 규모나 의미를 축소시킴으로써 로마인들에게 사건에 대한 편향된 내용을 전달했다. 갈리아 정복에 대한 역사적 재구성은 이처럼 극히 편향된 시각이 담긴 카이사르의 기록과 로마인들이 쓴 다른 문학작품들 속에 나오는 소수의 짧은 언급, 그리고 제한적인 고고학적 증거들을 가지고 이루어질 수밖에 없다. 갈리아인들은 자신들의 역사를 기록으로 남기는 전통을 갖고 있지 않았기 때문에, 그들의 동기나 목표, 감정에 대해서는 그것에 대한 카이사르의 해석 이외에는 다른 자료가 존재하지 않는다.

갈리아 정벌은 로마와 갈리아에서 동시에 정치적이고 문화적인 변화가 진행되고 있는 도중에 발생했다. BC 1세기 중엽, 갈리아의 일부 지역은 이웃하는 로마 속주이자 오늘날 프랑스 남부 지방에 해당하는 갈리아 트란살피나^{Gallia Transalpina}(프랑스 남부)의 거주민들로부터 몇 가지 관습을 받아들여 도시화되고 '로마화'되기 시작했다. 갈리아, 그 중에서도 특히 남부와 중부에서는 로마 교역상들이 활발하게 활동했는데, 그들은 포도주와 같은 사치품을 갈리아인의 곡물, 철, 짐승 가죽, 노예와 교환하면서 로마의 문화를 유포하는 데도 기여했다. 일부 갈리아 부족들은 좀더 중앙집권적인 조직을 발전시켰고, 도시도 점차 규모가 커지기 시작했다. 역설적으로 이와 같은 추세는 로마가 정복에 나섰을 때 오히려 더 쉽게 정복할 수 있게 도움을 주었다. 한편에서는 아이두이^{Aedui}와 같이 좀더 '로마화'된 일부 부족들이 침략자와 동맹을 맺는가 하면, 로마인에게 대항한 부족들 중 일부는 중앙집권화를 통해 소유와 거주 중심지가 분명하게 정해져 있었기 때문에 정복하기가 훨씬 더 수월했다. 이렇다 할 도시를 갖고 있지 않은 부족들은 쉽게 운반할 수 있는 형태로 재산과 자원을 소유하는 경우가 많았기 때문에 단순히 로마인들로부터 도망치기만 하면 쉽게 정벌을 면할 수 있었다.

로마 자체도 점차 내전을 향해 나아가고 있었다. 이제 권력 투쟁에서는 군사적 성공과 자신에게 충성하는 병사들의 존재가 지도적 인물로 부상하는 데 필수 전제조건이 되었고, 그 결과 지중해 주변의 엄청난 영역이 야망이 넘치는 로마인에게 순식간에 정복당했다. 가장 최근에는 그나이우스 폼페이우스 마그누스^{Gnaeus Pompeius Magnus}가 얼마 전 위대한 정복 전쟁을 수행하고 동방에서 귀국하면서 다른 사람들이 본받아야 할 새로운 기준을 수립했다. BC 59년에 카이사르가 자신을 갈리아 키살피나^{Gallia Cisalpina} 및 달마티아^{Dalmatia}의 총독으로 만들려는 공작을 폈을 때, 그가 자신의 군사적 명성과 정치적 미래를 강화하기 위해 전쟁을 수행하게 될 것이라는 점에는 의심의 여지가 없었다. 갈리아 트란살피나 총독 직책이 그

■■■■■■ 19세기 유화 속에서 갈리아의 족장인 베르킨게토릭스가 자신의 무기를 승리한 카이사르의 발밑에 던
졌다. 플루타르코스Ploutarchos는 이 사건을 묘사하면서 이 장면에 이어서 베르킨게토릭스가 말에서 내린 뒤 갑
옷을 벗고 카이사르가 경비병을 시켜 그를 끌어낼 때까지 그의 앞에 조용히 앉아 있었다고 말했다. 항복한 베르
킨게토릭스는 6년간 갇혀 있다가 카이사르의 개선행진에서 일반인에게 공개된 후 관례에 따라 교살당했다.
(Musée Croatier)

의 지휘권에 추가되고 스위스의 헬베티Helvetii 부족이 서쪽으로 대규모 이
주를 시작하자, 카이사르는 갈리아 전쟁을 결심했다.

　이후 몇 년 동안 로마인들은 신속하게 갈리아 지역을 정벌했다. 갈리
아인들이 침략자에 맞서 통합된 저항세력으로 뭉치지 못한 덕분에 정벌
은 더 쉽게 이루어졌다. 실제로 일부 부족은 로마인들을 지원했고, 로마
인들은 갈리아 부족들의 영토에 대한 야심을 이용해 한 부족을 다른 부족
과 반목시켰을 뿐만 아니라 심지어는 같은 부족 내에서 정치적인 분열을

조장하기까지 했다. 기율이 잡혀 있고 좋은 장비로 무장한 로마 군단에 대항할 수 있는 갈리아 부족은 거의 존재하지 않았다. 게다가 카이사르는 경험 많은 군대와 갈리아 및 게르만 부족 동맹을 점점 더 많이 확보할 수 있었다. 특히 게르만 부족 동맹은 그에게 기병을 제공해주었다. 카이사르는 갈리아에서 군대를 지휘한 지 3년 만에 갈리아 전체를 정벌했다고 선언할 수 있게 되었고, 이어서 군대를 이끌고 게르마니아Germania(오늘날의 독일)에 진출한 뒤 해협을 건너 브리타니아(오늘날의 영국)를 침공했다. 이 두 원정으로 로마에서는 그에 대한 경악에 가까운 칭송의 목소리가 울려 퍼지게 되었다.

갈리아는 정복되었을지 모르지만, 갈리아인들은 그렇지 않았다. 카이사르는 재임 기간의 말기를 속주 전역에서 산발적으로 벌어지는 반란을 진압하는 데 보냈다. 산발적이던 저항은 BC 52년에는 대규모 반란으로 발전했다. 마침내 갈리아인들은 자신들을 단결시킬 수 있는 지도자를 발견했는데, 그가 바로 베르킨게토릭스Vercingetorix였다. BC 52년은 양측 모두에게 운명을 좌우하는 중요한 해였다. 갈리아인들은 치고 빠지기 전술을 이용한 게릴라전과 초토화 정책을 추구했고, 로마인들은 대단히 정교한 공학기술을 활용했다. 또한 양측은 아바리쿰Avaricum(오늘날의 부르주Bourges)과 알레시아Alesia(오늘날의 디종Dijon 인근의 알리즈생트렌Alise-Sainte-Reine)에서 고지대 요새에 대한 두 차례 대규모 공성전을 치렀다. 갈리아 전쟁이 정점에 달한 곳은 바로 알레시아였다. 포위된 갈리아인들을 구원하기 위해 집결한 군대가 격퇴당했을 때, 사실상 반란도 끝이 났다. 구원군은 해산해버렸고, 베르킨게토릭스는 항복했다.

초대 황제인 아우구스투스가 통치하면서 비로소 갈리아에 평화가 정착되었다고 말할 수 있게 되었지만(그 이후에도 AD 1세기 중엽까지 때때로 불만의 기운이 감돌기는 했지만), 갈리아는 그 이후 다시는 효과적으로 단결하지 못했다. 갈리아는 로마의 몇몇 속주가 되었다가 5세기가 흐른 뒤 프랑크 왕국을 거쳐 결국은 프랑스가 되었다.

로마 전쟁

위대한 정복자 율리우스 카이사르와 그의 유산

1부
카이사르의 갈리아 전쟁
BC 58~BC 50

카이사르의 갈리아 전쟁
BC 58~BC 50

갈리아 전쟁은 결국 갈리아를 로마 제국에 편입시킴
으로써 서유럽에 정치적·문화적으로 깊은 영향을
미쳤고, 카이사르에게 로마 세계에서 스스로 독재관
의 지위에 오를 수 있는 발판을 제공했다.

전쟁의 배경
제국의 건설

BC 1세기에 갈리아 정벌이 시작되기 몇 세기 전부터, 로마와 갈리아
는 이미 충돌하고 있었다. 하지만 오랫동안 그들은 이웃 나라로서 비교적
평화로운 관계를 유지해왔다. 켈트Celt족, 즉 갈리아 부족들(그리스 저자들
은 그들을 이렇게 불렀다)은 BC 5세기 말에서 BC 4세기 초에 북부 이탈리
아로 이주해왔다. 그들 중 일부 부족이 특히 비옥한 포Po 강 유역의 계곡
에 정착했다. 로마와 소위 라텐 문화La Tène culture*를 꽃피운 켈트족이 처음
만난 것은 BC 4세기 초의 일이었다. 그들은 남쪽으로 뚫고 내려와 에트루
리아Etruria(오늘날의 토스카나 주)와 라티움Latium(오늘날의 라치오 주)에 진입

---

* **라텐 문화** 유럽 철기시대 후반기의 문화. 1774년에 발견된 스위스의 뇌샤텔 호 동쪽 라
텐 유적에서 이름을 딴 것으로, 이 유적에서는 무기와 농기구 따위가 주로 출토되었다. 라
텐 문화는 유럽의 선사시대에 활약한 기마 민족인 켈트족의 문화로 생각되고 있다.

■■■■■■ 독일 마인츠에서 발견된 로마 군단 본부 건물의 벽면 장식은 갈리아 전쟁 이후 한 세기 이상이 흐른 뒤에 만들어진 작품이지만, 로마 군단 보병들의 전형적인 전투 방식을 잘 보여준다. 그들은 상체를 약간 앞으로 숙여서 최대한 방패 뒤에 몸을 가리고 왼발을 앞으로 내민 자세에서 칼로 겨드랑이 밑을 찔렀다. (AKG Berlin/ Erich Lessing)

한 뒤 그 지역에서 몇 군데 대도시들을 점령하고 약탈했다. 그 중에는 로마로부터 북쪽으로 불과 수 킬로미터밖에 떨어지지 않은 에트루리아의 중심지 베이Veii도 포함되어 있었다. BC 390년에 로마의 야전군이 패배당하면서 방어가 취약해진 도시는 갈리아인들에게 점령당했고, 오로지 성城만이 최후까지 버텼다. 전설에 따르면, 갈리아인들이 야간에 몰래 성벽을 기어올라 기습공격을 가하려고 시도했으나, 경비견은 짖지 않은 반면, 거위(주피터 신에게 헌정된 동물로서 신전에서 기르고 있었다)가 울어대는 바람에 경비병들이 잠에서 깨어 침입자들을 물리쳤다고 한다. 이 이야기는 진실이 아닐 수도 있다. 진위야 어떻든 간에 로마를 약탈한 뒤, 로마인들에게 보복을 당해서였는지는 모르지만 갈리아인들은 물러났다. 얼마 지나지 않아 그들은 마르쿠스 푸리우스 카밀루스Marcus Furius Camillus*에게 패배를 당했다. 이 위대한 로마의 장군이 갈리아인의 새로운 위협에 대응하기 위해 로마군을 근본적으로 개혁하면서 얻은 명성은 지금까지 전해진다. 로마가 약탈당한 일은 결코 잊혀지지 않았고, 로마인들은 야만인 무리가 다시 나타나 도시를 파괴할지도 모른다는 일종의 집단적 공포에 계속 시달렸다. 로마가 약탈당했다는 사실과 더불어 그 이후로 오랫동안 두 문화가 만나면서 벌어진 폭력의 역사는 카이사르가 갈리아 정복에 나서게 된 여러 이유들 중 하나였다.

로마는 약탈당한 이후 150년 동안 점차 이탈리아 반도의 대부분 지역에서 우위를 확보하면서 몇몇 갈리아 부족들을 로마의 북쪽 영역에서 몰아냈다. 제1차 포에니 전쟁과 제2차 포에니 전쟁 사이의 기간(BC 3세기 동

---

* **마르쿠스 푸리우스 카밀루스** ?~BC 365년. 고대 로마의 장군. BC 396년경에 에트루리아의 베이를 점령하고 이를 파괴했다. 후에 아르데아Ardea로 추방되었으나 켈트족이 로마를 점령했을 때 다시 독재관에 임명되어 적을 무찌르고 빼앗겼던 황금을 되찾아, 로물루스를 잇는 로마 제2의 건국자로 일컬어졌다.

안)에는 로마의 이탈리아 정벌이 북쪽으로 더욱 확장되었는데, 이때 이탈리아 북부와 알프스 산맥에 걸쳐 있는 갈리아 부족 연합체가 남쪽으로 이동하다가 BC 225년에 텔라몬Telamon에서 로마군에게 큰 패배를 당했다. 이로써 이탈리아에서 갈리아인들의 저항은 붕괴되었다. 이후 5년에 걸쳐 포 강 너머 대부분의 지역이 갈리아 키살피나 속주로 병합되었고, 피아첸차Piacenza와 크레모나Cremona에 로마의 식민지들이 건설되었다. 이 새로운 속주에 대한 마지막 정벌은 한니발 바르카Hannibal Barca가 지휘하는 카르타고 습격부대를 격파하고 제2차 포에니 전쟁을 마무리 지을 때까지 기다려야 했다. BC 218년 트레비아Trebia에서 로마군이 한니발에게 처음으로 크게 패한 뒤, 갈리아 용병들이 한니발의 휘하로 몰려들어 이탈리아 전역 대부분 기간 동안 그와 함께 싸웠다. 하지만 카르타고를 물리친 로마는 이탈리아 북부 지역으로 다시 돌아와 그들에게 대항했던 갈리아 부족들을 응징했다. 북쪽으로 알프스 산맥에 이르는 이탈리아 전역이 로마의 영토로 편입되었고, 볼로냐Bologna와 파르마Parma에 새로운 식민지가 건설되었다. BC 2세기 중엽에 로마는 갈리아 키살피나 전체를 점령함으로써 프랑스로 전진할 준비가 되어 있었다.

BC 154년, 좋은 구실이 생겼다. 그리스 도시인 마실리아Massilia(오늘날의 마르세유Marseille)가 리구리아Liguria의 습격을 막아달라고 로마에 도움을 요청했던 것이다. 로마의 대응책에는 군복무 경험이 있는 사람들을 보내 엑상프로방스Aix-en-Provence에 소규모 식민지를 건설하는 것도 포함되어 있었다. 그런데 이 조치는 인근의 강력한 부족인 알로브로게스Allobroges를 자극했다. 새로운 식민지가 그들의 영역에 들어섰기 때문이다. 알로부르게스 부족과 아르베르니Arverni 부족을 포함한 그들의 동맹은 도미티우스 아헤노바르부스Domitius Ahenobarbus와 파비우스 막시무스Fabius Maximus가 수행한 일련의 전역에서 패배했다. BC 121년, 파비우스는 갈리아인들에게 끔찍

■■■■■■ 그리스와 로마의 예술작품 중에서 켈트인과 갈리아인이 전투에서 패배하는 장면이나 이 사진의 경우처럼 패배한 뒤 자살하는 모습을 묘사한 작품들을 종종 접하게 된다. 나신이 영웅적으로 표현된 갈리아인은 죽은 아내를 붙잡고 있는데, 아내가 적의 손에 넘어가지 않도록 방금 자신이 직접 아내를 살해한 것으로 보인다.
(AKG London/A, Lorenzini)

한 패배를 안기면서 갈리아인 전사자 수는 12만 명인 데 반해 로마군 전사자는 겨우 15명뿐이었다며 아주 놀라운(그러나 별로 신빙성은 없는) 전과를 자랑했다. 이때 새로운 속주 갈리아 트란살피나가 만들어졌고, 로마인들은 종종 그것을 간단하게 '속주^{Provincia}'라고 불렀다. 오늘날의 '프로방스^{Provence}'라는 지명은 바로 여기에서 유래했다. 갈리아 키살피나에서와 마찬가지로, 님^{Nîmes}과 툴루즈^{Toulouse}에 식민지가 건설되었고, 이탈리아와 스페인을 연결하는 가도인 비아 도미티아^{Via Domitia} *가 건설되었다. 로마는 마실리아를 지원하기 위해 참가한 전역 덕분에 새로운 속주를 얻고 이와 더불어 아이두이 부족과 동맹을 맺게 되었다. 오늘날의 부르고뉴^{Bourgogne}에 해당하는 지역에 살던 이 갈리아 부족은 마실리아하고도 동맹을 맺고 있었다. 로마는 갈리아 지방에 새로운 속주를 설치하고 아이두이 부족과 공식적인 동맹을 맺으면서 갈리아 지방에 좀더 깊숙이 침입하고 갈리아 부족들 사이의 문제에 개입할 수 있는 기회를 얻게 되었다. 하지만 더 이상의 팽창은 킴브리^{Cimbri}족과 튜튼^{Teuton}족이 갈리아 남부에 도달하면서 갑자기 중단되었다. 이들 게르만 이주 부족들은 로마에 강하게 저항하면서 BC 2세기 말에는 로마 집정관의 군대를 연속해서 패배시켰다. 결국 그들은 로마의 위대한 장군이자 집정관인 마리우스에게 패배했지만, BC 390년에 갈리아인들이 로마를 약탈했을 때와 마찬가지로 이때의 경험은 로마인들의 가슴에 깊은 상처를 남겼다. 미래에 로마인들은 게르만 부족들을 상대로 전쟁을 벌이면서 그것을 BC 2세기에 이탈리아를 침략한 게르만 부족들에게 당한 패배와 손실에 대한 보복으로 간주했다.

BC 1세기에는 갈리아의 많은 부족들이 도시화되었다. 특히 갈리아 남부에서 그런 경향이 두드러졌는데, 이는 그곳의 부족들이 마실리아와 나

---

* **비아 도미티아** 로마 제국이 최초로 갈리아 지방에 건설한 가도.

중에 설치된 로마의 갈리아 트란살피나 속주로부터 문화적 영향을 많이 받았기 때문이다. 카이사르는 언덕 위 요새를 가리키기 위해 오피둠 oppidum이라는 말을 사용하기는 했지만, 이와 동시에 이 단어를 언덕 위에 있지는 않지만 방어시설이 설치된 거주지를 가리킬 때도 사용했다. 이런 거주지들 중 일부는 심지어 이전까지는 갈리아 지역을 비롯해 갈리아나 그곳의 거주자들과 관련된 거의 모든 것들을 야만적이라고 생각했을 법 한 로마인조차도 그것을 도시라고 부를 수 있을 정도로 발달했다. 아바리 쿰은 카이사르가 포룸이라고 부른 넓은 공터가 있었고, 어쩌면 공공건물 도 있었을지 모른다. 이 도시는 거대한 방벽이 있었고, 거주자들은 자신 들의 도시를 갈리아에서 가장 아름다운 도시라고 생각했다. 케나붐 Cenabum(오늘날의 오를레앙Orléans)은 일련의 좁은 도로들이 나 있었는데, 이 는 일종의 도시계획에 따라 놓인 것으로 보인다. 다시 말해, 갈리아의 도

■■■■■ 로마의 동맹이었던 아이두이 부족의 최고 오피둠인 비브락테의 유적지에 대한 현대 고고학 발굴 모습. 비브락테는 갈리아 전역 전 기간 동안 로마군의 유용한 보급기지 역할을 했다. (Ancient Art and Architecture)

시들이 지중해 도시들의 격자형 도시계획을 채택하기 시작했던 것이다. 주요 오피둠들이 주화를 만들었다는 증거는 그들이 부족마다 수도를 갖고 있었고 정치적으로 어느 정도 중앙집권화가 이루어졌다는 것을 암시한다. 예를 들어, 비브락테Bibracte는 아이두이 부족의 '수도'였던 것으로 보이며, 아이두이 부족은 비록 파벌 싸움이 만연하기는 했어도 어느 정도 중앙집권적 체계를 갖추고 있었다. 이런 수준의 중앙집권화를 이루지 못한 다른 부족들은 로마인에게 문화적으로 낙후된 것으로 간주되었지만, 군사적으로는 오히려 평판이 좋았다. 카이사르는 벨가이Belgae 부족을 갈리아 부족들 중에서 가장 용감한 전사들이라고 생각했는데, 그 이유는 그들이 로마의 영향을 가장 적게 받았기 때문이었다. 그들이 중앙집권화의 단계에 도달하지 못했다는 것은 그들을 정복하기가 쉽지 않다는 뜻이기도 했다. 이는 카이사르가 이렇다 할 부나 거주의 중심지를 갖고 있지 않은 베네티Veneti 부족이나 메나피Menapii 부족과 전투를 하면서 깨달은 것이었다.

로마나 그리스가 갈리아 부족들에게 영향을 미치게 된 주요 이유들 중 하나가 교역이었다. 마실리아는 교역에서 있어서 중요한 중심지 역할을 했으며, 비록 로마가 갈리아 부족들과 거의 정기적으로 싸움을 하기는 했지만, 그렇다고 그것이 카이사르가 갈리아를 정벌하기 이전에 행해졌던 양측의 엄청난 교역을 막지는 못했다. 로마는 갈리아에서 미가공 원자재들을 수입했는데, 거기에는 철, 곡식, 짐승의 가죽 이외에 노예도 포함되어 있었다. 이들은 갈리아와 게르만 부족들 사이에 벌어진 거의 정기적인 부족 간 전쟁에 필요한 인적 자원이었다. 이에 대한 대가로, 갈리아인(아니면 적어도 갈리아 부족들의 엘리트 계급)은 사치품과 음식, 엄청난 양의 와인을 받았다. 곧 와인은 부와 지위, '개화'를 나타내는 가장 중요한 상징물이 되었다. 하지만 역사가인 디오도로스 시쿨로스Diodorus Siculus는 갈리아인들이 로마 방식으로 와인을 물에 희석시켜 마시는 것이 아니라 무식하게 그냥 마셨다고 말했다. 비록 그들이 지중해의 '개화'된 문화를 받아들이기는 했지만, 디오도로스는 그들이 와인을 제대로 마시는 방법을 알지 못했던 것으로 보아 여전히 야만인의 수준을 벗어나지 못했다고 분명히 밝혔다. 덧붙여 그는 당시 와인은 너무나 귀한 상품이었고 그에 비해 노예는 주변에 많았기 때문에 와인 한 암포라amphora(고대 그리스·로마 시대의 항아리)와 노예 한 명을 교환했을 정도였다고 말했다. 카이사르의 갈리아 정벌이 있기 전에 이미 많은 로마 상인들이 갈리아에서 활동하고 있었을 것이고, 케나붐에 있는 로마 시민 공동체도 그 중 하나였다. 그런 로마인 중 일부는 지위가 높았는데, 심지어는 로마의 에퀴테스equites*에 속하는 인사들도 있었다. 에퀴테스는 원로원 의원의 바로 밑에 속하는 계층으로 새로운 원로원 의원은 이 계층에 속하는 인물들 가운데에서 선출될 정도로 그들의 지위는 높았다. 그들은 갈리아 정벌로 생기게 될 기회를 엿보았는데, 특히 정보나 보급품을 제공하는 형태로 로마 군대를 지원하여 혜택을 받기를 기대했을 것이다.

남쪽 지방의 그리스와 로마의 영향력하에 있는 많은 부족들은 매년 정무관을 선출하는 과두체제의 지배를 받았다. 중앙집권화가 확산되고 도시화 경향이 계속 진행되면서, 그런 부족들은 로마의 손쉬운 목표가 되었고, 그들의 내부 분열 역시 로마에게 유리하게 작용했다. BC 1세기 중엽, 아이두이 부족은 디비키아쿠스Diviciacus가 이끄는 친로마파와 그의 동생인 둠노릭스Dumnorix가 이끄는 반로마파로 분열되었다. 론Rhône 강의 한 지류인 손Saône 강의 와인 교역을 독점했던 둠노릭스는 정치적인 이유 말

---

* 에퀴테스 고대 로마의 원로원 의원 다음가는 신분. 라틴어로는 기사를 뜻한다. 원래는 말을 타고 군무에 종사하는 사람을 의미했으나, 점차 일정한 재산과 자격을 구비한 사람이 이 계층에 속하게 되었다.

■■■■■ 인간이 끌어서 강 상류로 이동 중인 바지선. 갈리아 지방의 강들 중 다수는 항해가 가능하여 훌륭한 교역로이자 로마 침공군을 위한 보급선과 통신선 역할을 했다. 갈리아 엘리트 계층은 와인과 같은 사치품을 수입하는 데 열을 올렸고, 그 대가로 철, 곡물, 노예와 같은 자원을 제공했다. (AISA)

고도 경제적인 이유에서 로마의 영향력 확장에 반대했을 가능성이 높다. 그의 영향력은 그가 갖고 있는 부와 드루이드druid*인 그의 지위에서 나왔다. 켈트족의 사회에서 드루이드는 대단히 높은 지위를 차지하고 있었으며, 그런 지위를 통해 그들은 정치적인 영향력을 행사할 수도 있었다. 카이사르의 진술에 따르면, 둠노릭스가 아이두이 부족 내에서 권력 기반을 확대하려고 시도했던 이유가 단지 부족의 친로마적 입장에 반대했기 때문이 아니라 자신이 권력을 잡고 결국에는 왕이 되고 싶어했기 때문이었다. 갈리아의 켈트 부족들 사이에서 아이두이 부족이 단결을 유지한 채 강력한 로마의 동맹으로 남아 있는 것이 로마에게는 중요한 문제였다. 따라서 형제들 사이의 분쟁은 로마에게 큰 걱정이 아닐 수 없었다.

---

* **드루이드** 고대 갈리아 및 브리튼 제도의 선주 민족인 켈트인의 종교인 드루이드교의 사제 계급.

■■■■■■ 아이두이 부족의 지도자인 둠노릭스의 은화. 이 화폐는 멧돼지 군기를 들고 있는 아이두이 전사를 묘사하고 있다. 비록 아이두이 부족이 로마의 동맹이기는 했지만, 부족 내에는 반로마 정서를 가진 구성원들이 존재했고, 그들은 드루이드인 둠노릭스를 지도자로 삼았다. 카이사르는 그를 '끝없는 대담성'을 가진 인물이라고 묘사했다. (AKG Berlin)

하지만 아이두이는 BC 1세기경 갈리아의 다른 부족들에게 압박을 당하고 있었다. 그들은 몇몇 군소 부족들을 자신의 보호 아래 두고 있던 강력한 부족이었고, 이웃 부족인 아르베르니와 오랜 적대관계에 있었다. 그런데 이런 적대관계가 BC 71년에 곪아 터졌다. 아르베르니 부족이 자신의 동맹인 세콰니Sequani 부족과 그들이 어리석게 끌어들인 수에비Suebi 부족 소속의 게르만 용병들과 함께 아이두이 부족을 공격했다. 일단 아이두이 부족이 패하자, 아리오비스투스Ariovistus 왕 휘하의 게르만 용병들은 한

아이두이 부족

● 로마와 아이두이 부족의 우호관계는 BC 122년부터 지속되어왔으며, 아이두이 전사들은 로마군의 보조부대, 특히 기병으로 복무했다. 그들의 지원은 카이사르의 갈리아 원정에서 특히 중요한 역할을 했다. 그들은 추가적인 병력을 비롯해 식량 보급과 로마군이 패배할 경우 물러설 수 있는 안전 지역을 제공했다. 그들은 몇몇 부족에게 압력을 가해 로마와 동맹을 맺게 했는데, BC 57년 벨로바키 부족의 경우가 바로 그러한 예다. 하지만 아이두이 부족 전원이 로마를 지지한 것은 아니었다. 영향력이 큰 귀족이자 아이두이 부족의 최고 지도자인 디비키아쿠스는 로마의 충실한 지지자였던 반면, 그의 동생인 둠노릭스는 양측의 동맹에 격렬하게 반대했다. 비록 그가 BC 54년 로마군에게 살해당했지만, 일부 부족민의 반로마 정서는 사라지지 않았다. 일부 아이두이 병력이 BC 52년의 반란에 가담했지만, 아이두이 부족이 전부 거기에 동참하지는 않았다. 아이두이 부족의 지원에 대한 보답으로, 카이사르는 아이두이 부족이 자신의 영향력을 확대하는 것을 허용해주었고, 그들이 헬베티 부족에게 패한 뒤에는 보이 부족의 영토에 정착할 수 있게 해주었으며, 알레시아가 항복한 뒤에는 반란에 가담한 부족들 중 유일하게 아이두이 부족과 다른 한 부족에게만 징벌을 면해주었다. 아이두이 부족은 최혜국적 지위와 로마 문화를 기꺼이 수용하려는 적극성 덕분에 클라우디우스^{Claudius} 황제가 갈리아인의 원로원 진출을 허락한 이후 최초로 갈리아인 원로원 의원을 배출할 수 있었다.

때의 동맹을 배신하고 세콰니 부족 영토 대부분을 장악했다. 이 사건들로 인해 몇 가지 중요한 일들이 초래되었다. 로마는 자신의 동맹인 아이두이 부족을 지원하는 데 실패했고, 이로 인해 갈리아 부족들 사이에서 로마의 평판에 금이 가기 시작했다. 더불어 게르만인들은 이제 헬베티 부족의 영토 근처에 있는 갈리아에 정착했다. 이것은 틀림없이 헬베티 부족에게 커다란 불안감을 안겨주었을 것이다. 헬베티 부족은 이미 이전에 게르만 부족의 이동으로 강제로 스위스로 밀려난 경험이 있었기 때문에, 이번에는 그들 스스로 이제까지 자신들이 있던 근거지를 떠나 프랑스 서부 지역으로 이주할 준비를 했다.

　BC 61년, 로마 원로원은 아이두이 부족에 대한 지지 의사를 표명했지만, 아직 그것을 행동으로 옮기지는 않았다. 하지만 BC 60년에는 로마인들도 갈리아에 대한 모종의 개입을 생각하고 있었고, 그것은 어쩌면 아이두이 부족에 대한 군사적 지원이 될 수도 있었다. 분명히 있을 대규모 이주에 대한 우려로 인해, 로마에서는 군대를 소집하는 등 그에 대한 준비가 한창 진행되고 있었다. 율리우스 카이사르는 BC 59년에 집정관으로 재임하는 동안 외교적 선물을 주고 로마 시민의 친구라는 칭호를 부여하는 방법을 동원해 수에비 부족의 왕인 아리오비스투스를 자기편으로 만들었다. 정치 지도자가 로마 제국 밖에서 다른 왕들, 특히 특정 전역을 수행할 때 추가적인 병력을 제공해줄지도 모르는 이웃 영토의 왕들과 동맹을 맺는 것은 보기 드문 일이 아니었다. 또한 카이사르는 집정관 재임 기간 중에 자신이 갈리아 키살피나와 일리리쿰Illyricum(아드리아 해 연안의 달마티아) 총독으로 임명될 수 있도록 공작을 펼쳤다. 그해 말에 갈리아 트란살피나의 총독이 갑자기 사망하자, 카이사르는 그 지역의 지배권도 확보했다. 그의 지휘 아래 있는 병력은 갈리아 트란살피나에 주둔하고 있는 1개 군단과 이탈리아 북동부 지방의 아퀼레이아Aquileia에 주둔하고 있는 3개 군단으로 구성되어 있었다. 그들은 북쪽으로 아리오비스투스 왕과 헬베티 부족의 위협, 그리고 북동쪽으로 다키아Dacia인들의 위협에 대처하기 위해 각 장소에 주둔하고 있었다. 카이사르는 처음에는 일리리쿰에 대한 전역을 계획하고 있었을지 모른다. 하지만 나중에 갈리아 트란살피나가 자신의 명령권에 추가되자, 그보다 더 좋은 대안을 위한 길이 열렸다.

　카이사르는 야망이 큰 정치가였다. BC 1세기 로마의 원로원 의원으로서 정계를 지배하기 위해서는 (선거민을 매수하기 위한) 엄청난 부와 군사적 명성을 얻는 것이 도움이 되었다. 그의 동맹이자 경쟁자인 3두정치*의 인물들 중 마르쿠스 리키니우스 크라수스Marcus Licinius Crassus는 믿을 수 없을 정도로 부유했고, 폼페이우스는 단순히 부유한 정도가 아니라 스페인과 터키를 정벌한 이후 로마의 선도적 장군이라는 명성까지 갖고 있었다. 카이사르는 갈리아 키살피나와 갈리아 트란살피나의 총독으로 임명되었을 때, 사실상 파산 상태나 다름없었을 뿐만 아니라 유능한 장군으로서 명성을 얻을 수 있는 가능성도 별로 없었다. 하지만 정복을 통해 새로운 속주를 추가할 수만 있다면, 부자가 될 수 있는 동시에 로마의 대중들에게 자신의 군사적 재능을 과시할 수도 있었다. 따라서 카이사르가 아드리아 해의 동쪽 해안이나 갈리아 지방 어딘가에서 전역을 수행하고 새로운 속주를 정복할 것이라는 데는 전혀 의심의 여지가 없었다. 그런데 갈리아 지방은 두 가지 편리한 핑곗거리를 제공했다. 카이사르가 총독의 지위를 막 인수했을 때 헬베티 부족이 이주를 시작했고, 또 이전에 로마가 아이두이 부족을 제대로 지원하지 못했다는 사실이 아직도 중요한 문젯거리로 남아 있었다. 만약 아이두이 부족이 지원을 요청한다면, 특히 그 대상이 게르만 부족의 왕인 아리오비스투스일 경우에는, 로마가 정당하게 갈리아 문제에 개입할 수 있었다. BC 58년 갈리아 키살피나와 트란살피나의 신임 총독이 아직 로마에 머물고 있을 때, 헬베티 부족의 이주 소식이 들려왔다.

---

* **3두정치** 고대 로마에서 세 지도자가 동맹하여 행한 전제 정치. 공화정에서 제정帝政으로 넘어가는 과도기적인 정치 형태로, 폼페이우스, 크라수스, 카이사르에 의한 제1회 3두정치와 옥타비아누스, 안토니우스, 레피두스에 의한 제2회 3두정치가 있었다.

양측 군대
군기 대 무용의 대결

BC 1세기에 갈리아 전역에 참가했던 로마 군대는 군단에 속한 많은 병사들이 군복무를 일종의 직업으로 생각했기 때문에 사실상 직업군대나 다름없었다. 병사들은 국가로부터 장비를 제공받고 훈련을 받고 급료를 받았으며, 한 번 입대하면 장기간 복무하는 경우가 잦았다. 갈리아 군대는 로마 군대와는 완전히 달랐다. 갈리아인의 전쟁 방식은 전사 집단의 가치관에 기반을 두고 있었다. 비록 엘리트 전사들은 이웃 부족을 습격할 수 있는 시간적 여유나 질 좋은 무기와 방어구를 소유할 수 있는 금전적 여유가 있었을지 모르지만, 갈리아 부족들은 조직화된 보급체계가 전혀 존재하지 않았고 전투 참가자들 중 다수가 자신의 농사일에 복귀해야만 했기 때문에 장기간 군대를 유지할 수가 없었다. 갈리아 전쟁은 전쟁 수행 방식이 완전히 다른 두 문화 사이의 충돌이었다.

로마군

로마군은 로마 시민과 지원병으로 구성된 로마 군단과, 로마와 맺은 조약에 따르거나 각자의 선택으로 로마 장군 밑에 들어가 싸우는 비로마 시민, 이 두 가지 종류의 병력으로 구성되어 있었다. 카이사르가 총독에 임명되었을 때, 그의 휘하에는 4개 군단이 배속되어 있었다. 하지만 그는 즉시 추가 병력을 주로 이탈리아 북부 지방에서 모집하기 시작했다. 당시 갈리아 키살피나에는 로마 시민권을 가진 사람이 많지 않았기 때문에, 아마도 그는 로마 시민만을 모병 대상으로 해야 한다는 자격 조건을 자신의 신병들에게 엄격하게 적용하지 않았을 가능성이 높다.

제정 로마 시대의 로마 군단은 레가투스^{legatus}가 지휘했다. 레가투스는 보통 원로원 의원이거나 에퀴테스 신분을 갖고 있었다. 하지만 공화정 말기의 로마 군단은 상임 지휘관이 없었다. 대신 속주 총독이 자신의 참모진 중에서 원로원 의원들을 1개 이상의 군단을 이끌 지휘관으로 임명했다. 군단 지휘관인 레가투스는 상당히 지위가 높거나(카이사르의 부하 가운데 가장 경험이 많은 레가투스인 티투스 라비에누스^{Titus Labienus}*는 법무관이라는 주요 정무관직을 수행했다), 아니면 이제 막 원로원 의원이 된 푸블리우스 리키니우스 크라수스^{Publius Licinius Crassus}**의 경우처럼 경험이 별로 없는 인물이 될 수도 있었다. 각 군단에는 6명의 군사호민관^{tribunes militium}이 있

---

* **티투스 라비에누스** BC 100년경~BC 45년. 로마 공화정 말기의 군인으로 BC 63년에 호민관직을 수행했으며, 율리우스 카이사르의 유능한 부하였으나, 내전 때는 폼페이우스의 원로원파로 돌아서 카이사르와 맞섰다.
** **푸블리우스 리키니우스 크라수스** ?~BC 53년. 로마 공화정 말기의 군인으로 율리우스 카이사르의 부하 장군으로 제1차 3두정치의 1인인 마르쿠스 리키니우스 크라수스의 큰 아들이었다. 카이사르의 갈리아 전쟁에서 큰 활약을 하고 아버지를 따라 시리아 원정에 나섰다가 BC 53년 카르하이 전투에서 파르티아 군대와 전투 중 전사했다.

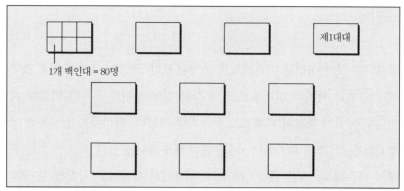

■■■■■■ 로마 군단은 각각 6개 백인대로 구성된 10개 대대cohort로 편성되었다. BC 480년경의 대대는 로마 군대에서 핵심적인 전술 단위였으며, 전술적인 목적으로 1개 군단에서 1개 이상의 대대를 파견하는 것도 가능할 정도로 유연했다.

었는데, 그들은 에퀴테스나 자신의 정치 경력을 시작하기 전에 군사 경험을 쌓으려는 원로원 의원의 아들이 대부분이었다. 군단 내에서 가장 중요한 장교는 백인대장centurion*이었고, 각 군단에는 60명의 백인대장이 있었다. 용감성과 군사 경력에 따라 선발되는 백인대장은 자기 백인대centuria를 훈련시키고 군단이 전역을 수행하고 있든 동계 숙영지에 있든지 간에 군단의 일상적인 업무를 처리하는 임무를 수행했다. 각 군단의 선임 백인대장primi ordines은 군단의 근간으로서 카이사르의 작전회의에 규칙적으로 참석하여 전략적 결단을 내리는 데 기여했다.

　로마 군단 보병은 국가로부터 군복을 제공받았고, 자신의 임무에 맞는 무장을 착용했다. 각 군단 보병은 쇠미늘 갑옷과 청동 혹은 강철 투구를 착용했고, 가장 부유하고 큰 성공을 거둔 켈트족 전사들만큼이나 훌륭

---

* **백인대장** 로마 군단의 최소 단위인 백인대의 지휘관이었다. 명목상 6,000명의 병사로 구성된 로마 군단은 10개 대대로 나뉘었으며, 한 대대마다 6개 백인대가 소속되어 있었다. 따라서 백인대장은 100명 가량의 병사를 지휘했으며, 1개 군단에는 60개 백인대가 있었다.

한 무기를 사용했다. 그런 사실로 인해 로마 군단 보병들은 갈리아 병사들과 마주했을 때 분명히 심리적으로 커다란 우월감을 느꼈을 것이다. 커다란 방패인 스쿠툼scutum은 추가적인 보호 수단이 되었다. 로마 군단 보병의 주요 무기는 필룸pilum이라는 투창과 글라디우스gladius라는 짧은 검이었다.

군단의 모병은 징집과 지원이 혼합된 형태로 이루어졌으며, 복무에 필요한 유일한 자격 요건은 적어도 규정상으로는 로마 시민이어야 했다. 징집병은 적어도 17세가 되어야 했지만, 대다수는 20대 초반에 처음 군에 입대했다. 로마군은 관념상 도시 출신보다는 시골 출신 징집병을 선호했다. 도회지 생활은 젊은이를 나약하고 타락하게 만드는 경향이 있었기 때문이었다. 하지만 카이사르는 갈리아에서 전쟁을 수행하기 위해 군단을 모집하면서 별다른 어려움을 겪지는 않았을 것이다. 갈리아 키살피나 지역에서는 그 이전에 대규모 병력 모집이 실시된 적이 없었기 때문이었다. 로마 군단 보병은 고정적으로 기간을 정해놓고 군단 복무자로 등록하지는 않았지만, 연속적으로 5년 정도를 복무하게 되면 정착할 토지를 받고 퇴역할 수 있을 것으로 기대했다. 군대의 급료가 특별히 후하지는 않았지만, 카이사르의 갈리아 정복처럼 상당한 양의 전리품을 챙길 가능성이 높은 수지맞는 전역에 참가할 경우 부를 축적할 수 있는 기회가 많았다.

로마 군단은 통일된 무기와 장비를 사용했고 대개 중장보병이었지만, 성공적인 군대가 되기 위해서는 다양한 병종의 병사들이 필요했기 때문에 로마 제국의 다른 속주나 로마에 우호적인 이웃 국가와 갈리아 부족들에서 '보조'부대를 모집해 보충했다. 속주 총독은 로마와 아이두이 부족의 우호조약처럼 전임자가 현지 부족들과 맺은 우호관계를 계속 유지해야 할 책임이 있었다. 카이사르는 갈리아 전쟁 초기에 성공을 거둬 군사적 명성이 높아지자, 그 덕분에 갈리아 부족들로부터 지원을 받을 수 있

■■■■■ 몬테포르티노Montefortino 양식의 투구. 이 투구는 연도가 BC 2세기까지 거슬러 올라가지만, 얼굴 측면 보호대와 커다란 돔 형태는 공화정 말기에 병사들에게 지급된 전형적인 투구에서도 볼 수 있다.

었을 뿐만 아니라 게르만 부족들로부터 보조부대를 끌어 모을 수 있었다. 게르만 부족들은 BC 52년 아이두이 부족의 충성심이 흔들렸을 때 그가 기병을 확보할 수 있는 또 하나의 공급원이 되어주었다. 보조부대는 그들만의 전투 기술을 사용했고, 로마 방식의 전투 훈련을 받지 않았으며, 보통 모병이 이루어진 해당 부족이나 국가의 엘리트 지배 계층에 속하는 장

■■■■■■ 스페인 세비야Sevilla 주 에스테파Estepa에서 발견된 BC 1세기의 이 석조 부조는 서로 다른 군복과 장비를 착용하고 있는 두 로마 병사를 묘사하고 있다. 이들은 모두 커다란 방패를 들고 있으며, 왼쪽에 있는 인물은 교전을 위해 칼을 뽑아 들었다. 오른쪽의 병사는 쇠미늘 갑옷과 정강이 보호대를 착용하고 있는 것처럼 보인다. (Ancient Art and Architecture)

■■■■■■ 독일 마인츠에서 발견된 기둥의 토대. 한 보조부대 병사가 교전 중에 있다. 로마 군단 보병과 달리, 그는 타원형 방패를 비롯해 필룸(투창)이 아닌 창과 단검으로 무장했다. 로마는 라인강 유역의 보조부대를 갈리아를 포함한 인근 속주에서 모병했다. (Landesmuseum, Mainz)

교들에게 지휘를 받았다.

로마군 기병대의 주력은 보조부대로부터 제공받았다. 카이사르가 갈리아에서 동원한 기병은 주로 갈리아와 게르만 엘리트 계층으로 구성되어 있었는데, 항상 믿을 수 있거나 효과적이었던 것은 아니었고, 때로는 군기가 잡혀 있지 않았다. 이런 경향은 갈리아 전쟁 초기에 특히 심했다. BC 57년에 그들은 네르비Nervii 부족 기병에게 완패를 당했는데, 그것이 아마 그들이 경험한 것들 중 가장 심한 패배였을 것이다. 그러나 전쟁이 끝날 무렵, 그들은 강력한 부대로 성장해서 카이사르가 내전에서 승리하는 데 기여했다. 게르만 기병들은 때때로 기병의 유용한 기동성에 더해 특정 지역을 지킬 수 있는 방어력을 지닌 경보병과 협력하여 작전을 수행했다.

켈트족 양식의 안장 덕분에 카이사르의 기병들은 등자鐙子 없이도 이후에 등장하는 등자 기병만큼이나 효과적으로 작전을 수행했다. 기병대 병사들은 각자 자비를 들여 장비를 구입했기 때문에 장비에 있어서 상당히 큰 다양성을 보였지만, 어쨌든 부유한 기병은 쇠미늘 셔츠와 투구, 사각형의 방패에 비해 말 등에 앉아서 휴대하기가 편했던 원형 혹은 육각형의 방패, 그리고 기병의 주된 역할 중 하나인 전장에서 도주하는 적병을 추격해 쓰러뜨리기에 적합한 창과 장검을 보유했을 것이다.

갈리아 지역의 로마군에는 발레아레스 제도Balearic islands에서 온 투석병과 크레타Creta와 누미디아Numidia 출신의 궁수도 포함되어 있었는데, 이들은 특히 장거리 전투나 공성전에서 로마군의 화력을 증대시키는 경무장 기동부대 역할을 수행했다. 그들의 역할에 대한 언급은 찾아보기 힘들지만, 그들은 로마군에 상당한 수준의 유연성을 부여했다. 기병과 비슷한 방식으로 추가적인 보병은 갈리아 부족들로부터 제공받았는데, 그들은 아이두이 부족이나 카이사르의 공격을 받고 항복한 레미Remi 부족과 같은 로마의 동맹 부족 전사 집단으로 구성되어 있었다. 이 전사들 중 가장 부유한 축에 속하는 병사들은 로마 군단 보병과 비슷한 방식으로 무장했겠지만, 갈리아인들은 개인의 전투력과 전장에서의 용기를 중요시했기 때문에 로마 군단의 군기와 훈련에는 별로 관심이 없었다.

군수 지원은 대체로 조직이 잘 되어 있었는데, 보급체계의 경우는 보통 보급기지로부터 야전군 사이를 왕복하는 공급 방식에 의존했다. 로마군은 갈리아 지방의 하천을 이용해 보급품을 운반했지만, 열악한 도로 사정이나 카이사르의 신속한 기동 탓에 보급에 어려움을 겪었다. 비록 카이사르가 처음에는 갈리아의 동맹 부족들에게, 나중에는 복속된 부족들에게 보급품을 요구할 수 있었지만, 그의 이동이나 전역의 방향은 전적으로 군수 요구에 따라 결정되곤 했다. BC 52년의 반란에서 갈리아인들이 초토화 전술을 사용한 것은 바로 이런 점을 이해했기 때문이다. 카이사르는 군단에 동계 숙영지를 배정할 때 반드시 그들을 가장 최근에 정복한 부족의 영토에 주둔하게 했는데, 이는 항복한 새로운 점령지에 강력한 군사력

■■■■■■ 도미티우스 아헤노바르부스의 제단에 있는 이 세부 장식은 2명의 군단 보병과 1명의 기병을 보여주고 있다. 각 군단은 소규모 기병이 배속되어 있었지만, 로마군 기병의 절대 다수는 조약에 따라 동맹 부족들이 제공했다. (Ancient Art and Architecture)

■■■■■■ 트라야누스의 기둥에 있는 이 세부 장식은 로마의 부상자가 전장에서 동료들에게 치료를 받고 있는 모습을 보여주고 있다. 로마군은 병자나 부상자들이 그들의 소속 부대에 신속하게 복귀할 수 있도록 그들의 회복을 돕는 데 상당한 노력을 기울였다. (Ancient Art and Architecture)

을 현시하는 동시에 점령군을 먹여 살리게 하는 방법으로 로마에 저항한 부족을 처벌하는 두 가지 목적을 갖고 있었다. 이러한 처벌은 해당 부족이 자기 식구들을 먹여 살리는 능력을 감소시킬 수밖에 없었을 것이다. 카이사르의 요구대로 격렬한 전투를 치른 병사들은 겨울에는 피로를 풀

수 있었다. 특히 환자나 전투 부상병들에게 겨울은 몸을 회복할 수 있는 시기였다. 로마 제국의 군대에는 군의관이 배속되어 있었는데, 이는 공화정 말기의 로마 군대도 마찬가지였을 것이다. 대회전 大會戰을 치른 경우, 로마군은 잠시 휴식을 가졌는데, 때로는 며칠 동안 멈춘 채 전사자를 매장하거나 부상자를 치료했다. 부상자는 나중에 기지로 호송되었는데, 보통은 보급기지로 호송되어 그곳에서 건강을 회복한 뒤 다시 소속 부대에 합류했다.

갈리아 부족과 브리타니아 부족, 게르만 부족

BC 1세기의 갈리아 부족들은 다른 전쟁 방식을 사용했다. 부족 내에서 엘리트 계층의 지위를 유지하기 위해서는 뛰어난 무용 武勇을 보이는 것이 여전히 중요하기는 했지만, 일부 부족들, 특히 갈리아의 남부와 중부에 자리 잡은 부족들 내에서는 지위를 얻고 유지할 수 있는 또 다른 수단이 인정을 받게 되었다. 아이두이 부족의 귀족인 둠노릭스는 엘리트 전사 계급의 지위를 과시하기 위해서 기병으로 전투에 참여하기도 했지만, 동시에 와인 거래를 독점하면서 커다란 부를 얻었다. 이는 갈리아 부족 사회 내에서 그들의 지위를 더욱 강화시켜주었다. 갈리아 부족 사회가 지중해 문화의 영향을 받자 이에 고무된 로마인들은 이러한 변화를 사기 저하 요인으로 해석했다. 카이사르는 벨가이 부족을 갈리아 부족들 중 가장 용감한 부족으로 생각했는데, "왜냐하면 그들이 속주의 문화와 문명으로부터 가장 멀리 떨어져 있었고, 타락의 원인이 되는 사치품을 수입하는 상인들과도 거의 왕래가 없었으며, 또한 라인 강을 사이에 두고 게르만 부족과 가장 가까이 있었을 뿐만 아니라 그들과 끊임없이 전쟁을 벌이고 있었기 때문이었다."

대부분의 갈리아 부족들에서는 이웃 부족을 습격하는 것이 전사가 부와 지위를 얻는 주요 수단이었고, 부족들은 이웃의 군소 부족들 사이에서 영향력을 확대하려고 노력했다. 가장 용감한 부족은 여러 부족들 중에서 가장 안정될 수밖에 없었고 광범위한 영향력을 가지며 많은 예속 부족들을 거느렸다. 이들은 자신들의 군사적 역량을 강화하기 위해 다른 부족들과 동맹을 맺기도 했다. 심지어 세콰니 부족의 경우는 게르만 부족과도 동맹을 맺었다. 갈리아 부족의 전쟁 집단은 엘리트 계층에 속하는 전사의 무리로 구성되어 있었으며, 이들 집단은 족장의 지시에 따라 습격에 치중했다. 로마인들이 갈리아에서 대규모 갈리아 군대를 만난다는 것은 흔한 일이 아니었다. 이런 대규모 갈리아 군대에는 일반적으로 정규전에 참여하지 않았던 농부와 소작농들까지 포함되어 있었을 것이다. 만약 카이사르가 정말로 헬베티 부족과 그의 동맹으로 이루어진 5만 명의 갈리아 군대를 상대했다면, 그 군대에는 부족의 모든 계층이 전부 참여했을 가능성이 높지만, 그들에 대한 자세한 내용이나 그들이 어떤 식으로 무장을 했는지에 대해서는 지금까지 알려진 것이 없다. 전사들은 각자 자신의 부와 지위에 따라 장비를 갖추었는데, 전투에 대한 두려움이 적고 재산이 많을수록 아름다운 장식과 품질이 뛰어난 장비로 자신을 더욱 돋보이게 했다.

가장 부유한 전사들만이 쇠미늘 갑옷을 보유할 수 있었을 것이다. 하지만 그 정도의 귀족이면 켈트 장검 공격으로부터 몸을 보호하는 쇠미늘 갑옷을 비롯해 청동 혹은 철제 투구, 검, 방패 등 로마 군단 보병과 아주 유사한 장비를 갖출 수 있었을 것이다. 투구는 쇠미늘 갑옷처럼 아주 드물었기 때문에 아주 부유한 전사들만 착용했을 가능성이 높다. 이들이 사용한 투구의 형태는 일부 로마 투구와 대단히 유사했다. 실제로 로마 제국 군대의 주요 투구 중 하나로 발전한 쿨루스coolus 투구는 원래 갈리아의 디자인을 따른 것이었다. 갈리아 전사들은 창과 검을 소지했는데, 이들의 검은 로마군의 글라디우스보다 더 길었고, 찌르기가 아니라 주로 베기에 적합하게 만들어졌다. 이런 전투 기술은 개인이 긴 무기를 휘두를 수 있는 넓은 공간을 확보해야 했음을 시사한다. 그리스 역사가 폴리비우스 Polybius는 이 장검이 충격의 순간에 휘어지는 경향이 있다고 주장했지만, 대다수는 고품질의 강철로 제작되었기 때문에 무기로서 엄청난 위력을 발휘했다. 갈리아의 긴 직사각형 방패는 로마의 스쿠툼처럼 짐승 가죽이나 나무로 제작되었을 것이다. 일부 방패들은 특별히 두껍거나 강하지 않았을 수도 있다. 바로 그런 이유로 카이사르가 로마의 필룸이 갈리아의 방패 여러 겹을 동시에 관통할 수 있었다는 기록을 남겼는지 모른다. 유적지에서 발굴된 청동 방패들은 실제 전투가 아니라 장식용이나 의전용으로만 사용되었을 가능성도 있다. 전사들 대부분이 갑옷을 착용하지 않았을 가능성이 높고, 실제로 그들 중 일부가 자신의 용기나 전투 능력을 과시하기 위해 갑옷을 입지 않고 싸우는 쪽을 택했다는 점을 고려할 때, 방패는 그들에게 중요한 방어 장비였다. 헬베티 부족의 전사들은 그들의 방패가 로마의 필룸에 의해 무력화되자, 로마군의 공격에 노출되어 위험한 상태에 빠졌다.

켈트 기병은 가장 부유한 전사들로 구성되었고, 전역 기간의 처음 한두 해에는 수적으로 우세한 카이사르의 보조 기병에게 아주 효과적이었을 뿐만 아니라 몇 차례 승리를 거두기도 했다. 그들이 등자 없이도 강력한 기병이 되는 데는 아무런 지장이 없었다. 켈트인들이 설계한 안장은 안정적인 기마 자세를 취할 수 있게 해주었기 때문에, 갈리아 기병은 투창을 던지거나 창으로 찌르거나 칼을 휘두르며 충격 전술을 사용할 수도 있었다. 일부 게르만 기병도 같은 안장을 사용했을 수도 있다. 하지만 게르만 기병들의 기마술이나 그들이 정기적으로 경보병들과 함께 펼친 협

■■■■■ 프랑스 바셰르Vachères에서 발견된 BC 1세기 귀족 전사의 조각상. 목 주위에 테를 두르고 있는 그는 로마에 대항했던 갈리아 부족이거나 로마군의 보조부대 소속인 갈리아인 장교였을 가능성이 있다. 그는 로마군의 방식에 따라 쇠미늘 셔츠와 커다란 방패, 검으로 무장했다. (Ancient Art and Architecture)

동작전은 상당히 인상적이었다. 이는 적어도 그들을 대상으로 어느 정도의 훈련이 이루어졌음을 암시한다. 하지만 이런 내용이 언급된 출처는 거의 찾아보기 힘들다. 브리타니아의 켈트족들은 대륙에서는 이미 쇠퇴한 전차를 여전히 사용하고 있었는데, 그들의 전차는 빠른 속도와 날렵한 기동성을 갖고 있어서 로마 보병이 대응하는 데 많은 어려움을 겪었다. 전차는 부유한 귀족들을 전장에 데려다주었다가 그들이 부상을 당하거나 전장으로부터 후퇴해야 할 필요가 있을 때 다시 그들을 실어가는 일종의 전장 '택시' 역할을 했다.

장거리 화력은 투석병과 궁수들이 제공했다. 하지만 이들은 전사 집단에 속하지 않았다. 당시 그런 전투 형태는 '영웅적'인 것으로 간주되지 않았기 때문이다. 투석병은 때때로 야전(BC 54년에 있었던 로마군 종대에 대한 갈리아군의 매복공격과 같은 경우)에 참가하기도 했지만, 대체로 궁수와 함께 오피둠을 방어하는 임무에 종사했다. 베르킨게토릭스는 BC 52년 갈리아 지역 전체의 반란을 준비하면서 갈리아의 모든 궁수들을 소집했다. 그들은 하류 계급의 갈리아인이었을 가능성이 높지만, 반란군이 채택한 전략이 성공하기 위해서는 그들의 역할이 아주 중요했다.

갈리아 군대 조직이나 각 조직이 회전會戰에서 수행하는 역할에 대해서는 알려진 바가 거의 없지만, 갈리아 군대는 전투가 시작하는 순간 보병과 기병의 돌격으로 적의 전열을 무너뜨리는 전술에 전적으로 의지했던 것으로 보인다. 회전은 비록 규모가 작더라도 무용을 발휘할 수 있는 최적의 기회를 제공했기 때문에 전쟁을 수행하는 데 있어서 가장 중요한 방식이었다. 하지만 모든 갈리아 부족들이 야전에서 적, 특히 로마와 같

■■■■■ 영국 런던의 템스 강 인근에서 발견된 배터시|Battersea 방패. 이 청동 방패는 단지 의전행사용으로만 사용되었을지도 모르지만, 전투에서 사용된 나무 방패와 디자인이 똑같다. 로마군의 스쿠툼처럼 켈트족의 방패도 보병에게 뛰어난 방어력을 제공했다. (Ancient Art and Architecture)

이 강력한 적을 상대하는 것을 좋아했던 것은 아니기 때문에 부족마다 사용하는 전략은 차이가 있었다. 네르비와 같이 강력한 부족이나 동맹체는 회전을 통해 로마군을 상대한 반면, 남서 갈리아 지방의 아퀴타니아 부족

■■■■■■ 군데스트루프Grundestrup 솥에 새겨진 켈트 보병과 기병. 전사들은 자신의 투구를 독특한 동물 문양으로 장식했는데, 아마 그들은 그런 문양을 통해 전장에서 자신의 모습을 돋보이게 했을 것이다. 그들은 전쟁터에 긴 트럼펫 형태의 청동제 악기인 카르닉스carnyx를 함께 가지고 갔다. (Ancient Art and Architecture)

과 같은 다른 부족들은 치고 빠지기 전술에 의지하면서 베르킨게토릭스가 BC 52년 반란에서 계획했던 것처럼 침입자의 보급선을 공격하는 쪽을 더 선호했다. 해안가에 거주하는 일부 부족들은 (보통은 우마차의 형태로) 이동 가능한 재산을 보유하고 있었기 때문에 소택지로 후퇴하여 로마군과 직접적인 충돌을 피할 수 있었는데, 영국 해협 연안의 메나피 부족이나 모리니Morini 부족이 바로 그런 경우다. 베네티 부족은 교역을 통해 부를 축적하고 군사력도 해상 전력 위주였기 때문에 그들의 전략은 해안가 절벽 위에 자리 잡은 오피둠을 방어하는 것 위주로 전개되었으며, 하나의 요새가 로마군에 함락될 것 같으면 그냥 바다를 통해 다른 요새로 이동해버렸다. 각 부족들은 자신의 전략을 로마라는 새로운 위협에 대처할 수 있도록 변용할 수 있는 군사적 역량을 갖고 있었고, 변용한 몇몇 전략들은 로마의 전진을 지연시키는 데 상당히 큰 성과를 거두었다. 치고 빠지는 전술이나 대규모 회전을 피하는 전략 또한 갈리아 부족들이 선호했을 수도 있지만, 로마군이 군수 지원을 받을 수 있었던 반면 그들은 그렇지 못했기 때문에 어쩔 수 없이 그런 방식에 의존할 수밖에 없었을 수도 있다. 갈리아 부족들은 대규모 군대를 장시간 유지할 수 없었다. 만약 결정적인 교전이 신속하게 이루어지지 않을 경우, 그와 같은 대규모 군대는 보급품 부족으로 인해 분산될 수밖에 없었다. BC 57년 벨가이 부족은 몇 개의 다른 부족들을 통합하여 군대를 집결시켰지만, 빠른 시일 내에 카이사르와 결정적 교전이 있을 것 같지 않자, 보급품 부족으로 어쩔 수 없이 해산해야만 하는 처지에 놓였다.

직업군인으로 이루어진 로마 군대는 전사 사회를 통해 구성된 갈리아 군대에 비해 많은 장점을 갖고 있었기 때문에, 몇몇 갈리아 부족이 재빠르게 로마 편으로 전향했다거나 카이사르와 같은 유능한 장군의 지휘를 받는 군대가 갈리아를 놀라울 정도로 신속하게 정벌했다는 사실은 그리 놀라운 일이 아니다.

갈리아군의 개인 능력과 로마군의 군기

갈리아와 로마의 전투 방식은 서로 완벽하게 대조를 이루었다. 두 문화에서 회전을 통한 승리는 일개 전사나 병사에게는 물론이고 갈리아 부족의 족장이나 로마군의 장군에게도 최고의 명예였다. 전장에서는 용감해야 한다는 것이 일반적인 기대였기 때문에, 전장에서 죽는 것은 명예로운 일이었다. BC 1세기 중엽, 카이사르가 갈리아 정벌을 시작했을 때, 이미 로마인과 갈리아인은 여러 세기에 걸쳐 산발적으로 전쟁을 해왔던 사이였다. 로마인들은 그들의 문학작품에 자신의 야만인 이웃에 대한 공포감과

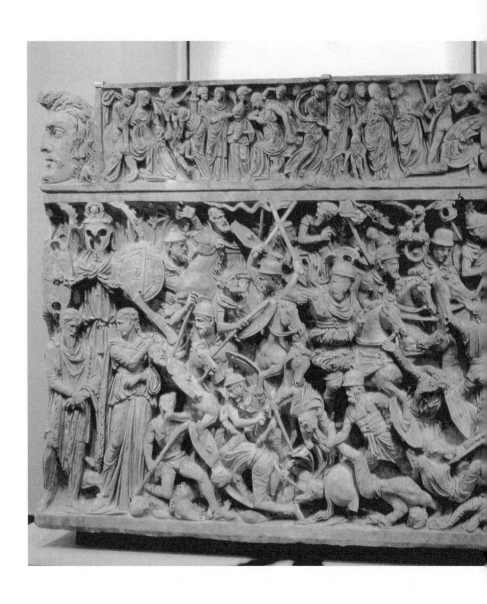

그들의 전투 방식에 대한 은밀한 존경심을 드러냈다. 갈리아인은 로마인
보다 훨씬 더 체격이 큰 것으로 인식되었다(몇몇 이야기에 보면 갈리아인은
거의 거인 수준으로 묘사되어 있다). 분명히 그들은 평균적인 로마 군단 보
병보다 약간 더 컸을 테지만, 로마인들은 적보다 자신이 더 작다는 사실

에 대해 지나치게 자기방어적이었던 것으로 보인다. 그럼에도 불구하고 로마인이 적용한 전투 방식은 갈리아 인을 상대하기에는 안성맞춤이었다. 실제로 군단을 마니풀루스 manipulus (120명으로 이루어진 부대 단위)로 조직 하고 대형 스쿠툼을 비롯해 군단 보 병의 백병전용 주무기로 짧은 글라디 우스를 도입하게 된 것은 BC 4세기에 갈리아 부족을 상대로 한 전투가 계 기가 되었을 것이다.

갈리아인의 전투 방식은 전사들이 전장에서 알몸 아니면 정교하게 장식 된 갑옷을 입고 싸움으로써 자신을 과시하게 만들었다. 전사들은 일개 개인으로서 전투를 수행함으로써 자 신의 용기를 자랑했다. 갈리아 전사 가 긴 칼을 적절하게 사용하려면 전장에서 상당히 넓은 공간을 확보해야 만 했다. 켈트 검은 본질적으로 베기 공격용 무기였으며, 체격이 커서 칼 을 멀리 뻗을 수 있는 갈리아 전사가 들었을 경우에는 치명적인 무기가 될 수 있었다. 특히 상대가 작고 짧은 칼을 들고 있을 때 확실히 유리했다.

하지만 갈리아 전사들은 한 사람의 개인으로 싸웠다. 물론 그들은 훈련이나 특히 경험을 통해 어느 정도는 전술을 이해하고 있었고, 분명 지휘부는 전장에서 악기를 통해 분명하게 명령을 전달할 수 있었겠지만, 그들이 로마 병사들처럼 하나의 부대로 싸우기에는 훈련도가 매우 떨어졌다. 후퇴할 수밖에 없는 상황에서 그들이 대열을 유지하며 질서정연하게 뒤로 물러서는 경우는 거의 없었다. 그렇게 하기 위해서는 엄청난 훈련과 전우에 대한 절대적 신뢰가 요구되었다. 그들은 질서정연한 후퇴가 불가능했기 때문에 적의 측면 기동이나 퇴각하는 전사 무리에 대한 적 기병의 공격에 언제나 취약했다. 칼을 휘두르기에 충분한 공간이 없을 경우, 그것 역시 갈리아 전사들의 대열에 재앙을 초래할 수 있었다. 간격 없이 밀집할 수밖에 없을 경우, 갈리아 전사들은 자신의 검을 적절하게 사용할 수 없기 때문에 바짝 다가서서 매우 효과적인 공격을 하는 적에게 취약할 수밖에 없었다.

로마 군단 보병은 장비들 덕분에 그리스의 팔랑크스phalanx 대형처럼 전투에서 자기 몸을 바로 옆에 있는 병사의 방패로 가려야 할 필요가 없었기 때문에 개인적으로 전투를 수행할 수 있었다. 하지만 그들은 자기 부대의 힘에 의지해야 했다. 만약 같은 백인대나 대대, 군단에 속한 전우가 뒤로 물러서면 측면이나 후방의 공격에 노출될 게 틀림없었기 때문이다. 로마 군대의 힘은 그들의 진형이 가진 장점에서 나왔으며, 그 장점은 부대의 사기와 군기, 훈련에 기반을 두고 있었다. 이런 사실은 갈리아 전쟁 발발 두 번째 해에 카이사르의 군단이 네르비 부족에게 기습을 당했을 때 확실하게 드러났다. 로마 군단 보병은 장교들에게 명령을 받을 필요도 없었다. 그들은 자동적으로 참호를 파던 도구를 버리고 무기를 잡은 다음 전투대형을 형성했다. 그들이 받은 훈련 덕분에 그들은 소속 부대나 평소에 함께 싸우던 전우와 함께 있지 않을 때조차 효과적인 전투대형을 형성할 수 있을 정도로 뛰어난 임기응변 능력을 보였다. 로마 병사들은 '전쟁 기계' 속의 자동인형이 아니었다. 그들은 명령에 따르는 것만큼이나 독단적으로 판단을 내리고 그것을 실천하는 데도 뛰어났다. 로마 병사들에게 훈련과 군기가 배어 있었다는 말은 로마의 부대가 전장에서 대형을 유지한 채 이동하고 심지어 후퇴할 때도 방어대형을 유지할 수 있었다는 뜻이며, 그것은 전쟁을 수행하면서 사상자를 최소로 줄일 수 있는 귀중한 기술이었다.

자신보다 체격이 더 큰 갈리아인들이 긴 장검을 휘두르며 도전해올 때, 로마 병사들은 필룸을 던진 뒤 신속하게 적에게 접근해 백병전을 벌였다. 커다란 스쿠툼은 로마 군단 보병의 정면과 왼쪽 측면을 대부분 가려주었고, 짧은 글라디우스는 근접전에서 찌르기 공격을 가하는 데 아주 이상적인 병기였다. 게다가 그들은 방패의 금속 돌기로 적에게 타격을 가할 수도 있었다. 만약 로마 군단 보병이 적에게 가까이 접근한다면, 적의 전투 방식에 필요한 공간을 말 그대로 제거하면서 자신이 효과적으로 활동할 수 있는 좁은 공간을 확보하는 셈이었다. 짧은 글라디우스는 살인을 하는 데는 잔학할 정도로 효율적인 도구였다. 보통 적은 갑옷을 안 입는 경향이 있었기 때문에, 몸통, 특히 적의 복부를 향해 짧게 찌르기만 해도

■■■■■■ 루마니아의 아담클리시^{Adamclisi}에서 발견된 AD 2세기의 이 부조는 군복을 입은 로마 군단 보병이 반쯤 벌거숭이인 야만인과 싸우고 있는 모습을 묘사하고 있다. 로마 병사는 방패의 돌기로 상대를 가격하여 균형을 잃게 한 다음 칼로 복부를 찌르고 있다. (저자 소장)

적을 죽이거나 장기에 깊은 상처를 입혀 심한 출혈을 일으킬 수 있었다. 로마 병사는 칼로 찌르는 훈련을 주로 받았지만, 그렇다고 해서 그들이 베기 공격을 하지 않았던 것은 아니다. 글라디우스가 예리한 날과 적절한 무게를 갖고 있었기 때문에, 그들은 적의 사지를 쉽게 절단할 수 있었다. 로마 군단 보병은 평균 키에 있어서 갈리아인보다 작았지만, 장비 덕분에 결코 열세에 있지 않았다. 게다가 갈리아인이 야전에서 사용한 전술이나 전투 방식은 오히려 로마인에게 유리하게 작용했다. 일반적으로 야전에서 로마군의 엄격한 군기는 갈리아인의 화려한 무용을 압도했다.

개전
헬베티 부족의 이동

BC 58년 3월 28일, 헬베티라는 이름의 켈트 부족이 이웃인 라우리키
Raurici · 툴링기Tulingi · 라토브리기Latobrigi · 보이Boii 부족과 함께 스위스에 있
는 자신의 고향을 떠나 서부를 향해 이주를 시작했다. 여자와 아이들, 가
축을 포함하여 부족이 이처럼 대규모로 이동한 것은 갈리아 서부로 이동
해서 원래 그곳의 거주 부족을 패배시키고 그들을 다른 곳으로 이주시킨
뒤 자신들이 그곳에 정착하기 위해서였다. 부족 전체가 이렇게 대규모로
이동한 전례가 없지는 않다. BC 2세기 말 게르만 부족들이 그와 비슷한
이동을 하다가 로마와 충돌해서 당시 로마 군대에게 몇 차례나 파멸적인
패배를 안겨주었다. 하지만 헬베티 부족의 이주는 광범위한 계획 과정을
거친 만큼 불시에 이루어진 놀라운 일은 아니었다. 이주를 위한 준비는
이미 3년 전부터 이루어지고 있었다. BC 60년대 말부터 이미 헬베티 부족

BC 58년~BC 57년의 전역

브리타니아

켄트

베르비 부족

아두아투키 부족

벨가이 부족

영국 해협

아미앵

래비 부족

비브락스

노비오두눔

아리오비스투스

비브락테

베숑티오

헬베티 부족

아이두이 부족

제네바

아퀼레이아

갈리아 키살피나

← BC 57년 헬베티 부족의 이주 경로
← BC 58년 로마군의 전역
← BC 57년 로마군의 전역
■ 동계 숙영지

N

0   100 miles
0   200 km

갈리아 트란살피나

마실리아

1. 갈리아 트란살피나에서 제네바로 파견된 군단
2. 카이사르가 아퀼레이아에서 갈리아로 이동시킨 군단

은 공간적인 압박을 느끼고 있었다. 그들은 스위스의 산악지대 안에 갇혀 있어서 증가하는 인구를 먹여 살리거나 무용을 과시하기 위해 그들의 영토를 확장할 기회가 거의 없었다. 또한 헬베티 부족은 서쪽을 향해 이주하고 있던 게르만 부족들이 그들의 영토 북쪽에 등장하자 걱정하지 않을 수 없었다. 특히 공격적인 성향을 가진 수에비 부족의 왕 아리오비스투스는 이미 아이두이 부족과 국지적인 전쟁을 하고 있던 세콰니 부족과 아르베르니 부족에게 지원을 약속하고 세콰니 부족의 영토에 정착한 상태였다.

헬베티 부족은 BC 61년부터 이동 기간 도중에 먹을 식량과 갈리아 지역 서쪽의 새로운 영토에 도착해서 씨앗으로 사용할 3년 치의 곡물을 준비하기 시작했다. 그리고 기타 각종 보급 물자를 비롯해 마차와 가축들을 끌어 모았다. 이런 일들의 대부분이 헬베티의 귀족인 오르게토릭스 Orgetorix의 지휘 아래에 이루어졌다. 그는 또한 비밀리에 2명의 갈리아 귀족인 세콰니 부족의 카스티쿠스Casticus와 아이두이 부족의 둠노릭스와 동맹을 결성했다. 둠노릭스는 로마와 밀접한 관계를 맺고 있는 디비키아쿠스의 동생이었다. 세 사람은 자기 부족 내에서 권력을 장악한 다음 동맹을 결성하고 세 부족이 갈리아를 정복하여 분할하거나, 아니면 좀더 가능성이 높은 추측으로서, 아리오비스투스의 지휘하에 있는 게르만인들을 라인 강 동안으로 다시 쫓아버리거나, 점점 더 증가하고 있는 로마의 개입 혹은 침공 위협에 대항하거나, 그것도 아니면 두 외부 세력 모두를 축출하려고 계획했던 것 같다. 음모의 목적이 무엇이든 간에, 그 음모는 사전에 발각되었고, 오르게토릭스는 스스로 왕이 되려는 음모를 꾸민 죄목으로 재판을 받기 전에 자살했다. 하지만 이것이 헬베티 부족의 이동 계획을 막지는 못했다. BC 58년 봄에 그들은 도시와 촌락, 남은 곡식을 불태워 이주를 절대 포기하지 않겠다는 결의를 다진 뒤 수천 대의 마차를 동원해 론 강 서안의 갈리아 영토와 로마의 속주가 있는 방향으로 출발했다.

갈리아인과 로마인은 이주의 가능성을 우려의 시선으로 지켜보고 있었다. 수천 명에 이르는 헬베티 부족이 이동할 경우, 그들이 통과하는 지역에는 커다란 손실이 발생할 게 분명했고, 다른 부족들이 헬베티 부족의 편에 서서 토지를 할당받으려고 하거나 그들에게 저항을 시도하여 갈리아 남부 전체가 혼란에 빠질 수도 있었다. 헬베티 부족은 이동이 끝나면 다른 부족들에게 땅을 빼앗을 계획이었기 때문에, 그 지역의 정치적 균형을 더욱 뒤흔들 위험이 있었다. 일부 부족들이 로마의 지원을 요구할 게 뻔했기 때문에, BC 60년에 원로원은 대사를 갈리아 부족들에 보내 그들이 헬베티 부족에 합류하지 못하게 설득했다. 헬베티 부족이 꾀하고 있는 이주는 로마와 동맹관계에 있는 아이두이 부족과 알로브로게스 부족을 비롯해 아주 비옥한 땅을 가지고 있는 갈리아 트란살피나의 안보를 위협했다. 헬베티 부족이 남쪽으로 방향을 틀어 이탈리아를 위협하게 될 가능성은 별로 없었지만, 게르만 부족들이 초래한 재앙을 생생하게 기억하고 있던 로마는 이주 부족에 대해 우려하지 않을 수 없었고, 게다가 게르만 부족들이 헬베티 부족이 떠난 영토로 이동할지도 모른다고 걱정했다. 로마인의 생각에는 게르만인이 갈리아인보다도 더 못마땅했다. 로마는 자신의 북쪽 국경에서 소동이 벌어지는 것을 원치 않았기 때문에 헬베티 부족이 이주를 준비하자 전쟁까지 고려하게 되었다. 로마가 표면적으로 로마의 이해관계를 보호하기 위해 헬베티 부족과 전쟁을 개시한다고는 하지만, 그렇게 되면 갈리아 지방에 대한 로마의 개입이 더욱 확대될 가능성이 컸다. 오르게토릭스와 그의 공모자들은 바로 이 점을 우려했다.

BC 60년대 말에는 로마가 갈리아에서 전쟁을 벌이는 것이 불가피한 일이 되어가고 있었다. BC 60년 당시 집정관인 메텔루스^{Metellus}는 갈리아 지역에 대한 전쟁을 수행해서 승리를 얻고 싶은 열정에 가득 차 있었던 것으로 보인다. 로마의 주도적인 정치가였던 마르쿠스 키케로^{Marcus Cicero}는 오르게토릭스가 쿠데타에 실패한 이후 메텔루스가 "갈리아는 평온하다는 보고에도 크게 기뻐하지 않았다"고 묘사했다. BC 59년의 집정관인 율리우스 카이사르 역시 자신의 군사적 명성을 얻는 데 메텔루스만큼이나 열정적이었다. 갈리아 트란살피나와 갈리아 부족들에 대한 헬베티 부족의 위협은 '카수스 벨리^{casus belli}(개전 구실)'와 카이사르가 직접 갈리아에 개입할 수 있는 기회를 제공했다. 하지만 그런 일이 벌어지지 않았더라도 카이사르는 어쨌든 갈리아를 정벌할 구실을 만들어냈을 것이다. 당시 상황이 전개되었던 바와 같이, 일단 헬베티 부족의 위협이 무력화되자, 카이사르는 신속하게 갈리아 영토와 갈리아 문제에 더욱 깊숙이 개입할 수 있는 명분을 찾아내어 경이적인 승리를 거두고 정복 사업을 추진할

▪▪▪▪▪▪ 로마에 있는 트라야누스의 기둥은 AD 2세기 초의 전역을 묘사하고 있지만, 부조에 묘사된 기술들, 특히 공병 기술과 야영장 건축술은 갈리아 정벌 때와 마찬가지로 여전히 중요했다. 맨 윗열에 있는 병사들은 군대가 야간에 기습을 당하지 않도록 영역 내에 야영장을 건설하고 있다. (Ancient Art and Architecture)

수 있는 길을 열었다. 그 문제는 로마의 동맹인 아이두이 부족이 아리오비스투스 왕에 대항하기 위해 지원을 요청하면서 쉽게 해결되었다. 이때부터 로마의 갈리아 정복은 카이사르의 가장 가망성이 큰 목표가 되었다. 갈리아 키살피나와 갈리아 트란살피나의 새로운 총독인 카이사르는 헬베티 부족이 마침내 이동을 시작했다는 대한 소식을 들었을 때, 그들의 이주 경로 상에 위치한 자신의 속주인 갈리아 트란살피나를 지킬 의무가 있었다. 헬베티 부족은 카이사르에게 로마의 영토를 통과할 수 있도록 허가를 요청했으나 거부당하자, 방향을 북쪽으로 돌려 로마의 영토를 침범하지 않고 이동을 계속했다. 이제는 헬베티 부족이 로마에 직접적인 위협이 되지 않았는데도, 카이사르는 그들을 추격해 그들이 강을 건너는 동안 이유 없이 그들을 공격했다. 로마인들은 헬베티 부족을 '야만인'으로 생각했기 때문에, 헬베티 부족의 행동은 그와 같은 반응을 정당화시키기에 충분했다. 갈리아 전쟁은 로마 사회의 기대치와 가치관을 충실하게 따르면서 출세하여 동료들 가운데서 우뚝 서기를 원했던 한 장군이 영토 확장을 위해 일으킨 침략 전쟁이었다.

전투
침공, 포위, 그리고 정벌

BC 58년의 첫 번째 전역

총독 임기 첫 번째 해에 카이사르는 2개의 주요 회전을 치렀으며 거기서 모두 승리를 거둔 뒤 갈리아의 정복자로 우뚝 섰다. 그가 작전을 벌이면서 보여준 속도와 결정력은 로마에 있는 그의 정적들에게 깊은 인상을 남겼고, 갈리아인들을 공포의 도가니로 몰아넣었다. 카이사르는 이주하는 헬베티 부족과 게르만 부족의 왕 아리오비스투스의 위협으로부터 갈리아인들을 해방시켰지만, 이제는 그 자신이 그들의 독립에 심각한 위협을 가하고 있었다.

카이사르가 아직 로마에 있던 3월 중순에 헬베티 부족이 이동을 시작하여 제네바와 갈리아 남부를 향해 서진하면서 로마의 속주에 위험할 정도로 접근하고 있다는 소식이 전해졌다. 그는 즉시 갈리아 트란살피나로 출발하면서 그곳에 주둔하고 있던 유일한 군단에게 제네바로 진격해 론 강의 다리를 파괴하라고 명령했다. 그는 갈리아 트란살피나에서 보조부대를 모병하고 이탈리아 북부에서 새로 2개 군단을 창설했다. 속주를 지나갈 수 있도록 허가해달라고 헬베티 부족이 요청해오자, 그는 시간을 벌기 위해 고려해보겠다고 응답했다. 일단 자신의 병력이 방어선을 구축하자, 그는 헬베티 부족이 로마 영토에 접근하는 것을 금지하여 그들이 프랑스 중부 지방으로 향할 수밖에 없게 만들었다. 이어서 그는 이탈리아로 급히 귀환해 새로 창설된 2개 군단과 아퀼레이아에 주둔하고 있던 3개 고참 군단을 집결시킨 뒤 이들을 이끌고 초여름에 알프스를 가로질러 행군하여 헬베티 부족이 손 강을 건널 때 그들을 따라잡았다. 헬베티 부족 4분의 3이 이미 강을 건넌 상태에서 카이사르는 남아 있는 부족민을 공격했다. 그의 군단은 숲속으로 도주하는 데 성공한 일부 부족민을 제외하고 나머지 부족민을 모두 학살했다. 당시 사상자 수는 기록에 남아 있지 않다.

주교를 이용해 손 강을 하루 만에 건넌 카이사르는 헬베티 부족의 주력을 따라잡았지만, 어느 정도 거리를 유지하며 그들을 추격하면서 자신에게 유리한 시기가 올 때까지 교전을 피했다. 헬베티 부족은 전투를 피하고 싶었기 때문에 협상을 시도했지만, 카이사르는 너무나 가혹한 조건을 제시했다. 아마도 그는 전술적 상황이 유리해졌을 때 전투를 벌일 생각이었기 때문에 의도적으로 그렇게 했을 가능성이 높다. 실제로 며칠 뒤 유리한 상황이 전개되자, 라비에누스 휘하의 병력이 헬베티 부족의 야영지가 내려다보이는 고지를 점령한 뒤 공격 준비를 했다. 그런데 한 고참 정찰병이 공포에 질린 나머지 그가 언덕에서 본 부대 휘장이 로마군의 것이 아니라 갈리아 부족의 것이었다고 카이사르에게 잘못 보고하는 바람에 공격은 중단되고 말았다.

카이사르는 계속 헬베티 부족을 추격했지만, 결국 비브락테로 가서 그의 동맹인 아이두이 부족에게 보급품을 받을 수밖에 없는 처지에 몰렸다. 그의 보급품 호송대는 손 강에서 발이 묶여 있었다. 로마군의 보급선을 끊으려고 했는지, 헬베티 부족은 전투를 하기로 결정하고 로마군의 후위를 공격했다. 카이사르는 기병 경계진의 엄호 아래 경사지에 부대를 배치했다.

헬베티 부족과의 전투

로마군은 2만4,000~3만 명에 달하는 6개 군단과 정확한 수를 알 수 없는 보조부대 보병과 기병으로 구성되어 있었다. 2개 군단은 새로 창설되었고, 보조부대의 다수는 갈리아인들이었다. 이들의 전투 능력은 의심스러웠던 것이 분명하다.

헬베티 부족 군대의 수는 알려져 있지 않다. 그들의 동맹인 보이 부족과 툴링기 부족은 약 1만5,000명의 병력으로 구성되어 있었지만, 갈리아 군대의 총 병력이 5만 이상을 넘었을 것 같지는 않다.

카이사르는 자신의 새로운 군단과 보조부대의 보병들을 예비 병력으로 고지대에 배치하여 로마군의 야영지를 방어하게 했다. 참전 경험이 있는 4개 군단은 3열 횡대triplex acies 대형으로 헬베티 부족을 바라보며 경사면을 따라 배치했다(4개 대대가 정면에 배치되고 각각 3개 대대로 이루어진 2개 전열이 예비대를 형성했다). 헬베티 부족은 아주 조밀한 밀집대형을 형성했다. 그들은 짐과 마차, 가족들을 전열의 좌익에 집결시키고 동맹인 보이 부족과 툴링기 부족을 그곳에 배치했다.

헬베티 부족의 첫 번째 돌격은 고지대라는 지형적 이점과 필룸이라는 우월한 무기를 갖고 있는 로마군에 의해 쉽게 격퇴당했다. 로마군의 필룸은 적의 방패에 부딪치는 순간 무게로 내리눌러 사람과 방패를 동시에 땅에 박아서 움직이지 못하게 만들었다. 헬베티 부족은 후퇴했지만, 사실 그것은 속임수였을 것이다. 로마군의 대대가 후퇴하는 헬베티 부족을 쫓아서 전진하자, 보이 부족과 툴링기 부족이 로마군의 우익에 측면 공격을 가했다. 바로 그때 헬베티 부족은 다시 공격을 시작하여 로마군을 포위했다. 이어서 보병들의 백병전이 시작되었다. 군단체계가 갖고 있는 놀라운 전술적 유연성 덕분에 카이사르는 후방 전열의 대대에게 "뒤로 돌아"를 명령할 수 있었고, 로마 군단은 2개 정면에서 전투를 벌였다. 언덕 위의 로마군 예비대는 아예 교전에 참가하지도 않았다. 헬베티 부족은 도주했다. 보이 부족과 툴링기 부족은 마차가 있는 쪽으로 밀려났고, 그곳에서 여자와 어린이들과 함께 학살당했다.

전투가 끝난 뒤, 카이사르는 부상당한 병사들을 보살피기 위해 3일간 휴식시간을 가진 다음

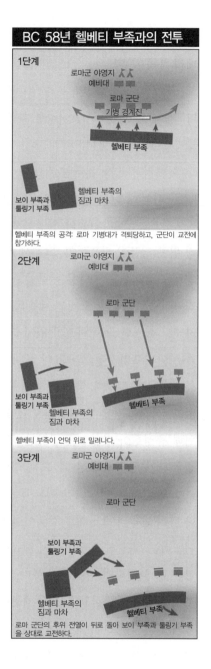

BC 58년 헬베티 부족과의 전투

1단계

로마군 야영지
예비대

로마 군단
기병 경계진

헬베티 부족

보이 부족과
툴링기 부족

헬베티 부족의
짐과 마차

헬베티 부족의 공격: 로마 기병대가 격퇴당하고, 군단이 교전에 참가하다.

2단계

로마군 야영지
예비대

로마 군단

헬베티 부족

보이 부족과
툴링기 부족

헬베티 부족의
짐과 마차

헬베티 부족이 언덕 위로 밀려나다.

3단계

로마군 야영지
예비대

로마 군단

보이 부족과
툴링기 부족

헬베티 부족의
짐과 마차

헬베티 부족

로마 군단의 후위 전열이 뒤로 돌아 보이 부족과 툴링기 부족을 상대로 교전하다.

헬베티 부족에 대한 추격을 재개했다. 헬베티 부족은 즉시 항복했다. 헬베티 부족이 떠난 지역으로 게르만 부족이 이동할 수도 있다는 점을 우려해, 카이사르는 헬베티 부족 생존자들에게 고향으로 돌아가라고 명령했다. 카이사르는 이주를 시작한 부족민 36만8,000명 중 오직 11만 명만이 돌아갔다고 주장했다.

할베티 부족을 처리한 카이사르는 아리오비스투스 왕의 지휘하에 라인 강 좌안에 있는 땅을 차지하고 있는 게르만 부족에게 관심을 돌렸다. 카이사르는 '로마인들의 친구이자 동맹'인 아리오비스투스 왕을 공격하기 위한 명분이 필요했고, 그래서 게르만 부족이 동맹인 아이두이 부족의 영토를 습격했으며 다른 부족들도 지원을 요청했다고 주장했다. 양측은 전략적으로 중요한 도시인 베손티오Vesontio(오늘날의 브장송Besançon)를 점령하려고 했지만, 카이사르가 먼저 그곳에 도착했다. 카이사르의 신참 병사들은 아리오비스투스와 그의 군대가 이전에 로마군이 손쉽게 학살한 다른 이주 부족들보다 훨씬 더 난폭할 것이라고 지레 짐작하여 두려움에 떨었고, 심지어는 일부 장교들도 겁을 냈다. 카이사르는 군기를 회복하기 위해 충성심이 강한 1개 군단만 데리고 행군하겠다고 으름장을 놓았다. 결국 그가 행군에 나설 때, 모든 병력이 그를 따르게 되었다. 양측 지휘자는 교섭을 위해 만났지만 어느 쪽도 한쪽의 요구대로 군대를 철수시키거나 다른 한쪽의 요구대로 갈리아를 떠나는 데 동의해서 자신의 명성을 떨어뜨리는 짓은 하고 싶어하지 않았다. 회전은 불가피했다. 하지만 카이사르는 더 열렬하게 전투를 원했다. 이는 아마도 그가 보통 때와 다름없이 보급에 어려움을 겪고 있었기 때문이었을 것이다. 그는 보급을 갈리아 부족에게 의지했으나, 그들은 때때로 의심스러운 경우가 많았고, 전역에서 신속하게 작전을 수행하기를 바라는 그의 희망은 보급 문제의 불확실성을 더욱 증가시키는 결과를 초래했다. 결국 로마군이 전투대형으로 게르

게르만 기병 전술

● 게르만 기병이 사용한 말은 작고 때로는 상태가 열악했지만, 게르만 기병 자체는 경보병 부대와 앞뒤로 나란히 서서 싸울 경우 큰 효과를 발휘했다. 이런 전술은 기병의 기동성과 함께 경보병의 지구력을 제공해주었다. "6,000명의 기병과 함께 같은 수의 보병이 존재했는데, 각 기병은 자신을 보호할 목적으로 군대 전체에서 가장 민첩하고 용감한 보병을 선택하여 함께 전투에 참가했다. 기병은 보병의 뒤로 후퇴할 수 있었고, 만약 기병들이 곤란에 처하면 보병들이 달려가 그들을 지원해주었다. 기병이 부상을 입고 말에서 떨어지면, 보병들이 그 주위를 둘러쌌다. 그들은 훈련을 통해 기동성을 갖춤으로써 장거리 행군이나 빨리 퇴각을 실시해야 할 때 뛰거나 말의 갈기에 매달리는 방법으로 기병과 보조를 맞출 수 있었다."

– 카이사르, 『갈리아 전기』

만 부족의 진영까지 곧장 행군해오자, 아리오비스투스는 어쩔 수 없이 부대를 배치할 수밖에 없었다.

게르만인들은 마차를 자신의 전열 뒤에 배열했는데, 카이사르는 그것이 자기 편 전사들의 도주를 막기 위한 조처였다고 말했지만, 로마군의 우회기동을 차단하기 위한 것이었을 수도 있다. 교전은 게르만인의 돌격으로 시작되었다. 그들이 너무 빨리 접근하는 바람에 로마 병사들은 필룸을 사용할 틈조차 없었다. 이어서 격렬한 백병전이 벌어졌다. 카이사르가 직접 지휘한 로마군의 우익은 게르만 부족의 좌익을 패주시켰지만, 로마군의 좌익은 압박을 받고 있었다. 이를 목격한 기병 지휘관 푸블리우스 크라수스는 주도권을 쥐고 각 군단의 제3열을 재배치해 게르만 부족의 우익을 공격했다. 다시 한 번 군단체계의 전술적 유연성이 전투의 향방을 갈라놓았다. 게르만인들은 도주하기 시작했고, 로마군에게 쫓겨 거의

25킬로미터나 도주해 라인 강에 도달했다. 게르만 부족 사상자가 8만 명에 달한 것으로 보고되었으니, 로마인들의 입장에서는 전투에서 완벽한 승리를 거둔 셈이었다. 불과 1년 만에 카이사르는 로마에 있는 정적들에게 그들이 전통적으로 가장 두려워한 로마의 두 적대 세력, 갈리아와 게르만 부족을 패배시켰다고 보고할 수 있었다. 그는 베손티오 인근에서 군단을 동계 숙영에 들어가게 한 뒤, 북부 이탈리아로 복귀해 그가 총독으로서 수행해야 할 민간 업무를 처리했다.

BC 57년의 동부 정벌

그 이전에 이미 결단을 내린 상태가 아니었다면, 카이사르는 BC 57년 초에 갈리아 전체를 정벌할 결심을 했을 것이다. 몇몇 갈리아 부족들은 로마의 설득으로 로마와 동맹을 맺었다. 그들은 로마로부터 보호를 받고 로마의 영향력을 등에 업고 힘을 행사할 수 있다는 이유로 동맹을 맺었겠지만, 한편으로는 그 시점에서 로마의 정복은 더 이상 피할 수 없는 일이 되었으니 이왕이면 이기는 편에 서는 것이 좋을 것이라고 판단했는지도 모른다. 카이사르는 갈리아 중부의 아이두이 부족에게 로마에 패배한 갈리아 부족들을 대상으로 그들의 영향력을 확대할 수 있도록 기꺼이 허락해줌으로써 아이두이 부족이 로마의 가장 견고한 동맹으로 남도록 고무했다. 갈리아 북부의 레미 부족은 로마에 대항하기보다는 로마의 편에서 싸우는 쪽을 선택하고 전역이 진행되는 동안 카이사르에게 정보를 제공했다. 하지만 벨가이 부족의 대다수는 갈리아 지역에서 로마의 힘이 커지는 것을 우려하여 게르만 부족들에게 도움을 요청하면서 저항을 준비했다. 카이사르의 주장에 따르면, 그들이 모을 수 있는 병력은 20만 명이나 되

▪▪▪▪▪▪ 켈트족의 천둥 신 타라니스Taranis를 묘사한 주화. 타라니스는 번개를 쥐고 그의 힘을 상징하는 태양의 바퀴 옆에 서 있다. 그가 들고 있는 사각형의 방패는 카이사르의 군단을 상대로 싸웠던 갈리아 전사들의 방패와 상당히 흡사하다(57쪽의 사진 참조). (Ancient Art and Architecture)

었다.

카이사르는 추가로 2개 군단을 더 모집하여 총 8개 군단(3만2,000~4만 명의 병력에 보조부대를 추가)을 집결시키고 전역이 가능한 시기가 되자 갈리아 북부로 향했다. 그의 의도는 강력한 벨가이 부족을 패배시키고 그들을 동부의 게르만 지원 세력으로부터 단절시키는 것이었다. 벨가이 부족은 비브락스Bibrax에서 카이사르를 따라잡은 뒤, 레미 부족이 장악하고 있는 오피둠을 탈취하려고 시도했다. 카이사르는 레미 부족을 지원하기 위해 경무장 발사무기부대를 파견했다. 도시 탈취가 불가능해지자, 벨가이 부족은 그 대신 토지를 황폐화시키고 엔Aisne 강 옆에 있는 카이사르의 야영지로 방향을 바꾸었다. 이 시점에서 어느 쪽도 전투를 원하지 않았지만, 카이사르는 전투에 대비하기 위해 참호를 파서 야영지를 포대의 각면보^{角面堡}*들과 연결했다. 이는 전투 과정에서 필연적으로 발생할 수밖에 없는 벨가이 부족의 측면 포위 기동을 저지하기 위한 조치였다. 이어서 전초전이 벌어지기는 했지만, 아직 본격적인 교전으로 발전하지는 않았다. 결국 모종의 결과에 영향을 미친 것은 양측의 보급 물자에 대한 우려였다. 카이사르는 그의 보급선과 단절되는 것을 우려해 기병과 경보병을 벨가이 부족에게 보내 교전을 촉발하려고 시도했다. 한편, 마찬가지로 보급품이 고갈되어가던 벨가이 부족은 군수지원체계를 갖고 있지 않았기 때문에 단순히 부대를 해산시켜버리고 카이사르가 직접적인 위협을 가해올 경우에 다시 재집결하기로 했다. 어쩌면 그들은 카이사르가 준비한 전장이 자신들에게 너무 불리해서 승리를 거두기 어렵다는 사실을 깨달았을 수도 있다.

---

* **각면보** 다각형으로 각이 지게 만든 보루. 여러 방면에서 오는 적을 막거나 공격하는 데 적합하다.

로마군의 이동 속도는 BC 58년의 전역에서 중요한 성공 요인으로 작용했다. 카이사르는 노비오두눔Noviodunum(엔 강 유역)에 있는 수에시오네스Suessiones 부족의 오피둠을 공격하여 벨가이 군대가 해산해 전사들이 도시로 돌아오기 전에 그곳을 점령하려고 했다. 전사들은 비록 야간에 몰래 요새 안으로 잠입하는 데 성공했지만, 공성전 준비 상태를 보고는 곧바로 항복했다. 분명히 그들은 로마의 공성전은 전에 한 번도 본 적이 없었을 것이다. 이들의 항복이 다른 부족들의 심리에 영향을 미쳐 벨로바키Bellovaci 부족과 암비아니Ambiani 부족이 차례로 아무런 저항 없이 로마에 항복했다. 하지만 네르비 부족은 저항을 결심하고 이웃한 아트레바테스Atrebates 부족 및 비로만두이Viromandui 부족과 동맹을 맺은 뒤, 카이사르의 군대가 행군하거나 야영하는 동안 가장 취약한 순간을 노려서 매복공격을 가하기로 계획을 세웠다. 네르비 부족은 빽빽한 숲이 여기저기 흩어져 있고 높은 산울타리로 대지가 분리되어 있는 지형을 이용해서 상브르Sambre 강 반대편에 있는 숲에 매복했다. 로마군은 강가 근처에 있는 야영지를 요새화하기 시작했고, 기병과 경보병은 강을 건너 정찰 임무를 수행하면서 군단이 야영지를 건설하는 동안 네르비 부족이 접근하지 못하게 엄호했다. 하지만 네르비 부족은 로마 기병과 경보병을 쉽게 격퇴한 뒤 야영지를 건설하고 있던 로마 병사들을 향해 아주 빠르게 돌격했다. 카이사르는 야영지를 건설하던 병사들을 보호하기 위해 따로 보병 경계진을 배치하지 않았는데, 이는 적이 눈앞에 있는 상황에서 야영지를 건설할 때 지켜야 할 작전예규를 어긴 행위였다. 그로 인해 그의 군단은 분산된 채 아무런 대비도 없이 기습을 당했다. 후위를 맡은 2개 신참 군단은 아직 도착도 하지 않은 상태였다.

■■■■■■ 로마 병사들은 야영지를 건설하는 동안, 그들의 무기를 손이 닿을 수 있는 가까운 곳에 두었다. 카이사르는 숲 근처에 야영지를 세움으로써 군사이론을 위배했고, 그 결과 그의 병사들은 참호를 파다가 공격을 받았다. BC 57년 네르비 부족이 그의 군대를 공격했을 때, 병사들이 전열을 형성하고 반격을 가할 수 있었던 것은 순전히 그에게 행운이 따른 덕분이었다. (트라야누스의 기둥, AKG)

카이사르의 부하들

● 카이사르는 예하에 여러 명의 장교를 거느렸다. 그들은 로마의 원로원 의원이었기 때문에 카이사르가 고위 장교로 임명할 수 있었다. 재무관 quaestor은 갈리아의 속주에 배치되어 몇 가지 재정적 임무를 맡았고, 원로원의 하위 의원으로서 군대를 지휘할 수도 있었으며, 때로는 단독으로 작전을 펴기도 했다. 푸블리우스 크라수스는 특히 능력이 뛰어났던 젊은 장교였던 것으로 보이는데, 그는 BC 54년 아버지를 따라 재앙으로 끝난 파르티아 원정에 참가했으며, 그 다음해 카레Carrhae에서 전사했다.

카이사르는 또한 몇 명의 레가투스를 임명할 수 있는 권한도 갖고 있었는데, 레가투스는 로마의 고위 정무관직인 법무관이었던 라비에누스처럼 지위가 높은 원로원 의원 중에서 임명되었다. 이들은 몇 개 군단에 기병을 추가한 상당히 규모가 큰 부대의 지휘관에 임명될 수 있었으며, 독립적으로 작전하는 부대의 지휘를 위임받을 수도 있었다. 라비에누스는 브리타니아 원정이 진행되는 동안 뒤에 남아서 갈리아 전체를 책임졌다. 레가투스를 임명하는 것은 정치적인 빚을 갚거나, 아니면 특정인에게 정치적인 후원을 통해 빚을 지우는 행위였지만, 카이사르에 대한 빚이 라비에누스로 하여금 내전에서 폼페이우스 진영으로 전향하지 못하게 막지는 못했다.

네르비 부족과의 전투

카이사르 휘하에는 8개 군단(그들 중 2개 군단은 아직 행군 중이었다)과 추가로 그 수를 알 수 없는 보조부대 보병과 기병이 있었다. 네르비 군대는 적어도 6만 명의 네르비 · 아트레바테스 · 비로만두이 부족 전사들로 구성되어 있었다.

로마 군단 보병들은 갑자기 공격을 받았지만, 그들의 임무를 제대로 수행했다. 병사들과 장교들 모두 한 해 전 아리오비스투스를 상대하다가 공황상태에 빠졌던 이래로 1년 이상의 경험을 더 쌓았기 때문에, 그들이 받은 훈련과 군기가 제대로 효력을 발휘했다. 그들은 무기를 잡은 뒤 자동적으로 전열을 형성했다. 제9군단과 제10군단은 좌익을 맡고, 제8군단과 제11군단은 중앙을, 제7군단과 제12군단은 우익을 맡았다.

한편, 상대편은 네르비 부족이 좌익을 맡고, 비로만두이 부족이 중앙을, 아트레바테스 부족이 우익을 맡았다. 그 중에서 네르비 부족이 맡은 좌익이 가장 두터웠다. 양측의 기병은 이미 교전에 들어갔다. 갈리아 기병들은 로마 기병들을 거칠게 몰아붙였다.

전열이 높은 산울타리로 인해 분리되어 있었음에도 불구하고 로마군은 전열을 굳건하게 유지하면서 벨가이 부족의 맹공격을 견디고 있었다. 로마군의 중앙은 승리했고, 좌익도 아트레바테스 부족을 물리치고 달아나는 그들을 상브르 강을 건너 추격했다. 그 바람에 반쯤 건설된 야영지와 우익의 전열이 노출되자, 갈리아인들이 야영지를 점령해버렸다.

한편 로마군의 우익은 네르비 부족에게 포위되어 몇 명의 장교가 전사했고, 대열의 간격이 점점 좁아지면서 효과적으로 작전을 수행할 수 없게 되었다. 이로 인해 상황은 급박해졌다. 말에서 내려 제일 첫 번째 전열의 병사들과 함께 자리를 잡은 카이사르는 사방의 공격을 방어하기 위해 전열 사이의 간격을 벌리고 두 군단은 방진을 형성하라고 명령했다. 카이사르가 그 자리에 있다는 사실만으로도 저항을 더욱 굳건하게 만드는 효과가 있어서, 적의 야영지를 점령한 뒤 우익을 지원하기 위해 파견된 제10군단과 후위에 있던 2개 신참 군단이 도착할 때까지 버틸 수 있었다. 통합된 5개 군단은 전세를 역전시켰고, 항복이나 후퇴를 거부한 네르비 부족을 모두 말살해버렸다.

카이사르의 자만심이 위기를 초래하기도 했지만, 그의 용기와 그의 군대가 쌓은 경험 덕분에 위기를 엄청난 승리로 바꿀 수 있었다. 이 성공적인 교전은 벨가이 부족의 영향력을 크게 붕괴시켰는데, 심지어 라인 강

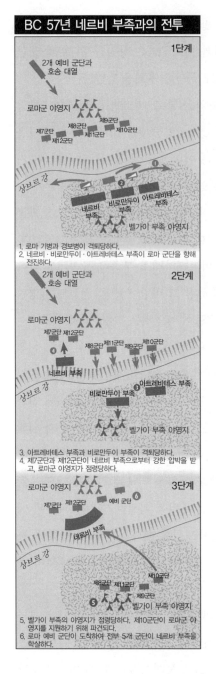

BC 57년 네르비 부족과의 전투

1단계

2개 예비 군단과
호송 대열

로마군 야영지

제7군단　제8군단　제9군단
　　　　　제11군단　제10군단
　　제12군단

상브르 강

네르비　비로만두이　아트레바테스
부족　　　부족　　　　부족

벨가이 부족 야영지

1. 로마 기병과 경보병이 격퇴당하다.
2. 네르비·비로만두이·아트레바테스 부족이 로마 군단을 향해 전진하다.

2단계

2개 예비 군단과
호송 대열

로마군 야영지

제7군단 제12군단

제8군단 제11군단　제9군단　제10군단

네르비 부족

아트레바테스 부족

상브르 강

비로만두이 부족

벨가이 부족 야영지

3. 아트레바테스 부족과 비로만두이 부족이 격퇴당하다.
4. 제7군단과 제12군단이 네르비 부족으로부터 강한 압박을 받고, 로마군 야영지가 점령당하다.

3단계

로마군 야영지

제7군단 제12군단　예비 군단

네르비 부족

상브르 강

제8군단 제11군단　제10군단
　　　　　　　제9군단
　　　　벨가이 부족 야영지

5. 벨가이 부족의 야영지가 점령당하다. 제10군단이 로마군 야영지를 지원하기 위해 파견되다.
6. 로마 예비 군단이 도착하여 전부 5개 군단이 네르비 부족을 학살하다.

너머의 게르만 부족들까지 카이사르에게 사절을 보내 복종을 다짐할 정도였다. 연말로 이어지는 작전에서 카이사르는 1개 군단을 파견하여 대서양 연안에 있는 부족들을 진정시켰으며, 나머지 군단은 그와 함께 아두아투키Aduatuci 부족을 정벌했는데, 그들은 벨가이 부족의 동맹이었기 때문에 정벌은 정당했다. 아두아투키 부족은 항복 조건을 어겼기 때문에 모두 노예로 팔렸다. 5만3,000명의 아두아투키 부족민을 노예로 팔고 얻은 수익은 당연히 모두 카이사르의 몫이었다.

겨울이 다가오자, 카이사르는 장교인 갈바Galba를 파견해 이탈리아로 연결되는 그란 산 베르나르도 도로Colle del Gran San Bernardo를 개통하게 했는데, 그의 주장에 따르면 이것은 교역을 촉진하기 위해서였다. 하지만 갈바에게 배당된 전력은 충분하지 않았다. 그는 고작 완전 편제에도 이르지 못한 1개 군단을 대동하고 옥토두루스

Octodurus라는 마을에 도착하여 병사들에게 야영을 명령했다. 그런데 바로 그때, 지역 부족이 강한 공격을 가해왔다. 그들은 아마도 로마인들이 교역로가 아니라 정복에 더 관심이 있다고 생각했던 것 같다. 갈바가 거느리고 온 제12군단은 네르비 부족과 힘겨운 전투를 벌여서 병력이 많이 감소한 상태였고, 방어가 취약한 지형을 차지하고 있어서 진지를 유지하기도 힘들었다. 갈바는 어쩔 수 없이 그곳을 포기하고 떠났다. 그럼에도 불구하고 보고된 바에 따르면, 그들은 약 1만 명의 갈리아인을 죽였다고 한다. 이런 실패에도 불구하고, 두 번째 해가 끝날 때 카이사르는 갈리아가 평화롭다고 보고했으며, 원로원은 그를 위해 그때까지 유례가 없던 15일 간의 국가 감사제를 실시할 것을 표결에 부쳐 통과시켰다. 그것은 그의 정치적·군사적 명성을 더욱 높여주었다. 그는 겨울을 보내기 위해 다시 이탈리아 북부로 귀환했다. 그의 군단들은 갈리아 북부에서 동영에 들어갔으며, 그 지역의 부족들은 로마 병사들을 부양해야 했다.

BC 56년의 해전과 서부 정벌

겨울 동안 억지로 로마 군단에 식량을 제공해야 했던 갈리아인들의 분노는 갈리아 북서부의 베네티 부족이 식량을 비롯해 여러 가지 보급품을 조달하기 위해 파견된 로마 장교들을 억류하면서 표면화되었다. 로마의 위신을 위해 이들에게 강력히 대응해야 한다는 목소리가 높았다. 베네티 부족은 근본적으로 해상 세력이었기 때문에, 로마는 갈리아 동맹 부족들로부터 선박을 징발하고 전함을 주문해 루아르 강 유역에서 건조하고 있었으며, 갈리아 트란살피나에서 노 젓는 사람들을 모집했다. 이런 조치들은 기후가 허락한다면 가능한 빠른 시일 내에 해전을 시작하겠다는 생각에서 나온 것이었다. 베네티 부족은 로마군 장교를 계속 억류하고 있으면 침략군이 쳐들어올 것이라는 사실을 잘 알고 있었기 때문에 전쟁 준비에 들어갔다. 그들은 바다와 육지를 모두 파악하고 있다는 점에서 유리했다. 대서양 해전은 거친 파도와 강한 조류 때문에 로마인들이 익숙한 지중해 해전하고는 양상이 다를 수밖에 없었다. 베네티 부족은 오피둠을 보강했는데, 그들 중 다수는 육지보다는 바다를 통해서 접근하기가 더 쉬운 고립된 작은 육지에 자리를 잡고 있었다. 또한 그들은 아레모리카Aremorica(오늘날의 브르타뉴)와 영국 해협 해안, 그리고 심지어 그들과 교역을 하는 브리타니아의 부족들로부터 동맹군을 모았다.

카이사르는 병력을 분리해 그들을 갈리아의 북부와 서부라는 서로 다른 지역에서 전역을 수행하게 했는데, 이는 갈리아가 평화롭다거나 정벌되었다고 했던 그의 주장이 과장이었음을 보여주는 증거였다. 총독 임기 동안 카이사르는 게르만 부족들의 유입을 우려해 아르덴Ardennes에 강력한 부대와 함께 기동성을 고려해 기병을 배치했다. 이 부대는 벨가이 부족을 지배하는 데도 도움이 되었다. 이외에도 카이사르는 크라수스가 이끄는 부대를 아퀴타니아로 보내고, 사비누스Sabinus가 이끄는 부대를 노르망디Normandy로 보냈다. 카이사르는 거의 4개 군단에 이르는 부대를 인솔하고 그가 새로 결성한 함대와 상봉하기 위해 이동했다. 그 지점은 아마도 루아르 강 입구 근처였을 것이다.

베네티 부족

베네티 부족을 상대로 한 전쟁은 힘겨웠다. 공성전과 돌격으로 오피둠을 상대하려고 했지만, 베네티 부족의 부와 자원은 이동이 가능해서 하나의 오피둠이 함락될 위험에 처하면 그들은 자신의 배에 부족민과 소유물을 싣고 쉽게 다른 요새로 탈출했다. 새로 건조된 로마의 함선은 지중해의 조건과 해전 방식에 맞게 설계되었기 때문에, 대서양의 조건에 필요한 견고성이 떨어져서 주로 항구에 처박혀 있었다. 로마군은 그들의 전문적인 육군과 정교한 공성 장비, 신형 함선에도 불구하고 막다른 골목에 봉착했고, 카이사르는 자신의 함대가 합류할 때까지 어쩔 수 없이 전역을 중단해야만 했다. 마침내 로마의 함대가 항해를 할 수 있을 정도로 바다가 잔잔해지자, 그들은 브르타뉴 해안 근처에서 베네티 부족의 해군과 조우했다.

로마 함대의 규모는 알려져 있지 않지만, 그것은 로마 갤리선과 루아르 강 남쪽의 동맹 부족들이 제공한 함선으로 구성되어 있었다. 베테티 부족과 그들의 동맹으로 이루어진 연합함대는 함선 수가 220척에 달했지만, 그 중 일부는 아마 고기잡이배를 조금 넘는 수준에 불과했을 것이다. 거친 바다에 적합하게 제작된 베네티 부족의 함선은 현측에 강한 오크 나무를 사용했기 때문에 갤리선의 충각 공격에도 견딜 수 있었고, 건현이 너무 높아서 발사무기를 효율적으로 사용하기도 힘들었다.

데키무스 브루투스^{Decimus Brutus}(후일 카이사르의 암살에 가담한 인물)의 지휘 아래, 로마 함대는 쇠갈고리를 준비하여 갈리아의 범선을 나포한 다음 공격하려고 했다. 제1차 포에니 전쟁에서 강력한 카르타고 해군에 대항하기 위해 사용했던 승선용 가교인 코르부스^{corvus}*와 함께 로마인들은 해전에서 열세를 극복하기 위해 쇠갈고리를 사용해 갈리아 함선의 삭구를 절단하여 그들을 무기력하게 만들었다. 갈리아의 배들은 전적으로 돛에 의존했기 때문에 그것이 가능했다. 베네티 부족은 로마군의 이런 새로

---

* **코르부스** '까마귀'라는 뜻. 코르부스는 끝에 무거운 쇠갈고리가 달린 이동식 다리로, 로마의 강력한 육군이 코르부스를 통해 적함(카르타고)으로 공격해 들어가 육상전과 다름없는 전투를 벌였다. 코르부스 덕분에 로마는 제1차 포에니 전쟁에서 승리했다.

■■■■■■ 스페인에 있는 켈트족의 낭떠러지 요새는 브르타뉴의 베네티 부족이 사용한 요새와 비슷하다. 고립된 작은 육지 위에 자리 잡은 베네티 부족의 요새는 보통 바다를 통해서만 접근이 가능했기 때문에 침공한 로마 군대로서는 그것을 공격하기가 쉽지 않았다. (AISA)

운 전술에 대응할 능력이 없었기 때문에 후퇴하기로 결정했지만, 이미 바람이 멈춘 뒤였다. 행운은 노의 힘으로 항해를 한 로마인의 편이었다. 갤리선들은 서두르지 않아도 정지해 버린 베네티 부족의 함선에 접근해 공격을 가할 수 있었다. 교전은 오전에 시작해서 일몰까지 계속되었고, 베네티 부족의 함선들은 대부분 파괴되었다.

해상 전력을 잃은 베네티 부족은 더 이상 뒤로 물러설 수도 없었다. 그들은 로마나 다른 갈리아 부족, 브리타니아 부족으로부터 자신을 보호할 수 있는 수단을 모두 잃었기 때문에 항복할 수밖에 없었다. 카이사르는 본보기를 보이기 위해 연장자를 처형하고 부족의 나머지 생존자들을 노예로 만들었다.

노르망디와 아퀴타니아
사비누스는 길게 뻗은 고지대의 정상에 야영지를 설치하자, 베넬리Venelli

부족과 쿠리오솔리테스^{Curiosolites} 부족, 렉소비^{Lexovii} 부족의 연합군이 그들을 향해 돌격해왔지만, 손쉽게 물리쳤다. 갈리아 부족들은 로마군 야영지에 도달할 무렵 이미 체력이 고갈되었기 때문에, 로마군은 출격하자마자 쉽게 그들을 물리칠 수 있었다. 관련된 모든 부족이 항복했고, 오늘날의

노르망디 지역은 로마군의 지배하에 들어왔다.

　푸블리우스 크라수스는 겨우 1개 군단과 기병 분견대만으로 아퀴타니아의 부족들을 상대해야 하는 훨씬 더 어려운 임무를 수행해야만 했다. 갈리아 트란살피나에서 추가로 기병과 보병을 징집한 뒤 가론Garonne 강 남쪽으로 행군하여 피네레Pyrenees 산맥으로 향했다. 그들은 줄지어 행군하던 중 손티아테스Sontiates 부족으로부터 공격을 받았으나 물리쳤다. 보카테스Vocates 부족과 타루사테스Tarusates 부족은 좀더 강하게 저항했는데, 이 두 부족은 BC 70년대에 반란을 일으킨 로마 장군 퀸투스 세르토리우스Quintus Sertorius*의 편에서 싸운 스페인 부족들과 동맹을 맺고 있었다. 그들은 크라수스의 보급선을 차단하는 것을 목표로 했고, 이를 통해 로마군이 회전을 할 수밖에 없는 상황을 만드는 것이 그들의 전략이었다. 하지만 갈리아와 스페인의 부족들은 세르토리우스가 스페인에서 로마군을 상대하면서 성공적으로 게릴라 전술을 펼쳤던 교훈을 기억하고 있었기 때문에 전투를 거부하고 그 대신 도로를 봉쇄하여 보급선을 차단하고 크라수스의 부대가 행군하고 있을 때 공격하려고 했다. 만약 이 전역에서 좋은 결과를 얻고자 한다면, 반드시 적과 조우해야만 했기 때문에 크라수스는 적의 야영지를 공격했다. 적의 야영지가 정면만 제대로 요새화되어 있다는 것을 파악한 크라수스는 증원부대에게 우회하여 배후에서 적의 야영지를 공격하라고 명령했다. 대략 5만 명 규모의 갈리아 군대는 기습을 당한 데다가 완전히 포위되어버리자, 도주하기 위해 포위망 돌파를 시도했

---

* **퀸투스 세르토리우스** BC 122년~BC 72년. 고대 로마의 장군, 정치가. 술라와 마리우스 양파의 항쟁에서 마리우스파가 패하자, 스페인의 로마화를 기도했다. 술라파에 대항하는 '제2의 로마'를 수립하고 반로마 투쟁을 지휘했으며, 소아시아의 미트리다테스와 공수동맹을 맺었다. 그러나 BC 76년 스페인에 도착한 폼페이우스의 군대에게 패하고, BC 72년 부하의 모반으로 암살당했다.

고, 크라수스의 기병들은 도주자들을 추격했다. 크라수스는 카이사르에게 단지 1,200명만이 학살을 피해 도주했고 주변 지역에 있는 거의 모든 부족들이 항복했다고 보고했다. 이 승리는 크라수스가 갈리아 남서부의 넓은 지역에 분포하고 있던 갈리아 부족들로부터 항복을 받아냈다는 점에서 큰 의미가 있었다.

여름이 막바지로 향하는 시점에, 카이사르는 영국 해협의 해안에 있는 모리니 부족과 메나피 부족에게 관심을 돌렸다. 그들은 베네티 부족을 지원했기 때문에 그것만으로도 충분히 공격의 구실이 되었지만, 카이사르는 이미 다음해의 전역들을 고려하고 있었을 것이고, 그래서 갈리아 북부를 안정시킬 필요가 있었을 것이다. 하지만 악천후와 더불어 적이 산림과 소택지로 후퇴하는 전술을 사용하자, 카이사르는 적과 교전하기보다는 농토를 황폐화시키는 정도의 부분적인 성과만 거둔 채 동영을 위해 후퇴해야만 했다. 군단들은 최근에 정복된 부족들의 영토인 루아르 강과 손 강 사이에 있는 지역에서 동계 숙영에 들어갔는데, 이것은 저항한 부족들에 대한 일종의 징벌이었다.

BC 55년의 인기를 위한 묘기대행진

BC 55년에 이루어진 카이사르의 두 전역은 갈리아의 상황보다는 로마에서 벌어진 사건에 더 많은 영향을 받았다. 그의 밀접한 정치적 동맹이자 동시에 가장 강력한 경쟁자인 폼페이우스와 크라수스는 로마에서 집정관으로 활동하고 있었다. 두 사람은 로마 공화국에서 가장 높은 정무관직에 있었기 때문에, 모든 관심을 독차지하면서 돈으로 사람들의 호의를 사고 선물과 식량, 축제를 통해 선거에서 승리를 거두었다. 대중들의 관심을

■■■■■ 카이사르의 갈리아 원정이 있기 전, 로마의 해군 활동은 지중해에 국한되어 있었다. 내전 시기의 데나리온denarius 은화에 새겨져 있는 3단 갤리선은 조수간만의 차가 큰 대서양 연안에서는 활동하기가 부적합했다. 로마군의 전역은 기상 조건이 나아지거나 함선들을 입수할 때까지 연기되어야만 했다. (AISA)

끌어야 한다는 필요성을 느낀 카이사르는 자신의 명성을 더욱 드높이기 위해 라인 강을 건너 게르만 영토에 들어가고 '대양'을 넘어 신비의 섬 브리타니아에 도착한 군대를 지휘하는 최초의 로마인이 되기로 결심했다.

　　두 게르만 부족, 우시페테스 부족과 텐크테리 부족은 수에비 부족에 의해 자신의 영토에서 쫓겨난 뒤 라인 강 건너에서 새로운 영토를 물색했지만, 카이사르는 총독으로 부임한 첫 해에 정한 원칙에 따라 그들이 갈리아에 정착하는 것을 허락하지 않았다. 이 게르만 부족들은 800명이라

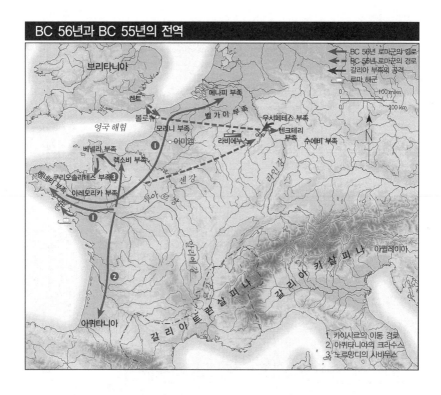

BC 56년과 BC 55년의 전역

브리타니아

켄트

메나피 부족

볼로뉴

벨 가 이 부 족

우시페테스 부족

영국 해협

모리니 부족

아미앵

라비에누스

텐크테리 부족

수에비 부족

베넬리 부족

렉소비 부족

베네티 부족

쿠리오솔리테스 부족

아레모리카 부족

센 강

루아르 강

라인 강

N

가론 강

갈 리 아 키 살 피 나

아릴레이아

아퀴타니아

갈 리 아 트 란 살 피 나

갈 리 아 키 살 피 나

BC 56년 로마군의 경로
BC 55년 로마군의 경로
갈리아 부족의 공격
로마 해군

0   100 miles
0   200 km

1. 카이사르의 이동 경로
2. 아퀴타니아의 크라수스
3. 노르망디의 사비우스

는 소규모 기병만 보유하고도 약 5,000명 규모의 로마 기병대(실제로는 갈리아인들로 구성된)를 패배시켰다. 당시 로마 기병대 전사자 수는 74명에 달했다. 카이사르는 그에 대한 보복으로 그들의 야영지를 기습하여 남녀노소를 가리지 않고 무차별 학살하고 그들을 근처의 라인 강 속에 몰아넣었다. 실제 사상자 수가 카이사르가 주장한 43만 명에는 못 미쳤겠지만, 당시 죽은 사람의 수는 수만 명에 달했을 가능성이 높으며, 로마군은 단한 명의 인명 피해도 없었다. 로마의 전쟁 방식은 때로는 매우 잔인했지만, 특히 이번 경우는 그 정도가 더 심했다. 로마에 있는 그의 정적들은 그의 총독 임기가 끝나서 직책에 따른 면책특권이 사라지게 되면 그를 전범으로 기소하겠다고 위협했다.

카이사르는 우시페테스와 텐크테리 부족의 학살에도 불구하고 게르

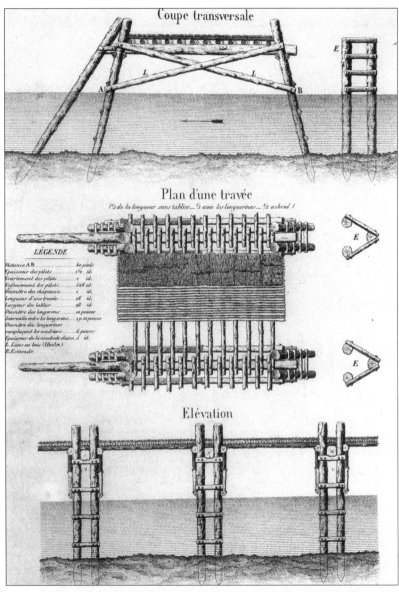

Coupe transversale

Plan d'une travée

(1/3 de la longueur sans tablier___1/3 avec les longuerines___1/3 achevé)

LÉGENDE

Distance A B   40 pieds
Épaisseur des pilots   1½ id.
Écartement des pilots   2   id.
Enfoncement des pilots   5 à 6 id.
Diamètre des chapeaux   1   id.
Longueur d'une travée   26 id.
Largeur du tablier   28 id.
Diamètre des longerons   10 pouces
Intervalle entre les longerons 1 p. 10 pouces
Diamètre des longuerines
remplaçant les madriers   6 pouces
Épaisseur de la couche claire 5 id.
L. Lien en bois (fibulæ)
E. Estacade

Elévation

■■■■■■ 카이사르의 병사들이 10일 만에 라인 강에 건설한 다리는 로마군의 공학 기술을 잘 보여준다. 이 다리는 목재로만 만들어졌는데, 이를 건설하기 위해 특별히 침목을 운반할 목적으로 제작한 바지선을 이용해 수백 개의 침목을 강바닥으로 운반해야만 했다. 일단 침목들로 다리 골격을 만든 다음 교각 위에 침목을 깔아서 도로를 만들었다. 로마군은 이 도로를 통해 라인 강을 건너 게르마니아로 행군할 수 있었다. (Glasgow University Library)

만 부족들이 겁을 먹지 않는다면, 라인 강을 건너 게르만 부족들을 좀더 크게 위협하기로 결심했다. 이것은 게르만 부족들은 물론이고 로마인들 사이에서 자신의 명성을 높이기 위한 일종의 떠들썩한 묘기대행진이었기 때문에, 카이사르는 배를 타고 라인 강을 건너기보다는 강에 다리를 놓아 강 위로 행군하기로 결정했다. 그의 병사들은 10일 만에 강바닥에 기둥을 박고 그 위에 목재 다리를 건설했다. 카이사르는 이 다리를 건너 게르만 영토로 행군하여 몇몇 비어 있는 마을들을 불태우고 수에비 부족이 강력한 병력을 집결시켜 다리를 파괴하기 전에 갈리아로 복귀했다. 게르만 부족들에 대한 로마군의 첫 번째 침공은 18일 동안 지속되었다.

브리타니아 원정도 게르마니아 원정만큼이나 순식간에 끝이 났다. 카이사르는 전역이 가능한 계절의 막바지에 영국 해협을 횡단했으며, 침공이유로 브리타니아의 부족들이 갈리아 부족들에게 계속 군사적 지원을 제공하고 있다고 주장했지만, 그것은 그저 구실에 불과했다. 브리타니아 원정은 거의 침공이라고 할 수도 없었다. 카이사르는 제8군단과 제10군단, 겨우 2개 군단만을 대동했고, 기병은 해협을 건너지 못했기 때문에 로마군의 작전 능력은 심각하게 제한될 수밖에 없었다. 카이사르가 켄트Kent의 어느 지점에 상륙했는지는 알려지지 않았지만, 상륙지가 절벽으로 막혀 있고 브리타니아인들이 대기하고 있었기 때문에 그는 10킬로미터 정도를 이동해 좀더 평탄하고 공간이 넓은 지역에 상륙했다. 브리타니아인들은 상륙을 저지하기 위해 전차와 기병을 파견했고, 흘수가 깊은 로마의 수송선은 깊은 바다에서 군단 보병들을 하선시켜야 했다. 군단 보병들이 온갖 장비를 짊어진 채 가슴까지 차는 바닷물을 헤치며 간신히 해안에 도착하자, 이번에는 끔찍하게 생긴 야만인들이 말과 전차를 타고 기다리고 있었다. 발사무기의 지원에도 불구하고 군단 보병들은 안전한 수송선을 떠나려고 하지 않았다. 이때 제10군단의 유명한 독수리 군기를 든 기수가

■■■■■ 비록 이 판화가 카이사르의 켄트 상륙을 미화해서 묘사하고 있지만, 로마 군단 보병은 배에서 내려 허리까지 차는 바닷물을 헤치고 해안에 비틀비틀 오르면서 동시에 전투를 벌였을 가능성이 높다. (Ancient Art and Architecture)

솔선수범을 보임으로써 군단 보병들이 배를 떠나도록 용기를 자극했다. 바다에 뛰어든 이 무명용사는 동료 군단 보병들에게 자기를 따르라고 소리치면서 독수리 군기를 들고 전투에 참가했다. 군기를 잃는다는 것은 너무나 큰 치욕이었기 때문에 제10군단 병사들은 배에서 내리기 시작했다. 일단 정찰선들이 더 많은 병력을 해안으로 실어 나르자, 보병이 전열을 형성하고 상륙을 강행할 수 있었다. 브리타니아인들은 도주했지만, 기병이 해협을 건너지 못했기 때문에 로마인들은 전투에서 결정적인 결말을 끌어낼 수 없었다.

이어 며칠 동안 로마 원정군은 오로지 실패만을 경험했다. 이번에도 기병은 해협을 건너는 데 실패했고, 조류의 변화가 심해서 다수의 함선과 수송선이 손상을 입었으며, 보급품이 부족했기 때문에 소규모 로마 병력은 브리타니아에서 겨울을 보낼 수 있는 처지가 아니었다. 게다가 제7군단의 한 파견대가 추수를 하는 동안 매복공격을 당했다. 구원부대가 브리타니아인들을 쫓아버리기는 했지만, 이는 마치 로마 군대가 취약한 상태에 있는 것처럼 보이게 만들었고, 이에 용기를 얻은 브리타니아인들이 대규모 공격을 감행하게 만드는 결과를 초래했다. 이어서 로마군의 야영지 앞에서 짧게 회전이 벌어졌지만, 카이사르는 브리타니아인들을 쉽게 격퇴했다는 이야기 외에 자세한 내용은 언급하지 않았다. 이번에도 기병이 없어서 추격전은 벌어지지 않았다. 카이사르는 패배한 부족들에게 인질을 요구했지만, 인질이 인도될 때까지 기다리고 있을 수는 없었다. 추분이 점점 더 가까워오고 그에 따라 태풍이 불어올 가능성이 높아졌기 때문에 카이사르는 켄트의 해안선을 벗어나보지도 못한 채 철수해야 했다. 브리타니아 원정은 재앙을 초래할 수도 있었다. 카이사르는 전력이 약화되고 보급도 부실한 병력을 이끌고 브리타니아에 상륙함으로써 모든 위험을 자초했다. 하지만 영국 해협을 횡단했다는 사실은 라인 강에 다리를 놓았다는 사실보다 더 로마 대중들의 상상력을 자극했다. 로마에서 카이사르는 영웅이 되었고, 20일간의 국가 감사제가 선포됨으로써 아주 만족스럽게도 폼페이우스와 크라수스가 수도 로마에 있으면서 누렸던 모든 유명세를 짓밟았다.

BC 54년의 브리타니아 재침공

겨울 동안 영국 해협에서 활동하기에 적합한 수송선들이 설계 및 제작되었다. BC 54년, 5개 군단과 기병 2,000명으로 이루어진 부대가 아무런 저항을 받지 않고 켄트에 상륙했다. 카이사르가 갈리아 북부 지방을 장악하기 위해 3개 군단과 기병 2,000명을 남기고, 브리타니아 원정에 신뢰하기 어려운 몇 명의 갈리아 족장들을 대동했다는 사실은 갈리아 지방이 아직도 진정되지 않았다는 것을 말해주는 것이었다. 그럼에도 불구하고 로마군은 브리타니아에 상륙했다. 카이사르는 브리타니아인들을 찾아내기 위해 즉시 4개 군단과 대부분의 기병을 동원했다. 브리타니아인들은 약 20킬로미터 떨어진 지점에 집결해 있었다. 브리타니아인들은 전역이 진행되는 내내 치고 빠지는 전술을 구사하며 카이사르의 전진을 어느 정도 지체시키는 데 성공했다. 게다가 날씨가 안 좋아서 이번에도 함선들은 태풍에 손상을 입었다. 카이사르는 어쩔 수 없이 해안두보로 귀환하여 이곳을 안전하게 요새화한 뒤 선박을 수리하는 데 필요한 조치를 취했고, 그런 다음에 다시 브리타니아인을 찾아 나섰다. 브리타니아인들은 그 틈을 이용해 규모가 더 큰 병력을 집결시켰다. 그들의 지도자는 강력한 카투벨라우니Catuvellauni 부족의 왕인 카시벨라우누스Cassivellaunus였다.

브리타니아의 보병과 기병, 특히 기동성 있는 전차는 로마군에게 큰 골칫거리였다. 뒤로 처진 병사들이 있을 경우 순식간에 브리타니아인들이 나타나 공격했기 때문에 로마군은 행군 시에도 밀집대형을 유지할 수밖에 없었다. 하지만 카시벨라우누스가 식량 징발대를 공격했다가 철저하게 패하자, 브리타니아인들의 저항은 수그러들었다. 로마군은 템스Thames 강을 건너 카투벨라우니 부족의 수도를 노렸는데, 그곳은 숲으로 둘러싸인 오피둠으로 아마 오늘날의 하트퍼드셔Hertfordshire 주의 휘템프스

제2차 브리타니아 원정에 대한 소식

● "우리는 브리타니아 원정에 대한 결과를 기다리고 있는 중이오. 그 섬에 접근하는 경로들은 방벽과 같은 언덕들로 둘러싸여 있다고 들었소. 또한 그 섬에는 은과 같은 귀중품이 단 한 조각도 존재하지 않으며 노예를 제외한 전리품은 기대할 수도 없다는 것을 이미 잘 알고 있소. 게다가 나는 당신이 그들에게서 문학이나 음악 같은 것을 기대하리라고 생각하지도 않소!"

　　　　　– 마르쿠스 키케로, BC 54년 7월 1일경, 아티쿠스^{Atticus}에게 보낸 편지

"10월 24일에 나는 내 동생 퀸투스와 카이사르가 9월 25일에 브리타니아 해안에서 유럽과 가장 가까운 곳에서 보낸 편지를 받았소. 브리타니아의 전역은 끝났고 인질을 확보했지만, 전리품은 없었소. 그들은 다만 조공을 받고 브리타니아에서 군대를 철수시켰소."

　　　　　– 마르쿠스 키케로, BC 54년 10월 말, 아티쿠스에게 보낸 편지

테드^{Wheathampstead}일 가능성이 높다. 이 시점에서 여러 부족들이 카이사르에게 항복하면서 인질과 곡식을 제공하기 시작했다. 카이사르가 그들의 제안을 기꺼이 받아들이자, 다른 부족들도 용기를 얻어 항복을 결심하게 되었다. 카시벨라우누스도 그들의 오피둠이 로마군의 강습으로 쉽게 함락당하자, 항복을 제안했다. 추분이 되어 폭풍이 닥치기 전에 브리타니아에서 철수하기를 원했던 카이사르는 항복을 받아들이고 인질과 매년 로마에 조공을 받치라는 조건을 제시했다. 두 번째 브리타니아 원정은 첫 번째보다 훨씬 더 성공적이었고 진짜 침공이라고 불릴 만했다. 브리타니아의 부족들은 로마에 조공을 바침으로써 로마의 신민으로 여겨지게 되었다. 카이사르는 다시 이 섬으로 돌아올 필요가 없었고, 갈리아에서 벌어진 사태로 인해 그럴 수도 없었다.

BC 54년과 BC 53년 사이의 겨울은 갈리아 지방에서 커다란 동요가 일어난 시기로, 로마의 정복이 얼마나 피상적인 것이었는지를 여실히 보여주었다. 속주 전역에 흉년이 들었기 때문에 카이사르는 어쩔 수 없이 그의 군단들을 분산시켜 갈리아 북동부에서 숙영에 들어가게 했다. 그 지역의 부족들은 주둔 중인 로마 군단에게 그렇지 않아도 부족한 곡물을 공급하도록 강요받았기 때문에 불만이 클 수밖에 없었다. 군단들의 분산은 오히려 갈리아인들에게 기회를 제공했다. 불과 두 주가 채 지나기도 전에 로마군의 동계 숙영지는 그 지역 부족들로부터 협공을 당하게 되었다.

코타와 사비누스

동계 숙영지들 중 가장 동쪽에 있는 코타Cotta의 숙영지는 가장 많이 노출되어서 공격에 가장 취약했다. 경험이 부족한 1개 군단과 5개 대대가 에부로네스Eburones 부족의 공격을 받았다. 그들을 지휘한 정력적인 지도자 암비오릭스Ambiorix는 갈리아 북부 지역 전체가 반란을 일으켰으며, 게르만 용병들이 라인 강을 건너 반란에 합류했다고 주장했다. 그는 로마인들이 숙영지에서 철수한다면 안전을 보장하겠다고 약속했다. 어리석게도, 사비누스는 그의 말을 믿고 동료 장교들의 반대에도 불구하고 안전한 숙영지를 버리고 부대를 전술적 상황에 적합하지 않은 대형으로 이끌고는 갈리아인들이 매복해 있는 가파른 언덕을 향해 곧바로 행군해갔다. 전투 경험이 부족한 병사들은 공황상태에 빠져서 기동의 여지조차 없는 지형에서 적절한 대형을 취할 수 없었다. 로마 병사들이 죽음을 당하는 동안 사비누스는 불명예스럽게도 암비오릭스와 대화를 시도하다가 죽음을 당했다. 일이 그 지경이 되었는데도 사비누스는 여전히 암비오릭스를 믿었던 것이다. 몇몇 생존자가 목숨을 건진 채 탈출했고, 그 외에 다른 병사들은 숙영지로 돌아가 그날 밤 포로로 잡히지 않기 위해 자살했다.

퀸투스 키케로

퀸투스 키케로Quintus Cicero는 로마에서 가장 유명한 웅변가의 동생으로, 네르비 부족의 영역에서 숙영 중인 1개 군단을 지휘했다. 사비누스의 부대에 대한 학살 소식에 고무된 아두아투키 부족과 네르비 부족, 그리고 그들에게 종속되어 있던 부족들은 대규모 반란과 게르만 부족의 침공과 같은 이야기로 키케로를 속이면서 키케로의 동계 숙영지를 공격했다. 사비누스와 달리, 키케로는 항복 협상을 퉁명스럽게 거부하고 숙영지의 방어 태세를 강화하면서 카이사르에게 연락을 취하기 위해 엄청난 노력을 기울였다. 네르비 부족은 로마군 포로의 지도하에 누벽과 참호로 로마군의 숙영지를 포위한 다음 공성탑으로 로마군의 성채를 공격했다. 몇 주에 걸쳐 절망적인 시기가 이어졌고, 그 속에서 로마군은 밤낮을 가리지 않고 성공적으로 적의 공격을 저지했다. 키케로의 병사들은 병영이 불타서 그들의 모든 소지품이 잿더미로 변하는 와중에도 결코 전투를 포기하지 않았다. 하지만 부상에 따른 손실은 대단히 커서 마침내 카이사르가 포위된 로마군을 구조하는 데 성공했을 때 군단의 사상자는 90퍼센트에 달했다.

마침내 키케로의 메시지가 카이사르에게 도착하자, 그는 즉시 자신의 군단들을 재배치하고 서둘러 네르비 부족의 영토를 향해 강행군하기 시작했다. 그들은 하루에 32킬로미터를 주파했다. 6만 명에 달하는 네르비 부족 군대가 키케로의 숙영지에 대한 포위를 풀고 구원부대를 저지하려 하자, 카이사르는 2개 군단과 소규모 기병만으로 그들을 물리쳤다. 키케로의 완강한 저항과 예하 장교들이 보여준 놀라운 용기에 대해 카이사르는 찬사를 아끼지 않았다.

BC 54년과 BC 53년의 전역

브리타니아

트리노반테스 부족
카투벨라우니 부족
켄트
볼로뉴
영국 해협
모리니 부족
메나피 부족
네르비 부족
에부로네스 부족
벨 가 이 부족
아르덴
트레베리 부족
수에비 부족
레미 부족
에수비 부족
센 강
세노네스 부족
링고네스 부족
라인강
루아르 강

N

■ BC 54년 말, 로마군 동계 숙영지.

0   100 miles
0   200 km

BC 53년

BC 54년 겨울의 재난이 지나가고 이어서 새로운 해가 시작되자, 로마군
은 갈리아 북동부에서 로마군의 군사적 우위를 재확립하는 데 주력했다.
카이사르는 추가로 2개 군단을 더 모집하고 폼페이우스로부터 1개 군단
을 빌려서 총 10개 군단을 모았다(군단 보병은 약 4만~5만 명 정도였다). 병
력 규모가 증가한 덕분에 가끔은 겨울의 반란에 가담했거나 카이사르가
신뢰하지 않는 여러 부족들을 상대로 동시에 작전을 수행할 수 있게 되었
다. 전역이 끝나자, 대부분의 군단들은 세노네스Senones 부족의 영토에서
함께 숙영했다. 나머지 4개 군단은 둘씩 짝을 지어 트레베리Treveri 부족과

링고네스Lingones 부족의 영토에 주둔하면서 이전 해 겨울과 같은 공격의 재발을 방지했다.

전역이 가능한 계절이 시작되기도 전에, 카이사르는 기습공격을 감행했다. 작전은 주로 재산을 파괴하고 포로와 가축을 노획하는 것 중심으로 이루어졌다. 곧 네르비 부족이 항복하자, 그의 군단은 동계 숙영지로 복귀했다. 초봄이 되자, 카이사르는 갑자기 세노네스 부족을 향해 행군하여 그들이 요새화된 오피둠 안으로 미처 철수하기 전에 그들을 포착했다. 세노네스 부족은 부족민과 보급 물자가 공격에 취약하게 노출되어버렸기 때문에 항복할 수밖에 없었다.

카이사르는 7개 군단을 이끌고 라인 강 삼각주로 행군했다. 메나피 부족은 소택지로 후퇴하는 전술을 사용했지만, 로마군은 둑길을 건설하여 소택지 안으로 접근할 수 있었고, 계속 전진하면서 메나피 부족의 재산을 파괴하고 가축을 생포하고 포로를 잡았다. 자신들의 재산이 파괴되자, 메나피 부족도 어쩔 수 없이 항복했다.

겨울이 끝난 뒤에도 테레베리 부족은 여전히 동요하면서 라비에누스를 공격하기 위해 이미 약속된 게르만 증원부대가 도착하기만을 기다리고 있었다. 당시 라비에누스는 군단 보병 25개 대대와 상당한 전력을 가진 기병대를 거느리고 야영 중이었다. 라비에누스는 증원부대가 도착하기 전에 트레베리 부족을 물리치고 싶었기 때문에 그들을 유인해 그들에게 대단히 불리한 지역을 공격하게 만들었다. 라비에누스가 후퇴하는 척하자, 트레베리 부족은 로마군을 공격하기 위해 경사가 아주 급한 강기슭 위를 향해 돌격했다. 로마군은 전열을 형성했고, 트레베리 부족은 언덕 위로 돌진하는 동안 지치고 대열이 붕괴되어서 전투가 시작되고 몇 분도 지나지 않아 패주했다. 라비에누스의 강력한 기병들은 도주하는 트레베리 부족을 소탕했다. 이 시점에도 게르만 증원부대가 도착할 기미가 보이지 않자, 트레베리 부족은 모두 항복했다.

카이사르는 두 번째로 라인 강에 다리를 건설하고 게르마니아로 행군해 갈리아 부족들을 지원했던 부족들을 징벌하고 다시는 그러지 못하게 기를 꺾어놓았다. 하지만 보급 문제로 인해 작전의 범위는 제한될 수밖에 없었다. 카이사르는 당시 강력한 수에비 부족과 전투를 벌이는 위험을 감수하고 싶지 않았던지 곧 철수했다.

아르덴 지역에서는 3개 군단으로 이루어진 2개 종대가 각각 오늘날의 벨기에 지역을 습격하여 재물을 파괴하고 포로를 잡았다. 작물을 불태우며 갈리아인들에게 기아의 위협을 가하자, 에부로네스 부족을 포함한 많은 부족들이 항복했다.

1년에 걸쳐 갈리아 부족들을 징벌하기 위해 그들의 부와 재산을 파괴하는 습격을 잔인하게 실시한 결과, 갈리아 북부 지역의 소요는 진압되었다.

BC 52년의 대반란

BC 53년과 BC 52년 사이의 겨울에 일어난 대규모 반란은 갈리아 부족들이 서로 공조를 이루어 저항하면 그것이 로마에 효과가 있을 것이라고 깨달았기 때문에 벌어졌을 수도 있고, 아니면 그 전해에 카이사르가 소집한 부족 위원회가 이제는 갈리아가 로마의 속주로 간주되고 있다는 사실을 암시하는 것이기 때문에 벌어졌을 수도 있다. 갈리아인들은 카이사르가 갈리아 북부로 귀환하고 유명 정치가인 푸블리우스 클로디우스Publius Clodius*의 사망으로 로마가 정치적 혼란과 불안정한 상태에 빠져 있는 틈을 노려, 자신들의 전역을 계획하기 시작했다. 여러 부족들 중에서 반란

베르킨게토릭스

● 베르킨게토릭스는 아르베르니 부족의 젊고 야심만만한 귀족으로, 그의 아버지는 스스로 왕이 되려고 했다가 처형을 당했다. 그의 삼촌을 비롯해 다른 부족의 지도자들은 그를 부족에서 추방했다. 그들은 그가 반란을 시도했을 때 그에 반대했지만, 그럼에도 불구하고 베르킨게토릭스는 어느 정도 병력을 모아서 아르베르니 부족을 장악할 수 있었다. 그 이후 자신의 단일 지휘 아래 단일 군대를 구축하여 로마에 저항함으로써 그 어떤 갈리아 지도자들도 경험해본 적이 없는 성공을 거두었다. 그의 권위는 너무나 막강하여 심지어 한두 차례의 패배를 경험한 뒤에도 갈리아인들의 사기는 떨어지지 않았다.

을 주도한 세력은 카르누테스^{Carnutes} 부족으로, 그들의 영토는 갈리아의 중심으로 간주되는 성역을 포함하고 있었으며, 매년 드루이드들이 그곳에 모여 갈리아 내부의 분쟁을 해결했다. 그런데 이 성스러운 공간이 로마군의 전진 앞에 위협을 받게 되자, 갈리아 부족들 사이에는 그들간의 이전 불화들은 모두 잠시 접어두고 하나로 뭉치려는 분위기가 조성되었다. 케나붐에 정착한 로마인들을 학살하는 것으로 반란은 시작되었고, 이를 통해 카리스마 넘치는 아르베르니 부족의 젊은 베르킨게토릭스는 자신을 지도자로 하는 갈리아 부족들의 동맹을 이끌어낼 수 있었다. 당시 이탈리아에 있던 카이사르는 신속하게 반응하여 갈리아 전체가 반란에 가담하는 사태를 미연에 방지하기 위해 소규모 병력만을 이끌고 즉시 갈리아 트란살피나로 달려갔다. 카이사르는 일단 로마 영토에 대한 방어 조

---

* **푸블리우스 클로디우스** BC 93년~BC 52년. 로마의 정치가. 호민관이 되어 정적 키케로를 추방하고 폼페이우스에 대항하다가 부하 밀로^{Milo}에게 암살되었다.

치를 취하고 프랑스 남부 중앙에 있는 고지대인 마시프 상트랄Massif Central을 거쳐 행군한 뒤 아게딘쿰Agedincum을 기지로 삼아 아르베르 부족의 영토를 위협했다. 그리고 그는 아직 자신과 동맹관계를 유지하고 있는 보이 부족의 수도 고르고비나Gorgobina에 대한 공격을 포기하도록 베르킨게토릭스를 압박했다.

로마군은 몇 군데 오피둠들(벨라우노두눔Vellaunodunum과 케나붐, 노비오두눔의 도시들)을 점령하기 위해 몇 차례 경로를 우회했는데, 이는 공포를 확산시킬 목적도 있었지만, 아마 식량과 사료를 확보하는 것이 주요 목적이었을 것이다. 아직 겨울이 끝나지 않았기 때문에 식량의 징발이 원활하게 이루어지지 않았고, 이로 인해 로마군은 보급문제를 해결하는 데 많은 어려움을 겪었다. 갈리아인들도 그 점을 깨달았기 때문에 베르킨게토릭스는 로마군과 전면적인 교전을 회피하면서 그 대신 로마군의 식량 징발대

와 보급품 호송대를 공격하는 것을 자신의 전략으로 삼았다. 갈리아인들은 로마군을 모든 식량 공급원으로부터 고립시키기 위해 주민들과 보급물자를 모두 가장 강력한 오피둠으로 철수시키고 동시에 그 밖의 모든 오피둠들은 포기하면서 초토화전술을 구사했다. 베르킨게토릭스는 아바리쿰(부르주)에 있는 오피둠이 비록 방어태세가 잘 되어 있음에도 불구하고 그곳을 방어하고 싶어하지는 않았지만, 결국 비투리게스^{Bituriges} 부족의 설득에 굴복하고 말았다. 카이사르는 즉시 그곳을 포위했다.

아바리쿰

아바리쿰은 사실상 하나의 강과 소택지로 완전히 둘러싸여 있었지만, 카이사르는 천연 장애물 사이의 간격에 참호를 파고 목재와 흙으로 폭 100미터, 높이 24미터의 공성용 테라스를 건설했다. 추위와 비, 갈리아인들의 출격, 테라스를 무너뜨리거나 불태우려는 적의 시도에도 불구하고, 그 작업은 불과 25일 만에 완료되었다. 오피둠 밖에서 대규모 군대와 야영을 하고 있던 베르킨게토릭스는 로마의 식량 징발대를 공격하려고 했으나 실패하자, 아바리쿰이 점령당하기 전에 탈출하기를 원했다. 하지만 그는 아바리쿰이 고향인 사람들을 설득해서 함께 탈출하는 데는 실패했다. 그들은 요새 방어에 자신이 있었던 것이었다. 격렬한 폭우로 인해 갈리아인들의 경계가 느슨해진 틈을 타서, 카이사르는 공성탑을 배치하고 병사들에게 성벽을 향해 돌격하라고 명령했다. 갈리아인들은 용감하게 돌파구를 방어했지만 소용이 없었다. 로마의 발사무기가 위력을 발휘해 요새 안으로 진입할 수 있는 공간을 만들어냈고, 그 덕분에 로마 군단 보병들은 도시를 습격해 위험한 시가전을 치르지 않고도 성벽으로 둘러싸인 요새를 장악할 수 있었다. 일단 요새를 완전하게 장악하자, 군율에 따른 공격은 약탈과 강간으로 돌변했다. 이때 잡힌 포로는 단 한 명도 없었고, 카이사르의 주장에 따르면 4만 명이 죽었다.

노포

노포Catapult*는 로마군의 중요한 발사무기 중 하나로서 현대의 대포와 기관총에 상응하는 존재였다. 비트는 힘을 활용하는 방식의 발사무기는 BC

---

* **노포** 그리스 · 로마 시대에 나무나 금속의 틀 사이에 현을 걸어, 그 장력으로 화살이나 돌, 투창 등을 발사하는 무기.

4세기에 그리스인이 발명했으며, 그 이후 헬레니즘 시대를 통해 발전했다. BC 1세기 말에 전쟁에서 사용된 발사무기는 아주 정교하고 효과적이었다. 노포는 기본적으로 돌을 발사하는 발리스타^{ballista}와 나중에 등장하는 석궁과 비슷하게 특수한 화살을 발사하는 스콜피온^{scorpion}, 이 두 가지 유형이 있었다. 노포는 동아줄이나 힘줄을 꼬아서 만든 시위로 추력을 얻는데, 톱니바퀴를 사용해 시위를 팽팽하게 당겼다가 놓으면 축적된 에너지를 방출하면서 엄청난 속도와 무시무시한 소음을 내며 발사체를 날려 보낼 수 있었다. 특수 병과인 조립병과 공병이 로마 군대에 배속되어 이 기계를 제작하고 유지·보수했지만, 야전에서 노포의 조작을 맡은 것은 일반 병사들이었다. 그와 같은 노포는 로마군에게 엄청난 화력을 제공해주었을 뿐만 아니라, 야전의 전투 현장이나 포위된 요새 전면에 등장하는 것만으로도 적에게 엄청난 심리적 압박감을 주었을 것이 분명하다. 갈리아 군대나 사회에서는 그와 같은 복잡한 기계들을 본 적이 없었기 때문에, 전장에서 잔인한 화살 공격을 퍼붓는 스콜피온을 처음 접한 갈리아인들은 분명히 당황했을 것이고 이 기계들이 갖고 있는 강력한 잠재력으로 인해 불리한 처지에 놓였을 것이다. BC 54년 브리타니아 상륙 시에는 노포를 투석병 및 궁수와 함께 배에 실어서 엄호 사격을 하는 데 사용했다. 카이사르는 브리타니아인들이 그 전에 그와 같은 것을 한 번도 본 적이 없었기 때문에 노포를 보고 겁에 질려 감히 해안에 접근하지 못했다고 말했다.

하지만 노포를 만드는 로마인들의 기술이 뛰어났음에도 불구하고 모든 노포가 갈리아 전역에 적합했던 것은 아니었다. 로마군이 사용했던 두 종류의 노포는 근본적으로 인명살상용 무기였다. 비록 가장 큰 투석용 발리스타가 돌을 쌓아 만든 성벽에 어느 정도 손상을 줄 수 있었는지는 몰라도, 그것은 멀리서 성벽을 무너뜨리는 데는 사용되지 않았다. 그런 일

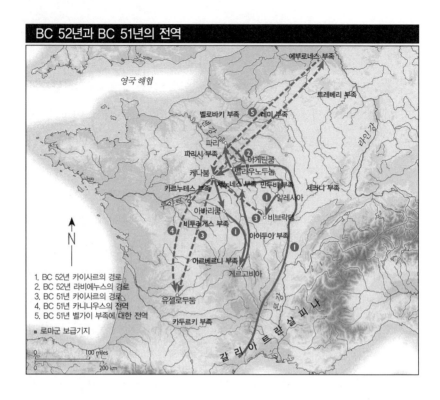

BC 52년과 BC 51년의 전역

영국 해협

에부로네스 부족

트레베리 부족

벨로바키 부족 **5** 레미 부족

라인 강

파리
파리시 부족 **2** 아게딘쿰
케나붐 멜라우노두눔
카르누테스 부족 세노네스 부족 만두비 세콰나 부족
루아르 강 **1** 알레시아
아바리쿰 **3** 비브락테
비투리게스 부족 **1**
4 **3** **1** 아이두이 부족 **1**
아르베르니 부족 게르고비아

유셀로두눔

카두르키 부족 갈 리 아 트 란 살 피 나

1. BC 52년 카이사르의 경로
2. BC 52년 라비에누스의 경로
3. BC 51년 카이사르의 경로
4. BC 51년 카니니우스의 전역
5. BC 51년 벨가이 부족에 대한 전역

■ 로마군 보급기지

0   100 miles
0   200 km

N

에는 공성용 망치battering ram나 성벽 밑으로 갱도를 파는 방법을 사용했다. 어쨌든 그것은 흙을 쌓은 오피둠의 성벽이나 흙과 침목, 돌을 혼합해 만든 오피둠 성벽인 무루스 갈리쿠스murus Gallicus에는 거의 효과가 없었을 것이다. 게다가 카이사르가 종종 작전을 펼치는 과정에서 보여주었던 기동력을 고려하면, 발리스타는 너무 크고 이동 속도가 느렸으며, 또 그가 수행한 공성전 대부분이 단순했던 것을 고려하면, 이 거대한 기계가 사용되었을 가능성은 대단히 낮다. 하지만 스콜피온의 경우는 발리스타보다 훨씬 더 기동성이 좋았기 때문에 야전은 물론이고 공성전에도 사용되었을 가능성이 높다. 스콜피온은 예를 들어서 회전의 시작 단계에서 적군에게 발사체를 집중적으로 쏟아 부었을 것이다. 카이사르는 벨가이 부족과 회전을 치르게 될 가능성에 대비해, 자신의 전열을 보호하고 적의 우회기동을 저지하기 위해 참호를 팔 것을 명령했다. 각 참호선의 끝에는 각면보를 파고 거기에 노포를 설치했다. 전투 시에 각면보에 설치한 스콜피온은 로마군의 측면에 상당한 방어력을 제공해주었을 것이다. BC 51년의 '소탕' 작전에서 카이사르는 벨로바키 부족을 상대하면서 만약 회전이 벌어질 경우 상대방의 전열이 로마군의 노포 사정거리 안에 있도록 자신의 전열을 배치했다. 투창의 경우는 일제히 던진다고 해도 눈에 보이기 때문에 갈리아 전사들이 앞으로 일어날 일에 대해 마음의 준비를 할 수 있었던 반면, 스콜피온의 화살은 너무나 빠르고 소리도 없을 뿐만 아니라 치명적이었다. 스콜피온의 화살에 맞아 죽는 것은 맞대결에서 적의 전사나 병사에게 살해당하는 것만큼 명예로운 일이 아니었을 것이다. 그러나 어떠한 경우든 갈리아인들은 회전을 하려고 하지 않았다 카이사르는 지형을 활용하고 노포를 배치하는 방법으로 완전히 자기에게 유리한 상황을 만듦으로써 갈리아인들이 감히 전투를 도발하지 못하게 했다. 그들은 분명 용감한 전사들이었지만, 그렇다고 헛되이 목숨을 버릴 정도로 어리석지는 않았다. 로마의 야영지는 대부분 노포로 방어되었는데, BC 54년 겨울에 갈리아인들의 지속적인 공격을 받았던 퀸투스 키케로의 동계 숙영지 방어전에서 그것의 역할에 대해 카이사르가 아무런 언급조차 남기지 않았다는 사실이 오히려 놀라울 정도다. AD 2세기 야영지 요새화에 대한 로마군의 교본에 스콜피온이 요구되고 있는 것으로 보아, 키케로가 동계 숙영지에서 출입구와 방책의 망루에 스콜피온을 배치하지 않았을 가능성은 대단히 낮다. 그와 같은 포는 카이사르가 기록에 남긴 것처럼 숙영지를 방어하던 군단의 전력이 부상과 전사로 인해 고갈되었을 때 특히 더 유용했을 것이다. 몇 년 뒤 게르고비아^{Gergovia}에서 인원이 부족한 로마군의 야영지가 갈리아 부족의 공격을 받았을 때 차이를 만들어낸 것은 스콜피온

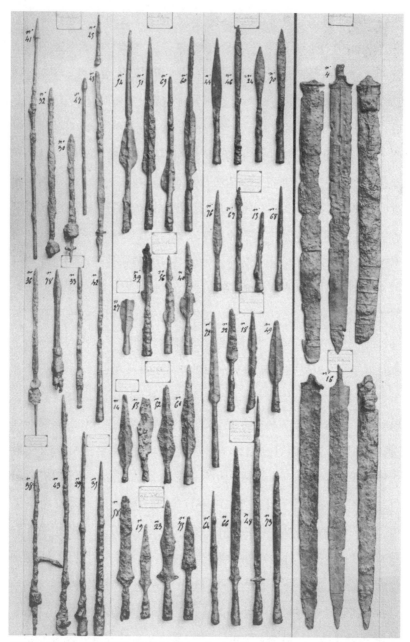

■■■■■■ 로마의 알레시아 공성전 유적지에 발견된 무기들. 유적지 탐사는 19세기에 나폴레옹 3세가 수행했다. 당시 가장 격렬한 전투가 벌어졌던 알리즈생트렌에서 사진에 보이는 강철 창날과 필룸의 창대, 노포용 화살 등이 많이 발견되었다. (Ancient Art and Architecture)

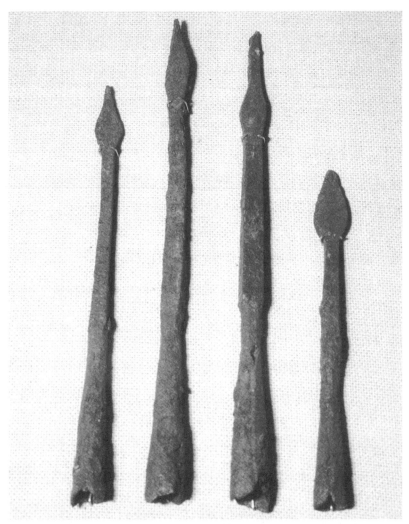

■■■■■ 사진 속의 철제 노포용 화살은 로마 인근의 리첸차Licenza에서 발굴된 것이다. 역사가들은 카이사르가 무기의 발전에 얼마나 공헌했는지를 놓고 지속적으로 논쟁을 벌이고 있다. (Ancient Art and Architecture)

이었던 것으로 보인다. 이 무기는 분당 여러 발의 화살을 발사하면서도 필룸을 던지거나 창을 찌르는 것보다 체력 소모가 적었다. 게다가 숙련된 사수가 조작할 경우, 명중률이 상당히 높았다.

스콜피온의 명중률은 로마의 공성전에서 가장 잘 드러났다. 주의 깊게 배치된 스콜피온이 방어자들이 방벽 위로 올라오지 못하게 하는 동안, 다른 병사들은 공성용 망치를 사용하거나 갈고리가 달린 줄사다리를 방벽에 걸거나 방벽 밑으로 갱도를 팠다. 아바리쿰에서 스콜피온은 적어도 포위된 갈리아 전사들이 대규모 출격을 감행하기 전까지 거대한 공성용 테라스를 건설하는 군단 보병들을 엄호했다. 하지만 갈리아인들이 공성용 테라스에 불을 지르지 못하게 막는 데는 그다지 효과가 없었다. 불붙은 인화물을 공성용 테라스에 던지던 갈리아인이 스콜피온이 쏜 화살에 맞아서 죽으면, 곧바로 다른 갈리아인이 그 자리를 대신했다. 카이사르의 말에 따르면, 갈리아인들이 테라스에 불을 지르기 위해 자신을 희생시키고 스콜피온이 그런 적을 살상하는 상황이 계속되다가 마침내 화재가 진압되자, 갈리아인도 화공을 포기하고 말았다. 하나의 스콜피온은 한 방향을 향하도록 배치되어야만 했고, 연속적으로 정확하게 발사체를 날릴 수 있는 능력을 갖고 있었다. 노포는 명중률이 높아 유셀로두눔Uxellodunum에서도 갈리아 정벌의 마지막 공성전을 종식시키는 데 한몫했다. 비록 물을 공급하던 샘물의 물길이 바뀌기 전까지 갈리아인들이 항복하지는 않았지만, 어쨌든 그들이 남아 있는 유일한 수원에 접근하지 못하도록 망루에 설치된 스콜피온이 그들을 저지했다.

갈리아 연합

아바리쿰에서의 패배에도 불구하고, 베르킨게토릭스는 강력한 권위를 발휘하여 갈리아 연합을 지속시킬 수 있었다. 갈리아 연합은 아이두이 부족의 반란으로 오히려 더욱 강력해졌다. 일부 아이두이 부족은 여전히 로마에 충성했고, 카이사르는 아이두이 부족의 기병을 활용하고 지휘할 수 있었지만, 아이두이 부족의 반란은 이미 위태로운 상황에 놓여 있던 그의 보급선에 또 다른 타격을 가했다. 이런 상황에서 아바리쿰에서 노획한 보급 물자들은 분명히 큰 도움이 되었을 것이다. 이제 전역 수행이 가능한 계절이 돌아와 야외에서 사료를 확보할 수 있게 되자, 카이사르는 라비에누스에게 명령해 4개 군단과 기병을 거느리고 파리시Parisii 부족과 세노네스 부족을 진압하게 하고 동시에 자신은 나머지 6개 군단과 함께 알리에강을 따라 게르고비아로 행군했다. 베르킨게토릭스가 방어를 포기하고 싶어했던 아바리쿰의 경우와 달리, 이곳은 그가 방어할 생각을 갖고 있던 여러 오피둠들 중 하나였다. 아마 그곳이 대단히 강력하게 요새화되어 있었기 때문이기도 했겠지만, 다른 한편으로는 그곳이 자신의 부족인 아르베르니의 언덕 요새였기 때문이었을 것이다.

게르고비아

게르고비아 전역의 양상은 언덕이 많은 지형에 의해 결정되었다. 로마군은 도착하자마자 평소와 같이 야영지 주위에 참호를 파고 이어서 오피둠 맞은편에 있는 고지를 확보했는데, 그 고지는 주요 식수원을 감제하고 있었다. 카이사르는 그곳에 소규모 야영지를 설치하고 2개의 야영지를 넓은 참호로 연결했다. 이를 통해 그는 적이 출격하거나 기병이 공격해와도 거기에 방해받지 않고 자신의 병력을 이동시킬 수 있었다. 다음 단계는 오피둠 바로 옆에 인접해 있는 또 다른 언덕을 점령하는 것이었다. 갈리아인들이 그곳을 제대로 순찰하지 않았기 때문에, 군단 보병들은 그와 같은 적의 행동을 방지하기 위해 세워둔 1.8미터 높이의 방벽을 건너서 별다른 어려움 없이 언덕을 확보할 수 있었다. 자신의 『갈리아 전기』에서 카이사르는 이 언덕을 점령한 뒤 행동을 멈출 생각이었다고 주장했다. 그는 퇴각 신호를 울렸다고 주장했지만, 병사들이 그것을 듣지 못해서 명령에 따르지 못했거나, 아니면 그가 처음부터 첫 단계가 성공하면 오피둠을 공격할 생각을 갖고 있었던 게 틀림없다. 진실이 무엇이든 간에 로마군은 계속 전진해 게르고비아의 방어선에 정면 공격을 가했으며, 요새의 방벽에 제일 먼저 오른 백인대가 되기 위해 서로 경쟁하듯 수적으로 엄청나게 우세한 방어자들을 향해 몰려나갔다. 그러나 로마군은 격퇴당했고, 백인대장 46명을 포함해 700명이 전사했다. 카이사르는 패전의 책임이 부하들에게 있다고 했지만, 어쩌면 그가 심각한 패배에 대한 책임을 면하기 위해 『갈리아 전기』에서 자신의 의도를 명확하게 밝히지 않았을 수도 있다.

게르고비아에서 카이사르가 어쩔 수 없이 후퇴하자, 베르킨게토릭스의 명성은 더욱 높아졌을 것이고, 더 많은 부족들이 자극을 받아 반란에 가담했을 것이다. 베르킨게토릭스는 로마군의 보급선을 계속 공격하면서 원조를 요청했다. 로마 역시 게르만 부족으로부터 증원을 받았는데, 그들은 행군 중인 로마군을 대상으로 하는 갈리아 기병의 공격을 격퇴하는 데 특히 효과적이었다. 베르킨게토릭스가 방어하기로 결정한 다음 오피둠은 만두비Mandubii 부족의 영역에 있는 알레시아였다. 게르고비아에서의 승리로 그는 분명 이번에도 승리를 확신하고 있었을 것이다.

알레시아

오늘날의 디종에서 북서쪽으로 약 48킬로미터 떨어진 지점에 있던 알레시아는 마름모꼴의 고원에 자리 잡은 언덕 요새로, 이곳은 급격한 기울기를 가진 경사면과 양측면의 강에 의해 보호를 받고 있었다. 한쪽 끝에는 평지가 자리를 잡고 있었고, 그 맞은편인 동쪽 끝에는 갈리아 군대가 주둔하고 있었다. 특히 게르고비아에서 패한 이후 공격이 불가능하다는 것은 너무나 분명했다. 따라서 로마군은 봉쇄작전을 펼칠 수밖에 없었다. 베르킨게토릭스가 알레시아에서 스스로 포위를 당하면서 구원부대에게 가능한 빨리 집결하라고 명령을 내린 것으로 보아, 로마군의 행동은 그의

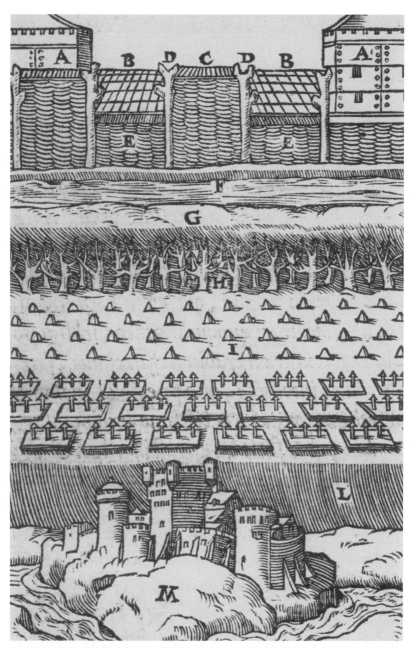

■■■■■ 알레시아 공성전에 사용된 로마군의 방어시설을 묘사한 16세기의 목판화는 누벽과 해자 너머에 있는 부비트랩을 보여주고 있다. 끝을 뾰족하게 깎은 말뚝(키피cippi)과 구덩이 속에 가려져 있는 나무 말뚝(스티물리 stimuli)들은 강력한 일련의 장애물 지대를 형성했다. (AKG Berlin)

알레시아

—— 로마군이 설치했을 것으로 추정되는 봉쇄선
○ 각면보가 설치되었던 것으로 추정되는 지점

의도에 부합했음에 틀림없다. 그의 의도는 자신의 지휘 아래 알레시아에 포위되어 있는 부대와 구원부대가 동시에 공격하여 로마군에게 협공을 가하는 것이었다. 카이사르의 주장에 따르면(약간은 의심스럽지만), 그들의 총 병력은 거의 25만 명에 달했다.

로마군이 알레시아에 건설한 봉쇄용 보루는 그 규모나 복잡성에 있어서 유례를 찾아볼 수 없는 것이었다. 로마군은 평지에 깊은 참호를 파서 갈리아 기병이 건설부대에 공격을 가하지 못하게 예방책을 마련한 뒤, 목책을 두른 보루를 세우고 일정한 간격으로 망루를 설치하고 이중으로 해자를 팠는데, 가능한 곳에서는 한쪽의 해자에 강물을 끌어들여 물을 채워두었다. 그리고 전략적으로 중요한 지점에는 7개의 야영지와 23개의 각

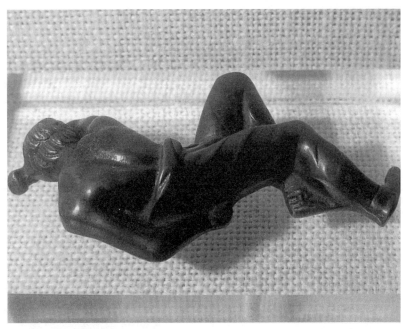

■■■■■■ 전사한 갈리아인을 묘사한 청동상으로 알레시아에서 발견되었다. 카이사르가 알레시아 전역에서 발생한 사상자 수를 제시하지는 않았지만, 대단히 많았을 것이라는 데는 의심의 여지가 없다. (Ancient Art and Architecture)

면보를 추가로 설치했다. 이 봉쇄선은 둘레 길이가 17킬로미터에 달했다. 카이사르는 심지어 이와 같이 강력한 방어체계에도 만족하지 못하고 참호 앞에 수 미터 폭의 부비트랩booby trap 지대를 설치했다. 먼저 끝을 뾰족하게 깎은 말뚝을 몇 줄에 걸쳐 비스듬하게 세우고, 그 뒤에는 구덩이를 판 뒤 날카로운 말뚝을 박은 다음 위를 살짝 가린 함정을 설치하고, 마지막 열에는 끝이 뾰족한 강철 대못을 박은 나무 말뚝을 세웠다. 일단 이 봉쇄선이 완성되자, 카이사르는 바깥쪽에 똑같은 보루를 건설하게 했다. 둘레 길이가 22킬로미터에 달하는 이 보루는 갈리아 구원부대의 공격으로부터 포위군을 보호하는 역할을 했다. 모든 공성체계를 완성하는 데 약한 달이 걸렸다. 고고학 조사로 밝혀진 사실들에 따르면, 보루들은 카이사르가 기록한 것처럼 완벽하지는 않았다. 봉쇄선은 특히 지형이 자연적

인 방어수단을 제공하는 곳에서 빈틈이 생겼을 가능성이 있다. 하지만 요새체계는 갈리아 군대의 협공을 견뎌냈으며, 심지어 그들이 외곽 방어선과 참호를 건너기 위해 가교 장비들을 동원했음에도 불구하고 돌파되지 않았다.

하지만 궁극적으로 로마군은 알레시아의 방어 병력을 굶겨 죽일 필요가 없었고, 오피둠을 공격해서 그것을 점령하려는 시도도 하지 않았다. 안팎의 갈리아 군대가 로마군의 봉쇄용 보루에 격렬한 협공을 가했지만, 아무런 효과를 거두지 못했다. 봉쇄선이 엄청난 압박을 당하는 상황이 초래되기도 했지만, 때맞춰 도착한 증원 병력이 갈리아 부대를 격퇴시켰다. 로마군이 건설한 사상 유례없는 보루들은 결코 함락되지 않을 것이고, 반란은 실패할 것이며, 알레시아에 봉쇄되어 있는 갈리아인들이 아사를 피할 수 없게 되었다는 사실은 너무나 분명해졌다. 갈리아 구원부대는 해산했고, 베르킨게토릭스는 항복했다. 카이사르는 일종의

전리품으로서 대부분의 포로들을 부하들에게 분배했다. 베르킨게토릭스
는 감금되었다가 6년 뒤에 열린 카이사르의 개선행진에서 로마 시민들
앞에 전시되었으며, 그 이후 관례에 따라 교살당했다.

BC 51년~BC 50년의 소탕전

겨울 동안 군단들은 갈리아 전역에 배치되어 패배한 부족들을 억압하고 유일하게 로마를 확고하게 지지한 레미 부족을 보호했다. 카이사르의 갈리아 정복 마지막 해에는 한겨울에 비투리게스 부족과 카르누테스 부족에 대한 테러 습격을 감행했기 때문에 동계 숙영 없이 1년 내내 전투가 벌어졌다. 일단 봄이 오자, 로마군을 파견하여 벨로바키 부족과 에부로네스 부족, 트레베리 부족, 카르누테스 부족 사이에 존재하는 모든 반란의 기운을 잠재웠다. 여전히 남아 있는 강력한 저항세력은 갈리아 남서부 지방에 있었다. 그곳에서는 세노네스 부족이면서도 다른 부족들에게 영향력을 행사할 수 있었던 드라페스Drappes와 토착세력인 카두르키Cadurci 부족의 루크테리우스Lucterius가 아주 잘 요새화된 유셀로두눔의 오피둠을 맡고 있었다.

유셀로두눔
카니니우스Caninius 장군은 겨우 2개 군단만 거느린 채 오피둠을 포위하고

■■■■■■ 트라야누스의 기둥에 묘사되어 있는 이 장면은 적의 지도자가 로마군 지휘관 앞으로 끌려가고 있는 모습을 묘사하고 있다. 전통에 따르면, 생포된 적의 지도자는 로마에서 벌어지는 개선행진에서 일반에게 공개된 뒤 베르킨게토릭스가 경험한 것과 정확히 똑같은 방식으로 처형당했다. (AISA)

전략적 지점 세 곳에 야영지를 설치한 다음 보루로 오피둠을 둘러싸기 시작했다. 드라페스와 루크테리우스는 상황이 어떤 식으로 전개될지를 분명하게 알고 있었기 때문에 식량을 모으기 위해 출격했다. 하지만 카니니우스는 그들을 차단하고 드라페스를 생포했다. 봉쇄가 진행되는 동안 로마군의 증원 병력이 도착했고, 카이사르 자신이 직접 반란의 최종 진압에 참여했다.

드라페스의 식량 징집대에 벌어진 재앙에도 불구하고, 유셀로두눔에 대한 보급은 원활하게 잘 이루어졌으며, 그곳에 봉쇄된 병력의 규모도 한해 전에 있었던 알레시아 농성 부대의 규모에 비하면 아무것도 아니었다. 잠재적인 가능성을 고려할 때, 그들은 상당히 오랫동안 버틸 수 있는 능력을 갖고 있었다. 하지만 카이사르는 이 오피둠을 가능한 빠른 시일 내에 함락시켜 다른 갈리아 부족들에게 본보기를 보이길 원했기 때문에 유셀로두눔의 수원지에 대한 공격을 추진했다. 갈리아의 다른 오피둠들처럼 유셀로두눔은 식수를 외부의 수원지에 의존하고 있었기 때문에 포대를 설치해서 농성자들이 강물에 접근하는 경로를 차단했다. 이제 갈리아인들이 물을 구할 수 있는 곳이 샘물 하나만 남게 되자, 로마군은 그 샘물을 감제할 수 있도록 거대한 경사로와 망루를 건설해 물을 뜨러 온 사람들에게 노포를 발사하는 한편, 비밀리에 샘물을 향해 굴을 팠다. 당시 로마군이 판 굴은 19세기 고고학자들에 의해 발견되었다. 갈리아인들이 봉쇄 경사로를 파괴하기 위해 출격하여 불붙인 나무통을 목재 방어시설을 향해 굴렸지만, 로마군이 그들의 견제공격을 격퇴하고 신속하게 화재를 진압하면서 방어시설은 별다른 피해를 입지 않았다. 마침내 로마군의 굴이 샘물에 도달하자, 이제까지 믿음직스러웠던 샘물이 마르게 된 이유를 알지 못했던 갈리아인들은 그것을 일종의 신의 계시로 생각하고 항복했다. 카이사르는 농성자들을 학살하는 대신 그들의 팔을 절단하고 놓아줌

'전쟁 규칙'

● 아두아투키 부족의 갈리아 오피둠이 로마군에 의해 포위되었을 때, 부족의 지도자들은 화평을 요구하는 사절을 파견했다. 카이사르는 "공성망치가 오피둠의 벽에 도달하기 전에 부족이 항복한다면, 자비를 베풀어 부족을 살려주겠다"고 대답했다.

고대에는 전쟁의 패자를 처우하는 문제에 대해 아무런 규정이 없었다. 고대의 전통에 따르면, 승자는 패자에 대해 전반적으로 절대적인 권한을 가졌으며, 그들이 자발적으로 항복을 했든 힘에 굴복을 했든 그것은 상관이 없었다. 패자 쪽의 주민들은 전투원과 비전투원 가릴 것 없이 모두 처형당하거나, 노예로 팔리거나, 아니면 무사히 석방될 수도 있었다. 승리한 쪽의 지휘관은 이 모든 것을 자기 마음대로 결정할 수 있었다. 사회적으로 혹은 정치적으로 높은 위치에 있는 주요 인사들은 평민들보다 더 나은 처우를 받는 경우도 있었지만, 반대로 다른 사람들에게 보이기 위한 본보기로 처형당하는 경우도 있었다. 본보기를 보이는 것은 패자의 운명을 결정짓는 주요 방법 중 하나였는데, 이것은 정복자의 전체 목표와 연결되어 있었다. 전역 혹은 전투의 난이도 역시 승자가 피정복민을 처리하는 데 영향을 미쳤고, 이와 더불어 패자가 전쟁을 수행하는 동안 어떤 잔학행위를 저질렀는가도 고려사항이 될 수 있었다. 카이사르가 우리에게 들려주는 것처럼, 아바리쿰에서 벌어진 민간인 학살은 너무나 잔인하게 수행되었는데, 이는 봉쇄작전이 너무나 고통스러웠던 데다가 로마 병사들이 그것을 케나붐에서 발생한 로마 시민 학살 사건에 대한 복수의 기회로 삼았기 때문이었다. 우리는 갈리아인들이 로마군 포로들을 어떻게 처리했는지에 대해서는 들은 바가 없다. 카이사르는 갈리아인들이 생포한 전사들을 제물로서 갈리아의 전쟁신인 에수스Esus에게 바치는 장면을 생생하게 묘사했지만, 그런 일이 로마군 포로들에게도 벌어졌는지에 대해서는 언급하지 않았다.

으로써 로마에 저항하는 자들이 받게 될 벌에 대한 본보기로 삼았다.

이로써 갈리아는 정복되었고, 적어도 모든 부족이 로마의 힘에 굴복했다. 동계 기간 동안 군단들이 갈리아 전역에 배치되었고, 다음해에는 갈리아가 대체로 평온을 유지했기 때문에 사실상 아무런 전역이 없었다. 카이사르의 관심은 이미 로마로 돌아가 있었다. 이제 내전은 불가피해졌고, 카이사르는 거기에서 가장 중요한 역할을 맡게 될 운명이었다.

군인의 초상
카이사르의 백인대장

백인대장들은 대체로 로마 군단의 근간으로 인정을 받았고 실제로도 그랬다. 그것이 약간은 이상하게 보일 수도 있지만, 카이사르의 전역이 있던 시기에 로마 군단은 공식적인 지휘관을 두지 않았다. 그래서 카이사르는 가끔 레가투스나 재무관을 지명해 하나 혹은 둘 이상의 군단을 지휘하게 했다.

　아우구스투수가 지배하는 원수정元首政 시대가 되어서야 비로소 황제는 각 군단에 상설 지휘관으로서 군단장을 임명했으며, 그들은 보통 원로원 의원인 경우가 많았다. 백인대장들(그리고 각 군단에 소속된 6명의 군사호민관들)은 군단이 효과적인 작전을 수행하는 데 필요한 지휘와 경험, 안정성을 제공했다. 백인대장은 군단을 구성하는 직업군인 중에서 가장 상위 제대를 차지했다. 백인대장보다 계급이 높은 장교와 지휘관들은 정치가들이었는데, 이들의 군사 경험이나 군사적 능력은 상당히 편차가 있었다. 각 군단에 속한 60명 내외의 백인대장들은 군 지휘관(속주 총독)이 임명했다. 일부는 그들의 사회적 지위 때문에 백인대장에 임명되기도 했지만, 대다수의 백인대장들은 경험과 지도력, 발군의 용기를 보임으로써 진급을 통해 그 지위에 도달했다. 이런 관행은 분명 말단 병사들에게 백인대장으로 진급하기 위해 전장에서 자신의 가치를 입증하도록 동기를 부여했을 것이다. 또한 이것은 백인대장이 동료나 자신이 지휘하는 백인대의 병사들에게 지속적으로 자신의 가치를 증명하기 위해 선두에 서서 병사들을 이끌게 만들었다. 이로 인해 전체 병력에서 그들의 사상률은 꽤 높은 편이었다. 예를 들어, 게르고비아에서 패했을 때 전사자 700명 가운데 46명이 백인대장이었다.

백인대장의 사상률이 높기는 했지만, 게르고비아에서는 백인대장들이 적극적으로 교전을 했을 뿐만 아니라 적도 의도적으로 그들을 집중적으로 노렸기 때문에 사상률이 높아졌을 가능성도 있다. 전투 시 백인대장들은 그들의 갑옷이나 장비, 특히 가로 방향으로 달려 있어 독특해 보이는 깃털 장식 투구, 그리고 그들 자신의 용기의 상징으로서 부착한 선명한 장식들 때문에 확연히 눈에 띄었다. 로마 백인대장을 죽인 갈리아 전사는 명성이 하늘 높이 치솟았을 것이고 그로 인해 부족 내에서 그의 영향력도 커졌을 것이다.

현명한 지휘관들은 자신의 백인대장들이 단지 전투에서 병사들을 인솔하는 것뿐만 아니라 자신의 참전 경험을 바탕으로 귀중한 조언을 제공할 수 있다는 점에서 그들의 존재를 소중하게 여겼다. 카이사르는 보통 고위 장교들과 브리핑이나 작전회의를 할 때 군단의 선임 백인대장들을 초대해 그들의 조언을 경청했고, 또 선임 백인대장을 통해 정보나 명령을 장병들에게 전달하곤 했다. 예정된 전투에 대한 작전계획을 그들이 얼마

■■■■■■ 마르쿠스 카일리우스Marcus Caelius의 묘비. 그는 제18군단의 백인대장으로 AD 9년에 발생한 토이토 부르크 숲 전투에서 전사했다. 용기와 지도력을 증명하고 진급한 백인대장들은 전투가 벌어졌을 때 전열의 제일 앞에서 병사들을 인솔했을 뿐만 아니라 용기와 무용에 대한 자신의 명성을 지키기 위해 분투했기 때문에 대체로 사상률이 높을 수밖에 없었다. (Bonn Museum)

나 잘 이해하고 있느냐는 전투에서 병사들을 이끄는 사람이 바로 그들이 었기 때문에 전투에서 승리하는 데 아주 중요했다. 갈리아 전역에 대한 카이사르의 진술에서도 잘 드러나 있듯이, 카이사르는 그의 백인대장들을 대체로 높이 평가했다. 그는 승리의 공을 다른 사람에게 돌릴 때 종종 백인대장들을 칭찬했다. 하지만 동시에 그들은 게르고비아의 경우처럼 패전한 경우에는 비난의 대상이 될 수도 있었다. 카이사르의 주장에 따르면, 그들은 게르고비아를 점령하겠다는 의욕이 너무 과해서 교전 시 용감한 행동을 했을 때 부여되는 훈장이나 찬양을 받으려는 욕심에 자신의 부하들을 난관으로 이끌었다. 하지만 후퇴할 때 그들은 부하들을 구하기 위해 목숨을 바쳤다.

푸블리우스 섹스티우스 바쿨루스

제12군단은 BC 58년에 카이사르가 할베티 부족에 대한 전역을 준비하기 위해 새로 창설했다. 비록 이 군단이 주로 신병들로 구성되어 있기는 했지만, 군단의 핵심에는 경험이 많은 백인대장들이 있어서 신병들을 제대로 훈련시켰다. 제12군단의 최선임 백인대장Primus Pilus인 푸블리우스 섹티우스 바쿨루스Publius Sextius Baculus는 용감무쌍한 군인으로 명성이 높았을 뿐만 아니라 그와 같은 직책에 임명될 수 있을 정도로 경험이 많고 신뢰할 수 있는 인물이었다. 그는 다른 군단에서 차출되었을 수도 있고, 카이사르가 직접 임명했을 수도 있다. 창설된 지 2년째 되던 해인 BC 57년에 제12군단은 네르비 부족과의 전투에서 심한 피해를 입었다. 제12군단의 백인대장 대부분이 전사하거나 부상을 입었으며 4대대의 경우 백인대장이 한 명도 남지 않았다. 바쿨루스는 전투에서 심한 부상을 당했지만, 자신의 군단에 계속 머물러 있었거나 야영지의 야전병원에서 치료를 받은 후 군단에 합류할 수 있었다. 그해 겨울이 다가오자, 카이사르는 갈바의 지휘 아래 제12군단을 알프스 산맥으로 보냈다. 제12군단은 네르비 부족과 전투를 치른 뒤 전력이 감소하고 경험이 있는 노련한 장교들이 부족한 상태였다. 그들은 옥토두루스 마을에서 알프스 산맥의 부족들에게 공격을 당해 고립된 상태에 놓이게 되었다. 바쿨루스와 동료 백인대장들, 군사호민관들은 모두 갈바에게 야영지를 고수하기에는 군단의 상황이 너무 절망적이기 때문에 탈출해야 한다고 조언했다. 갈바는 후임자들의 조언을 경청했고, 제12군단은 이어지는 이탈 과정에서 상황을 반전시켜 알프스 부족들이 심한 피해를 입은 채 도주하게 만들었다.

이후 3년 동안 바쿨루스에 대한 이야기가 없지만, 그는 아마 자신의 군단에 계속 복무하면서 갈리아 북부와 서부의 전역에 참가했을 것이다. 그는 BC 53년 게르만인들이 로마군의 한 야영지를 공격했을 때 잠깐 다시 이름이 언급되는데, 당시 야영지에는 경험이 부족한 신편 제14군단과 기병 200명, 야영지에서 치료 중이던 다른 군단 소속 환자 300명이 있었다. 바쿨루스는 아마 그 환자들 중 한 명이었던 것으로 추정되는데, 그가 전투 중 다시 부상을 입었는지는 확인할 길이 없다. 일단의 병사들과 잡역부들이 식량을 징발하기 위해 야영지 밖으로 나갔다가 게르만 기병들의 공격을 받았고, 그들 중 일부는 야영지로 도주하려고 했다. 바쿨루스가 병상에서 일어나 야영지의 출입구를 지키는 것을 도와준 덕분에 나머지 주둔 병력은 방어진지에 배치될 수 있는 시간을 벌 수 있었다. 이미 병으로 체력이 약해진 상태였던 그는 심한 중상을 입고 의식을 잃었지만, 전우들이 그를 끌고 안전한 곳으로 옮겼다. 그는 이번 부상에서도 회복되었겠지만(만약 그가 죽었다면 카이사르는 분명 그 사실을 기록했을 것이다), 그에 대한 이야기는 더 이상 등장하지 않는다.

백인대장으로 진급하기 위해서는 용기를 보여야 했고, 백인대장이 되고 나서도 자신이 그 지위에 합당한 인물이라는 점을 계속 증명해 보이고 군단의 선임 백인대장에 진급하기 위해 노력해야만 했다. 키케로의 군단에 소속된 백인대장 티투스 풀로Titus Pullo와 루키우스 보레누스Lucius Vorenus는 선임 백인대장의 지위를 놓고 서로 경쟁했다. BC 54년 퀸투스 키케로의 동계 숙영지가 공격을 받자, 두 사람 모두 반격작전에 참여해 누가 더 용감한지를 보이기 위해 서로 경쟁을 벌였다. 풀로가 창을 들고 제일 먼저 돌격했지만, 투창이 날아와 그의 방패를 뚫고 검대劍帶를 맞히는 바람에 검이 검집에서 빠지지 않아 곤경에 처했다. 그러자 보레누스가 나서서 그를 지원하면서 갈리아인들을 물리쳤다. 하지만 보레누스는 발을 헛디뎌 넘어지면서 갈리아인들에게 포위당했다. 이번에는 풀로가 나서서 자신의 경쟁자를 구해냈고, 두 사람은 몇 명의 갈리아인들을 죽인 다음 요새 안으로 후퇴했다. 두 사람은 진급을 위한 경쟁관계에 있었음에도 불구하고 서로의 목숨을 구해냄으로써 용기에 있어서는 서로 대등하다는 것을 입증해 보였다. 카이사르가 두 사람에 대해서 더 이상 언급하지 않았기 때문에, 불행하게도 두 사람이 선임 백인대장으로 진급했는지 여부는 알 수 없다.

갈리아 전쟁과 내전을 치르고 살아남은 카이사르의 백인대장들은 획득한 전리품과 지급받은 보너스로 부자가 되었을 가능성이 높다. 전쟁에 참여한 병사들 중 다수는 갈리아 트란살피나나 이탈리아 북부의 군사 식민지의 토지를 받아 그곳에 정착했다. 백인대장들은 일반 병사들보다 더 넓은 토지를 받았으며, 대체로 자신이 정착한 마을에서 공직을 수행했다.

전쟁을 둘러싼 세계
전쟁의 영향

로마인과 갈리아인 모두에게 전쟁은 삶의 중심이었다. 양쪽 사회 모두 귀족층이 지위를 유지하는 가장 효과적인 방법 중 하나는 전쟁에서 승리하는 것이었고, 전쟁은 부자와 빈자를 막론하고 모든 사람의 삶에 영향을 미쳤다. 하지만 갈리아인에게 갈리아 전쟁은 그 규모나 격렬함, 파괴성의 측면에서 그들이 평소 경험했던 것과는 전혀 다른 성질의 투쟁이었다. 갈리아에서 전쟁은 아주 소규모로 치러지는 경향이 있었는데, 보통 이웃 부족을 상대로 쉽게 운반할 수 있는 재물이나 가축, 노예를 강탈하는 습격 수준을 넘어서지 못했다. 갈리아의 엘리트 전사들은 이런 전쟁을 통해 무용을 과시하고 전리품을 획득함으로써 부족 내에서 자신의 권위를 유지할 수 있었다. 게다가 획득한 전리품은 부족 전체를 위해서도 유익했다. 특히 상류 계급의 지도자들은 외국, 특히 갈리아 남부에 있는 그리스와 로마의 도시들로부터 '신분 상징' 물품들을 구입하는 방법으로 자신의 지위를 과시할 수 있는 재력도 갖고 있었다. 젊은 전사들 또한 이런 습격을 통해 자신의 명성을 높이고 부를 축적할 수 있었다. 좀더 광범위한 차원에서 보면, 습격에 성공한 부족은 군사적 평판이 높아지고 이웃 부족들이 겁을 먹고 굴복해 예속 부족이 늘어남으로써 다른 부족들이 공격해올 가능성이 줄어들었다. 예를 들어, 헬베티 부족이 승리한 이후, 아이두이 부족은 패배한 보이 부족이 자기 영토 안에 정착하도록 허용했는데, 이는 보이 부족이 무용으로 명성이 높았기 때문이었다. 이처럼 보이 부족이 아이두이 부족에 종속됨으로써 아이두이 부족의 군사력과 부족 간 관계에서 아이두이 부족의 영향력이 크게 증가했다. 이런 방식으로 위세를 높이고 싶은 욕구가 얼마나 강했던지 아르베르니 부족과 세콰니 부족은 결국 아이두이 부족에 대한 전역을 수행하기 위해 게르만 전사들에게 도움을 요청하기까지 했다. 그와 같은 습격으로 소를 포함해 어느 정도 재산상의 파괴와 손실이 발생하고 갈리아 농부들이 종종 노예로 팔리기도 했지만, 다른 부족을 영구적으로 정복하는 경우는 거의 드물었다.

로마인의 전쟁 수행 방식은 전혀 달랐다. 켈트족의 전쟁 수행 방식은 주로 전사 신분의 전쟁 수행 방식과 관련이 있었던 반면, 로마 사회는 정복을 위한 정규전을 기대하고 있었을 뿐만 아니라 거기에 맞게 전쟁을 준비했다. 어떤 총독이 카이사르와 같은 상황에 있었다면, 로마 사회는 당연히 그가 전쟁을 수행하여 가능한 경우 새로운 영토를 정복해주기를 기대했을 것이다. 카이사르는 징집과 자원이 혼합된 방식으로 병력을 끌어모았다. 갈리아에서 전쟁을 수행하기 위해 추가로 군단을 편성했다고 해서(총독으로 재직하는 동안 6개 군단이 추가로 편성되었다), 이탈리아의 인력 수요가 압박을 받지는 않았을 것이다. 새로운 병력은 대부분 이탈리아 북부에서 모병했는데, 그들은 로마 군단에서 복무할 수 있는 기회를 열렬히

반겼을 것이다(특히 그들 중 다수는 로마 시민권을 갖고 있지 않았을 것이기 때문에, 이들에게 로마군에 복무하는 것은 로마 시민으로서의 권리를 주장할 수 있는 좋은 기회가 되었다). 군복무는 공화국 로마에 완전히 통합되었다는 것과 노획품을 통해 부자가 될 수 있는 기회를 의미했다. 따라서 갈리아 전쟁은 인력과 자원의 측면에서 로마 공화국에 별다른 충격을 주지 않았다. 그것은 단순히 로마가 예상하고 있던 일이 벌어진 것에 불과했다. 하지만 갈리아인에게 로마군이 전쟁을 수행하는 강도, 특히 그들의 땅이 로마의 속주로 전락하는 속도는 분명 엄청난 충격을 주었을 것이다.

로마의 정복이 사상 유례가 없을 정도로 신속하게 진행될 수 있었던 주된 이유들 중 하나는 갈리아인들이 공조를 이루어서 자신들을 방어하는 데 실패했거나 공조를 이룰 능력이 없었기 때문이었다. 카이사르는 갈리아 부족들 사이의 경쟁관계를 이용했고, 결국 그들이 베르킨게토릭스의 지도 아래 통합되었을 때는 이미 때가 늦어서 갈리아에서 로마인의 영구적인 정착과 로마 속주의 설립을 저지할 수 없었다. 정복 전쟁이 갈리아와 그곳에 거주하는 주민들에게 미친 영향에 대해 카이사르는 거의 아무런 기록을 남기지 않았다(그의 청중들은 아마 이런 종류의 자세한 내용에 대해서는 별로 흥미를 느끼지 않았을 것이다). 하지만 그 효과는 분명 광범위하고 부자와 빈자, 유력인사와 평민 모두에게 고루 미쳤을 것이다. 정복 전쟁이 초래한 혼란에도 불구하고, 로마의 속주체제는 갈리아 귀족들이 계속해서 하류 계급에 대한 지배력을 유지할 수 있도록 보장해주었다.

인명 손실

갈리아의 평민들이 항상 실제 전투에 참가한 것은 아니었지만, 남녀노소를 불문하고 그들은 모두 고대 전쟁에서 합법적인 공격 목표였다. 땅을 경작하고 가축을 돌보는 사람들은 보급 물자 찾기를 위한 수색이나 우발적인 약탈 과정에서 로마군에게 생포된 뒤 노예로 팔리거나 학살당했다. 그와 같은 행동은 특히 보급 물자를 수색해야 하는 경우 로마군 장교들의 승인하에 조직적이고 대규모로 수행했을 수도 있고, 아니면 이 정도의 경범죄로 엄한 처벌을 받을 가능성이 별로 없었기 때문에 상관에게 알리지도 않고 병사들이 독단적으로 수행했을 수도 있다. 특히 민간인들은 로마군의 빠른 이동 속도 때문에 위험한 상황에 쉽게 노출되었다. 민간인들은 오피둠이 제공해주는 은신처로부터 멀리 떨어진 개활지에서 로마군에게 쉽게 잡혔다. BC 52년 전쟁 초기에 카이사르의 병사들은 거의 규칙적으로 농지나 마을에서 갈리아 민간인들을 생포했으며, 이는 갈리아 군대의 경우도 마찬가지였다. 그들은 로마를 지지하는 부족의 민간인에게 심각한 위협을 가했다. 갈리아 전쟁 초기, 헬베티 부족의 군대가 붕괴되는 과정에서 엄청난 민간인 사상자가 발생한 것은 너무 당연한 일이었다. 헬베티 부족의 전사들은 전장에까지 가족을 동반한 채 등장했고, 민간인들은 마차 위에서 전투를 관전하고 있었기 때문이었다. 그들은 분명 헬베티 부족의 야영지가 로마군에게 점령된 뒤 생포되었다가 거의 학살당했을 것이다. 그보다 더욱 잔인했던 경우는 텐크테리 부족과 우시페테스 부족의 학살이었다. 방비가 부족한 야영지를 공격한 로마군은 거의 아무런 저항도 받지 않았다.

카이사르가 언급한 것처럼, "그들은 고향을 버리고 라인 강을 건널 때 모든 소유물을 가지고 왔기 때문에, 여자와 아이들도 많았다. 그들은 사방으로 도주하기 시작했다. 카이사르는 기병에게 그들을 추격하라고 명령했다." 심지어 전혀 저항을 하지 않는 사람에게도 일체 자비를 베풀지 않았다. 로마에 있는 카이사르의 정적들이 이와 같은 학살 소식을 듣고 맹렬하게 공격을 퍼부으며 그를 전범으로 기소하겠다고 위협한 것은 어찌 보면 당연했다. 하지만 로마에서 일부 인사들이 이와 같은 행위에 정말로 경악했다고 해도 그들이 실제로 관심이 있었던 것은 민간인을 학살했다는 사실이 아니라 카이사르의 평판을 나쁘게 만드는 것이었다.

전쟁 전반에 걸쳐 민간인 사상자는 대부분 공성전에서 발생했다. 부족의 민간인들은 대개 그들의 언덕 요새인 오피둠이 공격을 받아 함락당하는 사태에 휘말리거나 드물게는 봉쇄망 안에 갇혔다. 오피둠 중 일부는 켈트족의 기준으로 보았을 때 기본적으로 요새화된 도시로서 견고한 방어시설을 갖추고 있었다(하지만 로마인의 기준으로는 그렇지 않았다). 몇몇 오피둠은 BC 1세기경에 이미 상당한 규모의 건물과 인구를 가지고 번성하고 있었다. 적이 출현했을 때, 민간인들은 본질적으로 오피둠의 방벽 안에서 피난처를 찾았으며, 부족의 군대 역시 야전에서 패배하거나 아니면 로마군을 상대로 한 회전을 피할 때, 안전한 오피둠으로 퇴각했다. 하지만 로마군은 그다지 큰 어려움 없이 오피둠을 함락했고, 그 안에 있는 사람들의 목숨은 민간인과 전투원을 가리지 않고 로마 장군의 손아귀에 달려 있었다. 고대의 전쟁 수행 방식에서 널리 인정되는 행동 양식에 따르면, 만약 어떤 요새가 항복하면 보통 그 안에서 생포된 모든 농성군과 민간인들은 관대한 처분을 받을 수 있었지만, 그 요새가 격렬하게 저항하여 무력으로 점령당하거나 봉쇄에 의한 굶주림 끝에 항복할 경우에는 아주 무자비한 처분을 받을 수도 있었다. BC 52년, 로마군의 공격으로 아바리쿰이 함락되었을 때, 무차별적인 학살이 벌어져 카이사르가 밝힌 바에 따르면 거의 4만 명에 달하는 갈리아인들이 희생당했다. 게다가 그들 중 다수는 여자와 아이들이었다. 아두아투키 부족은 BC 55년에 그들의 오피둠에서 카이사르에게 항복했을 때는 그런 운명을 피할 수 있었지만, 이후 그들이 로마 경비병을 공격하자, 카이사르는 부족 전체를 노예로 팔아버렸다. 알레시아의 민간인들은 공성전으로 인해 이보다 더 지독한 운명을 맞이했다. 알레시아의 원거주민인 만두이 부족의 비전투원들은 자신들의 오피둠에서 쫓겨났는데, 이는 베르킨게토릭스가 식량을 아끼기 위해 취한 조치였다. 카이사르는 표준 군사 규정에 따라 그 비전투원들이 로마군 전선을 통과하지 못하게 하고 그들을 오피둠으로 되돌려 보내 갈리아인들의 기아를 더욱 촉진시켜 봉쇄를 일찍 끝내려고 시도했다. 베르킨게토릭스는 그들이 다시 요새 안으로 들어오지 못하게 금지했고, 그들은 봉쇄용 보루 안쪽에 있는 완충지대에 버려진 채 서서히 굶어 죽어갔다.

로마군 역시 아무런 손실이 없지는 않았다. 가장 심각한 손실은 BC 54년 겨울에 1개 반에 해당하는 군단이 전멸한 경우인데, 군단이 얼마나 전력이 부족했는지에 따라 사상자의 수는 5,000명에서 7,000명까지 추산이 가능하다. 카이사르는 이 심각한 패배에 대해 평소와 달리 솔직한 태도를 보였는데, 이는 패배의 책임을 당시 그 분견대를 지휘하고 있던 그의 레가투스인 사비누스에게 돌릴 수 있었기 때문이었다. 카이사르는 게르고비아에서 46명의 백인대장을 포함해 거의 700명에 이르는 인명 피해를 입었다고 기록했지만, 이것을 제외하면 자신의 군대가 입은 패배나 손실에 대해 상당히 신중한 태도를 보였다. 심지어 회전에서 승리한 경우에도 사상자의 수를 밝히는 것조차 꺼렸다. 분명 그는 사상자가 몇 명인지 알고 있었을 텐데도 말이다. 부상자와 환자, 전사자로 인해 군단들의 전력은 어쩔 수 없이 약화될 수밖에 없었고, BC 48년 폼페이우스와 치른 내전이 끝났을 때, 그의 군단들 중 일부는 정규 편제 인원에 3분의 2에도 미치지 못하는 병력만을 거느리고 있었다. 하지만 그의 『갈리아 전기』는 선전을 목적으로 했기 때문에, 카이사르는 그가 겪은 패배나 그의 군대가 입은 인명 피해는 대부분 의도적으로 축소시켰다. 로마의 민간인이 전쟁에 휘말린 경우는 별로 없었다. BC 52년 갈리아 부족들의 대규모 반란 기간에 로마 상인과 그 가족들이 학살당하고, 비록 몇몇 도시 안에는 구분 가능한 집단을 형성할 수 있을 정도로 많은 로마인들이 살고 있었지만, 오늘날 우리는 당시 학살로 희생된 로마인의 수가 그리 많지는 않았을 것이라고 추측만 할 수 있을 뿐이다.

갈리아 전쟁 기간 중 발생한 인명 피해의 총계를 어떤 식으로든 정확하게 산출해내기란 불가능하다. 갈리아의 인명 피해는 문학이나 정치적 의도에 따라 크게 과장된 반면, 로마의 인명 피해는 축소되었다. 로마가 수만 명의 인명 피해를 입었을 것이라고 보는 것이 아마 가장 적절할 것이다. 반면 갈리아의 인명 피해 규모는 게르만인과 브리타니아인까지 포함해서 수십만 명에 달했을 것이다. 갈리아 전사들과 군복무 연령의 남성들이 아마 가장 큰 피해를 입었을 것이고, 그로 인해 인구 구조에 불균형이 초래되었을 것이다. 노예로 팔려간 사람들의 수까지 포함하면 갈리아 부족들의 전체 인구는 훨씬 더 많이 줄어들었을 것이다.

노예제도

노예제도는 고대 세계의 많은 사회에서 보편화된 제도다. 공화정 말기가 되면 로마 사회의 노예제도에 대한 의존도가 점점 더 커져서 대규모 노예들이 농업이나 천연자원 생산, 특히 광산과 채석장에 동원되었다. 갈리아인들도 노예를 부렸는데, 다른 부족을 습격할 때 잡은 포로를 노예로 삼았다. 갈리아에서는 로마를 대상으로 한 노예무역이 번창했는데, 갈리아인들은 노예를 팔고 그 대가로 사치품, 그 중에서도 와인을 수입했다. 노예는 로마가 광대한 영역에 걸친 정복 전쟁을 수행하면서 얻은 가장 흔한 전리품이었다. 그들은 보통 그들이 전쟁에서 잡은 포로를 노예로 팔았다. 카이사르가 BC 58년 자신의 전역을 시작했을 때, 아마 갈리아 노예의 유입은 이미 예상된 일이나 다름없었다. 전통적으로 특정 전역에서 획득한 노예는 지휘관의 재산으로 가장 값비싸고 즉시 현금화가 가능한 수입원이었다. 노예는 특히 카이사르에게 중요했을 것이다. 그는 로마에서 여러

정무관직에 출마하여 선거운동을 하는 바람에 파산 상태에 빠졌으며, 특히 BC 63년의 최고 제사장Pontifex Maximus 선거로 그의 재정에 결정적인 타

격을 입었다. 모든 노예들을 혼자 차지할 수 있는 권리를 갖고 있었음에도 불구하고, 카이사르는 자신의 병사들에게 아량을 베풀어 몇몇 전역에서 획득한 노예들을 그들에게 분배해주었다. 이런 조치로 인해 그는 부하들 사이에서 엄청난 인기를 누리게 되었고, 그에 대한 부하들의 충성심 또한 더욱 높아졌는데, 이들의 충성심은 내전에서 그가 승리를 거둘 수 있었던 중요한 요소 중 하나였다.

카이사르는 그의 정복 전쟁 기간 동안 그의 군대가 엄청난 수의 포로를 잡았으며 이들 중 다수를 노예로 팔았다고 기록했다. 그는 BC 57년 아두아투키 부족의 오피둠을 함락시켰을 때 그 부족의 성인 남녀와 아이들 5만3,000명을 포로로 잡았다고 주장했는데, 이 정도 수면 전체 아두아투키 부족의 대다수에 해당한다고 볼 수 있다. 항복한 아두아투키 부족이 배신하자(그들은 항복을 했음에도 불구하고 야간에 집결하여 로마군을 공격했다), 카이사르는 그들 모두를 노예로 팔아버렸다. 노예 매매는 경매를 통해 이루어졌다. 노예 상인들이 전쟁을 수행 중인 군대를 따라다닌 이유가 바로 여기에 있었다. 카이사르는 노예를 매매한 엄청난 수익을 자기가 가졌다. 다음해 그는 베네티 부족을 똑같은 방법으로 처리했다. 그에게 저항한 부족들 중 다수는 상당히 경미한 처벌만을 받아 부족민들이 노예로 전락하는 신세를 면했지만, 그와 달리 베네티 부족이 예외적인 처분을 받은 이유는 아두아투키 부족의 경우처럼 그들이 카이사르의 사자를 억류함으로써(로마인들은 정당한 권리라고 생각하고 겨울 동안 먹을 식량을 그들에게 요구했겠지만, 당시 베네티 부족이 로마에 예속된 상태가 아니었다는 점을 감안하면 그들의 불만은 충분히 이해가 된다) 로마인들에게 신뢰할 수 없는 존재라는 인식을 심어주었기 때문이다. 베네티 부족의 장로들은 처형당하고 남녀노소를 가리지 않고 부족민 전체(혹은 적어도 포로로 잡힌 사람들)가 모두 노예로 팔려갔다.

전쟁 기간 중에 잡은 포로를 노예로 파는 것이 카이사르에게는 절실한 부의 원천으로서 유용했겠지만, 노예의 가치는 기본적으로 그들의 수에 달려 있었다. 개별적으로 볼 때, 갈리아 노예들은 별다른 기술을 갖고 있지 않았기 때문에 지중해의 다른 지역 출신 노예들에 비해 상대적으로 가치가 떨어졌다. 자신의 친구인 아티쿠스Atticus에게 보내는 편지에서 마르쿠스 툴리우스 키케로Marcus Tullius Cicero는 야만적인 것으로 인식되고 있는 켈트족의 문화를 경멸하는 말을 하면서 갈리아 노예들이 문맹인 데다가 '미개'하다는 점을 지적했다. 로마는 아직 황제가 신민들의 즐거움을 위해 수천 명의 전쟁 포로들을 경기장 안에 가두고 희생시키는 단계에까지 이르지는 않았다. 따라서 갈리아 전쟁에서 획득한 많은 노예들이 육체노동을 요구하는 곳으로 팔려가, 주로 논이나 채석장, 광산 등지에서 일을 했다. 그런 곳들은 대체로 생활환경이 열악했기 때문에 노예들의 평균수명은 대단히 짧았다. 여자나 아이들도 노예로 로마에 팔려갔지만, 아마 대다수의 노예들은 이탈리아 북부와 갈리아 트란살피나, 스페인으로 팔려가 노동에 종사했을 것이다.

노예가 된 갈리아인의 수를 추정하는 것은 갈리아 전쟁의 인명 피해를 추정하는 것만큼이나 어려운 일이다. 하지만 실제로 그 수가 얼마가 되었던, 카이사르의 갈리아 전쟁은 갈리아 인구의 규모와 연령 비율에 커다란 변화를 일으켰음에는 틀림없다. 로마군에게 죽음을 당하거나 포로가 되어 노예로 팔리지 않은 사람들도 전쟁이 초래한 광범위한 파괴와 기아로 인해 결코 고통을 피할 수는 없었다.

파괴

고대의 전쟁 수행 방식은 좀더 현대화된 전쟁에서 볼 수 있는 파괴적인 양상과는 거리가 멀었다. 재물이나 소유지의 파괴는 적어도 사전에 승인이 있거나 명시적으로 로마군 장교의 명령이 있을 때만 확실한 목표를 정해두고 이루어졌다. 로마군 병사들의 우발적인 습격과 파괴, 약탈 행위는 우리가 들어본 적은 없지만 틀림없이 있었을 것이다. 카이사르가 기록한 이야기들은 정치적인 성격을 갖고 있었기 때문에 이런 행위들은 언급하지 않았다. 규율을 따르지 않는 병사들에 관한 이야기는 그에 대한 인상을 나쁘게 만들 수 있었기 때문에, 그는 병사들의 약탈과 같은 내용이 아니라 작전과 전투, 정복의 성공담을 로마 시민들에게 들려주고 싶어했다. 하지만 우리는 로마 시대의 다른 전쟁에 대한 이야기로부터 그와 같은 행위에 대해 들어본 적이 있기 때문에 갈리아에서 로마 병사들이 달리 행동했을 것이라고 가정할 이유가 전혀 없다. 사상자의 경우와 마찬가지로, 파괴의 양을 정량적으로 추정하기란 불가능하다. 명령에 따라 수행된 파괴 행위는 아마 분명한 지침에 따라 이루어졌을 것이고, 아이두이 부족이나 레미 부족과 같이 로마에 우호적인 부족들은 대체로 아무런 피해를 입지 않았을 가능성이 높다. 공성전이 벌어져 도시가 함락되고 약탈당하는 과정에서 물적 재산이 엄청나게 파괴되었고, 시골도 황폐화되기는 마찬가지였다. 아바리쿰의 대규모 공성용 테라스와 알레시아의 광대한 성채의 경우, 그것들을 건설하기 위해서는 분명 엄청난 양의 목재가 필요했을 것이고, 틀림없이 이 오피둠들을 둘러싸고 있는 시골 지역에서는 정복이 끝난 뒤에도 몇 세대 동안 상흔이 사라지지 않았을 것이다.

메나피 부족과 모리니 부족에 대한 전역은 주로 파괴 행위로 점철되어 있었다. 부족 주민들이 접근 불가능한 소택지로 물러났기 때문에, 로마군은 그저 갈리아인들이 항복하기만을 바라면서 가축과 농장, 마을 등 그들이 찾을 수 있는 것은 모두 파괴했다. 그런데 그것은 실제로 효과가 있었다. 메나피 부족과 모리니 부족은 그들의 재산과 가축이 모두 사라지자, 항복하는 것 외에는 다른 대안이 없었다. 로마는 광범위한 파괴와 인명 피해를 초래할 수 있는 능력을 갖고 있었음에도 불구하고, 적을 패배시키기 위해 무제한으로 시골을 황폐화시키고 대량학살하는 수단에 전적으로 의지하지는 않았다. AD 2세기 초 로마의 역사가인 푸블리우스 코르넬리우스 타키투스ᴾᵘᵇˡⁱᵘˢ Cornelius Tacitus는 로마의 속주 정책에 대해 쓰면서 "로마는 폐허를 만들어놓고 그것을 평화라고 불렀다"고 주장했다. 하지만 거대 제국으로 성장하던 시기에 로마는 이러한 접근 방식을 취하지 않았는데, 이는 만약 토지가 사용 불가능하고 로마에 세금을 바칠 수 없을 정도로 인구가 줄어든다면 그곳을 속주로 삼아봐야 아무짝에도 쓸모가 없기 때문이었다.

갈리아인들 또한 재물을 파괴하는 수단에 의지했다. 그들이 BC 52년에 일으킨 반란의 모든 전략은 초토화정책에 기반을 두고 있었다. 그들은 이로 인해 로마군이 특별히 전역 수행 초기에 겪은 것과 같은 격심한 보급 문제에 봉착하게 되면 어쩔 수 없이 철수하게 될 것이라고 예상했다. 매년 카이사르가 보급 물자를 공급하는 데 애를 먹었다는 사실을 고려하면, 이것은 논리적으로 옳은 전략이었다. 따라서 갈리아인들은 여분의 식량과 농지, 가축을 비롯해 도시와 그 안에 있는 모든 물자들을 파괴했다. 반란이 완벽하게 실패로 돌아간 뒤, 이어진 겨울은 갈리아인들에게는 분명히 아주 절망적인 시기였을 것이고, 갈리아 중부 지방 전역에서 기아로 인한 아사자가 속출했을 가능성이 높다. 군대의 징발이 복속된 부족과 동맹 부족 모두에게 영향을 미치는 시기인 겨울에는 침략 군대의 주둔으로 인해 많은 갈리아 부족들이 아마도 식량 부족으로 고통을 받았을 것이다.

식량 보급

갈리아의 경제는 주로 농업에 기반을 두고 있었다. 우리는 이미 의도적으로 작물과 가축들을 파괴하는 행위들이 자행되면서 갈리아의 일부 지역에서 전쟁이 어떤 식으로 주민들의 삶을 붕괴시켰는지를 보았다. 게다가 식량 부족 현상은 카이사르가 갈리아의 많은 부족들로부터 식량을 징발하면서 더욱 심각해졌다. 로마군은 고대의 어떤 군대보다도 진보된 군수 체계를 가지고 있었지만, 당시 수송 수단이 비교적 이동 속도가 느렸기 때문에 전쟁 지역이나 그 인접 지역에서 추가로 보급 물자를 조달할 수 있는 수단을 강구해야만 했다. 갈리아에서 로마군은 새로 정복한 부족에게 보급 물자를 제공하는 의무를 부여하는 동시에 아이두이 부족과 같은 동맹 부족들에게도 로마의 지원을 받는 대가의 일부로 보급 물자를 공급하게 했다. 겨울에는 해산하여 각자의 집으로 돌아가는 갈리아 군대와 달리, 갈리아 부족들은 대규모 상비군에게 보급 물자를 제공하는 의무를 지키다 보면 상당한 부담을 느낄 수밖에 없었다. 카이사르는 확실한 보급선을 확보하기 이전인 전쟁 초기에는 보급 문제를 주로 아이두이 부족에게 의존했다. BC 58년 이주에 들어간 헬베티 부족을 추격하고 있을 때, 그는 의도적으로 경로를 우회해 아이두이 부족의 수도인 비브락테를 거쳐 가면서 동맹 부족으로부터 보급 물자를 확보했다. 또 그는 자신이 패배시킨 부족이나 심지어 동맹 부족들에게 곡물을 요구했는데, 이는 들판에서 많은 사료를 구할 수 없는 전역 가능 계절 초기에 특히 더 심했다.

전역 가능 계절이 끝나고 겨울철이 되면, 갈리아 부족들에게 부여되는 곡물이나 기타 보급품에 대한 요구가 연중 가장 심했다. 이 시기에 로마 군단들은 동계 숙영에 들어갔는데, 보통은 갈리아의 도시에 주둔하기보다는 방어시설을 잘 구축한 야영지에 머물렀다. 그들의 숙영지는 세심하게 고려하여 선정했다. 대부분의 경우, 군단들은 새로 정복한 부족들의 영토에서 겨울을 보내면서 그들을 감시했는데, 이는 어쩌면 로마 군대가 겨울에도 해산하지 않고 그곳에 영원히 주둔할 것이라는 인상을 주고 겨울 동안 점령군에게 식량을 공급하게 함으로써 로마에 저항한 것에 대한

■■■■■■ AD 2세기의 트라야누스 기둥에 묘사된 로마 병사들이 식량을 징발하고 있다. 카이사르는 곡식 및 사료 보급을 주로 갈리아 동맹 부족에게 의지해서 해결했다. 하지만 전역이 가능한 계절에는 식량 징발대가 정규 보급을 보충하는 역할을 수행했다. 식량 징발대는 주의가 분산되면, 곤란에 처할 가능성이 있었고, 실제로 그런 일이 벌어지기도 했다. (Ancient Art and Architecture)

징벌을 가하려는 목적도 있었을 것이다. 이와 같은 식량 요구로 인해 해당 부족은 상당한 부담을 느낄 수밖에 없었으며, 심지어는 생존의 위협까지 느끼기도 했다. 하지만 갈리아 전역에서 '중립'이란 존재하지 않았다. 심지어 로마에 전혀 반기를 들지 않았을 뿐만 아니라 전역이 수행되는 지역에서 멀리 떨어진 곳에 있는 부족들조차 식량을 보급하라는 요구를 받았을 가능성도 있다. 갈리아 서부의 독립적인 부족인 베네티 부족은 카이사르에 대항해 싸운 적이 없었는데도, BC 57년과 BC 56년 사이의 겨울에 카이사르가 장교를 파견해 그들에게 곡식을 요구했다. 당연히 그런 요구를 받고 화가 날 수밖에 없었던 그들은 파견된 로마 장교를 억류했다.

종교와 사회의 변화

갈리아 부족들은 로마의 정복이 시작되기 전부터 사회적으로나 정치적으로 변화를 겪고 있었다. 이러한 변화는 프랑스 남부 지역에 자리 잡은 그리스와 로마의 문화와 프랑스 중부 지방의 갈리아 부족들 사이에 상호작용이 벌어지면서 촉발되었다. 로마 제국에 갈리아가 합병되면서 두 문명의 융합체인 갈로로만Gallo-Roman 문화가 등장하기는 했지만, 이것은 점진적인 동화 과정에서 생긴 것으로 카이사르의 전역이 끝날 무렵까지 거의 시작조차 되지 않았다. 갈리아 정복은 속주들 내부에 존재하는 힘의 균형에 근본적인 변화를 일으키지 않았는데, 적어도 갈리아인들의 수준에서는 그랬다. 갈리아 사회의 계층 구조는 로마가 자신의 속주를 관리하고자 하는 방식에 적합했기 때문에, 로마는 갈리아 사회의 기존 과두제에 의지해 예속민들을 지배했다. 이런 방식 덕분에 로마의 총독은 대단히 작은 규모의 참모진만 갖고도 속주를 관리할 수 있었다. 친로마 성향의 부족장들은 부족 내에서 자신이 누리던 권력과 높은 지위를 그대로 유지할 수 있었을 것이다.

■■■■■ 갈리아의 로마화는 느리지만 점진적으로 이루어졌다. 하지만 사진 속의 복원된 켈트 양식의 건물들은 계속 존재했고, 로마의 정복이 끝나고 수십 년이 흐른 뒤에도 계속 건설되었다. 이런 과정을 거쳐 마침내 갈로로 만 문화가 꽃을 피우게 되었다. (Ancient Art and Architecture)

로마는 자신이 정복한 지역의 주민들에게 특정 신앙체계를 강요하려 고 하지는 않았다. 때로는 지역 특유의 신들이 로마의 특정 신과 연관되 어 로마의 판테온Pantheon*에 통합되기도 했다. 로마가 특정 종교를 박해 하거나 근절하려고 하는 경우는 대단히 드물었지만, 드루이드교의 경우 는 예외여서 카이사르는 그것을 근절하려고 시도했다. 드루이드들은 단 순히 종교적인 역할뿐만 아니라 정치적인 역할까지 수행했기 때문에 부 족 내에서 상당한 영향력을 가지고 있었다. 강한 반로마 성향의 아이두이 귀족이자 드루이드인 둠노릭스가 상당한 권한을 가지고 있었기 때문에,

---

* **판테온** 판테온이라는 명칭은 그리스어로 모두를 뜻하는 판Pan과 신을 뜻하는 테온Theon 이 합쳐져 만들어졌다. 만신전萬神殿을 뜻하는 이 로마 시대의 신전은 BC 27년에 아그리파 에 의해 창건되었다가 불타 없어진 것을 AD 115년~AD 125년 무렵에 하드리아누스 황제 가 재건했다.

카이사르는 그가 부족에 대한 통제력을 장악하려 하지 않을까 우려했다. 하지만 로마가 드루이드교를 부인하고 박해하게 된 가장 큰 이유는 인간을 제물로 삼는 관행과 관계가 있다.

> 모든 갈리아인들은 미신을 신봉한다. 그래서 심한 중병을 앓거나 곧 위험한 전투에 참가해야 하는 사람들은 일종의 제물로서 인간을 불에 태우거나 그럴 것을 맹세하고, 드루이드들은 이런 인신 공양을 주관한다. …… 전투를 벌이기로 결정하면, 그들은 전투 중에 획득한 전리품을 전쟁의 신에게 바치겠다고 다짐한다. 만약 그들이 승리를 거두면, 그들은 노획한 가축들을 불태우고 다른 전리품들을 한곳에 쌓아놓는다. (카이사르, 『갈리아 전기』)

피카르디Picardy의 리브몽쉬르앙크르Ribemont-sur-Ancre에 있는 신전은 전투에서 패한 전사를 제물로 바친 사실을 확실하게 증명해주는 예라 할 수 있다. 카이사르가 기술한 것처럼 노획한 무기들과 함께 사지가 절단된 시신 200여 구가 중앙 구역에 배열되어 있었는데, 그것은 대부분 청년의 시신이었다. 이 신전이 사용되기 시작한 것은 BC 3세기였으나, 로마에게 정복될 때까지 계속 사용되었을 가능성이 있다. 신전은 그 시점에 로마군이 파괴한 것으로 보인다. 로마 시인 마르쿠스 안나이우스 루카누스Marcus Annaeus Lucanus는 카이사르가 제물로 희생된 자들의 해골이 전시되어 있는 마실리아의 한 신전을 파괴하라고 어떻게 명령했는지 묘사하기도 했다. 그와 같은 신전들이 프랑스 남부의 로크페르튀즈Roquepertuse와 글라눔Glanum, 앙트레망Entrement에서 발굴되었다. 로마인의 정서에 따르면, 인간을 제물로 바치는 관습은 '야만적'인 행위였으며, 시신을 신전 관내에 묻는 것도 적절하지 않았다. 따라서 드루이드교는 불법화되고, 인신 공양은 금지되었으며, 신전은 파괴되었다.

로마

이미 언급한 것처럼, 갈리아 정복은 지위에 상관없이 로마인 대다수의 삶에는 별다른 영향을 미치지 않았을 것이다. 우리는 카이사르와 같은 지위에 속하는 사람들, 특히 그의 경쟁자들이 그의 공적을 주시하면서 카이사르를 괴롭히려고 애를 썼으며, 그 과정에서 그를 전범으로 기소하겠다고 위협했고, 한때는 그의 총독 임기를 중단시키려 하기도 했다는 사실을 이미 알고 있다. 하지만 로마 대중들은 갈리아 전역의 최신 소식을 듣고 상당히 흥분했으며, 특히 브리타니아를 침공했을 때 열광적으로 환호했다. 마르쿠스 키케로는 자신보다 나이는 어리지만 친구로 지내던 트레바티우스^{Trebatius}에게 "나는 자네가 브리타니아의 근황을 알려주기를 고대하고 있네"라는 편지를 보냈다. 트레바티우스는 BC 54년의 원정에 동참하기로 되어 있었다. 하지만 카이사르의 정적들이 그에 대해 걱정한 것은 옳았다. 전역 기간 동안 그는 자신이 거둔 승리 덕분에 원로원은 물론이고 로마 시민들로부터 이제까지 유례없는 찬사를 받았다. 평민들 사이에서 이미 굳건하게 인기를 확보한 그의 명성은 더욱 높아졌다. 카이사르는 몇 년 전까지만 해도 거의 파산한 상태였지만, 이제는 엄청난 부를 축적했고, 더욱 중요한 사실은 그가 역전의 군단들과 자신이 상대했던 갈리아와 게르만 지역에서 모집한 보조부대로 구성된 충성스러운 군대를 갖게 되었다는 것이었다. 이런 군사력을 바탕으로 그는 자신의 정치적 미래와 생명을 걸고 도박을 벌일 수 있을 정도로 자신감을 갖게 되었고, 당연히 자신의 몫이라고 생각하고 있던 지배력을 확보하기 위해 내전도 불사하겠다는 마음의 각오를 다졌다.

민간인의 초상
로마 상인

갈리아에 처음으로 정착한 로마인은 거의 상인과 무역업자들이었다. 로마와 이탈리아에서 온 상인들은 이집트에서부터 스페인에 이르는 지중해 전역의 마을과 도시에서 그 모습을 볼 수 있었고, 로마가 그 지역을 직접 지배하기 훨씬 전부터 그곳에 진출해 있었다. 그들은 특히 교역의 중심지 역할을 하는 생산이나 교통의 중심지에 정착했고, 로마와 그 이웃 지역 간의 상업 활동을 통해 엄청난 부를 축적했다. 카이사르가 BC 1세기 중엽 갈리아 정벌을 시작할 무렵, 로마인들은 로마가 소유한 갈리아 트란살피나의 경계선을 훨씬 넘어선 지역까지 진출해 있었고, 몇몇 갈리아 도시에는 갈리아에 살고 있는 로마인 공동체들이 존재했는데, 케나붐(오를레앙)과 게르고비아, 카빌로눔Cabillonum(살롱쉬르손Chalons-sur-Saône), 노보이두눔Novoidunum(느베르Nevers) 등이 그런 도시에 해당한다. 이 도시들에 로마인이 존재했기 때문에 갈리아에 로마 문화와 언어가 쉽게 전파되었고, 이와 동시에 로마와 이탈리아의 상인들도 분명히 갈리아 문화와 언어를 습득했을 것이다. 이 도시들에서 로마인과 갈리아인이 평화롭게 공존하지 않았다는 사실을 암시하는 증거는 존재하지 않는다. 적어도 카이사르가 군대를 이끌고 도착하기 전까지는 그랬다. 새로운 속주가 신설되면, 이미 그곳에 기반을 두고 있던 로마 상인들은 엄청난 기회를 잡을 수 있었겠지만, 갈리아인이든 로마인이든 상관없이 전쟁이 일어나면 모든 민간인들은 혼란과 위험에 처할 수밖에 없었다. 로마 상인들은 침략군과 동일시될 가능성이 높았는데, BC 52년 갈리아 전체에 반란이 확산되고 있을 때, 갈리아인들에게 그들은 확실한 표적이 되었다.

상인들을 비롯해 각종 '비전투 종군자camp follower'들 또한 로마군이 전역을 수행하는 동안 그들을 따라다녔다. 그들은 군대의 일부분으로 간주되지는 않았던 것으로 보이는데, 이는 그들이 요새화된 야영지 밖에서 숙영을 했고, 군대에 보급품을 공급하는 데 있어서 공식적으로는 아무런 역할을 하지 않았기 때문이다. 그들은 전리품을 수집하거나 새로운 교역의 기회가 열리기를 바라면서 자비를 들여 군대를 따라다녔고, 심지어 직접 배를 임대해 브리타니아 원정 중이던 카이사르를 따라 해협을 건너기도 했다. 하지만 그들은 전역을 수행 중인 군대를 위해 여러 가지 유용한 서비스를 제공했기 때문에, 대부분의 장군들은 그들이 군대를 따라다니는 것을 어느 정도 눈감아주었다. 이 상인들은 특히 동절기에 유용했는데, 병사들은 이들을 통해 고국에서 수입해온 패스트리나 각종 고급 음식들을 구입해 진저리가 날 정도로 단조로운 군대 배식을 좀더 다채로운 식단으로 보완할 수 있었다. 그들은 또한 병사들의 전리품을 매입함으로써 병사들이 전리품들을 휴대하기 간편한 주화로 교환할 수 있는 길을 제공해주었을지도 모른다. 또 다른 형태의 '군대 기식자'들로는 점쟁이와 매춘부가 있었다. 일부 규율이 엄격한 장군들은 이런 형태의 비전투원들을 군대의 사기를 저하하는 암적인 존재로 간주해서 야영지에서 그들을 몰아냈다. 반면, 카이사르는 좀더 관대했던 것으로 보인다. 그들의 존재는 아마도 병사들의 사기에 긍정적인 영향을 주었을 것이다. 하지만 군대를 따라다니는 갈리아 및 로마 상인들은 군대와 똑같은 위험에 노출될 수밖에 없었다. BC 53년 게르만 기병들이 퀸투스 키케로의 야영지를 공격했을 때, 군인과 민간인을 가리지 않았기 때문에 로마군의 성채 바깥에 숙영하고 있던 상인들은 도망칠 틈도 없이 살해당했다.

상인들은 갈리아에 살고 있는 부족들이나 침략자인 로마군 모두에게 유용한 지식과 군사 정보를 제공했다. 갈리아의 부족들이 지나가는 상인들을 심문하여 최근 소식을 듣는 것은 대단히 자연스러운 일이었던 것으로 보이며, 카이사르는 특히 갈리아에 기반을 두고 있는 로마 상인들에게 현지 지식을 얻었다. 베손티오에서 로마군은 아리오비스투스를 상대로 전투를 시작하기에 앞서 갈리아인들이나 상인들에게 게르만인에 대해 묻고 다녔다. 그들에게 정보를 제공한 사람들은 게르만인의 군사적 역량이나 체격을 부풀려 묘사했던 것으로 보인다. 이로 인해 로마군 전반에 게르만인들을 두려워하는 분위기가 번졌다. 그런 것을 보면, 상인들로부터 얻은 군사 정보, 특히 군사 역량에 대한 정보는 그리 정확하지 않았을지도 모른다. 첫 번째 브리타니아 원정이 있기 전, 카이사르는 섬의 지리를 비롯해 브리타니아인들의 전투 방식과 인구밀도, 관습에 대한 정보, 특히 항구에 대한 정보를 확보하려고 노력했다. 그는 원정에 특별히 도움이 되는 정보를 그다지 많이 확보하지 못해 어쩔 수 없이 장교 중 한 명인 가이우스 볼루세누스Gaius Volusenus를 파견해 항만에 대한 정찰을 수행할 수밖에 없었던 것으로 보인다. 하지만 볼루세누스 역시 그 문제와 관련하여 카이사르에게 어떤 정보를 주기에는 역부족이었다. 브리타니아 원정에 관여

했던 상인들은 갈리아인이었던 것이 분명하다. 왜냐하면 그들이 로마의 계획을 곧바로 브리타니아인들에게 전달했기 때문이다. 상인들은 북유럽의 부족들을 통해 비교적 쉽게 이동할 수 있었기 때문에, 일부 로마 상인들이 갈리아어를 사용하고 카이사르를 위해 통역관 역할을 수행할 수 있었던 것은 그리 놀라운 일이 아니다.

상인들 중에는 에퀴테스에 속한 유력 인사도 있었다. 그들은 카이사르 같은 원로원 의원들 바로 밑에 속하는 신분으로, 엄청난 부를 소유할 수 있었다. 가이우스 푸피우스 키타Gaius Fufius Cita는 에퀴테스 신분의 상인으로, BC 52년 케나붐에서 반란이 일어나 로마인들이 학살당할 당시에 로마인 공동체의 일원이었다. 카이사르는 군대에 식량을 공급하는 책임을 그에게 맡겼는데, 아마도 그의 사업과 언어 능력 때문이었을 것이다.

그 대가로 키타는 갈리아가 속주에 편입된 뒤 채광이나 채석, 군납과 같은 사업에서 사업자를 선정할 때 총독이 그에게 특혜를 줄 것으로 기대했을 것이다. 부유한 상인들이 로마의 대외정책에 얼마나 큰 영향을 미쳤는지는 논쟁이 진행 중이다. 카이사르는 BC 57년 겨울에 알프스를 관통하는 길을 개통한 것은 상인들이 갈리아 부족들이 부과하는 보호세를 내지 않고도 안전하게 다닐 수 있도록 하기 위한 것이었다고 주장했다. 하지만 거기에는 상업적인 목적만큼이나 군사적인 이유도 강하게 작용했을 것이다. 군사적인 승리와 그에 따른 개인적 영달이 로마 장군들이 전역을 통해 정복을 추진한 주요 이유다. 하지만 상업적 기회를 개척함으로써(이를 통해 장군들은 금전적으로 상당한 혜택을 기대할 수 있었다) 에퀴테스 신분의 상인들에게 이익을 주는 것도 또 다른 동기로 작용했을 것이다. 로마에서는 에퀴테스의 표가 공직을 위한 선거에서 엄청나게 큰 영향력을 발휘했다. 베네티 부족들은 브리타니아를 비롯해 갈리아 지방의 아드리아 해 연안 전체를 대상으로 그들이 큰 수익을 올리고 있던 교역로에 로마인들이 점진적으로 침투해오자, 로마에 대한 적대감을 갖게 되었을 가능성이 높다. 로마가 갈리아에 진출하면서 상인들은 재정적 이익을 얻을 수 있는 기회를 더 많이 갖게 되었고, 이와 더불어 많은 갈리아 부족들에게 최초로 로마 문화를 전파하는 역할도 수행했다.

전쟁의 결과
로마의 승리

특정 사건이나 일자를 기준으로 그 시점에서 갈리아 전쟁이 끝났다고는 말할 수 없다. 카이사르가 갈리아의 여러 부족을 상대로 전쟁을 벌이자, 그들은 BC 52년에 하나로 뭉쳐 그들의 땅에서 로마인들을 몰아내기 위해 공조를 이루는 데는 성공했으나, 결국에 그들의 반란은 실패로 끝나고 말았다. 갈리아 전쟁 기간 동안 갈리아의 부족들은 단독으로 혹은 작은 연합체로 로마에 대항했지만 패배할 수밖에 없었다. 심지어 알레시아에서 베르킨게토릭스마저 항복하고 말았지만, 이것이 갈리아 전쟁의 종식을 의미하지는 않았다. 이것은 다만 로마에 대한 격렬한 저항이 적어도 당분간 끝났음을 의미했다. 카이사르는 베르킨게토릭스의 항복을 그가 총독으로 재임하던 기간을 통틀어 가장 극적인 사건이었다고 묘사했다. 그의 주장에 따르면, 그는 갈리아를 정복했고, 그뿐만 아니라 그의 이야기 속에 등장하는 탁월한 지위에 걸맞은 영웅인 카리스마 넘치는 갈리아 족장이 지휘하는 반란을 완전히 분쇄했다. BC 52년의 대규모 반란을 진압한 뒤 그는 더 이상 전쟁 기록을 이어가지 않았다. 왜냐하면 사상 유례없는 20일간의 국가 감사제가 실시됨으로써 더 이상 로마에 자신의 군사적 승리를 자랑할 필요가 없어졌기 때문이다. 하지만 전역은 계속되었다. 카이사르의 장교들 중 한 명인 아울루스 히르티우스Aulus Hirtius가 『갈리아 전기』를 이어받아서 BC 50년을 지나 내전 발발 하루 전까지 이야기를 기록했다. 소규모 전역이 요란하게 잡음을 내며 BC 50년까지 계속되더니 결국은 로마의 내전으로 인해 중단되었다. 카이사르가 폼페이우스와 싸우기 위해 대부분의 주둔군을 갈리아 밖으로 차출했던 것이었다. 초대 황제인 아우구스투스가 통치하기 전까지 갈리아는 완전한 속주 상태가 아니었기 때문에, 심지어 그 뒤에도 또 다른 전역이 있었다는 증거들이 존재한다. 하지만 누가 승리했는지에 대해서는 의문의 여지조차 없었다. 왜냐하면 전역은 대체로 일방적으로 로마에 유리하게 진행되었고, BC 50년 말까지 갈리아 부족들은 거의 대부분 항복할 수밖에 없었으며, 로마는 무조건 항복만을 받아들였기 때문이다.

BC 51년에는 7개 군단이 벨로바키 부족을 향해 진군했는데, 이는 과민반응이었을 수도 있었지만, 카이사르는 아직도 저항을 생각하고 있는 부족들에게 본보기를 보여주고 싶어했다. 그는 바로 한 해 전에 발생했던 반란의 잔당들이 장악하고 있는 갈리아 남서부의 오피둠인 유셀로두눔에 항복을 강요했고, 이어서 북부의 몇몇 부족에 대한 징벌적인 전역을 수행했다. 아울루스 히르티우스가 기록한 갈리아 지역의 마지막 군사행동은 BC 51년 말 모든 군단들이 동계 숙영지로 이동한 뒤에 발생했다. 아트레바테스 부족의 부족장으로 한때 카이사르의 동맹이었다가 베르킨게토릭스에게 합류한 콤미우스Commius가 문제를 일으키기 시작했다. 그에 대한 진술에서 아울루스 히르티우스는 아트레바테스 부족이 평화적이고 로마에 순종했으며, 콤미우스는 일단의 전사들과 함께 주변을 약탈하며 지역의 평화를 어지럽힌 도적에 불과했다고 주장했다. 콤미우스가 실제로 군사 목표물을 공격하고 매복해 보급 호송대를 공격하는 데 성공했다는 사실은 그가 비록 소규모에 불과하더라도 계속 저항을 시도했다는 것을 암시한다. 로마 레가투스 볼루세누스가 콤미우스를 제거하는 임무를 맡으면서 일련의 교전이 발생했고, 콤미우스는 볼루세누스의 창에 허벅지를 관통당하는 부상을 입으면서 위기를 맞았다. 콤미우스와 그의 추종자들은 즉시 도주했다가 지시받은 장소에만 머무르고 인질을 보내 저항 의사가 없음을 보장해야 한다는 로마의 조건에 동의했다. 하지만 아울루스 히르티우스는 그에 대한 자세한 내막을 알려주지 않았다. AD 1세기의 작가인 섹스투스 율리우스 프론티누스Sextus Julius Frontinus는 짧은 언급을 통해 콤미우스가 배를 타고 로마군으로부터 탈출하려고 시도했지만, 썰물에 좌초되었다고 주장했다. 하지만 아트레바테스 부족의 이 교활한 인물은 배가 좌초되었음에도 불구하고 돛을 올렸고, 추격해온 로마군은 그의 배가 이미 멀어졌다고 생각하고 추격을 중단했다. 콤미우스는 브리타니아로 탈출해서 그곳에서 브리타니아로 이주한 아트레바테스 부족의 왕이 되었다.

BC 50년대 말, 대다수 갈리아 부족들이 로마의 정복에 더 이상 저항을 해봐야 아무런 소용이 없다는 사실이 분명해지자, 저항을 계속할 수 있는 인력이나 자원을 갖고 있다고 해도 상황은 달라지지 않을 것이라는 인식이 널리 퍼지게 되었다. 갈리아 중부 지방에서는 대부분의 토지가 황폐화되었다. 이 지역은 특히 BC 52년에 로마군이 사용할 수 없도록 갈리아인스스로 자신의 가축과 곡식을 파괴한 이후 초토화되었다. 게다가 전투에 참전한 부족들은 전사의 수마저 줄어들었을 것이다. 갈리아인들이 이전

콤미우스

● 아트레바테스 부족의 족장으로 갈리아 반란의 지도자들 중 한 명이었던 콤미우스Commius는 한때는 카이사르의 동맹이었다. 그는 BC 55년의 원정에 앞서 브리타니아를 여행하면서 로마군을 위해 정보를 수집했고, 그에 대한 보상으로 이웃 모리니 부족에 대한 지배권을 획득하고 아트레바테스 부족에 대한 세금 감면 혜택을 받았다. 그럼에도 불구하고 그들은 베르킨게토릭스에게 합류했다. 콤미우스는 알레시아 구원부대의 지휘관 중 한 명이었으며, BC 51년에는 벨로바키 부족을 선동해 반란을 더욱 확산시켰다. 콤미우스는 라비에누스가 그를 협상자리로 유인해 암살하려고 시도하자 탈출했고, 나중에 브리타니아로 달아나 브리타니아에 모인 아트레바테스 부족의 왕이 되었다.

에 만났던 적들과 달리, 로마군은 겨울이 와도 해산하는 법 없이 갈리아에서 겨울을 났기 때문에, 로마군이 쉽게 갈리아를 떠나지 않으리라는 것은 확실했다. 당시 많은 갈리아 부족들에게 항복은 학살당하지 않을 수 있는 유일한 대안이었다. 2000년의 세월이 흐른 시점에서 볼 때, 그 결과는 사실상 피할 수 없는 것이었다. 카이사르는 여러 번 과욕을 부려 일을 망치고 아주 위험한 상황에 처하기도 했지만, 로마군이 훈련이나 장비 면에서 너무나 훌륭했기 때문에 그와 같은 전쟁에서 패배하지 않을 수 있었고, 또 강력한 지휘 구조와 군수체계(적어도 그들의 군수체계는 가끔 제대로 기능을 발휘했다)를 보유하고 있을 정도로 로마군이 잘 조직화되어 있었기 때문에 군대를 여러 해에 걸쳐 전시 상태로 유지할 수 있었다. 만약 카이사르가 갈리아를 정복하지 않았더라도, 아마 로마의 다른 장군이 그 일을 성취했을 것이다.

카이사르는 총독으로서 남은 임기를 그가 최근에 정복한 갈리아 부족들을 달래며 보냈다. 다음 단계는 갈리아를 새로운 속주로 로마에 편입시키는 것이었다. 하지만 내전으로 인해 정상적인 절차가 중단되었다. 정상적으로 새로운 속주를 만들기 위해서는 원로원의 승인이 있어야 했으나, 훨씬 뒤 아우구스투스에 의해 갈리아가 완전히 로마의 속주가 되기까지 원로원의 승인은 이루어지지 않았다. 카이사르는 최근에 자신과 전투를 벌였던 부족들, 그 중에서도 특히 부족의 엘리트들과 실무적인 관계를 확립하는 것을 목표로 했다. 그는 특혜와 선물이라는 수단을 동원해 자신이 신뢰하는 갈리아인들을 지원함으로써 로마에 대한, 더 나아가 그에 대한 해당 갈리아인들의 충성심을 확보했고, 그 덕분에 내전에서 큰 이득을 보았다. 로마는 오피둠 주변 지역을 기반으로 한 부족체계의 유지를 허용해주었다. 갈리아인의 오피둠이나 그 이후 오피둠 근처에 로마 양식으로 형성된 거주지는 키비타스^{civitas}의 근간을 형성했다. 키비타스는 로마 제정시대에 로마 시민권을 부여받은 속주의 공동체로 갈리아의 속주에서는 통치와 행정이 그곳을 중심으로 이루어졌다. 갈리아 전역의 예속 부족들에게는 너무 적지도, 그렇다고 숨 막힐 정도로 과중하지도 않은 조세가 부과되었다.

BC 52년 원로원과 로마 시민은 마지막 국가 감사제를 거행했다. 카이사르가 여러 차례의 공훈으로 이미 과거의 어느 누구보다 많은 찬사를 받은 상태였기 때문에, 이번에는 그가 부재중임에도 불구하고 로마에서는 그의 승리를 찬양하는 행사가 벌어지고 있었다. 공식적인 개선행사는 몇 년 후 내전이 결말에 이르고 카이사르가 로마의 독재관이 된 BC 46년에야 비로소 이루어질 수 있었다. 당시 그는 개선행진을 했는데, 승리한 장군이 전차를 타고 로마 시내를 통과하여 행진하는 동안 전역의 여러 장면들을 묘사한 그림들과 병사들이 그 뒤를 따랐다. 전통적으로 병사들은 이때 자기 지휘관을 조롱하는 외설적인 노래를 불렀다.

■■■■■ 아르베르니 부족 출신인 베르킨게토릭스는 로마에 대항해 갈리아 부족들을 단결시켰다. 그는 19세기에 프랑스가 프로이센의 침공에 저항하던 당시 프랑스의 단합을 상징하는 인물로 부각되었다. 베르킨게토릭스를 형상화한 이 거대한 조각상은 프랑스 예술가 장 프랑수와 밀레Jean François Millet의 작품으로 나폴레옹 3세가 알레시아 유적지에 세웠다. (Ancient Art and Architecture)

우리는 앞머리가 벗겨진 색골을 로마로 데려왔네.

로마인이여, 모두 아내를 집 안에 꼭꼭 숨겨라!

당신이 그에게 빌려준 모든 재물들은, 그가 갈리아 매춘부를 사는 데 다 써버렸다네.

(수에토니우스Suetonius, 『카이사르의 생애』, 로버트 그레이브스Robert Graves 번역)

갈리아 정복의 개선행진과 같은 행사는 모두 네 번 있었다. 나머지 세

경우는 각각 터키에서 벌어진 전역과 아프리카 전역, 이집트 전역 이후에 거행되었다. 개선행진을 구경나온 로마 시민들과 병사들에게는 금전이 제공되었다. 특히 병사들의 경우는 내전 기간 동안 변함없는 충성을 보여주었기 때문에 후한 기부금까지 제공되었다. 카이사르가 네 번의 개선행진에서 최고의 스타였던 반면, 갈리아 정복의 개선행진에서 '두 번째 스타'는 베르킨게토릭스였다. 이 갈리아 족장은 이탈리아의 한 마을에서 6년 동안 수감생활을 하다가 개선행진 날에 쇠사슬에 묶인 채 로마의 거리를 행진한 뒤 로마의 포룸에 있는 툴리아눔Tullianum 감옥으로 끌려가 교

살당했다. 카이사르는 로마에서 엄청난 건설 프로젝트를 시작했는데, 비용의 일부는 그가 전쟁에서 획득한 전리품으로 충당했다. 그는 가문의 시조로 알려진 전설의 여신 베누스 게네트릭스^{Venus Genetrix}(모성의 신)(그리고 자신의 연인인 클레오파트라)를 찬양하는 동시에 그가 전쟁을 치르면서 획득한 전리품들 전시하기 위해 신전을 건설했다. 전시물은 대개 무기들이었겠지만, 특히 값비싼 전리품이 전시되었을 가능성이 높다. 그는 여기에 브리타니아 원정에서 획득한 전리품들도 함께 포함시켜 로마의 동포들에게 그가 대양을 건너서 신비의 섬을 침공한 최초의 인물임을 상기시켰다.

카이사르가 신속하게 전역을 수행하면서 엄청나게 넓은 지역을 정복했다는 사실은 일부 지역에 대한 정복이 불완전했고, 따라서 추가적인 전역이 필요하게 될 것이라는 걸 의미했다. 하지만 그가 총독 임기를 끝낼 때에는 자신이 의도했던 것과 정치적 미래를 확고하게 다지는 데 필요한 것들을 모두 확보한 상태였다. 그는 부를 축적하고, 군사적 명성을 획득하는 일에 착수했다. 이를 위해 그는 서둘러 헬베티 부족과 조우하려 했고, 게르만 부족들을 상대로 한 전역을 꾀했다. 이것은 그에게 갈리아 전체를 정복하는 데 필요한 구실을 제공했다. 이를 통해 그는 BC 50년에 내전을 일으켜 승리를 거두고 독재관의 지위에 오르는 데 충분한 수단을 확보할 수 있었다.

전쟁의 결말과 영향
팍스 로마나

고대 전쟁에 대한 이야기에서 사실과 수치는 중요한 부분을 차지하며, 그것은 카이사르의 기록에서도 예외는 아니다. 그는 일반적으로 자신이 상대하는 적군의 규모와 유형을 열거하고, 종종 적의 사상자 수를 제시하곤 했다. 그가 제시한 수치들은 정치적 이유에서 적군의 규모와 사상자 수를 과장했을 가능성이 충분히 있기 때문에 정확성을 장담할 수는 없다. 사상자 수는 군사적 승리의 가치를 재는 일종의 척도나 다름없었다. 당시 로마의 특정 장군이 개선행진을 요구하기 위해서는 적에게 적어도 5,000명 이상의 인명 피해를 입혀야 했다. 따라서 지휘관과 그의 부대가 발휘한 군사적 능력과 무용을 강조하기 위해 적의 사상자 수를 부풀렸을 가능성이 높다. 게다가 적에게 입힌 인명 피해에 따라 개선행진을 요구할 수 있는 권리를 부여하는 조항 때문에, 실제 전투에서 승리했는데도 단지 그 조항을 만족시키기 위해 필요 이상으로 더 오래 학살을 자행하는 사태가 발생하기도 했다. 그 수치들을 거의 믿을 수 없는 경우도 자주 발생했다. 카이사르가 알레시아 공성전에 참가한 갈리아 구원부대의 병력 규모에 대한 자신의 주장에 신빙성을 더하기 위해 갈리아 구원부대에 참가한 부족들과 각 부족이 동원한 전사의 수를 일일이 열거했지만, 그래도 그의 주장처럼 갈리아 구원부대의 병력 규모가 24만 명에 달했을 가능성은 별로 없다. 베르킨게토릭스와 함께 알레시아 오피둠에 갇히게 된 갈리아인 8만 명과 더불어 구원부대의 병력까지 합하면, 이것은 당시 갈리아에서는 거의 동원이 불가능한 병력이 집결했다는 것을 의미한다. 아마 카이사르는 자신이 즐겨 언급한 것처럼 그렇게 심각하게 열세에 놓인 적이 한 번도 없었을 것이다. 하지만 수치상의 문제에도 불구하고 9년에 걸친 전쟁으로 발생한 전체 사상자 수는 끔찍하지 않을 수 없었다. 몇몇 부족들은 엄청난 사상자를 내면서 압도적인 패배를 당한 결과, 아예 사라져버렸거나 영향력이 크게 감소하여 그들에 대한 이야기가 다시는 언급되지 않았다. 헬베티 부족은 자신들이 갈리아에서 가장 용감하고 영향력이 큰 부족이라고 생각했지만, 로마군에 의해 강제로 자신의 원래 정착지로 쫓겨난 이후 다시는 역사에 이름을 올리지 못했다.

그럼에도 불구하고 카이사르가 갈리아인이나 게르만인들을 학살했다는 이유로 비난을 당했을 가능성은 거의 없다. 아마 그가 심각한 패배를 당하지 않고 그와 같은 일들을 해치웠기 때문일 것이다. BC 54년 겨울에 대패하여 1개 반의 군단을 잃은 책임은 전적으로 그의 부하인 사비누스에게 돌아갔고, 카이사르는 그를 무능한 겁쟁이로 묘사했다. 로마인에게 갈리아인이나 게르만인을 대규모로 학살하는 것은 전적으로 수용 가능한 일이었으며, 일반적으로 칭찬해야 할 무훈이었다. 갈리아인과 게르만인 모두 과거에 로마에 심각한 패배를 안긴 적이 있었기 때문에(갈리아인의 경우는 아주 먼 과거에 있었던 일이다), 카이사르가 갈리아 군대와 게르만 군대를 패배시킨 일은 과거의 손실과 패배에 대한 복수이자 다시는 그런 일이 발생하지 않게 하는 일종의 방어책이었다. 카이사르는 자신의 진술에서 그가 첫 번째 전역을 수행하면서 상대했던 적들이 과거 로마 군대가 겪은 패배와 관계가 있다는 점을 부각시키려고 애썼다. BC 58년 손 강에서 학살당한 헬베티 부족의 일원인 티구리니Tigurini 부족은 BC 107년에 로마 군대를 패배시킨 부족이었다. 아리오비스투스는 게르만 부족의 왕이었고, 아두아투키 부족은 BC 2세기 말에 여러 차례 로마군을 패배시킨 킴브리 부족과 튜튼 부족의 후손이었다. 또한 로마인에게 이들은 야만인이었으며, 로마인의 사고방식으로 볼 때 그들에게 유일하게 좋은 야만인은 죽은 야만인이라고 말해도 그렇게 큰 억지는 아닐 것이다.

이런 견해에도 불구하고, 로마의 일부 정치가들 사이에서 카이사르를 총독직에서 해임시키고 오늘날 우리가 '전쟁 범죄'라고 부르는 것에 해당하는 죄를 물으려고 하는 움직임이 있었다. 아마 혐의 내용에는 자신의 속주(물론 그의 속주는 갈리아 키살피나와 갈리아 트란살피나로 제한된다) 밖에서 전쟁을 일으켰으며 정당한 명분도 없이 다른 민족을 공격했다는 혐의가 포함되어 있었을 것이다. 고대 사회에서 명분은 전쟁의 합법성을 확보하는 데 필수적이었다. BC 55년 우시페테스 부족이 학살당했을 때 일어난 격렬한 비난은 너무나 빈약한 구실을 내세워 여성과 아이들을 무참하게 살육한 행위에 대한 진실한 반감에서 나온 것일 수도 있다. 하지만 그런 혐의를 내세워 카이사르를 기소하려고 했던 사람들이 그와 정치적으로 격렬하게 대결을 벌이던 경쟁자들이었으며, 그를 로마의 안정에 해가 되는 인물로 간주하고 있었다는 사실을 기억해야만 한다. 그들이 카이사르를 법정에 세워 제거하기 위해 벌였던 행동들은 대부분 적의 처우에 대한 관심이 아니라 카이사르를 파멸시키려는 욕망에서 비롯된 것이었다.

수에토니우스는 자신의 저서 『카이사르의 생애』에서 이렇게 언급했다.

"카이사르는 아무리 정당성이 부족하고 어렵더라도 전쟁을 일으킬 수 있다면 그 어떤 기회도 마다하지 않았다. 그가 아무런 도발을 받지 않은 상태에서도 적이나 야만인들을 공격하고 심지어 동맹 부족에 대한 공격도 서슴지 않았기 때문에, 결국 원로원은 조사단을 파견해 갈리아의 상황을 보고하게 했다. 몇몇 조사단원들은 (그의 행동에 대한 징계로) 카이사르를 적에게 넘겨야 한다는 제안까지 내놓았다."

군사적인 측면에서 어느 쪽도 커다란 진보를 이루지는 못했다. 로마군의 장비와 전투 방식은 체격이 더 크고 적을 베기 위해 날이 긴 칼을 사용하는 켈트인이나 게르만인을 상대하기에 적합했다. 그리고 대대를 중심으로 한 편제가 가져다준 군단의 유연성은 엄격한 규율에 따라 횡대 대형으로 전투를 수행하지 않는 적을 처리하는 데 이상적이었다. 많은 현대 역사가들은 카이사르가 필룸(투창)의 대체 병기를 만들었다고 말하고 있다. 그들은 필룸에 일부러 부분적으로 단련鍛鍊하지 않은 철제 창날을 부착한 사람이 바로 카이사르라고 주장한다. 이렇게 하면 필룸이 땅에 떨어졌을 때 창날이 휘어지기 때문에 적이 그것을 다시 로마군에게 던지기 어렵게 되고, 만약 적의 방패에 명중하면 방패를 뚫고 들어간 다음 창날이 휘어져 긴박한 전투 상황 속에서 적이 방패에 박힌 필룸을 빼내기 어려워 결국 방패를 버린 채 무방비 상태로 백병전에 임할 수밖에 없게 된다. 이러한 효과는 헬베티 부족과 전투를 벌이는 동안 카이사르가 언급한 것이었고, 바로 그 진술로 인해 현대 역사가들이 카이사르가 직접 그와 같은 개조를 시행했다고 주장하게 된 것이다. 그리고 실제로 그가 언급한 대로 창날이 휘어진 필룸이 알레시아에서 발굴되었기 때문에 그가 기록한 필룸의 효과는 단지 그럴 듯한 정도가 아니라 실제로 신뢰할 만했던 것으로 보인다. 하지만 필룸과 관련된 어떤 실험이나 설계의 변경과 카이사르를 연관시킬 수 있는 증거는 전혀 존재하지 않는다. 이전에 마리우스가 창날에 단련된 철을 사용하면서 그와 같은 효과를 보기 위해 나무로 만든 자루에 창날을 고정시키는 철제 리벳 2개를 목제 쐐기못으로 교체했다. 하지만 여기에 단련하지 않은 철로 창날을 만들어 필룸을 한 단계 더 개량한 것이 카이사르라고 말하는 것은 옳지 않은 주장일 것이다. 갈리아인들은 자신들의 영토에 대한 정벌이 진행되는 동안 회전이 로마군을 패배시키는 데 적절한 방법이 아니라는 사실을 깨달았다. 로마군은 훈련이 잘되어 있고 군대 기강이 잘 잡혀 있었기 때문에 야전에서 패배시킬 수 있는 존재가 아니었다. 로마군에게는 치고 빠지는 전술이나 매복이 훨씬 더 효과적이었다. 갈리아인들은 로마군의 전술을 좀더 경험하면서 이런 방식을 점점 더 많이 사용하게 되었다. 크라수스는 그런 전술을 사용하는 갈리아인들을 아퀴타니아에서 처음으로 만났다. 당시 갈리아 부족들은 피네레 산맥을 넘어온 스페인 사람들의 지원을 받았는데, 스페인 사람들은 로마군에게 게릴라 전술이 효과가 있다는 사실을 BC 70년 폼페이우스에게 대항했던 로마의 배신자 세르토리우스를 도와 로마군과 싸웠을 때부터 이미 알고 있었다. BC 52년에 갈리아인들의 전략은 초토화 전술과 게릴라 전술을 구사하여 로마군을 보급선으로부터 차단하고 동시에 회전을 피하는 방식에 기반을 두고 있었다. 그러나 이 전략은 로마군의 뛰어난 공성전 기술 때문에 실패로 돌아가고 말았다. 서유럽에서는 게릴라 전술이 로마군을 상대하는 가장 효과적인 군사적 저항 수단으로 계속 사용되었다. AD 9년에 아르미니우스Arminius*는 로마 3개 군단에 매복공격을

---

* **아르미니우스** BC 18년~AD 19년. 게르만의 케루스키 부족의 족장. 청년 시절 로마 시민권을 얻어 로마 보조군에 복무했다. 후에 고향인 엘베 강 유역으로 돌아가 로마군 격파 계획을 세운 뒤 AD 9년에 장군 바루스가 이끄는 2만 명의 로마군을 토이토부르크 숲에서 격퇴했다. 그 후 로마 세력을 엘베 강 선에서 라인강 선으로 후퇴시켜 게르마니아 공략을 단

실시해 눈부신 승리를 거두고 동시에 게르마니아를 정복하겠다는 로마군의 희망에 종지부를 찍음으로써 그 효과를 입증했다.

정복지에서 속주로 되는 과정은 느리게 진행되었다. 속주로 편입하기 위해 필요한 모든 주요 과정들이 카이사르와 폼페이우스 간의 내전이 임박하면서 모두 지연되었다. 하지만 총독 임기 막바지에도 카이사르는 이미 모든 관심을 로마에 쏟고 있었다. 그가 미봉책으로 조세를 부과하고 로마가 내전에 빠져 있는 동안 갈리아에 최소한의 병력만 남겼는데도 심각한 폭동의 조짐은 보이지 않았다. 아마 갈리아의 부족들은 그들의 상처를 쓰다듬으며 로마군에게 당한 파멸적인 패배로부터 회복하고 있던 중이었을 것이다. 아이두이 부족이나 레미 부족처럼 로마의 편을 든 부족들은 분명히 로마에 자신의 운을 맡겨야 했을 것이다. 기존의 부족들 간의 관계는 가능한 한 인정해주는 선에서 유지되었다. 카이사르는 갈리아에 기존과 다른 통치 방식을 적용하려 하지 않았다. 그는 속주에 대한 로마의 통상적인 정책과 조화를 이루고 갈리아 부족들에게 이미 익숙해져 있는 통치 방식을 선호했다. 갈리아 부족들과 그들의 내부 구조는 로마가 선호하는 부유한 소수집단이 통치하는 과두제와 잘 맞았다. 그들이 갈리아 부족의 족장이든 지중해 동부에 건설된 도시의 엘리트 행정 담당자든 그것은 상관없었다. 부족들이 갖고 있던 기존의 영토는 대체로 계속 유지되었지만, 영토 관리는 계속 성장하는 중이거나 새로 설립된 도시들이 맡게 되었다. 이 도시들은 갈리아 부족의 기존 오피둠에 인접해 있었지만, 일반적으로 요새화되어 있지 않았다.

'문명화civilisation'는 이미 진행되고 있었다. '문명화'란 문자 그대로

넘하게 만들었으나, 동족의 내분으로 살해되었다. 로마 역사가 타키투스는 그를 게르만의 민족적 영웅으로 높이 평가했다.

'도시에 사는 것'을 뜻한다. 로마인이 갈리아에 문명화를 강요한 것은 아니지만, 카이사르는 독재관이 된 이후 로마인들을 위해 갈리아에 많은 식민지를 건설했고, 그것은 주로 갈리아 트란살피나에 집중되어 있었다. 이 식민지들은 두 가지 목적에 이용되었다. 이들은 내전에 참가한 카이사르의 군대 병사들을 위해 토지와 퇴직금을 제공하는가 하면, 비상시에는 복무 경험이 있는 자들을 즉시 제공하기도 했다. 이와 동시에 그들은 토착민들에게 로마 시민이 되었을 때 얻게 되는 혜택을 보여주는 증인 역할도 했다. 하지만 갈리아의 모든 부족들이 그 사실을 받아들일 때까지 어느 정도 시간이 필요했다. 로마가 내전을 치르는 동안, 갈리아는 상당히 평온한 것처럼 보였지만, 아무런 문제가 없었던 것은 아니었다. BC 39년 로마 총독 아그리파Agrippa(훗날 그는 악티움Actium 해전*에서 승리를 거두어 카이사르의 조카인 옥타비아누스를 사실상 로마 황제로 만들어주게 된다)는 카이사르가 완전히 해결하지 못한 갈리아 북동부와 남서부에서 전역을 수행했다. 또한 그는 갈리아 지역의 평화를 유지하고 경제 발전과 로마 문화 전파를 도모하기 위해 강력한 사회기반시설인 도로망을 건설했다. 훗날 아우구스투스 황제가 될 옥타비아누스는 몇 차례 갈리아를 방문했는데, 이는 아마도 갈리아를 정복한 사람과 자신과의 관계를 강조함으로써 갈리아인들 사이에서 자신의 위신을 높이기 위해서였을 것이다. 갈리아 북동부에 있는 로마군 주둔지는 갈리아 전쟁 당시에 설치되었을 가능성이 있지만, 그것에 대해서는 알려진 것이 거의 없다. BC 27년에 아우구스투스는 3개의 속주를 설치했는데, 아마도 이는 카이사르가 자신의『갈리아 전

---

* **악티움 해전** BC 31년 9월 2일 옥타비아누스(뒤에 아우구스투스 황제)가 그리스 악티움 앞바다에서 안토니우스와 클레오파트라의 연합군을 격파한 전투. 양 진영은 각각 500척 이상의 함선을 보유했으나, 옥타비아누스의 부장 아그리파가 바람의 방향을 계산한 교묘한 전술로 기선을 제압하여 안토니우스 함대를 격파했다.

기』 앞부분에서 갈리아 지역을 3개 영역으로 정의했던 구분에 따라 이루어졌을 것이다. 새로 설치한 3개의 속주는 아퀴타니아와 갈리아 벨기카, 갈리아 루그두넨시스Gallia Lugdunensis였다. 루그두눔Lugdunum(오늘날의 리옹Lyons)이 주도였던 갈리아 루그두넨시스의 경우는 BC 44년에 로마 전역장병들이 세운 식민지였다. 각각의 갈리아 부족들이 건립하여 '수도'로 삼았던 도시들 중 다수가 계속 번영하여 지금까지도 프랑스의 주요 도시로 남아 있는데, 수아송Soissons, 바이외Bayeux, 투르Tours, 오툉Autun[로마 시대의 이름은 아우스토두눔Augustodunum('아우구스투스의 도시')이었다] 등이 그런 도시에 속한다. 그 중 오툉은 아이두이 부족의 새로운 수도였다.

로마는 BC 20년대부터 BC 15년 사이에 알프스 산맥에서 또 전역을 수행한 뒤, 게르만 지역으로 관심을 돌렸다. AD 9년에 로마군이 엄청난 군사적 재앙을 당하면서 로마 제국의 갈리아와 게르마니아 사이의 국경선은 대체로 라인 강을 따라 결정되었다. 강력한 전력을 가진 군단들이 강을 따라 주둔했다. 갈리아의 신흥 도시들처럼, 이 군단들의 기지들은 그 지역의 이후 역사에 흔적을 남겼으며, 이곳을 중심으로 성장한 민간인 정착지는 로마 제국 멸망 후에도 계속 번창했다. 스트라스부르Strasbourg와 본Bonn, 마인츠Mainz 등이 모두 이런 식으로 탄생했다. 하지만 강력한 군사력이 존재했음에도 불구하고 갈리아 지역이 완전히 안정화되지 않고 때때로 반항의 기운이 분출되었다는 증거들이 남아 있다. AD 21년에는 트레베리 부족의 율리우스 플로루스Julius Florus와 아이두이 부족의 율리우스 사크로비르Julius Sacrovir라는 두 귀족이 주동하여 반란을 일으켰다. 두 사람은 모두 로마 시민권을 갖고 있었고, 로마군에서 보조병 지휘관으로 복무하고 있었다. 반란의 원인은 세금 징수와 관련이 있었던 것으로 보인다. 이들의 반란은 광범위한 지지를 얻는 데 실패했고, 다른 갈리아인들의 지원을 받은 로마군에게 진압되었다. 디종 인근에서 시기가 대략 AD 70년대로 거슬러 올라가는 로마 군단 요새 유적지를 최근에 발굴한 결과, 아우구스투스가 공식적으로 속주를 설치하고 한 세기가 흐른 뒤에도 상황이 완전히 안정화되지는 않았던 것 같지만, 광범위한 파괴 행위가 이루어졌다는 증거는 보이지 않았다. 갈리아는 '로마화'된 속주로 변해가는 과정에 있었는데, 이는 갈리아 귀족들도 원로원 의원이 될 수 있도록 허용한 클라우디우스 황제의 결정이 잘 보여주고 있다.

율리우스 카이사르는 갈리아를 정복했다고 주장했다. 그는 갈리아 부족들을 패배시키고 결국은 항복하게 만들었지만, 자신의 야망을 추구하기 위해 그 지역을 불안정한 상태로 방치하고 말았다. 갈리아 정복자라는 그의 명성은 『갈리아 전기』를 기록하는 방법을 통해 자기 손으로 만들어낸 것이었다. 그는 갈리아를 자기 손으로 로마의 속주에 편입시키지 않았다. 그것은 이후 그의 정치적 후계자인 아우구스투스 황제가 수행했다. 갈리아 전쟁은 결국 갈리아를 로마 제국에 편입시킴으로써 서유럽에 정치적·문화적으로 깊은 영향을 미쳤고, 카이사르에게 로마 세계에서 스스로 독재관의 지위에 오를 수 있는 발판을 제공했다.

로마 전쟁

위대한 정복자 율리우스 카이사르와 그의 유산

2부
카이사르의 내전
BC 49~BC 44

카이사르의 내전
BC 49~BC 44

카이사르는 루비콘 강을 건너며 유명한 말을 남겼다. "주사위는 던져졌다." 카이사르와 그의 부하들은 아리미눔을 무혈점령했고, 곧이어 호민관들이 그들과 합류했다. 이후 그가 어떤 행동을 보일지 몰라서 이탈리아 전역은 공포에 휩싸였다. BC 49년 초에 쓴 키케로의 서한문은 카이사르의 군대가 진격했을 때 예상되는 유혈사태의 암울한 전망으로 가득했다.

전쟁의 배경
최초의 3두정치

술라는 마리우스에게 승리를 거둔 뒤, 거의 2년 동안 독재관으로서 절대 권력을 휘둘렀으며, 그 뒤 스스로 정계에서 은퇴했다. 술라는 은퇴하기 전까지 로마 공화국에서 원로원의 지위를 회복시키려는 시도로 전통적으로 원로원이 지녔던 권력을 인정하고 원로원 의원들을 자기 지지자들로 채웠다. 그는 군대의 지휘관들이 자신의 전철을 밟아 허가 없이 그들의 군단을 그들의 속주 밖에서 사용하는 것을 막는 법률을 통과시켰다. 로마 원로원 의원들이 밟아야 하는 쿠르수스 호노룸cursus honorum(명예로운 경력)*은 더욱 엄격하게 규정되었다. 이로써 공화국은 소수의 개인이

---

* **쿠르수스 호노룸** 로마 공화정과 초기 로마 제정 시대의 관직 승진 과정으로, 원로원 의원들은 이 일련의 과정을 차례로 밟아 올라가는 것을 명예롭게 여겼다. 쿠르수스 호노룸은

아니라 600명 원로원 의원들의 집단적 지혜에 의해 지배를 받게 되었다.

술라의 개혁은 반동적일 뿐만 아니라 비현실적이었으며, 권좌에 오르는 과정에서 그가 취한 방법으로 인해 그 권위가 약화될 수밖에 없었다. 따라서 많은 로마인들은 그의 개혁을 합법적이라고 생각하지 않았다. 하지만 그보다 더 중요한 사실은 술라가 군대의 요구에 대한 영구적인 해결책을 제시하지 못했다는 점이다. 그 결과, 전역한 병사들은 여전히 아무런 생계 수단도 보장받지 못했고, 그래서 그들에게 토지를 약속하기만 하면 아무 지휘관이나 따르는 풍조는 사라지지 않고 계속되었다. 내전에 따른 혼란과 급속하게 힘을 잃은 술라의 개혁으로 인해 정치적 무질서는 더욱 만연하게 되었고, 결국 BC 49년에 새로운 내전이 발발하는 사태로 이어졌다. 또한 이 시기는 BC 49년~BC 45년에 활약한 주역들의 경력이나 태도에 심오한 영향을 미쳤다. 카이사르 자신도 처음에는 술라가 독재관으로 재임하던 시기에 명사로 부상했고, 가문의 장례식에서 마리우스 가문과 결혼한 자신의 인척관계를 공개적으로 찬양했다가 독재관에게 처형당할 뻔한 위기를 간신히 피하기도 했다.

하지만 더욱 극적인 역할을 한 사람은 폼페이우스였다. BC 83년에 그는 술라의 지지를 얻어 자기 가문의 영지에서 고인이 된 그의 아버지 '사팔뜨기' 폼페이우스 스트라보Pompeius Strabo의 밑에서 복무한 적이 있는 참전 용사들을 차출해 3개 군단을 편성하고 그들의 지휘관이 되었다. 당시

재무관, 조영관, 법무관, 집정관, 감찰관 순서로 올라갔다. 평민들만의 관리인 호민관이나 임시 관직인 독재관은 여기에 포함되지 않는다. 각 단계는 최소 선거 입후보 연령 규정과 연임 제한 규정이 있었는데, 공화정 말기에는 이러한 규정들이 무시되기도 했다. 일례로 가이우스 마리우스는 BC 104년부터 BC 100년까지 다섯 번에 걸쳐서 집정관직을 연임했다. 술라의 개혁으로 같은 공직에 다시 입후보하려면 10년의 기간을 두도록 정했는데, 공화정 말기 폼페이우스의 대두와 3두정치 시대에 이르면 이마저도 무시되었다.

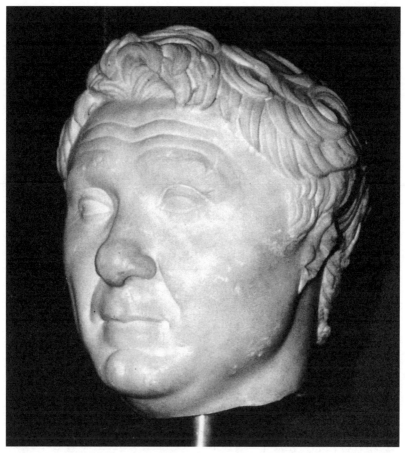

■■■■■ 그나이우스 폼페이우스 마그누스의 흉상. 그는 크라수스, 카이사르와 함께 제1차 3두정치를 수립했지만, 크라수스가 사망한 뒤 카이사르와 관계가 깨지면서 둘 사이에 내전이 일어났다. (Ancient Art and Architecture Collection)

폼페이우스는 나이가 23세에 불과했고, 공직을 수행한 경험도 없었으며, 그가 가진 권력을 뒷받침할 만한 법적 권한조차 없었다. 그는 이탈리아와 시칠리아, 북아프리카에서 전투를 치르며 무훈을 세워 술라로부터 '마그누스Magnus(위대한 자)'라는 칭호를 받았지만, 여기에는 그를 비꼬는 의미도 적지 않게 담겨져 있었을 것이다. 술라가 은퇴한 뒤에도, 원로원은 폼페이우스와 그가 거느린 사병들을 계속 이용해 BC 78년에 이탈리아에서 발생한 쿠데타를 진압하게 하고, 이어서 스페인에서 마리우스의 마지막 추종자들과 싸우게 했다. 원로원은 그들의 통제하에 있던 합법적으로 임명된 정무관이 아니라 폼페이우스를 이용함으로써 대단히 안 좋은 선례를 남겼다. 아마 원로원은 폼페이우스와 그의 군단이 이미 존재하고 있었기 때문에 그가 원로원에 등을 돌리게 만들기보다는 그를 이용하는 편이 더 낫다고 생각했을 것이다.

BC 71년, 스페인에서 승리를 거두고 귀환한 폼페이우스는 다음해 집정관에 출마하기로 결심했다. 그는 나이가 어렸을 뿐만 아니라 일반적으로 집정관 출마자에게 요구되는 하위 정무관직을 경험한 적이 한 번도 없었지만, 자신의 군단을 로마 외곽에 주둔시켜 노골적인 위협의 수단으로 삼았다. 당시 스파르타쿠스Spartacus*가 주동한 노예 반란을 진압하고 막 귀환한 마르쿠스 리키니우스 크라수스는 이 기회를 이용해 자신의 군대를 계속 유지하면서 집정관 출마를 선언했다. 크라수스는 엄청난 부를 누렸는데, 그것은 원래 술라가 정적들을 숙청하면서 몰수한 재산에 기반을 두고 있었다. 원로원은 어쩔 수 없이 그들의 입후보를 인정했고, 폼페이우스와 크라수스가 승리를 거둔 이후 대체로 두 사람에게 호감을 갖고 있던 로마 시민들은 당연히 그들을 BC 70년에 집정관으로 선출했다. 폼페이우스가 36세라는 나이에 집정관 자격으로 곧바로 원로원에 진출한 것은 전례가 없는 일이었다. 그는 이미 눈부신 군사적 업적을 거두기는 했지만, 아직 젊다는 사실을 고려하면 앞으로도 중요한 과업들을 더 많이

---

* **스파르타쿠스** ?~BC 71년. 고대 로마 노예 반란의 지도자로 BC 73년 70여 명의 동료 노예와 함께 양성소를 탈출해 목자, 농노, 빈농을 규합하여 반란을 일으켰다. 정부에서 보낸 진압군 2개 군단을 차례로 격파해 남부 이탈리아를 지배했고, 전성기에는 군세가 12만 명에 달했다. 그러나 남이탈리아에서 시칠리아 섬으로 건너가려다가 실패하고, BC 71년 루카니아에서 원로원이 파견한 크라수스의 군단에게 패사敗死했다.

이루어낼 것으로 기대되고도 남았다.

술라의 개혁으로 인해, 정무관은 임기 중에는 로마에 머물러 있어야 했고, 임기가 끝나야 정무관대행promagistrate으로서 속주의 총독으로 임명될 수 있었다. 전임 집정관, 즉 집정관대행proconsul은 가장 중요한 속주의 총독으로 임명되었고, 전임 법무관, 즉 법무관대행propraetorian은 덜 중요한 지역으로 발령되었다. 총독은 보통 매년 바뀌게 되어 있었지만, 원로원의 결정이 있을 경우 추가로 12개월 임기를 연장할 수도 있었다. 총독으로서 정무관대행은 자신의 속주 내에서 군사적으로나 민사적으로나 최고의 권한을 갖고 상황에 따라 군대를 지휘하거나 법률을 집행했고, 임기가 끝날 때까지는 그를 소환하거나 기소할 수 없었다. 임기가 끝난 총독은 로마에 돌아오는 순간 그의 명령권(임페리움imperium)이 소멸되었고, 다시 일개 시민으로 돌아가 많은 원로원 의원 중 한 명으로 활동했다.

원로원은 전통적으로 총독을 교체해야 할 속주들을 선택했지만, 어떤 정무관이 어느 속주로 부임하게 될지는 보통 추첨으로 결정했다. BC 88년 마리우스가 아시아 전쟁의 군사지휘권을 자신이 갖기 위해 일반 투표를 시도하자, 술라가 군대를 이끌고 로마에 진입하는 사태가 초래되었다. BC 67년 폼페이우스도 당시 지중해에 횡행하던 해적들을 퇴치하기 위해 평민회concilium plebis에서 같은 투표 방식을 적용하여 광범위한 지휘권을 확보했다. 폼페이우스는 면밀한 조직체계와 엄청난 자원, 그리고 해적 공동체가 항복할 경우 기꺼이 그것을 받아들여 다른 곳에 정착할 수 있게 허용해주는 관대한 정책을 동원한 덕분에 두 달이 채 지나기도 전에 승리를 거두었다. BC 66년에 평민회는 폼페이우스를 아시아로 파견해 폰투스Pontus의 미트리다테스Mithridates 왕과 싸우게 하는 또 다른 법을 통과시켰다. 이것은 원래 이 전쟁을 지휘하고 있던 루키우스 리키니우스 루쿨루스Lucius Licinius Lucullus가 커다란 승리를 거두었고 원로원 또한 그의 유임을 바라고 있었음에도 불구하고 폼페이우스로 교체해야 한다는 의미였다. 폼페이우스가 도착하기 전에 전쟁은 사실상 종결된 것이나 다름없었기 때문에, 그가 미트리다테스를 완전히 패배시키는 데는 그리 오래 걸리지 않았다. 미트리다테스는 아들이 반기를 들자 자살해버렸다. 폼페이우스는 근동 지역 전반에 걸쳐 전역을 계속했으며, 그 과정에서 유대Judaea의 왕들 사이에서 벌어진 내부 분쟁에 개입하기도 했다. 세 달에 걸친 공성전 끝에 폼페이우스는 예루살렘Jerusalem을 점령했다. 그는 장교들을 대동하고 예루살렘 대사원Great Temple의 지성소Holy of Holies에 들어갔지만, 그곳에 있는 보물들을 하나도 약탈하지 않았다. 그가 예루살렘 대사원의 지성소에 들어간 최초의 로마인이라는 사실은 굉장한 선전 효과가 있어서 모든 로마의 귀족들은 무엇이든 극적인 업적을 처음으로 달성한 사람이 되려고 발버둥을 쳤다. 폼페이우스는 동부에서 군사작전은 물론이고 광범위한 행정 개혁을 시행했다. 속주의 경계를 다시 정하고, 도시를 건설하거나 새로운 정치체계로 재건설하고, 종속국과 관계를 조정했다. 그가 시행한 많은 것들이 500년 이상 변함없이 지속되었다.

폼페이우스가 전역을 수행하면서 너무 많은 영광과 전리품을 획득해서 원로원 내에서는 그와 경쟁할 수 있는 인물이 없었다. 따라서 그가 이탈리아로 귀환하게 되면 무슨 짓을 벌일지 모른다는 두려움이 점점 더 커졌다. 많은 사람들이 그가 술라의 전례를 답습해서 무력으로 절대 권력을 장악하려고 들 것이라고 걱정했다. 그런데 폼페이우스는 브룬디시움Brundisium에 상륙하자마자 군대를 해산하고 화려한 개선식을 거행하기 위해 로마로 귀환하는 등 용의주도하게 올바른 행동만 했다. 그는 가장 중요한 원로원 의원 중 한 명이라는 사실에 만족하는 것처럼 보였다. 하지만 그에게는 당면한 두 가지 정치적 목표가 있었다. 첫째는 동부의 속주에서 그가 실시한 모든 개혁을 공식적으로 승인받는 것이었고, 둘째는 그를 위해 열심히 복무한 병사들에게 나누어줄 토지를 확보하는 것이었다. 폼페이우스는 그의 엄청난 명성에도 불구하고 전역을 수행하느라 너무나 오랜 기간 동안 로마를 떠나 있었기 때문에, 정치가로서는 초라하기만 했다. 그가 원로원에서 행한 연설은 아무런 반응을 불러일으키지 못했다. 그는 자신의 명성과 부를 활용해 목적을 달성하는 방법을 모르는 것처럼 보였다. 그는 저항에 부딪혔다. 특히 그의 명성을 질투하는 크라수스, 미트리타테스와의 전쟁에서 지휘권을 빼앗겨 원한을 품고 있는 루쿨루스, 폼페이우스의 혁신적인 성향을 혐오하고 그를 인정하고 싶지 않았던 소小카토Cato the Younger*가 가장 노골적으로 적대감을 드러냈다. 이들의 반대로 인해 폼페이우스의 조정안이나 그의 밑에서 복무했던 병사들에게 토지를 나눠주려는 시도는 몇 번이고 좌절되고 말았다. 이와 같은 정치적 난국은 거의 2년을 질질 끌다가, 결국 대부분의 원로원 의원들을 경악하게 만드는 방식으로 해결되었다.

BC 60년 율리우스 카이사르는 히스파니아 울테리오르Hispania Ulterior(오늘날의 스페인 북부·동부·중남부 지역)에서 로마로 귀환했는데, 그는 법무관대행으로서 히스파니아 울테리오르에서 총독으로 근무하면서 이 지역의 부족들과 싸워 승리를 거두었다. 폼페이우스보다 6살 적었던 카이사르는 그때까지 상당히 보편적인 경력을 쌓아왔지만, 사치스러운 오락이나 축제에 돈을 낭비하고 흥청망청하는 생활습관으로 인해 정적이 많았다. 히스파니아 울테리오르에서 개선행사를 치를 수 있는 자격 요건을 충족시키는 승리를 거둔 카이사르는 개선의 영광이 자신을 BC 59년의 집정

---

* 소小카토 BC 95년~BC 46년. 마르쿠스 포르키우스 카토Marcus Porcius Cato. 같은 이름을 가진 대大카토의 증손자로 로마 공화정 말기의 정치인이었다. 율리우스 카이사르와 대적하여 로마 공화정을 수호한 것으로 유명하고, 스토아 학파의 철학자이기도 했다. 그는 당시 부패가 만연한 로마의 정치 상황에서 완고하고 올곧고 청렴결백한 인물로 유명했다.

관으로 만들어주기를 바랐다. 그런데 문제는 집정관 후보자들은 로마에서 진행되는 선거에 직접 참석해야 한다는 데 있었다. 그런데 전차를 탄 채 자기의 뒤를 따르는 병사들을 인솔해 개선행진을 해야 하는 개선장군은 개선행사 당일이 되기 전까지는 로마에 들어갈 수가 없었다. 예외는 있을 수 없었기 때문에 카이사르는 개선행진을 할 수 있는 그의 권리를 포기하고 부대를 해산한 뒤 민간인으로서 로마에 입성했다. 좌절한 그의 정적들은 다음해의 집정관이 임기를 마치고 부임할 속주 총독의 자리 중 하나를 지휘할 병력도 없고 이익과 영광을 얻을 기회도 없는 이탈리아의 숲과 국도를 관리하는 자리로 배정하는 데 성공했다.

이 무렵 카이사르는 크라수스와 폼페이우스에게 접근하여 두 사람의 화해를 주선했다. 세 사람은 은밀한 정치 동맹을 결성했고, 후대의 역사가들은 그것을 제1차 3두정치라고 부른다. 폼페이우스는 동맹을 강화하기 위해 카이사르의 딸 율리아Julia와 결혼했는데, 두 사람은 정략결혼을 했음에도 불구하고 상당히 행복한 결혼생활을 유지했다. 집정관 선거에서 지원을 받는 대가로, 카이사르는 폼페이우스의 참전 병사들에게 나눠줄 토지를 확보하고 동부 속주의 조정안에 대한 승인을 얻는 일을 책임졌다. 크라수스는 카이사르가 정치적 경력을 추구하면서 진 엄청난 빚을 청산해주고 로마에서 가장 강력한 지위 중 하나를 차지했다. 카이사르는 집정관 선거에서 승리했고, 재임 기간 내내 동료 집정관인 루키우스 칼푸르니우스 비불루스Lucius Calpurnius Bibulus를 무시했다. 몇 번이나 폼페이우스의 퇴역 병사들이 대규모로 포룸과 민회에 집결하여 협박과 물리력까지 행사해가며 투표 결과를 좌지우지했다. 당시 널리 유행하던 농담 중에는 이런 것이 있었다. 올해 로마에는 2명의 집정관이 있다. 율리우스와 카이사르가 바로 그들이다. 3두정치의 일원들은 각자의 힘을 합쳐 엄청난 임명권을 행사했다. 많은 원로원 의원들이 이들 세 사람, 특히 크라수스에게 빚을 지고 있었다. 크라수스는 자신의 부를 활용해 영향력을 행사하는 데 탁월한 재능을 갖고 있었다. 군대에서든 공직에서든 좀더 높은 직책을 얻고자 하는 원로원 의원들은 반드시 이들 3인방을 찾아가야만 했다. 크라수스와 폼페이우스 두 사람은 모두 크게 만족해서 그에 대한 보상으로 민회 투표를 통해 카이사르에게 좀더 중요한 속주를 배정했다. 이로써 3개의 속주인 일리리쿰과 갈리아 키살피나, 갈리아 트란살피나(오늘날 프랑스 남부의 프로방스)로 구성된 특별 관할 지역이 카이사르에게 할당되었으며, 임기는 5년이었다.

카이사르는 BC 58년 임지로 출발해 내전이 시작될 때까지 이탈리아로 돌아오지 않았다. 카이사르는 크라수스가 그의 급박한 빚을 갚아주기는 했지만, 계속 권력을 추구하기 위해서는 돈이 더 필요했다. 또한 그는 3인방 중에서 가장 경력이 딸렸기 때문에 크라수스나, 특히 폼페이우스와 경쟁을 하기 위해서는 군사적 위업을 거둘 필요가 있었다. 처음에 카이사르는 다키아의 왕 부레비스타Burebista를 상대로 발칸 전쟁을 치르는 방안을 고려했던 것으로 보인다. 하지만 갈리아 트란살피나를 향해 한 갈리아 부족이 이주를 시작했다는 소식을 들은 뒤, 그의 관심은 일리리쿰에서 멀어졌다. 이후 여러 해에 걸쳐 카이사르는 갈리아 지역에서 전역을 수행하고, 라인 강에 교량을 부설해 게르만 지역으로 행군했으며, 바다를 건너 브리타니아로 두 차례 원정을 떠나기도 했다. 브리타니아는 당시 로마인들에게는 미지의 영역이었기 때문에 카이사르의 원정에 대한 로마인의 환호는 1969년 아폴로 11호의 달착륙을 반긴 세계인의 흥분에 비유할 수 있을 정도였다. 카이사르는 갈리아 전역 기간 동안 엄청난 명성을 얻었으며, 자신의 업적을 찬양하기 위해 『갈리아 전기』를 저술했는데, 한 해의 전역이 끝날 때마다 한 권씩 출판한 것으로 보인다. 그는 갈리아 전쟁을 통해 군사적 명성을 얻음과 동시에 전쟁에서 획득한 전리품과 수십만 명의 포로를 팔아 세계 최고의 부자가 되었다.

총독직을 사임하지 않고는 속주를 떠날 수 없는 상황에서도 카이사르는 로마의 상황을 철저하게 감시하는 데 조금도 소홀하지 않았다. 매해 겨울 그는 가능한 한 로마로부터 가까운 곳에 머물면서 갈리아 키살피나의 행정을 감독했다. 카이사르는 자신의 법률을 강압적으로 통과시키기 위해 정치폭력패들을 동원하는 급진적이고 선동적인 정치가 푸블리우스 클로디우스를 지지했다. 당시 로마는 경찰력이 존재하지 않았고 도시 안에는 군대의 주둔도 허용되지 않았기 때문에, 이들의 폭력에 대응할 수 있는 무력을 갖고 있지 않았다. 클로디우스는 카이사르가 집정관으로 재임하던 시절의 입법을 보완하는 법률들을 통과시켰는데, 이는 동시에 원로원 내의 저명인사들을 공격했다. BC 58년 키케로가 망명을 떠나게 되자, 이 정치적 승리를 기념하기 위해 클로디우스는 폭도들을 이끌고 키케로의 집을 불태웠다. 이어서 클로디우스는 폼페이우스에게 관심을 돌렸다. 추측하건대, 그 행동은 카이사르의 찬성을 얻지는 못했을 것이다. 폼페이우스는 티투스 안니우스 밀로^{Titus Annius Milo}를 두목으로 하는 또 다른 폭력집단을 후원하는 방법으로 대응했다. 로마 안팎에서 끊임없이 싸움이 벌어져 도시는 혼란에 빠졌다. BC 57년 폼페이우스는 키케로의 귀환을 허용하는 법률을 발의했다. 9월 7일, 키케로가 귀환한 지 사흘째 되던 날에 로마의 곡물 공급을 총괄하는 커다란 책임을 맡게 된 폼페이우스는 다시 한 번 조직에 대한 자신의 재능을 과시하며 즉시 식량 상황을 안정시켰다. 그가 대중의 주목을 받게 되자, 크라수스와의 경쟁이 다시 촉발되었고, 3인방 사이에는 긴장감이 조성되었다.

크라수스는 카이사르의 속주를 방문해 그에게 상황에 대한 자문을 구했다. 약간의 설득 작업 끝에 폼페이우스도 BC 56년 4월에 두 사람과 회동하기 위해 속주를 방문했다. 루카^{Luca}에서 세 사람은 자신의 호의를 보

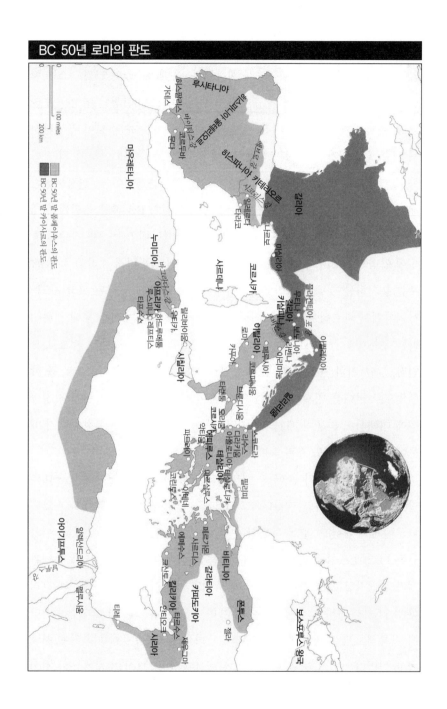

이기 위해 그들과 동행한 약 100여 명의 원로원 의원들과 함께 회의를 열었고, 이를 통해 동맹관계를 다시 회복했다. 폼페이우스와 크라수스는 함께 BC 55년의 집정관 선거에 출마했고, 두 사람 모두 엄청난 명성을 누리고 있는 데다가 카이사르가 많은 병사들에게 휴가를 주어 로마로 귀환시킨 덕분에 승리가 확실했기 때문에, 세 사람은 모두에게 이익이 되는 방향으로 상황을 만들 수 있었다. 카이사르의 임기는 5년이 더 연장되었는데, 그의 임기가 만료되는 시점이 BC 50년 말인지 BC 49년 초인지에 대해서는 논란의 여지가 있다. 폼페이우스는 스페인에 있는 2개 속주의 총독에 임명되었으며, 유례가 없는 조치로 로마에 머물면서 부하를 통해 속주를 통치하는 것을 허락받았다. 한편 시리아 총독에 임명된 크라수스는 시리아에서 파르티아 원정을 이끌 계획을 세웠다. 그는 이를 통해 정복이라는 부분에서 두 동료들에게 버금가는 명성을 얻으려고 했던 것으로 보인다. 그는 거의 환갑이 다 된 나이였기 때문에 로마인의 기준으로 볼 때 현역으로 군대를 지휘하기에는 약간 늙어 보였고, 파르티아 원정의 정당성에 대해서도 의문이 제기되었지만, 3두정치체제가 너무나 강력했기 때문에 그 어떤 반대도 효과를 거둘 수 없었다.

BC 54년 율리아가 출산 중 사망했고, 크라수스는 시리아에서 군대와 합류하기 위해 로마를 떠났다. 그 다음해에 크라수스는 카레에서 파르티아군에게 패배했고, 결국 후퇴할 수밖에 없는 상황에서 살해당했다. 이와 같은 타격에도 불구하고, 폼페이우스는 자신이 아직 카이사르와 동맹관계라고 생각하고 BC 53년에는 스페인에 있는 그의 군단들을 파견해 갈리아에 있는 카이사르의 군대를 지원했다. 클로디우스와 밀로의 폭력집단이 반복적으로 격렬하게 충돌하면서 로마는 끊임없는 정치 폭력에 시달리고 있었다. BC 52년 클로디우스가 살해당하자, 그의 지지자들이 시신을 원로원 앞으로 운반해 그곳에서 화장을 했는데, 그 과정에서 화재가 발생해 원로원 건물이 전소되었다. 무정부 사태에 직면한 원로원은 폼페이우스를 단일 집정관에 임명하고 그에게 질서 회복의 책임을 맡겼는데, 이때 로마 역사상 처음으로 군대가 로마 시내의 경비를 서는 것이 허용되었다. 질서가 회복되자, 밀로는 재판을 받고 국외로 추방당했다.

카이사르는 원로원 내에 적이 많다는 사실을 잘 알고 있었다. 그들의 우두머리는 소카토였다. 카이사르는 새로운 엄청난 재산과 특권으로 사람들을 매수하려 했지만, 상당수의 유력 인사들이 자신을 증오하고 있고 BC 59년에 그가 한 행동을 결코 용서하지 않으리라는 것을 알고 있었다. 정무관 임기 중에는 기소당하지 않을 면책특권이 있었지만, 임기가 끝나 민간인 신분으로 돌아가면 그 방어막은 사라지게 되어 있었다. 그는 자신이 공정한 재판을 받을 것이라고 생각하지 않았다. 갈리아 전쟁 기간 중 카토는 심지어 카이사르를 전범으로 게르만 부족에게 인계해야 한다는 발언까지 했다. 패배는 추방과 더불어 정치 생활의 종말을 의미했다. 그런 사태를 피하기 위해, 카이사르는 곧바로 두 번째 집정관에 당선되기를 바랐다. 그렇게 되면 그 뒤 파르티아인을 상대할 수 있는 군대의 지휘권을 확보할 수 있을 터였다. 이런 방법으로 그는 뛰어난 능력을 과시하며 계속해서 공화국을 위해 정무관직을 수행할 수 있었다.

BC 52년, 폼페이우스는 정무관직을 수행한 자가 5년 이내에 속주 총독에 임명될 수 없도록 규정하는 법률을 통과시켰다. 하지만 그는 특별히 카이사르는 이 법의 적용 대상에서 제외된다는 친필로 쓴 조항을 두었다. 그런데 비슷한 시기에 폼페이우스는 카이사르의 정적으로 널리 알려진 푸블리우스 메텔루스 스키피오Publius Metellus Scipio의 딸과 결혼했다. 후임 집정관들이 카이사르가 맡은 속주의 총독직을 노리고 로비를 벌이면서 카이사르에 대한 압박이 점점 더 거세졌다. 갈리아 전쟁이 거의 끝난 것처럼 보였기 때문이었다. 폼페이우스는 애매한 태도를 취하기 시작했고, 게다가 스페인 총독 임기를 연장하여 카이사르에 대항할 수 있는 군사력을 계속 유지했다. 카이사르는 궁지에 몰리고 있었다. 그는 총독직을 포기하고 전범으로 기소당하지 않도록 폼페이우스가 보호해주기를 기다리거나 아니면 싸울 수밖에 없었다.

양측 군대
로마 군단 대 로마 군단

내전은 로마를 당파로 분열시켰고, 군대도 당파에 따라 분리되었다. 서로 적대시하는 두 당파 사이에 아무런 윤리적·이념적·사회적 차이가 없었기 때문에, 다른 어떤 내전 때보다도 양측 군대는 조직이나 전술교리, 장비 면에서 동일할 수밖에 없었다. 로마 군대의 주력은 군단으로, 이 전술 단위는 서류상 병력이 5,000명 정도 되었다. 원칙적으로 군단은 로마 시민들을 대상으로 모병하게 되어 있었지만, 내전 기간 동안 수를 채우기 위해 시민이 아닌 사람들도 모병 대상으로 삼았다. 『갈리아 전기』에서 카이사르는 적의 군대가 이질적인 병력 자원으로 구성되어 있었다는 점을 강조했지만, 실제로 자기 자신은 제5군단 알라우다이^{Alaudae}(종달새) 전체를 아예 갈리아인으로만 편성했을 정도로 비로마 시민들을 많이 모병했다. 그들은 뛰어난 전공을 세운 뒤에 비로소 그에 대한 포상으로 로마 시민권을 얻었다. 로마 군사체계의 우월성을 보고 일부 동맹국의 군주들은 로마를 모범으로 삼아 자신의 군대를 재편했다. 누미디아의 유바Juba 왕은 자신의 강력한 군대에 4개 군단을 포함시켰으며, 갈라티아Galatia의 데이오타루스Deiotarus 왕은 2개 군단을 창설했는데, 이들은 훗날 완전히 동등한 자격으로 로마 군대에 통합되어 제22군단 데이오타리아나Deiotariana가 되었다.

이 시기에 군단은 전적으로 중장보병으로만 편성되어 있었다. 군단에는 전임 지휘관이 없었지만, 오랜 기간 동안 발전된 관행에 따라 장군의 대리인, 즉 레가투스를 지명해 군단장의 역할을 수행하게 했다. 군단 관리 업무의 대부분은 6명의 군사호민관들이 감독했는데, 그들은 아마 소규모 참모진의 도움을 받았을 것이다. 이들은 대부분 에퀴테스 출신으로, 당시 군사호민관 대다수는 상당한 복무 경험을 가진 직업군인이었다. 군단의 기본 전술 단위는 병력이 약 480명으로 구성되어 있는 대대였다. 각 군단에는 10개 대대가 있었고, 대대 밑에는 정원 80명으로 구성된 6개 백인대가 있었다. 백인대장은 백인대를 지휘하면서 옵티오optio(백인대 부장副長)과 시그니페르signifer(기수), 테세라리우스tesserarius(위병장衛兵長)의 도움을 받았다. 백인대장은 계급이라기보다는 특정 계층의 간부를 의미하는 것으로 백인대장들 사이에서도 서열이 존재했다. 카이사르는 용감한 백인대장에게는 새로 편성된 군단의 선임 백인대장으로 승진시키는 방법으로 포상했다고 몇 차례나 언급했다. 새로 편성된 군단은 이를 통해 경험이 많은 간부를 확보할 수 있었다. 아마 6명의 백인대장 중에서 복무 기간이 가장 긴 백인대장이나 최고 서열인 첫 번째 백인대를 지휘하는 백인대장, 즉 대대 선임 백인대장pilus prior이 대대를 지휘했을 것이다.

모든 군단 보병은 똑같은 청동 투구(대부분 몬테포르티노 양식이거나 쿨루스 양식이었다)와 흉갑(보통은 쇠미늘 갑옷이지만 가끔은 철갑을 착용하기도

했다)을 착용하고 반원
통형의 커다란 전신 보
호 방패를 들었다. 방패
는 세 겹의 합판으로 제
작되어 유연하면서도
튼튼했고, 거의 대부분
타원형이었지만 이미
직사각형으로 변화가
진행되었을 가능성도
있다. 방패는 무겁기는
했지만(방패를 복원해본
결과 무게가 10킬로그램
이나 되었다), 신체를 상
당히 잘 보호해주었다.
게다가 병사들은 청동
돌기가 있는 방패 뒤에
서 온몸의 무게를 실어
방패를 앞으로 밀침으
로써 방패를 공격용으

▪▪▪▪▪▪ BC 1세기의 도미티우스 아헤노바르부스 기념비에 등장하는 이 장면은 내전 당시에도 사용했던 군복을 입고 있는 로마 군단 보병을 보여준다. 그들은 쇠미늘 갑옷과 몬테포르티노 양식의 투구를 착용하고 긴 타원형 방패를 들었다. (AKG Berlin)

로도 사용할 수 있었다. 지금까지 전해지는 이야기에 따르면, 마실리아
인근에서 벌어진 해전에서 카이사르의 병사 중 한 명은 적의 전함에 옮겨
타는 순간 적의 무기에 오른팔이 거의 잘려 나가는 부상을 입고도 방패로
갑판 위의 적들을 모두 쳐서 쓰러뜨릴 수 있었다고 한다. 병사들이 사용
한 또 다른 무기는 글라디우스로 널리 알려진 단검과 필룸이라는 이름의
무거운 투창이었다. 필룸은 대략 1.2미터 길이의 목재 투창 자루 위에 60

■■■■■■ 쿨루스 양식의 투구(이 이름은 현대에 붙여진 것이다)는 로마 공화국 말기에 군단 보병들이 착용했던 가장 일반적 형태의 투구다. 구리 합금을 사용하고 갈리아의 디자인을 채택한 이 투구는 머리 위쪽을 보호하고 볼가리개가 있어 얼굴을 보호했다. 이 시기의 투구들은 단조鍛造가 아니라 구리 합금을 잡아 늘여서 사발 형태로 만들어 품질이 좋지 않았다. 이는 아마도 투구를 대량생산하기 위해서였을 것이다. (British Museum)

센티미터 길이의 가는 철제 창열을 꽂았고, 그 끝의 창날은 피라미드 형태로 되어 있었다. 이 창을 투척하면, 무거운 창의 무게가 작은 창날 끝에 집중되어 엄청난 관통력을 발휘했다. 창열을 의도적으로 가늘게 만들었기 때문에 일단 창날이 적의 방패를 관통하면 그 구멍을 통해 창열이 쉽게 미끄러져 들어가 방패를 든 사람에게 상해를 입혔다. 전쟁에 나가는 병사들은 필룸 2개를 휴대했던 것으로 보이지만, 전투 시에는 오직 1개만 지참했다. 당시의 전술 교리에 따르면, 병사들은 투창을 근거리(약 15미터 정도)에서 일제히 투척한 뒤, 곧이어 검을 들고 돌격해야 했다.

로마 군단 보병은 다수의 군단 보병이 공병이나 포병으로 훈련을 받았기 때문에 단순한 병사가 아니었다. 이 특기병들은 각자의 대대에 소속

■■■■■■ 카스르 엘하리트Kasr el-Harit 방패. 이 방패는 제2차 세계대전 직전 이집트에서 발견된 것으로, 갈리아인의 방패로 알려졌지만, 어쩌면 로마군의 방패였을지도 모른다. 세 겹의 합판을 사용한 이 방패는 BC 2세기 말 그리스의 역사가 폴리비우스가 묘사했던 로마군의 방패와 대단히 유사하다. (Nick Sekunda)

되어 있다가 필요할 때 한시적으로 부대를 구성해 특정 임무를 수행했다. 공병들은 내전에서 여러 차례 눈부신 공훈을 세우기도 했다. 전투에서 군단은 대부분 3열 횡대 전열을 형성했는데, 3개 대대가 제1열을 담당하고, 나머지 대대들은 3개 대대씩 제2열과 제3열에 배치되었다. 각각의 전열은 사이에 간격을 두고 바로 뒤쪽 전열의 대대가 이들 간격을 엄호하는 형태로 배치되었기 때문에, 로마군의 전체 대형은 마치 체스 판과 비슷했다. 하지만 모든 대대가 똑같이 무장했기 때문에, 군단이 다른 대형을 취하더라도 효율적으로 싸울 수 있었다. 간혹 4열 횡대나 2열 횡대로 배치된 경우도 있었지만, 1열 횡대는 일반적으로 너무 취약한 대형으로 간주되었기 때문에 정말로 위급한 경우가 아니면 취하지 않았다. 군단은 대단히 유연한 조직이었다. 군단은 그 구조와 규모 덕분에 전열 내에서 중요한 전투 단위로 자리를 잡을 수 있었다. 하지만 1개 혹은 몇 개 대대를 파견해 소규모 작전을 수행할 수도 있었다. 인류 역사상 지금까지 존재했던 모든 군대들이 그랬듯이, 이론적인 편제가 전투에 실제로 참여한 전력을 의미하지는 않는다. 파르살루스Pharsalus 전투* 당시, 폼페이우스 진영에 속한 군단의 대대들은 평균 400명의 병력을 보유한 반면, 카이사르의 군대는 대대의 규모가 그 절반에 불과했다. 이집트 전역에서는 작전을 수행하는 과정에서 전력이 소모되는 바람에 카이사르의 군단들 중에는 병력이 1,000명 이하로 떨어진 군단도 있었다.

군단은 로마의 모든 군대에서 전력의 근간을 이루고, 특히 회전에서 결정적인 역할을 했다. 하지만 내전 당시의 양 당사자는 전통적인 방식으로 전투를 수행하는 동맹국 군대와 보조병들로 전력을 보충했다. 동맹군이나 보조병들은 기병과 경보병을 제공했기 때문에 특히 유용했다. 대부분의 경우, 그들은 해당 지역에서 모병되었고 토착민 지도자의 지휘를 받았다. 초기에 카이사르는 보조병을 주로 갈리아 및 게르만 부족들에서 모병했고, 폼페이우스는 그가 복무했던 스페인 속주와 동방의 속국에서 보조병을 모병했다. 하지만 전쟁이 어느 정도 진행된 시점부터는 가능한 곳 어디서나 병력을 모병했고, 모병 방식도 점점 더 복잡해졌다. 갈리아 전쟁 말기에 카이사르는 10개 군단(제5군단부터 제14군단까지)을 지휘했다. 제15군단과 폼페이우스의 스페인 속주 군대에서 빌려온 제1군단까지 2개 군단이 더 있었지만, 그들은 파르티아 전선에 투입되기 위해 BC 50년 초에 이탈리아로 이동한 상태였다. 카이사르의 병사들은 대부분 전투 경험이 풍부한 베테랑이었고, 카이사르에 충성하면서 자기 자신과 자기 지휘관의 능력에 대해 절대적인 자신감을 갖고 있었다. 그리고 갈리아와 게르

---

* **파르살루스 전투** BC 49년 1월부터 시작된 내란으로 이탈리아에서 발칸 반도로 도망친 폼페이우스가 이끄는 원로원의 과두파는 동방의 군사를 모아 BC 48년 8월 9일 파르살루스에서 카이사르의 군대와 패권을 가름하는 결전을 벌였다. 카이사르는 그의 군대보다 두 배에 가까운 폼페이우스의 군대를 상대로 교묘한 용병술을 이용해 압도적인 승리를 거두었고, 폼페이우스는 이집트로 도망쳤으나 암살당했다. 이 전투 결과, 카이사르에게는 독재의 길이 열렸고, 로마 공화정은 붕괴의 길로 들어섰다.

■■■■■ 도미티우스 아헤노바르부스의 제단에 묘사된 사진 속의 인물은 로마 시민 기병으로, 내전 당시 로마군은 더 이상 로마인을 기병으로 고용하지 않았다. 하지만 웅변가 키케로의 아들을 포함한 많은 젊은 귀족들은 폼페이우스의 군대에 자원입대하여 하급 장교로 복무했다. (AKG Berlin)

만의 우수한 기병들이 이들을 지원하고 있었다. 이와 같은 카이사르의 전력에 대항해 폼페이우스는 스페인 속주에 주둔하고 있는 7개 군단이 있었지만, 그들 중 실제로 전투를 경험한 병사들은 별로 없었다. 또한 제1군단과 제15군단이 아직 동부의 속주로 출발하지 않고 이탈리아에 남아 있었지만, 두 군단 모두 최근까지 카이사르 밑에 있었기 때문에 그들의 충성을 기대하기는 힘들었을 것이다. 하지만 폼페이우스는 자신이 이탈리아에 발을 내딛는 순간 더 많은 군단들이 몰려들 것이고 10여 년 전에 그가 재조직한 동부의 속주들도 그에게 충성할 것이라고 장담했다. 폼페이우스는 장기적인 관점에서 카이사르보다 더 많은 자원을 갖고 있다고 주장할 수 있었지만, 그것을 동원해 야전군으로 편성하려면 많은 시간이 필요했을 것이다.

BC 49년에 폼페이우스는 58세였지만 여전히 건강하고 정력적이었다. 많은 사람들은 병사들의 훈련에 합류해 그가 보여준 그의 정력에 감탄을 금치 못했다. 설사 그가 다른 사람이 다 이겨놓은 전쟁에 마지막에 끼어들어 모든 공적을 독차지하는 경향이 있었다고 해도, 그의 군대 경력은 대단히 화려했다. 그는 아주 뛰어난 조직가였다. 이것은 그가 해적을 토벌하고 로마의 식량 공급 문제를 감독했을 때 이미 증명되었다. 젊었을 적에는 그도 대담한 지휘관으로서 직접 병사들을 인솔하고 적진에 돌격하기도 했는데, 그의 이런 과감성은 철저한 사전 준비에서 비롯되었다. 하지만 카이사르에 비해 고작 6살 많았음에도 불구하고, 폼페이우스는 최근 10여 년을 로마에서만 보내면서 BC 62년 이래 단 한 차례도 전역을 수행해본 적이 없었다. 이후 내전 결과가 암시하듯이 그는 장군으로서 이미 전성기가 지난 상태였다. 그의 진영으로 몰려든 저명한 원로원 의원들의 존재도 폼페이우스에게는 그다지 도움이 되지 않았다. 카이사르의 경우는 추종자들이 주로 무명 인사들이었기 때문에 그의 권위가 도전을 받을 염려가 없었던 데 반해, 폼페이우스는 항상 계획을 수정하라는 압력에 시달렸다. 폼페이우스의 대의 아래 모여든 원로원 의원들은 대부분 능력에 비해 명성만 높았고, 어떤 경우에는 방해물이 되기조차 했다. 폼페이우스의 부하 중 가장 유능했던 티투스 아티우스 라비에누스Titus Atius Labienus는 갈리아 전쟁 때 카이사르의 밑에서 복무했었다. 그가 내전 초기에 카이사르 진영을 이탈한 것으로 보아 아마 그 전에 폼페이우스와 관계가 있었던 것으로 보인다. 라비에누스의 이탈 소식을 들은 카이사르는 그의 짐을 그에게 보내주라고 명령했다.

카이사르는 원로원의 원로 의원들 중에서 유명 인사를 지지자로 포섭하는 데 실패했다. 하지만 50대 초반인 그는 여전히 전성기에 있었고, 10여 년 동안 갈리아에서 성공적인 전쟁을 치르고 온 지 얼마 되지 않았다. 그는 갈리아 전쟁 때와 마찬가지로 내전에서도 신속한 공세에 기반을 둔 전략을 구사했고, 때때로 곤란한 상황에서도 공격을 주저하지 않았다. 비록 현대의 비평가들은 그가 무모하다고 비난하지만, 그와 같은 과감성은 로마인의 전형적인 특징이며 그가 모험을 시도할 때마다 상당한 사전 준비를 했다는 사실에 주목할 필요가 있다. 그는 간혹 간질병으로 발작을 일으키기는 했지만, 그것을 제외하면 아주 건강했고, 활동적이었으며, 엄청난 노력을 집중하고 장거리를 신속하게 이동할 수 있는 능력을 갖고 있었다. 카이사르는 어떤 병사든 두드러진 무공을 세우면 진급을 시키고 아낌없이 보상했다. 하지만 병사들이 그에게 헌신하게 된 이유는 그런 보상이 아니라 바로 그의 뛰어난 카리스마 때문이었다. 내전 기간 내내 폼페이우스의 진영에서는 탈영이 다반사였지만, 우리가 가진 모든 출처들에 따르면, 카이사르의 진영에서는 탈영이 전혀 없었다고 한다.

이제 와서 폼페이우스와 카이사르 중 누가 더 훌륭한 장군인지를 가리기는 어렵다. 우리가 갖고 있는 증거는 그것이 직접적이든 간접적이든 거의 대부분 카이사르가 기록한 것들에서 나온 것이다. 그의 『내전기 Commentarii de Bello Civili』는 분명히 자신의 행동은 유리하게 기록한 반면, 적의 행동은 간단하게 기록하고 있다. 또한 『내전기』는 동시에 카이사르의 몇 가지 결정에 대해 그것이 과연 현명했는지 의문을 품게 만드는 증거도 제공하고 있다. 하지만 위대한 장군의 가장 중요한 덕목은 전쟁에서 승리하는 것이기 때문에 로마인들에게 그 의문에 대한 답은 너무나 분명했다. 카이사르는 폼페이우스를 이겼고, 그 이상의 다른 말은 필요가 없었다.

로마 공화국 말기의 저명인사들

▶ 루키우스 아프라니우스Lucius Afranius: 스페인, 마케도니아Macedonia, 아프리카에서 폼페이우스를 위해 싸운 장교들 중 한 명이다.

▶ 루키우스 도미티우스 아헤노바르부스Lucius Domitius Ahenobarbus: BC 54년의 집정관이자 로마가 내전으로 치닫던 시기의 카이사르의 강력한 정적 중한 명으로, 코르피니움과 마실리아에서 패전했고, 파르살루스 전투가 끝난 뒤 죽음을 맞았다.

▶ 마르쿠스 안토니우스Marcus Antonius(BC 81년?~BC 30년): 카이사르 휘하의 장교들 중 한 명으로, 행정직과 군직을 수행했다. 카이사르가 암살당한 뒤 그의 지지자들 중 유력한 지도자로 부상했다.

▶ 마르쿠스 유니우스 브루투스Marcus Junius Brutus(BC 85년?~BC 42년): 영향력이 큰 젊은 원로원 의원으로, BC 49년~BC 48년에 카이사르를 상대로 싸웠으나 포로로 잡힌 뒤 사면을 받았다. 그는 카이사르 암살 음모 주동자 중 한 명이었다.

▶ 마르쿠스 카일리우스 루푸스Marcus Caelius Rufus: 키케로의 친구였지만, 내전에서는 카이사르의 편에 섰다. 변덕이 심했던 그는 다시 카이사르에게 반역했다가 죽음을 당했다.

▶ 가이우스 율리우스 카이사르Gaius Julius Caesar(BC 100년~BC 44년): 무소속 정치가이자 뛰어난 지휘관으로, 내전을 통해 독재관의 지위에 올랐다. 원로원 의원들의 음모로 암살당했지만, 그럼에도 불구하고 그의 명성은 오늘날까지 이어지고 있다.

▶ 가이우스 카시우스 롱기누스Gaius Cassius Longinus(BC 85년?~BC 42년): 크라수스가 전사한 뒤, 시리아를 방어하는 데 성공해서 명성을 얻은 카시우스는 내전에서 폼페이우스의 진영에 가담했다. 그는 카이사르에게 포로가 되었다고 하고 사면을 받은 후, 브루투스와 함께 독재자 암살 음모를 꾸몄다.

▶ 마르쿠스 툴리우스 키케로Marcus Tullius Cicero(BC 106년~BC 43년): 로마 공화국 말기의 위대한 웅변가이자 정치가인 키케로는 내전에서 살아남았지만, 결국 마르쿠스 안토니우스의 명령에 의해 처형당했다. 키케로

의 서간문과 기록들은 이 시기에 대한 귀중한 사료가 되고 있다.

▶ 클레오파트라Cleopatra(BC 69년?~BC 30년): 이집트의 여왕이며, 카이사르와 안토니우스의 정부였다.

▶ 마르쿠스 리키니우스 크라수스Marcus Licinius Crassus(BC 85년~BC 53년): 스파르타쿠스의 반란을 진압하고 훗날 폼페이우스, 카이사르와 더불어 3두정치를 출범시킨 인물이다. 크라수스는 BC 54년에 파르티아를 침공했으나, 다음해 카레에서 패전한 뒤 전사했다.

▶ 가이우스 스크리보니우스 쿠리오Gaius Scribonius Curio: 젊고 무모한 원로원 의원으로 뇌물을 받고 카이사르의 진영에 합류했으며, BC 50년에는 호민관으로서 카이사르를 변호했다. 다음해 아프리카에서 전사했다.

▶ 그나이우스 도미티우스 칼비누스Gnaeus Domitius Calvinus: 카이사르의 예하 장교들 중 한 명으로, BC 53년과 BC 42년에 집정관으로 선출되었다.

▶ 유바 왕King Juba: 누미디아와 가에툴리아Gaetulia의 지배자로, 폼페이우스의 진영에 가담했다가 BC 46년에 패전한 뒤 자살했다.

▶ 가이우스 마리우스Gaius Marius(BC 157년?~BC 87년): 비천한 가문 출신이나 엄청난 군사적 재능을 갖고 있던 인물로, 로마군을 개혁하고, 화려한 경력을 쌓았지만, BC 88년에 제1차 내전을 촉발시키기도 했다.

▶ 옥타비아Octavia: 옥타비아누스의 누나로 안토니우스와 결혼하여 그들의 정치적 동맹을 더욱 공고히 다져주는 역할을 했다. 하지만 안토니우스는 결국 클레오파트라 때문에 그녀와 이혼했다.

▶ 옥타비아누스/아우구스투스(가이우스 율리우스 카이사르 옥타비아누스Gaius Julius Caesar Octavianus, BC 63년~AD 14년): 카이사르의 조카이자 양자. 그가 모든 경쟁자들을 물리치고 권력을 잡자, 원수정으로 알려진 일종의 군주제가 확립되었다.

▶ 마르쿠스 페트레이우스Marcus Petreius: 폼페이우스의 고위 장교들 중 한 명으로, 스페인과 마케도니아, 아프리카에서 대규모 병력을 지휘했고, 타프수스Thapsus에서 패전한 뒤 자살했다.

▶ 그나이우스 폼페이우스 마그누스Gnaeus Pompeius Magnus(BC 106년~BC 48년): 폼페이우스는 술라의 내전 기간 동안 젊은 나이에 명성을 얻었고,

위법이었던 것만큼 화려한 경력을 쌓았다. 크라수스와 카이사르의 동맹에 가담해 3두정치를 출범시켰지만, 크라수스가 죽은 뒤, 카이사르와 관계가 깨지면서 내전을 초래했다.

▶ 그나이우스 폼페이우스Gnaeus Pompeius: 폼페이우스의 장남으로 스페인에서 카이사르를 상대로 싸웠지만, BC 45년 문다Munda 전투에서 패배한 뒤 죽음을 당했다.

▶ 섹스투스 폼페이우스Sextus Pompeius: 폼페이우스의 차남이자 재능이 뛰어난 해군 지휘관으로, 옥타비아누스를 상대로 몇 차례 승리를 거두었지만 결국 BC 36년에 결정적인 패배를 당했다.

▶ 퀸투스 메텔루스 피우스 스키피오 나시카Quintus Metellus Pius Scipio Nasica: 원로원 내에 있는 카이사르의 정적 중 한 명으로, 지휘관이었으나 무능해서 BC 46년 타프수스에서 패배했다.

▶ 루키우스 코르넬리우스 술라Lucius Cornelius Sulla(BC 138년~BC 78년): 군대를 이끌고 로마로 진군한 최초의 인물이자 제1차 내전의 승자로, 독재관이 되어 로마 공화국의 개혁을 시도했다.

▶ 푸블리우스 코르넬리우스 술라Publius Cornelius Sulla: 독재관 술라의 조카로 카이사르 군대에서 장교로 복무했고, BC 45년에 사망했다.

개전
루비콘 강을 건너다

"그들이 원했던 일이다. 나에게 군대가 없었다면, 그들은 내 업적에도 불구하고 나를 기소했을 것이다."(파르살루스 전투가 끝난 뒤 원로원 의원들의 시체를 보면서 카이사르가 한 말)

BC 50년 로마의 분위기는 긴장이 고조되고 있었다. 당시의 공포감은 BC 62년 폼페이우스의 귀환이 예상되던 때와 비슷했지만, 어쩌면 그보다 정도가 더 심했을지도 모른다. 왜냐하면, 카이사르는 폼페이우스보다 훨씬 더 급진적인 인물로 여겨졌고, 잘 훈련된 대규모 군대를 가진 그의 속주는 이탈리아와 국경을 맞대고 있었기 때문이었다. 많은 로마인들은 이 군대가 카이사르를 독재관으로 만들기 위해 로마에 창을 들이댈지도 모른다고 걱정했다. 카토와 영향력이 큰 많은 원로원 의원들이 이끄는 소규모 집단은 카이사르가 정치에 복귀하게 해서는 안 된다고 결정했다. 그들은 카이사르가 최근에 엄청난 부와 명성을 획득했기 때문에 정치적으로 그에게 맞서는 것은 대단히 어렵다고 판단했던 것이다. 그가 두 번째로 집정관에 당선되는 사태가 벌어진다면, 이번에는 BC 59년의 집정관 재임 당시보다 훨씬 더 급진적인 행동을 할 것이라고 그들은 우려했다. 모든 사람들은 폼페이우스의 행동이 결정적인 역할을 할 것이라고 생각하고 있었지만, 그의 의도는 아직도 오리무중이었다. 카이사르가 로마에 없는 상태에서(그래서 그는 자신의 군대를 계속 보유할 수 있었다) 집정관에 출마 하려는 것을 막으려면 최소한 폼페이우스가 카이사르를 지지하지 말아야 했다. 만약 이 문제로 인해 내전이 발생할 경우, 카이사르의 강력한 군사 력을 상대할 수 있는 유일한 인물은 폼페이우스밖에 없었다. 만약 카이사 르가 패배하거나 전사하거나 혹은 국외로 망명한다면, 그것은 폼페이우 스의 강력한 마지막 경쟁자가 제거된 것이나 다름없으므로 그는 로마 공 화국의 그 누구도 넘볼 수 없는 엄청난 권력과 영향력, 그리고 부를 거머 쥘 수 있었다. 이로 인해 로마가 군주제로 바뀔 위험이 있었지만, 카토와 그의 지지자들은 2명의 악마 중에서 그나마 폼페이우스가 더 낫다고 생 각했다. 최악의 상황이 발생한다고 해도, 폼페이우스는 카이사르에 비해 정치적 역량이 떨어지기 때문에 자신의 지위를 쉽게 활용하지 못할 가능 성이 있었다. 하지만 그들은 그보다도 나중에 폼페이우스를 제거할 수 있 으리는 희망을 품고 있었던 것으로 보인다. 아마도 공화제를 유지하기 위 한 유일한 선택은 카이사르의 귀환을 허용하고 원로원의 두 지도적인 인 물, 즉 프린켑스princeps*들이 서로 상대방을 압도하려고 경쟁해서 서로의

---

* **프린켑스** 라틴어로는 '제1인자'를 뜻한다. 본래는 로마인이든 외국인이든 권위와 실력 이 탁월한 정치 지도자를 가리킨 말이었다. 공화정 시대의 로마에 이르러서는 원로원 의 원 중 집정관 경험자를 지칭하게 되었으나, BC 1세기 후반에 아우구스투스가 최고의 프린 켑스로서 사실상의 독재 정치를 펼치면서 프린켑스는 황제와 동의어가 되었다.

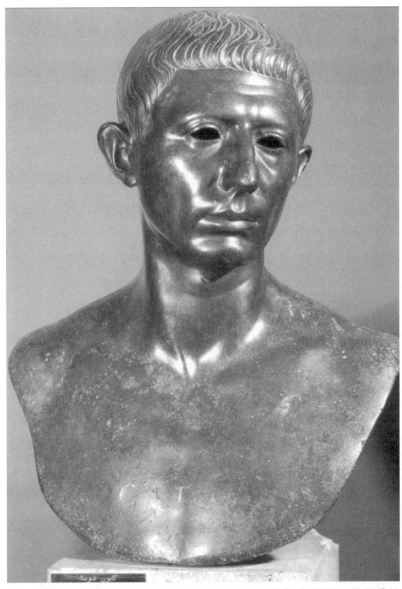

■■■■■ 마르쿠스 포르키우스 카토는 실질적인 지지로 이어지지는 않았지만 원로원에서 대단히 큰 존경을 받았다. 그는 솔직하고 엄격한 도덕 기준을 갖고 있어서 그의 유명한 선조인 대大카토Cato the Elder를 연상시키곤 했다. 그의 비타협적인 태도로 인해 결국 내전은 불가피하게 되었다. (AKG Berlin/Erich Lessing)

세력을 상쇄시키게 만드는 것밖에는 없었을 것이다. 설사 그것이 실현된다고 해도, 나중에 두 사람의 관계가 급속하게 악화되어 내전이 발생할 위험은 항상 있었다. 결국, 양측은 비협조적인 태도로 일관하다가 아무런 합의도 이루지 못했다.

BC 51년, 카이사르는 총독 임기를 BC 49년까지 연장하려고 했다. 그렇게 되었다면 아마 다음해인 BC 48년의 집정관 선거에 바로 출마할 수 있었을 것이다. 하지만 원로원은 그것을 저지하는 데 성공했다. 이렇게 된 데는 부분적으로 폼페이우스가 카이사르를 지지해주지 않은 탓도 있었다. 총독 임기 연장을 거부하는 데 성공한 원로원은 이어서 갈리아 전쟁은 이미 끝났다고 주장하면서 여러 차례에 걸쳐 카이사르를 즉시 로마로 소환하려고 시도했다. 폼페이우스는 원로원의 이런 움직임에 반대하면서 BC 50년 3월에 카이사르에게 그 이상도 그 이하도 아닌 원래 임기는 보장해주어야 한다는 점을 분명히 했다. 폼페이우스가 자신의 오랜 동맹을 확실하게 지원해주지 않자, 사람들은 두 사람 사이에 금이 갔다고 생각하기 시작했다.

한편 카이사르는 갈리아 전쟁에서 얻은 막대한 부를 동원해 로마에서 영향력 있는 인사들을 포섭하고 친구를 만들기 시작했다. 전해지는 바에 따르면, BC 50년의 집정관 중 한 명인 루키우스 아이밀리우스 파울루스 Lucius Aemilius Paullus는 3,600만 세스테르티우스sestertius*(이것이 얼마나 큰 액수인지는 당시 일반 병사 한 명이 1년에 1,000세스테르티우스를 받았다는 사실로 짐작할 수 있다)를 받았는데, 그것은 그가 포룸에 바실리카 아이밀리아 Basilica Aemilia**(원래 그의 선조가 세운 것이다)를 복원하면서 빌린 엄청난 빚

---

* **세스테르티우스** 로마 시대의 화폐 단위.
** **바실리카 아이밀리아** 아이밀리우스 회당. BC 179년 마케도니아 왕 페르세우스를 물리친 아이밀리우스 파울루스가 기증한 것이다.

■■■■■ 이것은 AD 2세기 초의 부조로, 로마 병사가 사슬에 묶인 게르만 포로를 인솔하는 장면을 묘사하고 있다. 갈리아 전쟁 기간 동안 카이사르는 엄청난 수의 포로들을 노예로 팔았다. 그들을 팔아서 얻은 이익은 그의 빚을 청산하는 정도를 넘어서 그를 엄청난 부자로 만들어주었다. (저자 소장)

을 갚기에 충분한 금액이었다. 파울루스는 동료 집정관인 마르쿠스 클라우디우스 마르켈루스Marcus Claudius Marcellus*가 카이사르를 공격할 때 그를 돕지 않았다. 카이사르의 매수공작이 좀더 적극적인 지지로 이어진 경우는 호민관인 가이우스 스크리보니우스 쿠리오Gaius Scribonius Curio**의 경우였다. 그에게 전해진 1,000만 세스테르티우스 역시 대부분 쿠리오의 채권자들의 손에 넘어갔다. 쿠리오는 재능이 뛰어났지만 미덥지는 않았다. 지난 10여 년 동안 각종 스캔들에 연루되었을 뿐만 아니라 전에는 카이사르를 비난하는 발언도 서슴지 않았다. 그런 그가 이제는 호민관으로 재임하는 기간 내내 카이사르가 목표를 달성할 수 있도록 지원해주었던 것이었다. 원로원에서 그는 폼페이우스의 임기가 몇 년 더 남았지만, 카이사르의 총독 임기가 끝나는 순간 폼페이우스도 스페인 속주 총독에서 물러나야 한다고 주장했다. 그의 주장에 상당수의 원로원 의원들이 호의적인 반응을 보였는데, 그들은 이렇게 해서라도 두 사람 사이에 전쟁이 벌어지는 사태를 막아보려고 했던 것이다. BC 50년 12월 1일 원로원은 이 제안을 놓고 최종적으로 투표를 했고, 쿠리오의 제안은 찬성 370 대 반대 22표로

---

* **마르쿠스 클라우디우스 마르켈루스** 율리우스 카이사르에게 철저히 반대했다. BC 51년 집정관으로서 카이사르에게서 군 통수권을 빼앗으려 했으나 친카이사르 호민관인 가이우스 스크리보니우스 쿠리오의 방해로 실패했다. 내전 동안 폼페이우스를 따라 그리스로 갔으나, BC 48년 폼페이우스가 죽자 미틸리니에 은둔하면서 웅변술을 익히고 철학을 연구했다. BC 46년 카이사르는 원로원의 간청으로 그를 사면했는데, 키케로의 연설 '마르켈루스를 위해Pro Marcello'가 행해진 것도 바로 이때였다. 이탈리아로 가는 도중 아카이아의 피레에프스에서 한 수행원에게 살해당했다.

** **가이우스 스크리보니우스 쿠리오** BC 90년~BC 49년. 율리우스 카이사르, 폼페이우스, 마르쿠스 안토니우스, 키케로 등 당대 로마의 유력자들과 친구였다. 그는 대단한 열변가로 사람들을 선동하는 데 탁월했다. BC 50년 호민관이 되었고, 카이사르의 지지자가 되어 원로원이 카이사르를 실각시키려 할 때 그를 옹호했다. 끝까지 폼페이우스와 카이사르 사이를 중재하려고 했으나 실패했다. 카이사르가 루비콘 강을 건널 때 로마에서 도망쳐 그와 합류했고, 내전 기간 동안 카이사르를 위해 싸웠다. BC 49년 북아프리카에서 폼페이우스를 지지하는 누미디아의 군대와 싸우다가 전사했다.

가결되었다. 하지만 같은 원로원 회의에서 마르켈루스는 원로원 의원들을 대상으로 카이사르와 폼페이우스에 대한 개별적인 투표를 진행해 그들이 총독직에서 물러나야 하는지를 물었다. 대다수가 카이사르의 해임에 찬성했고, 그와 비슷한 수가 폼페이우스를 총독직에서 물러나게 하는 데 반대했다. 마르켈루스와 일단의 지지자들은 두 사람이 모두 군대를 포기해야 한다는 원로원의 처음 결정은 인정하지 않고 폼페이우스를 방문했다. 그들은 그에게 이탈리아의 지휘권을 의미하는 칼을 주면서 공화국을 지키기 위해 그가 행동에 나서줄 것을 요구했다. 폼페이우스는 그 요구를 수락하지도 그렇다고 거절하지도 않았다. 이로써 로마의 정국은 더욱 불확실해졌다. 며칠 뒤, 그는 자신의 입장을 공개적으로 선언하기라도 하는 것처럼 제1군단과 제15군단의 지휘를 맡았다. 그가 과거에 지휘했던 역전의 용사들이 로마로 소환되었다.

쿠리오의 호민관 임기는 그달 말로 끝이 났지만, 카이사르의 또 다른 지지자인 마르쿠스 안토니우스가 호민관에 선출되어 쿠리오의 역할을 계속 수행했다. 그 동안 카이사르는 원로원에 편지를 보내 로마의 이름으로 그가 거둔 많은 승리들과 다른 여러 공직들에 대해 이야기한 다음, 원로원 의원들에게 그가 이미 부재중에 집정관에 출마할 수 있는 권리를 부여받았음을 상기시키고, 폼페이우스가 자신의 군대를 포기한다면 자신도 그렇게 하겠다고 제안했다. 만약 폼페이우스가 병력을 보유한다면, 카이사르도 반대 정파로부터 자신을 지키기 위해 현재 거느리고 있는 군단을 계속 보유할 수밖에 없다고 생각했다. 또한 그는 그의 편지에서 자신이 반대 정파의 독재적인 횡포로부터 로마를 해방시킬 의사도 갖고 있음을 노골적으로 드러냈다. 카이사르의 편지가 원로원에서 낭독된 바로 그날 폼페이우스의 장인인 스키피오는 카이사르가 정해진 시일(아마 여름 어느 날이었을 것이다)까지 자신의 군단을 다른 지휘관에게 넘겨야 한다는 법률을 제안했다. 하지만 호민관들이 그의 제안을 거부했다. 이번에는 카이사르의 장인인 칼푸르니우스 피소Calpurnius Piso가 이끄는 또 다른 원로원 내 집단이 카이사르의 속주를 방문하여 그와 협상을 하기 위해 원로원에 휴가를 요청했으나 거부당했다. 쿠리오는 카이사르의 대변인 역할을 수행하며 다양한 타협안들을 내놓았는데, 처음에는 카이사르가 가장 중요한 군사적 속주 갈리아 트란살피나를 포기하겠다고 했다가 나중에는 갈리아 키살피나까지도 포기할 수 있다는 수정안을 내놓았다. 카이사르는 그렇게 되면 일리리쿰 총독직만을 유지하며 단지 1개 군단만을 지휘하게 되겠지만, 부재중에 집정관 선거에 출마하는 것만큼은 반드시 승인을 받아야 했다. 그의 제안이 진심이었고 그의 진심을 의심할 만한 아무런 근거가 없다면, 이 제안은 실제로 카이사르가 내란을 일으켜 무력으로 정권을 장악하는 일이 벌어지지 않게 막았을 수도 있다. 폼페이우스는 그 제안을 진지하게 생각했던 것으로 보인다. 하지만 카토와 그의 정파는 카이사르를 너무나 혐오했기 때문에 카이사르가 민간인 신분으로 돌아가지 않은 채 부재중에 집정관에 출마하고 전쟁 범죄에 대한 기소를 피해갈 수 있는 길을 허용하는 제안을 받아들일 수 없었다. 키케로의 지지를 받았던 또 다른 제안은 카이사르가 군대를 포기하는 것과 동시에 폼페이우스가 이탈리아를 떠나 스페인 속주로 가서 그곳을 직접 다스려야 한다는 것이었다. BC 49년 집정관 후보 중 한 명인 루키우스 렌툴루스 코르넬리우스 크루스Lucius Lentulus Cornelius Crus는 어떤 타협안에도 격렬하게 반대하면서 끊임없이 안토니우스와 쿠리오를 모욕했다.

BC 49년 1월 7일, 원로원이 회기를 갖고 원로원 비상결의, 즉 세나투스 콘술툼 울티뭄senatus consultum ultimum을 통과시켰다. 이것은 모든 정무관들에게 로마 공화국을 방어하기 위해 가능한 모든 수단을 사용할 수 있는 권한을 부여했다. 호민관들 중에 있는 카이사르의 지지자들은 자신이 로마에 계속 남아 있을 경우 물리적 공격을 받을지도 모른다는 위협을 느꼈다. 그들은 노예로 변장하고 마차에 숨어서 북으로 도주해 카이사르와 합류했고, 쿠리오 역시 그들과 함께했다. 그 후 여러 달에 걸쳐 카이사르의 선전전은 이들 호민관들이 위협을 당했다는 사실을 활용했는데, 이는 호민관들이 대중들에게 존경과 사랑을 받고 있었기 때문에 가능했다. 최종 법안이 통과된 뒤 며칠 동안 폼페이우스와 원로원은 카이사르에 대한 전쟁 준비에 들어갔다. 스피키오는 시리아의 총독에 임명되고, BC 54년의 집정관이자 카이사르의 오랜 정적인 루키우스 도미티우스 아헤노바르부스는 갈리아 총독에 임명되었다.

1월 10일에 그 소식이 라벤나Ravenna에 있는 카이사르에게도 전해졌다. 그는 낮에는 검투사들이 훈련하는 장면을 지켜보고 저녁에는 사전에 계획되어 있던 만찬을 열었다. 하지만 그러는 사이 비밀리에 몇몇 병사 집단에게 무기를 숨긴 채 민간인 복장으로 이탈리아와 가장 가까운 도시인 아리미눔Ariminum(오늘날의 리미니Rimini)으로 이동하라고 명령했다. 당시 카이사르의 곁에는 제13군단과 300명 정도의 기병만 있었다. 저녁 늦게 그는 손님들에게 양해를 구하고 자리를 빠져나와 두 마리의 노새가 끄는 마차를 타고 아리미눔으로 출발했다. 전해지는 이야기에 따르면, 그들은 어둠 속에서 길을 잃었고, 그 지역의 안내인을 찾은 뒤에야 비로소 정확한 길을 찾아 루비콘Rubicon 강에 도착할 수 있었다고 한다. 루비콘 강은 카이사르가 담당한 속주의 경계선에 있는 강이었다. 총독은 원로원의 허가 없이 병력을 인솔하고 자기 속주를 벗어날 수 없다는 것이 로마의 법이었다. 따라서 루비콘 강을 건너는 그 순간 카이사르는 반란을 일으킨 것이 된다. 전해지는 몇몇 이야기에 따르면, 카이사르는 한동안 결정을 내리지 못한 채 주저하면서 자신이 취할 방도에 대해 장교들과 의논했다. 그들 중에는 훗날 전쟁사를 저술한(아쉽게도 지금은 전해지지 않는다) 아시니우

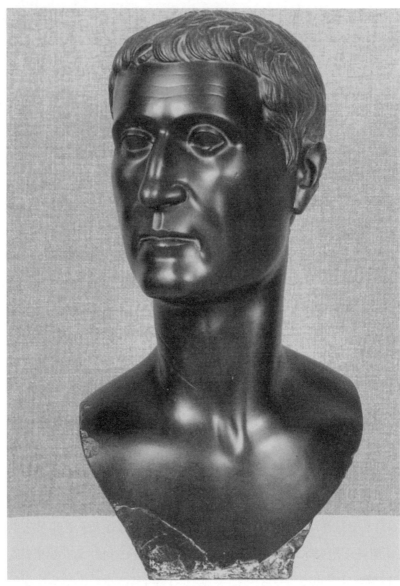

■■■■■■ 마르쿠스 안토니우스는 젊었을 때 문란한 생활과 급진적인 정치관으로 이미 유명했다. 그는 남들보다 능력이 뛰어났지만, 카이사르가 어쩔 수 없이 의지해야 했던 평판이 나쁜 지지자들 중 대표적인 인물이었다. 카이사르가 암살당한 뒤, 그는 친카이사르파의 가장 중요한 지도자들 중 한 명으로 부상했다. (Kingston Lacy, National Trust Photographic Library)

스 폴리오Asinius Pollio도 포함되어 있었다. 카이사르는 정말로 결단을 내리지 못했고, 이것이 단순히 극적인 긴장을 고조시키기 위해 꾸민 이야기는 아니었을 것이다. 신빙성이 좀 떨어지는 전설에 따르면, 그들 앞에 파이프를 부는 신의 모습이 나타났다고도 한다. 그가 얼마나 오래 주저했든, 카이사르는 루비콘 강을 건너며 유명한 말을 남겼다.

"주사위는 던져졌다."

라틴어로는 "알레아 약타 에스트alea iacta est"이지만, 일부에서는 그가 그리스어로 말했다고 주장하기도 한다.

카이사르와 그의 부하들은 아리미눔을 무혈점령했고, 곧이어 호민관들이 그들과 합류했다. 이후 그가 어떤 행동을 보일지 몰라서 이탈리아 전역은 공포에 휩싸였다. BC 49년 초에 쓴 키케로의 서한문은 카이사르의 군대가 진격했을 때 예상되는 유혈사태의 암울한 전망으로 가득했다. 갈리아에서 카이사르와 그의 군대는 대단히 공격적으로 전투를 수행했고, 때로는 그 과정에서 극도의 잔학성을 보이기도 했다. 일부 출처는 당시 불과 10년도 채 안 되는 기간 동안에 100만 명 이상이 목숨을 잃었다고 주장하고 있다.

아마 현대의 일부 평론가들이 주장하는 것처럼, 많은 사람들은 카이사르의 군단들이 갑자기 이탈리아에 난입한 것으로 보아 갈리아에서 했던 것보다 덜 잔악하게 행동하리라고는 생각지 않았고, 키케로조차도 카이사르가 로마군 지휘관이 아니라 한니발처럼 행동할지도 모른다고 우려했다. 하지만 우리는 로마 인구의 거의 대부분을 비롯해 카이사르를 반대했던 많은 정적들조차도 국경 밖의 적을 상대로 카이사르가 승리를 거뒀다는 사실에 기뻐했었다는 것을 기억해야 한다. 카토는 카이사르가 휴전 기간 동안 공격을 감행하자 배신했다는 이유로 그를 기소하려 했지, 야만인 부족에 대한 학살 행위에는 관심이 없었다. 당시 사람들이 더 우려한 것은 그 이전 40년 동안 로마가 치렀던 내전이나 반란이 남긴 선례였다. BC 87년 마리우스는 로마를 점령했을 때, 그의 손에 잡힌 모든 정적들을 학살했다. 술라는 처벌할 많은 정적들의 명단을 포룸에 공고함으로써 정적들을 숙청하는 과정을 공식적인 절차로 만들었다. 처벌자로 이름이 게시된 시민은 누구든 법적 권리를 상실했다. 따라서 누구든 그를 살해하고 그 과정에서 원래 정부가 몰수하기로 되어 있는 처벌자의 재산 중 일부를 차지해도 처벌을 받지 않았다. 로마 내전은 정치적 이념이 다른 경쟁 파벌들 사이에서 벌어진 것이 아니라, 경쟁 관계에 있는 개인들 사이에서 벌어졌고, 보통 패배한 쪽에 관련된 자들이 모두 살해당하는 것으로 끝이 났다. 카이사르라고 해서 이와 다르게 행동할 것이라고 생각할 이유는 전혀 없었다. 오히려 집정관으로 재직하던 시기에 그가 보여주었던 정치 폭력으로 인해 그도 다른 내전의 당사자들과 똑같이 행동할 것이라는 추정이 더욱 힘을 얻었다.

전쟁은 누구도 예상하지 못한 시기에 벌어졌다. 카이사르는 신속하게 행동하여, 자신의 군단들이 집결하기를 기다리지 않고 그의 수중에 있던 제한된 병력만 가지고 도시를 점령했다. 그는 거의 저항을 받지 않았고, 그의 군대가 진격하는 과정에서 어떤 학살이나 혼란도 발생하지 않았다. 오히려 그는 그의 병사들에게 약탈하지 말라는 명령을 내렸다. 초기 몇 주 동안, 내전은 전쟁이 아닌 것 같은 이상한 양상을 보였다. 특히 카이사르는 아직도 자신이 타협할 의사가 있음을 보이려고 노력했다. 그가 여러 차례 새로운 타협안들을 제시하자, 전령들이 양진영을 오갔다. 폼페이우스와 그의 동맹자들은 카이사르가 이탈리아 영토 내에서 군대를 거느리고 있는 한 협상에 응할 수 없으며, 일단 그가 갈리아 키살피나로 철수해야만 대화가 가능하다는 말로 대답했다. 하지만 폼페이우스는 카이사르가 총독직에서 물러나 군대의 지휘권을 포기한다면 자신도 스페인으로 떠나겠다고 제안했다. 카이사르는 폼페이우스의 제안을 거부했는데, 아마 원로원을 신뢰하지 못했거나 아니면 이제는 물러설 수 없을 정도로 너무 멀리 왔다고 생각했기 때문이었을 것이다. 심지어 이 상황에서도 양측은 공개적으로 협상에 의한 타협을 바라고 있었지만, 상대방이 비타협적으로 나온다고 계속 주장했다.

전투
내전

'전격전' : BC 49년 1월~3월, 이탈리아 전역

카이사르가 뜻밖의 순간에 진격했기 때문에 그의 적들은 놀란 나머지 겁을 먹었다. 카이사르는 바로 그것을 노렸다. 폼페이우스는 1월 하순에 로마를 떠나며 로마를 방어할 수 없다고 선언했다. 대부분의 정무관들이 그를 따라 로마를 떠났으며, 그들 중에는 집정관들도 포함되어 있었다. 두 집정관은 공황사태를 암시하듯 너무나 화급하게 폼페이우스의 뒤를 따라 로마를 떠났다. 로마 시민 다수는 양측이 얼마나 격렬하게 싸울 것인지 확실히 알 수 없었다. 그런데 폼페이우스가 이처럼 공개적으로 군사적 열세를 인정하자, 많은 사람들은 과연 폼페이우스가 공화국을 지킬 수 있을 것인지 의문을 품게 되었다.

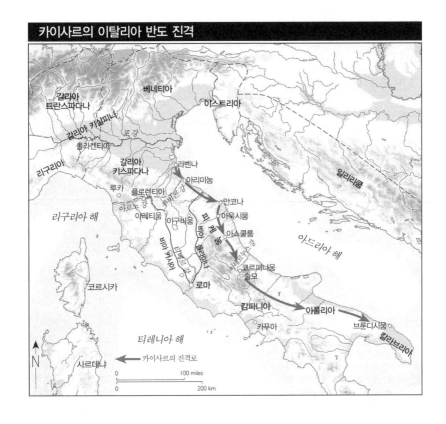

갈리아
트란스파다나

베네티아

이스트리아

갈리아 키살피나

포 강

일리리쿰

플라켄티아

갈리아
키스파다나

라벤나

리구리아

아리미눔

루카

플로렌티아

안코나

아르노 강

야네티움

이구비움

아욱시뭄

리구리아 해

아스쿨룸

아드리아 해

코르피니움

술모

로마

코르시카

캄파니아

아폴리아

카푸아

브룬디시움

칼라브리아

티레니아 해

N

사르데냐

카이사르의 진격로

0   100 miles
0   200 km

첫 번째 충돌은 코르피니움Corfinium에서 벌어졌다. 도미티우스 아헤노바르부스는 이곳에서 새로 모병한 약 30개 대대를 육성하여 도시를 방어할 계획이었다. 폼페이우스가 도미티우스에게 그의 병력을 남으로 이동시켜 카푸아Capua에 있는 자신의 2개 군단(제1군단과 제15군단)에 합류시키려고 계속 간청했지만, 도미티우스는 듣지 않았다. 이것은 카이사르를 상대하는 진영의 지휘관들 사이에서 큰 불화가 생겼다는 첫 번째 신호였다. 카이사르는 제12군단과 약간의 갈리아 기병들이 합류한 덕분에 이제 2개 군단을 보유하게 되었지만, 이들 중 일부 분견대는 아마 이미 점령한 도시에 주둔하느라 분산되어 있었을 것이다. 2월에 코르피니움은 포위되었고, 아헤노바르부스는 폼페이우스가 그를 구원하러 올 의사가 전혀 없다는 것을 알고 있었다. 카이사르가 우리에게 전한 바에 따르면, 당시 아헤노바르부스는 겁에 질려 자신의 병사들을 버린 채, 몰래 포위망을 빠져나가 도시를 탈출하려고 계획했다. 그의 탈출 계획 소식을 들은 주둔군은 반란을 일으켜 도시를 카이사르에게 넘기고 항복했다. 카이사르는 아헤노바르부스와 몇 명의 원로원 의원들이 앞으로 끌려나오자, 자신을 이탈리아로 진격할 수밖에 없게 만든 불만사항에 대해 그들에게 공식적으로 밝히고 원한다면 누구든 자유롭게 떠나도 좋다고 허락했다. 이것은 카이사르의 관용clementia을 보여주는 첫 번째 중요한 사례로, 그는 내전 기간 전반에 걸쳐 관용 정책을 고수함으로써 자신의 적과 선명한 대조를 이루었다. 그의 정적들은 좀더 잔인한 방식을 사용했고, 내전 이후에는 오히려 그들의 방식이 일반화되었다. 일반 병사들과 대부분의 장교들은 카이사르에 대한 충성을 맹세하고 그의 군대에 편입되었다.

폼페이우스는 이미 이탈리아를 포기하고 아드리아 해를 건너 그리스로 도주하려고 결정한 상태였는지 모른다. 동부의 속주들 중에는 그에게 병력을 제공할 수 있는 종속국과 동맹들이 많이 있었다. 이탈리아에서 적절한 훈련을 받은 유일한 군대가 최근까지 카이사르 밑에 있었기 때문에, 폼페이우스는 적을 향해 전진함으로써 그 군대의 충성심을 시험해보고 싶은 마음은 별로 없었다. 도미티우스의 군대가 전력에서 제외되었기 때문에 폼페이우스는 어쨌든 수적인 열세에 놓여 있었다. 그는 동부로 가서 대규모 육군과 함대를 모집해 훈련시킨 뒤 그들을 데리고 카이사르를 상대하다가 적절한 시기가 오면 바다를 통해 이탈리아를 침공해 복귀하려고 했다. 종종 그는 "술라는 그것을 해냈다. 그렇다면 내가 못할 이유는 무엇인가?"라고 공공연하게 말하면서 독재관 술라가 BC 83년에 성공적으로 귀환한 것을 언급했던 것으로 보인다. 군사적으로 볼 때, 그의 계획은 전적으로 옳았지만, 정치적으로는 치명적이었다. 많은 로마인들은 그로부터 버림을 당했다고 생각했다. 어느 원로원 의원은 만약 카이사르와 싸우기에 병력이 부족했다면, 그렇다고 불평이라도 했어야 한다고 폼페이우스에게 비꼬듯 말했다.

폼페이우스는 브룬디시움을 향해 남쪽으로 후퇴했다. 카이사르는 가능한 한 신속하게 그의 뒤를 추격했지만, 그가 도시 외곽에 도착했을 때는 이미 대다수의 신병들과 원로원 의원들이 배를 타고 아드리아 해를 건너고 있었다. 폼페이우스는 2개 군단을 거느리고 뒤에 남아서 먼저 떠난 배들이 되돌아오면 그것을 타고 철수를 마무리하려고 했다. 카이사르의 공병들은 항구로 진입하는 수로를 차단하기 위해 거대한 방파제를 쌓는 공사를 감독하기 시작했다. 처음에는 해안으로부터 견고한 차단막을 쌓아가며 바다로 전진했지만, 수심이 깊어지면서 차단막이 계속 파도에 쓸려가버렸다. 그래서 그들은 차단막에 커다란 뗏목을 대는 방법을 사용하기 시작했다. 폼페이우스는 공사를 지연시키기 위해 상선에 급히 3층 망루를 세우고 그 위에 경량형 노포를 설치해 방파제 건설 공사 현장을 공격했다. 폼페이우스의 선박들은 방파제가 완성되기 전에 귀환하여 항구로 진입해 나머지 주둔 병력을 싣는 데 성공했다. 도시의 출입구를 봉쇄하고 소규모 병력을 후위대로 남겨서 철수가 순조롭게 이뤄질 수 있게 조치를 취했지만, 브룬디시움의 시민들이 폼페이우스에 대한 반감 아니면 카이사르의 병사들에 대한 공포심 때문에 공격자들이 도시로 진입할 수 있게 도와주는 바람에, 폼페이우스의 철수는 계획한 것보다 훨씬 더 급박하게 진행되었다.

두 달이 채 지나기도 전에 카이사르는 이탈리아를 장악했다. 폼페이우스는 자신의 최정예 병력과 다수의 원로원 지도급 의원들을 대동하고 탈출했다. 당시 카이사르는 함대를 보유하지 못해서 그를 추격할 수 있는 입장이 아니었다. 3월 18일, 그는 로마로 돌아와 남아 있는 원로원 의원들이

■■■■■ 내전 기간 중 몇 차례 해전이 벌어지기는 했지만, 결정적인 교전은 육지에서 벌어졌다. 하지만 카이사르 사후에 벌어진 전투에서는 해전이 중요한 역할을 하게 된다. (AKG Berlin)

모두 원로원에 모이도록 설득하는 데 노력을 기울였다. 그가 보여준 관용은 중립적인 의원들과 폼페이우스에게 회의를 품은 많은 의원들을 깜짝 놀라게 했을 뿐만 아니라 동시에 안도하게 만들었다. 하지만 일부는 그것이 그저 책략에 불과하며 시간이 지나면 카이사르나 악명이 자자한 그의 추종자들이 갖고 있는 잔학성이 결국은 본성을 드러낼 것이라고 여전히 확신하고 있었다. 그런데 카이사르가 병사들을 거느리고 사투르누스Saturnus* 신전에 보관되어 있는 국고를 확보하려다가 재정호민관tribuni aerarii 메켈루스가 가로막자 그를 처형하겠다고 위협하는 일이 발생했고, 이것은 그와 같은 우려를 확인시켜주는 듯 보였다. 2개 군단과 함께 파견된 쿠리오는 사르데냐Sardegna에 이어 아프리카를 확보하려고 했다. 카이사르는 육로로 스페인에 진출하여 그곳에 있는 폼페이우스의 군단들을 제거하기로 결심했다. 스페인에 있는 폼페이우스의 군단들은 적이 보유한 최상의 병력이었지만, 폼페이우스가 그의 주안점을 지중해 동부로 전환시킨 뒤로는 그들의 전략적 역할이 분명하지 않았다. 카이사르가 군대 없는 지휘관과 싸우기 전에 지휘관 없는 군대와 먼저 싸워야 한다고 주장했던 것은 바로 이 때문이 아닌가 싶다.

'지휘관 없는 군대': BC 49년 4월~8월, 스페인 전역

스페인에 주둔하고 있던 폼페이우스 군대 주력은 일레르다Illerda(오늘날의 레리다Lérida)에 있었고, 루키우스 아프라니우스Lucius Afranius와 마르쿠스 페트레이우스Marcus Petreius가 지휘했다. 두 사람에게는 5개 군단과 스페인 보

---

* **사투르누스** 로마 신화에 나오는 농경신農耕神.

조병 80개 대대(밀집대형과 산개대형 보병들이 혼합되어 있는 형태), 그리고 기병 5,000명이 있었다. 그 외에 또 다른 2개 군단이 역시 보조병의 지원을 받으며 마르쿠스 테렌티우스 바로Marcus Terentius Varro의 지휘 아래 서쪽으로 멀리 떨어져 있는 히스파니아 울테리오르에 주둔하고 있었다. 일레르다에 주둔하고 있는 병력을 상대하기 위해, 카이사르는 6개 군단과 더불어 갈리아 전역에서 그를 위해 복무했던 다양한 인종의 기병 3,000명, 그리고 최근에 모병한 비슷한 수의 갈리아 기병을 집결시켰다. 또한 카이사르의 경호를 담당할 900명의 기병들에 대한 언급도 있었는데, 이들이 앞에서 언급한 전체 기병의 수에 포함되어 있는지 여부는 분명하지 않다. 이들 병력 대부분은 퀸투스 파비우스 막시무스Quintus Fabius Maximus의 지휘하에 선발대로 출발했다. 카이사르는 그들과 합류하기 위해 행군하는 동안 자신의 군사호민관들과 백인대장들에게 빌린 돈으로 병사들에게 급료를 지급했다. 그들의 배려를 고맙게 받아들인 카이사르는 장교들과 병사들이 모두 그의 대의명분 아래 단단하게 결속한 것은 그들의 헌신 덕분이라고 생각했다.

일레르다는 시코리스Sicoris(오늘날의 세그레Segre) 강 서안에 있는 산등성이에 자리 잡고 있었다. 소규모 병력이 도시 밖에 있는 다리를 경비했지만, 폼페이우스 군대 주력의 야영지는 훨씬 더 남쪽으로 내려가 일레르다와 같은 고지대에 있었다. 폼페이우스의 군대는 주변 지역에서 상당량의 보급품을 모은 뒤 그곳에 보관하고 있었다. 파비우스는 일레르다에 도착하자, 강 위에 2개의 다리를 건설해 강을 건넌 뒤 강 서안에 야영지를 설치했다. 하지만 그곳에서는 식량과 사료를 구하기가 어려웠기 때문에, 파비우스는 2개 군단을 동안으로 파견해 식량을 징발하게 했다. 그러나 갑자기 다리들 중 하나가 붕괴되는 바람에 식량 징발대는 위기에 처했고, 일부 병력이 파견되어 그들을 간신히 구조했다.

6월에 현지에 도착한 카이사르는 즉시 부대를 전진시켜 산등성이 끝에서 공격했다. 하지만 아프라니우스가 공격에 응하지 않자, 카이사르는 자신의 세 번째 전열로 하여금 참호를 깊게 파게 한 뒤(만약 방벽을 세웠다면 그것은 적의 눈에 쉽게 띄기 때문에 적의 공격을 초래했을 것이다) 그 뒤에 야영지를 설치했다. 이 야영지의 방어시설이 카이사르의 기준을 만족시킬 수 있을 정도로 완벽해지기까지는 며칠이 걸렸다. 방어태세가 갖추어지자, 그는 일레르다와 적의 야영지 사이에 있는 언덕을 점령하려고 시도했다. 그는 3개 군단에게 전열을 갖추게 한 다음, 1개 군단의 제1열을 전

■■■■■ AD 2세기 트라야누스의 기둥에 새겨진 이 장면은 로마 군단 보병들이 요새화된 야영지를 건설하는 모습을 보여주고 있다. 사진에 보이는 것과 같은 유형의 적층 박판 갑옷은 내전이 끝나고 수십 년이 흐른 뒤에 비로소 도입되기 시작한 것으로 보인다. (저자 소장)

■■■■■■ AD 1세기 초, 오랑주의 개선문Arch of Orange은 갈리아 부족들의 마지막 반란을 물리친 로마군을 기념하기 위해 건설한 것이었다. 사진의 부조는 승리한 로마군이 노획해 한곳에 쌓아둔 갈리아의 군사 장비들을 보여주고 있다. 카이사르는 갈리아 전쟁에서 승리하면서 그를 위해서라면 기꺼이 다른 로마인과도 싸울 수 있는 충성스런 효과적인 군대를 갖게 되었다. (Topham Picturepoint)

진시켜 고지를 점령했다. 폼페이우스의 군대는 빠르게 대응했다. 그들은 루시타니아Lusitania(대략 오늘날의 포르투갈에 해당하는 지역)의 부족들과 싸우면서 습득한 산개대형으로 작전을 펼치면서 신속하게 기동하여 언덕

위를 장악한 뒤 방어에 들어갔다. 양측이 하루 종일 계속 증원부대를 투입했지만, 경사면이 비좁아 한 번에 3개 대대만이 전투를 벌일 수 있었다. 결국 제9군단이 언덕 위로 돌격해 적을 물러서게 함으로써 카이사르의 군대가 후퇴할 수 있는 시간을 벌어주었다. 카이사르의 군대는 제14군단의 군단 최선임 백인대장을 포함해 70명이 전사했고, 600명이 부상을 당했다. 한편 적은 백인대장 5명을 포함해 모두 200명이 전사했다.

이틀 뒤 비가 심하게 내려 강의 수위가 높아지고 물결이 거세지는 바람에 카이사르의 군대가 사용하던 다리가 쓸려가 버리고, 군대의 보급선이 단절되었다. 적이 점점 더 강하게 압박을 가해오자, 카이사르의 병사들은 브리타니아 원정 때 사용했던 것과 같은 배를 만들었다. 이 배 덕분에 1개 군단이 야간에 시코리스 강을 도하하여 교두보를 확보한 뒤 새로운 다리를 건설할 수 있게 되었다. 카이사르의 군대는 다시 한 번 서안은 물론 동안에서도 효과적인 작전을 펼쳤고, 그 과정에서 벌어진 수차례의 소규모 접전에서 승리를 거두었다. 카이사르의 군대가 이렇게 승리를 거두자, 지역공동체들 중 다수가 카이사르의 진영에 합류했다. 이로써 카이사르는 새로운 식량공급원을 확보하게 되었다. 이어서 그의 공병들은 강의 주류로부터 물이 흘러나가도록 운하를 파서 강의 수위를 낮춤으로써 기병들이 걸어서 건널 수 있는 여울을 만들었다. 이로써 이제 기병들은 다리에서 멀리 떨어져 군대의 야영지 근처에서 작전을 펼 수 있게 되었다. 더 많은 갈리아 기병들이 도착하자, 카이사르의 기병들은 폼페이우스의 기병에 대해 수적인 우위를 점하게 되었고, 폼페이우스의 군대는 식량 징발대를 운영하기가 점점 더 어려워졌다.

더 이상 현 진지를 고수하기 어렵다고 판단한 아프라니우스와 페트레이우스는 강을 따라 징발한 바지선들을 모아 시코리스 강에 부교를 가설했고, 어둠을 틈타 강을 건넌 뒤 동안으로 이동했다가 남쪽으로 방향을

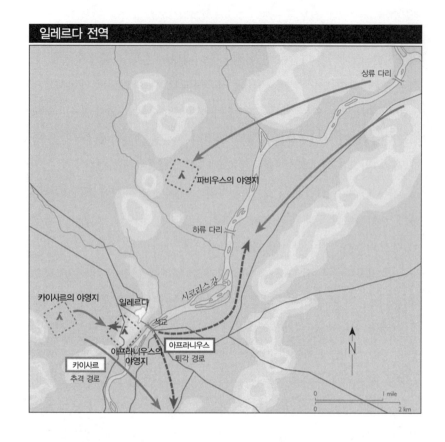

일레르다 전역

상류 다리

파비우스의 야영지

하류 다리

카이사르의 야영지

일레르다

시크리스 강

석교

아프라니우스의 야영지

아프라니우스

퇴각 경로

카이사르

추격 경로

N

0   1 mile
0   2 km

돌렸다. 정찰병들이 이와 같은 적의 활동을 보고하자, 그에 대응하기 위해 카이사르는 기병을 보내 적의 퇴각을 교란하게 했다. 나머지 병력은 새벽에 기병의 뒤를 따랐다. 그의 병사들은 아직 물이 완전히 빠지지 않은 여울을 걸어서 건넜다. 그들은 운송용 가축을 두 줄로 세워 물살을 약화시킨 다음 그 사이를 통과했다. 며칠 뒤, 카이사르의 정찰대가 지름길을 발견하자, 그의 군대는 그 길을 따라 행군하여 적을 앞지르는 데 성공했다. 이제 적은 대단히 불리한 상황에 놓였지만, 카이사르는 전투를 주장하는 장교들과 병사들의 간청을 거부했다. 그 자리에서 그는 가능한 한 로마인의 피를 적게 흘리고 승리하기를 바란다고 말했다. 양측이 서로 가까운 위치에 야영지를 설치하자, 양측 군단 보병들은 서로 친해지기 시작했다. 자기 병사들의 충성심에 불안을 느낀 아프라니우스와 페트레이우스는 생포한 카이사르의 병사들을 모두 학살해버렸지만, 카이사르의 진영은 생포한 폼페이우스의 병사들을 모두 무사히 돌려보냈다. 그러자 두 사람은 모든 장병들에게 대의를 저버리지 않겠다는 서약을 받았다. 이런 조치에도 불구하고 얼마 지나지 않아, 두 장군과 그들의 병사들은 모든 보급선이 차단되어 결국에는 항복하고 말았다. 지휘관은 모두 사면을 받아 자유롭게 풀려났으며, 폼페이우스 군대의 일부 장병들은 카이사르의 군대에 편입되었고, 나머지는 해산되었다. 히스파니아 울테리오르에 있던 바로와 그의 2개 군단은 카이사르의 군대가 접근해오자, 즉시 항복했다. 불과 몇 달 만에 카이사르는 과감하게 뛰어난 기동 전술을 구사하여 자신의 손실을 최소화하고 스페인을 점령했다. 카이사르는 퀸투스 카시우스 롱기누스Quintus Cassius Longinus를 스페인 총독으로 임명한 뒤(호민관을 총독으로 임명한 것은 이례적인 일이었다), 이탈리아로 귀환했다.

마실리아: BC 49년 봄~여름

스페인으로 향하던 중, 카이사르는 거대한 무역도시 마실리아의 당국자로부터 통행을 거부당한 적이 있었는데, 당시 그들은 중립을 지키겠다고 주장했다. 그러나 그들은 도미티우스 아헤노바르부스가 배를 타고 항구에 도착한 뒤 도시의 지휘권을 장악하면서 이것을 지킬 수 없게 되었다. 카이사르는 가이우스 트레보니우스Gaius Trebonius의 3개 군단과 데키무스 브루투스의 함대를 남겨 공성전을 치르게 한 뒤 스페인으로 떠났다. 방어군은 항구 밖에서 작지만 격렬한 해전을 치르면서 특기를 발휘하는 등 아주

적극적이었다. 하지만 공격군은 적의 출격으로 그들의 공성 보루가 심하게 파손되었음에도 불구하고 끈질기게 공격을 계속해서 결국 마실리아인들을 항복하게 만들었다. 아헤노바르부스는 이 소식을 듣고 해로로 탈출했다. 9월 말에 스페인에서 귀환하면서 항복을 받아들이는 행사에 참석한 카이사르는 2개 군단의 병력을 주둔시켰지만, 대체로 도시에 관대한

처분을 내렸다.

쿠리오의 아프리카 전역: BC 49년 봄~여름

쿠리오는 무혈로 시칠리아를 점령한 뒤 3개 군단과 함께 아프리카로 건너갔다. 그곳의 총독인 푸블리우스 아티우스 바루스^{Publius Attius Varus}가 폼페이우스에 대한 지지를 선언했던 것이었다. 바루스는 누미디아의 유바 왕으로부터 지원을 받고 있었다. 유바 왕은 간혹 신뢰할 수 없는 행동을 하기도 했지만, 강력한 대규모 군대를 거느리고 있었다. 쿠리오는 군대 경험이 별로 없었다(지휘관을 수행해본 적은 한 번도 없었다). 동시대 사람들은 대부분 그가 뛰어난 능력을 갖고는 있으나 신뢰할 수는 없는 인물이라고 생각했다. 그의 군대는 코르피니움에서 항복한 뒤 카이사르에게 충성을 맹세했던 폼페이우스의 병사들로 구성되어 있었다. 쿠리오는 우티카^{Utica} 인근에 상륙하는 데 성공하면서 완벽하게 적의 허를 찔렀을 뿐만 아니라 곧바로 바루스의 군대와 대적하게 되었다. 양측은 급격한 언덕의 양쪽 경사면에 전열을 형성했다. 코르피니움에 있다가 풀려난 바루스의 동생 섹스투스는 쿠리오의 군단 병사들에게 카이사르를 버리고 원래 진영으로 돌아오라고 호소했다. 하지만 쿠리오의 군단 병사들은 그의 호소를 무시했다. 이어진 기병들의 소규모 접전에서 승리를 거두자, 쿠리오는 병사들을 인솔해 언덕 위로 과감하게 돌격했다. 이 공격으로 바루스의 군대는 곧바로 패주했다. 승리에 고무된 쿠리오는 잘못된 정보에 따라 다음 행동에 나섰다. 그는 자신이 마주하고 있는 적이 유바 왕 군대의 1개 분견대라고 믿고 공격을 감행했다. 그러나 실제로 그곳에 있던 것은 유바 왕의 주력부대였다. 처음에는 쿠리오가 승리했지만, 결국 그의 군대는 매복을 당해 사실상 전멸했다. 쿠리오는 잔여 병력과 함께 언덕 위에서 포위된 채 싸우다가 전사했다. 그의 군대에서 일부만이 시칠리아로 탈출하는 데 성공했는데, 그 중에는 역사가인 아시니우스 폴리오도 포함되어 있었다.

'군대 없는 지휘관': BC 48년 1월~8월, 그리스 전역

BC 49년 말, 쿠리오의 패전 소식이 카이사르에게 전달되었다. 하지만 그이외에도 흉보는 또 있었다. 마르쿠스 안토니우스가 일리리쿰에서 작은 패배를 당했던 것이었다. 하지만 더 심각했던 것은 그의 군단들 중 제9군단을 포함한 4개 군단이 포 강 유역의 플라켄티아Placentia(오늘날의 피아첸차)에서 반란을 일으킨 것이었다. 그들은 갈리아 전쟁 때부터 군단에서 복무해온 다수가 복무 기간이 훨씬 지났는데도 몇 달 전 카이사르가 브룬디시움에서 약속한 1인당 500데나리온(병사들 연봉의 두 배에 해당한다)의 보상금을 받지 못했다고 불평했다. 카이사르는 이에 무자비하게 대응하면서 참을성이 없다며 병사들을 호되게 꾸짖고, 제9군단에게는 10명 중 1명을 처형하는 형벌인 데키마티오decimatio를 집행하겠다고 선언했다. 하지만 그는 결국 감정을 누그러뜨리고 주모자 12명만 처형했다.

디라키움

카이사르는 잠시 로마에 머물렀다. 로마에 도착하기 전에 독재관에 임명된 상태였던 그는 11일간 그 지위를 유지하면서 자신의 권한을 이용해 선거를 실시하여 집정관이 되었다. 폼페이우스를 상대하고 싶은 마음이 간절했던 그는 연말에 브룬디시움에 집결해 있는 약 12개 군단과 1,000명의 기병으로 구성된 군대에 합류했다. 병력 손실로 인해 소집된 군단들 중 어떤 군단도 병력이 3,000명을 넘지 못했고, 일부는 2,000명 수준까지 떨어졌다. 그럼에도 불구하고 이들 병력을 싣고 아드리아 해를 건너는 것이나 일단 그곳에 도착한 뒤 보급을 유지하는 것은 만만치 않았다. 카이사르는 병사들에게 훈시를 통해 앞으로 있을 전역이 그들이 겪어왔던 것 중 최대의 난관이 될 것이라고 말한 뒤 거의 모든 하인들과 노예, 가족은 뒤에 남기고 오직 필요한 짐만을 소지하라고 지시했다. BC 48년 1월 4일, 7개 군단과 500명의 기병을 수송할 수 있는 수송선을 확보했다. 카이사르는 거대한 폼페이우스의 함대에 대적할 만한 해군력을 갖고 있지 않았기 때문에, 항해는 대단한 도박이었다. 게다가 폼페이우스의 해군은 그의 오랜 정적이자 BC 59년의 집정관 동료인 비불루스가 지휘하고 있었다. 하지만 적은 기상 조건이 좋지 않은 겨울에 카이사르가 이동하리라고는 꿈에도 생각하지 못했다. 카이사르는 아무런 저항도 받지 않고 에피루스의 파일레스테Paeleste에 상륙했다. 비불루스가 경보를 받고 출동했을 때 카이사르의 수송선들은 브룬디시움으로 회항하는 중이었고, 비불루스는 그들 중 몇 척을 나포하는 데 성공했다. 당장은 마르쿠스 안토니우스가 항구 봉쇄 임무를 수행할 수 없다는 사실이 분명해졌기 때문에 잔류 병력은 바다를 건너 카이사르의 군대와 합류했다.

카이사르는 고립되어 있었을 뿐만 아니라 수적으로도 크게 열세였다. 폼페이우스는 이미 9개월이 넘는 기간 동안 병력을 모병하고 있었기 때문에 이 시기에 9개 군단을 보유하고 있었고, 5,000명 이상의 경기병과 7,000명의 기병이 이들을 지원하고 있었다. 추가로 스키피오가 지휘하는 2개 군단이 시리아에서 이동해오는 중이었다. 폼페이우스는 언제나 그랬듯이 엄청난 조직가로서 세심하게 주의를 기울여 겨울 동안 식량이나 마초가 부족하지 않도록 보급 물자를 풍부하게 비축해두었다. 카이사르의 병사들은 자신들이 가지고 온 소량의 보급 물자와 현지에서 구한 물자만 가지고 겨울을 나야 했다. 상황은 점점 더 절박하게 변해가고 있었지만, 카이사르는 전면적인 공세를 시작할 만큼 전력이 강하지 않았다. 협상과 함께 몇 차례의 기동작전을 시도했지만, 큰 전투는 벌어지지 않았다. 한 번은 카이사르가 브룬디시움에 도착해 증원 병력의 출항을 재촉하기 위해 악천후를 틈타 작은 배를 타고 바다로 나갔다. 하지만 기상이 너무 나빠 어쩔 수 없이 해안으로 되돌아올 수밖에 없었다. 4월 10일 되어서야 비로소 마르쿠스 안토니우스는 간신히 나머지 군단을 데리고 아드리아 해를 건널 수 있었다. 폼페이우스는 너무 늦게 대응해서 두 병력이 결합하는 것을 막지 못했다.

카이사르는 11개 군단을 모두 집결시켰지만, 아직도 수적으로 열세했고, 보급 문제도 해결하지 못한 상태였다. 그럼에도 불구하고 그는 즉시 항구도시 디라키움Dyrrachium에 있는 적의 주요 보급창 중 하나를 공격한다는 과감한 결단을 내렸다. 그는 적을 따돌리고 강행군하여 폼페이우스와 항구 사이에 자리를 잡는 데 성공했지만, 도시를 점령할 수는 없었다. 폼페이우스는 페트라Petra라고 불리는 해안가 한 언덕에 야영지를 설치했는데, 그곳은 천연 항구가 내려다보이는 곳에 있었기 때문에, 선박을 통해 계속 보급을 받을 수 있었다. 카이사르의 주야영지는 좀더 북쪽에 있는 언덕에 있었고, 그의 보급 문제는 여전히 해결되지 않은 상태였다. 곡식이 아직 여물지 않은 데다가 폼페이우스가 인근 지역을 철저하게 약탈했기 때문이다. 일련의 언덕들이 폼페이우스의 야영지를 둘러싸고 있었기 때문에, 카이사르는 참호와 방벽으로 연결된 일련의 요새선을 구축하기 시작했다. 이를 통해 적을 완전히 포위하는 것이 카이사르의 목표였다. 이 요새선은 수적으로 우세한 적의 기병으로부터 카이사르의 정찰병과 식량 징발대를 어느 정도 보호해주었지만, 어차피 험한 지형으로 인해 적 기병의 작전은 효과가 떨어질 수밖에 없었다. 이보다 더 중요한 사실은 폼페이우스가 수적으로 우세한 군대를 갖고도 적에게 포위당하는 것을 허용했다는 것인데, 이는 공개적인 굴욕으로 아마도 그의 동맹들의 충성심을 약화시켰을 것이다. 폼페이우스는 카이사르의 요새선에 평행하게 자신의 요새선을 구축하는 방법으로 대응했다. 양측이 주요 거점을 확보하거나 상대방의 작업을 방해하기 위해 전투를 벌였기 때문에 상당한 규

모의 전초전이 벌어졌다. 수적으로
우세한 폼페이우스 군대는 안쪽에
자리 잡고 있었기 때문에, 구축해
야 할 요새선이 좀더 짧다는 장점
이 있었는데, 최종적으로 카이사르
가 구축한 요새선의 길이는 27킬로
미터였고, 폼페이우스가 구축한 요
새선의 길이는 24킬로미터였다. 사
실상 두 군대는 일반적인 야전이
아니라 공성전에 주력했는데, 카이
사르의 군대에게 그것은 갈리아에
서 경험한 몇 차례의 공성전을 떠
올리게 했다.

양측 모두 식량이 부족했으나,
특히 카이사르의 군대는 더 심했
다. 하지만 폼페이우스의 군대는
기병용 말이나 수송용 가축을 많이
보유하고 있었기 때문에 곧 기아에
허덕이게 되었다. 기병용 말에게
마초를 우선적으로 주었기 때문에,
짐을 운반하거나 마차를 끄는 가축

들이 대규모로 아사하기 시작했다. 카이사르는 적의 진지에 물을 공급하
는 개울의 흐름을 차단하는 데 성공했다. 한동안 폼페이우스의 병사들은
우물을 파서 생존했지만, 우물이 충분한 양의 식수를 제공하지 못하자,
얼마 뒤 기병과 그들이 타는 말의 대다수는 배를 이용해 진영을 떠나야

했다. 그러는 동안, 카이사르의 군단 보병들은 곡식이 익기만을 기다리며 밀은 거의 구경도 못한 채 고기만 많이 먹으면서 생명을 유지했고, 현지

에서 나는 카락스^{charax}라고 불리는 식물의 뿌리를 이용해 빵과 비슷한 음식을 만들어 먹었다. 전해지는 이야기에 따르면, 폼페이우스는 카락스로 만든 음식을 직접 보고는, 우리는 인간이 아니라 짐승과 싸우고 있다고 말했다.

양측은 보루 공사를 계속 진행해 자신들의 요새선을 점점 더 남쪽으로 확장해갔다. 폼페이우스의 군대가 강력하게 공격을 해왔지만, 푸블리우스 술라^{Publius Sulla}가 이끄는 병력이 쉽게 격퇴했다. 적이 너무나 황급하게 후퇴했기 때문에 카이사르의 장교들 중 일부는 즉시 전면공격을 가하면 바로 전쟁에서 승리할 수 있을 것이라고 생각했다. 카이사르는 전투현장에 없었지만, 오히려 술라가 그의 명령권을 넘어서는 행동을 하지 않았다고 크게 칭찬함으로써, 기존의 작전계획에 큰 변화를 줄 수 있는 권한은 지휘관에게 있지 부하 장교 혹은 레가투스에게 있지 않다는 것을 확실하게 심어주었다. 같은 날, 일부 병력이 일련의 양동 공격을 실시했다. 그러나 모든 공격은 약 2,000명의 사상자를 내면서 실패로 돌아갔다. 특히 카이사르의 3개 대대가 볼카티우스 툴루스^{Volcatius Tullus} 지휘 아래 방어하고 있던 작은 요새 주위에서 격렬한 전투가 벌어졌다. 수적으로 큰 열세에 놓여 있던 방어군은 공격 중인 폼페이우스의 군단을 지원하기 위해 동원된 대규모 투석병과 궁수들이 요새 안으로 쏜 발사무기에 많은 부상자가 발생하는 피해를 입었다. 거의 모든 방어군이 부상을 당하고, 한 대대에서는 6명의 백인대장 중 4명이 눈을 잃었지만, 어쨌든 그들은 진지를 고수했다. 카이사르는 이 요새의 장병들에게 아낌없이 보상해주고 식량 배급도 늘려주었는데, 당시 그들은 이것을 진급이나 훈장보다 더 만족스러운 포상으로 여겼다.

이와 같은 승리를 거둔 지 얼마 지나지 않아, 2명의 갈리아 족장 로우킬루스^{Roucillus}와 에구스^{Egus}가 가장 가까운 추종자들과 함께 폼페이우스에게 투항했다. 카이사르는 이들이 예하 기병들의 수를 부풀려 급료를 요구하다가 적발되어 처벌이 두려워 그렇게 한 것이라고 주장했다. 이들의 배반으로 적의 사기는 높아졌고, 카이사르의 작전계획에 대한 상당한 정보가 폼페이우스의 귀에 들어갔다. 폼페이우스는 그 정보를 이용해 카이사르의 요새선 남쪽 끝 미완성 부분을 공격하기로 계획했다. 주력이 그들의 전선에서 타격을 가하는 동안 경보병이 함정을 타고 적의 뒤에 상륙하기로 했다.

그들의 공격은 처음에 어느 정도 성공을 거두었지만, 마르쿠스 안토니우스와 이어서 카이사르가 직접 예비대를 인솔하고 현장에 도착했을 때 조류가 바뀌면서 격퇴당했다. 주도권을 회복하기 위해, 카이사르는 강력한 반격으로 응전했다. 목표는 원래 제9군단이 건설했다가 이후 포기해서 지금은 적이 점령하고 있는 야영지였다. 그의 병력은 사각지대와 숲을 이용해 은밀히 전진하여 초기에는 기습을 달성하고 야영지 내부로 진입하는 데 성공했지만, 이후로 상황이 불리하게 전개되기 시작했다. 공격 종대 중 하나가 길을 잃고 전혀 다른 성벽을 야영지의 방벽으로 오인하여 그것을 따라 바다로 향했다. 폼페이우스는 예비대를 그곳에 투입했다. 공격 종대의 선봉은 도주하기 시작했고, 공황은 공격에 참가한 33개 대대 거의 전부로 급속하게 확산되어, 공격 종대는 혼란에 빠진 채 일제히 패주했다. 카이사르는 기수들이 도주하면서 그의 곁을 지나칠 때 그들을 멈추게 해보려고 했지만(이것은 지휘관이 병사들을 집결시키기 위해 사용하는 전형적인 방법이다), 모두 도주했다. 어떤 기수는 자기 손에 들고 있던 깃발을 버렸고, 심지어 어떤 기수는 깃대의 손잡이 끝에 있는 스파이크로 카이사르를 찌르려고 했기 때문에 한 경호원이 그 기수의 팔을 칼로 베어버려야 했다. 인명 피해는 960명의 병사를 비롯해 32명의 군사호민관과 백인대장들이 전사했고, 그 이상이 포로로 잡혔다.

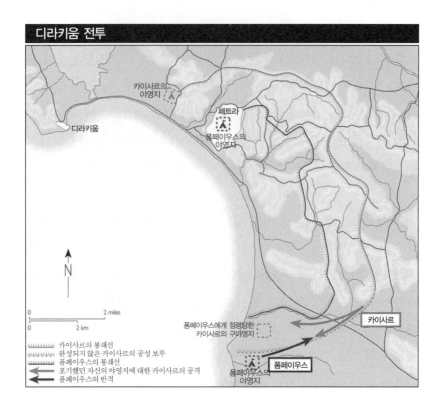

디라키움 전투

디라키움

카이사르의
야영지

페트라

폼페이우스의
야영지

N

0 ——— 2 miles
0 ——— 2 km

폼페이우스에게 점령당한
카이사르의 구야영지

카이사르

폼페이우스

폼페이우스의
야영지

〰〰〰 카이사르의 봉쇄선
〰〰〰 완성되지 않은 카이사르의 공성 보루
〰〰〰 폼페이우스의 봉쇄선
◀━━ 포기했던 자신의 야영지에 대한 카이사르의 공격
◀━━ 폼페이우스의 반격

　　다행히, 폼페이우스는 자신의 공격이 조금 전에 실패했던 터라 유리
해진 상황을 활용할 수 없었다. 카이사르는 만약 적의 지휘관이 승리하는
방법을 알기만 했더라도 자신은 패배했을 것이라고 공공연하게 말했을
정도로 폼페이우스의 실기는 뼈아픈 것이었다. 폼페이우스가 포로의 처
리를 라비에누스에게 일임하자, 그는 모든 포로들을 처형해버렸다. 카이
사르는 자신의 군대를 사열하면서 몇몇 기수들을 공개적으로 처형함으로
써 다른 병사들을 분발시키려고 했다. 병사들의 사기가 땅에 떨어졌다고
판단한 그는 대규모 교전을 치르기 전에 병사들의 용기를 북돋을 필요가
있다고 결론을 내렸던 것이다. 병자와 부상자들을 후송한 뒤, 카이사르는
철수를 결정하고 수화물 운송 대열을 야간에 출발시켜 적에게 자신의 의

도를 은폐했다. 주력 종대는 별다른 장애 없이 철수할 수 있었다. 폼페이우스의 기병들 중 일부가 후퇴하는 군대를 따라잡았지만, 엄선된 보병 400명의 지원을 받는 카이사르의 기병들에게 격퇴당했다.

파르살루스

카이사르는 스키피오와 그가 거느린 2개 군단을 차단하기 위해 파견된 도미티우스 칼비누스Domitius Calvinus의 분견대와 합류하기를 바라면서 테살리아Thessalia로 향했다. 카이사르의 군대는 폼페이우스의 군대에게 약탈당하지 않은 지역을 지나면서 새로 익은 곡식을 수확할 수 있게 되자, 전력을 회복하기 시작했다. 하지만 디라키움의 패배로 인해 일부 지역공동체는 카이사르의 승리 전망에 의문을 품었고, 곰피Gomphi는 그의 진입은 물론 식량 제공까지 거부했다. 카이사르는 곰피를 습격해 내전 기간 중에 거의 볼 수 없었던 도시 약탈을 부하들에게 허용했다. 일부 자료는 다음 날 카이사르의 병사들이 마치 술잔치를 벌이는 것처럼 행군했다는 점을 언급하면서, 이들에게 허용된 지나친 방임은 오히려 병사들이 겪고 있던 많은 문제들을 대부분 해결해준 것처럼 보였다고 주장했다.

이제 폼페이우스에게는 몇 가지 가능성이 열려 있었다. 그 중 하나는 함대를 이용해 거의 무방비 상태인 이탈리아로 건너가는 것이었는데, 이것은 카이사르를 뒤에 남겨놓음으로써 언젠가는 그와 다시 일전을 치러야 한다는 것을 의미했을 뿐만 아니라 카이사르를 피해 도망치는 것 같은 인상을 줄 수도 있다는 문제가 있었다. 개인적으로 그는 자신의 군대가 회전을 피하면서 카이사르의 군대를 그림자처럼 따라다니며 보급을 차단함으로써 지치게 만들어야 한다고 생각했다. 이것은 널리 알려진 로마식 전술로, 때로는 '적의 복부 공격'이라고 불리기도 했다. 하지만 군대와 동행하고 있던 원로원 의원들은 적에게 전투를 강요해 문제를 신속하게 해결할 것을 요구하며 그의 군대에게 엄청난 압력을 행사했다. 8월 초, 두 군대는 파르살루스 평원에서 만나 서로 가까운 위치에 야영지를 설치했다. 며칠 동안 두 군대는 기동과 형식적인 도전 행위를 반복하며 시간을 보냈는데, 당시 이런 행동은 실제 전투에 앞서 자주 벌어지곤 했다. 그러는 동안 폼페이우스에게 전투를 강요하는 원로원 의원들의 압력은 점점 더 거세졌다. 많은 원로원 의원들은 너무나 자신한 나머지 카이사르를 지지했거나 중립을 지키려고 했던 자들에게 어떤 형벌을 내려야 하는지, 그리고 심지어 카이사르가 맡고 있던 최고 제사장 자리를 누가 맡아야 하는지를 놓고 논쟁을 벌였다.

8월 9일 아침, 카이사르는 좀더 식량을 쉽게 구할 수 있는 지점으로 야영지를 옮길 준비를 하고 있다가 폼페이우스의 군대가 야영지의 성벽으로부터 평소보다 훨씬 앞으로 전진했을 뿐만 아니라 전부 에니페우스 Enipeus 강 옆 평지 위에 나와 있다는 점에 주목했다. 카이사르는 즉시 병사들에게 모두 소지품을 내려놓고 전투에 필요한 장비만을 착용한 채 종대 대형으로 재편성하라고 명령했다. 병사들은 야영지 밖으로 행군해 적을 마주보고 전투대형을 형성했다. 카이사르는 총 80개 대대 2만2,000명의 보병과 1,000명의 기병을 보유하고 있었다. 그는 군단을 평상시와 마찬가지로 3개 전열로 배치하고, 양 측면에는 가장 경험이 많은 부대를 배치했다. 제9군단은 디라키움에서 큰 인명 피해를 입었기 때문에 거의 같은 수준으로 전력이 저하되었지만, 전투 경험이 풍부한 제8군단과 단일 지휘관 아래 통합되어 강가에서 좌익을 형성했다. 우익은 카이사르가 가장 아끼는 제10군단이 맡았다. 전군은 3명의 지휘관 예하로 편성되었는데, 마르쿠스 안토니우스가 좌익의 지휘관을, 그나이우스 도미티우스 칼비누스가 중앙의 지휘관을, 술라가 우익의 지휘관을 맡았다. 카이사르는 위기가 발생하는 곳이면 어디든 달려갈 수 있도록 자유로운 위치에 있었지만, 실제로 전투가 진행되는 동안 거의 제10군단과 함께 있었다. 기병은 우익에서 밀집대형을 형성했다.

폼페이우스의 군대는 규모가 훨씬 더 커서 보병 4만 5,000명에 달하는 110개 대대가 3개 전열로 정렬했고, 7,000명이나 되는 거대한 기병이 좌익에 배치되어 집결되어 있었을 뿐만 아니라 상당한 규모의 궁수와 투석병이 이들을 지원하고 있었다. 기병의 옆에는 한때 카이사르 밑에서 복무하기도 했던 제1군단과 제15군단(지금은 제3군단으로 개명), 이 2개 군단이 배치되었다. 중앙에는 시리아에서 온 군단들이, 그리고 강과 가장 가까운 우익에는 킬리키아 군단과 더불어 약간의 스페인 보병들이 배치되었다. 폼페이우스의 군대 역시 3명의 지휘관이 각 부분을 담당하는 체계를 취해 아헤노바르부스가 좌익을, 스키피오가 중앙을, 아프라니우스가 우익을 맡았다. 주력 전열은 로마 군대의 기준으로 봐도 종심이 깊어서 각 대대는 10열 횡대로 늘어섰다. 카이사르 군대의 경우, 각 전열은 분명 로마의 표준 대형에 더 가까워 대대는 4열 내지 5열 횡대 대형을 형성했을 것이다. 폼페이우스는 평상시와 달리 보병들에게 먼저 전진하지 말고 적이 접근하기를 기다리고 있다가 적이 사정거리에 들어왔을 때 필룸을 투척하라고 명령했다. 이와 같은 사실들로 유추할 때, 폼페이우스는 전투 경험이 풍부한 카이사르의 병사들에 비해 자신의 병사들이 상대가 되지 않는다고 생각했던 것 같다. 그는 보병에 의지하는 대신 강력한 기병을 이용해 승리를 얻으려고 계획을 짰다. 좌익에 집결되어 있던 폼페이우스의 기병은 카이사르의 기병에 비해 수적으로 7 대 1 정도 우위에 있었다. 그들은 적진을 향해 전진하여 전투를 시작한 뒤 적의 기병들을 쓸어버리고 우선회해 카이사르의 보병을 측면과 배후에서 공격하려고 했다. 기병 공격을 담당한 라비에누스가 아마 공격을 위한 계획도 미리 생각해놓았을 것이다.

적의 배치로 보아, 그들의 기병이 수적으로 우세하다는 것을 대번에 알 수 있었다. 이에 대응하기 위해 카이사르는 각 군단의 3열에서 1개 대대를 차출해 그들을 자신의 기병 후방에 배치했는데, 아마 그들은 보병 전열 뒤쪽으로 비스듬하게 전열을 형성했을 것이다. 이 네 번째 전열은 기병과 제10군단 뒤에 가려 적의 눈에 띄지 않았다. 양군이 모두 전투태세를 갖추었지만, 각 지휘관들이 자기 병사들의 사기를 진작시키느라 약간의 시간이 흘렀을 것이다. 이번 전투를 위해 카이사르의 군대에게는 '승리의 여신, 비너스'라는 군호가 시달되었고, 폼페이우스의 군대에게는 '불굴의 헤라클레스'라는 군호가 시달되었다.

전투는 카이사르의 전열 전체가 앞으로 전진하면서 시작되었다. 폼페이우스의 군대는 대부분 제자리를 지켰지만, 기병은 적의 기병을 향해 앞으로 돌진했다. 그러자 카이사르의 기병들은 후퇴했다. 돌격에 이은 접전 과정에서 폼페이우스의 기병 전열은 다소 무질서해졌고, 개개의 기병 중대는 대형이 무너진 채 하나의 거대한 집단으로 뒤섞여버렸다. 이 기병들 중 다수가 최근에 모병되었고, 병사들은 물론이고 장교들도 이렇게 거대한 집단으로 전투를 벌여본 경험이 많지 않았다. 하지만 대규모 기병이 한꺼번에 작전을 펼칠 때는 보통 진형을 유지하지 못한 채 한 덩어리로 뭉치는 경향이 있게 마련이었다. 갑자기 카이사르가 신호를 보내 그의 네 번째 전열에게 공격 명령을 내렸다. 군단 보병들이 앞으로 돌진하면서 고함을 지르고 나팔을 불었으며 창을 쓰듯 필룸으로 찌르기 공격을 가했다. 그 결과, 공격과 거의 동시에 공황이 초래되었다. 공황이 기병 집단 전체로 확산되자, 폼페이우스의 기병들은 후방으로 무질서하게 패주하기 시작했다. 기병을 지원하던 경보병들은 뒤에 버려졌고, 군단 보병에게 학살당하거나 뿔뿔이 흩어져 도망갔다. 폼페이우스의 주공이 실패한 것이었다.

한편에서는 양측의 보병 주력 전열이 서로 부딪쳤다. 카이사르의 병

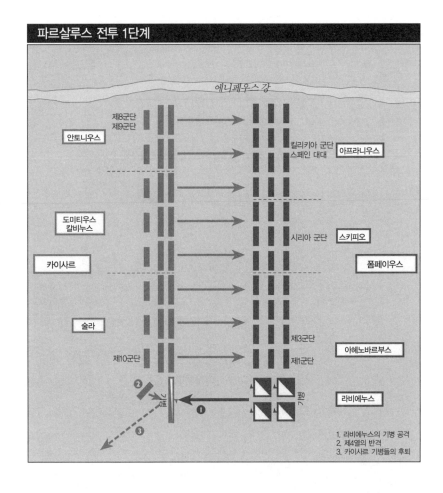

파르살루스 전투 1단계

에니페우스 강

제8군단
제9군단

안토니우스

킬리키아 군단
스페인 대대

아프라니우스

도미티우스
칼비누스

시리아 군단

스키피오

카이사르

폼페이우스

술라

제3군단

아헤노바르부스

제10군단

제1군단

기병

기병

라비에누스

1. 라비에누스의 기병 공격
2. 제4열의 반격
3. 카이사르 기병들의 후퇴

사들은 정해진 거리에서 돌격을 시작했다. 그들은 일정한 보조를 유지하면서 행군하다가 필룸을 투척하기 위해 도약할 준비를 했다. 하지만 그 시점에 적이 아무런 미동도 하지 않고 있다는 사실을 눈치 챘다. 백인대장들은 대대가 너무 멀리 달려 대형이 무너지고 필룸을 낭비하는 것을 막기 위해 전열을 멈추게 했다. 카이사르의 병사들이 폼페이우스의 병사들 바로 코앞에서 돌격을 멈추고 태연하게 전열을 정비했다는 사실은 그들이 훈련이 잘 되어 있었음을 보여주는 또 다른 증거다. 그들은 전열을 정

■■■■■■ 사진 속의 부조에는 긴 타원형 방패를 들고 만곡도, 즉 팔카타falcata를 휘두르는 스페인 전사가 등장한다. 그는 힘줄로 만든 볏이 달린 투구를 착용한 것으로 보인다. 228쪽에 소개된 스페인 기병처럼, 내전 기간에 스페인 보병이 사진과 같은 전통 양식의 복장을 착용했는지, 아니면 로마군의 장비를 수용했는지는 분명하지 않다. (Museo Arqueologico Nacional, Madrid/AISA)

비한 뒤, 다시 공격을 시작했다. 군단 보병들은 적이 50보 거리 내에 들어올 때까지 기다렸다가 일제히 필룸을 투척한 다음 곧바로 칼을 뽑아 들고 적에게 달려들었다. 폼페이우스의 병사들도 필룸을 투척하여 응전했다. 하지만 각 대대의 뒤쪽 전열에 있던 병사들이 자신의 무기를 효과적으로 던질 수 있었는지는 의문이다. 곧 격렬한 전투가 벌어졌고 양측 모두 항상 제1열에 대한 근접지원부대 역할을 담당하던 제2열이 순식간에 전투에 투입되었다. 카이사르 군대의 제4열은 기병을 물리치고 계속 전과를 확대해 이제는 노출되어버린 폼페이우스 보병 전열 좌익을 공격하여 혼란에 빠뜨렸다. 카이사르가 신호를 보내 제3열의 전진을 명령하자, 전선은 다시 전진할 수 있는 추력을 얻었다. 적은 너무나 커다란 압박을 받았다. 처음에는 폼페이우스의 병사들이 서서히 뒤로 물러섰으나, 나중에는 점점 더 많은 부대가 무질서하게 도주하기 시작했다. 카이사르는 장교들을 파견해 적의 군단 보병이 항복하면 죽이지 못하게 했다. 하지만 외국 출신의 보조병들을 학살하는 것은 허용했다.

폼페이우스는 자신의 기병이 패주하는 것과 거의 동시에 전장을 떠났다. 그는 야영지로 말을 몰아 경비병에게 경계를 철저히 하라고 지시한 다음 자신의 막사로 갔다. 이후 자기 군대의 패주가 분명해지자, 그는 장군의 외투를 벗고 해안으로 떠났다. 만약 이 진술이 정확하다면(하지만 이 진술이 모두 상대편 진영에서 나왔기 때문에 이에 대해서는 어느 정도 의문을 가질 수밖에 없다), 파르살루스에서 폼페이우스는 열의 없이 군대를 지휘했고, 로마 장군으로서 그의 행동은 전과 달리 처음으로 절망했다고 해도 전적으로 옳지 못했다. 카이사르는 자신의 병사들이 폼페이우스가 야영지에서 호사스럽게 생활한 증거들(진정한 로마인이 아니라 퇴폐적인 동양인들에게나 적당해 보이는 물품들)을 발견하고는 깜짝 놀랐다고 주장했지만, 이것 역시 일종의 비하선전일 가능성이 있다.

폼페이우스의 군대는 2만4,000명이 포로로 잡히고, 1만5,000명이 전사한 것으로 추정된다. 전리품 중에는 9개의 독수리 군기(군단의 군기)와

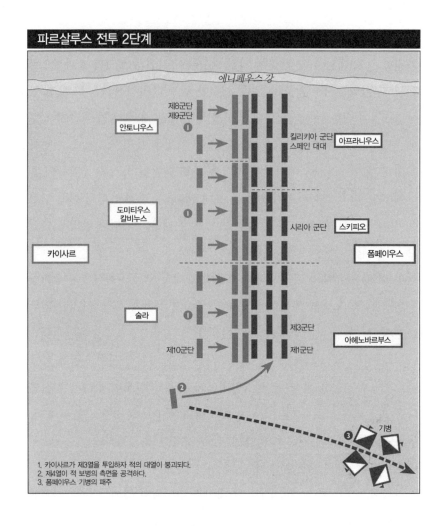

파르살루스 전투 2단계

에니페우스강

제8군단
제9군단 ❶

안토니우스

킬리키아 군단
스페인 대대   아프라니우스

도미티우스
칼비누스   ❶

시리아 군단   스키피오

카이사르   폼페이우스

술라   ❶

제3군단   아헤노바르부스

제10군단   제1군단

❷

❸ 기병

1. 카이사르가 제3열을 투입하자 적의 대열이 붕괴되다.
2. 제4열이 적 보병의 측면을 공격하다.
3. 폼페이우스 기병의 패주

180개의 수기(백인대의 군기)가 포함되어 있었다. 이번에도 폼페이우스의 병사들이 대부분 카이사르에게 사면을 받았다. 특히 카이사르는 병사들이 옛 연인의 아들인 마르쿠스 브루투스를 끌고 왔을 때 특히 기뻐했던 것으로 보이는데, 브루투스는 훗날 그를 암살하는 음모의 주동자가 된다. 폼페이우스 진영의 다른 인물들은 탈출하는 데 성공했다. 하지만 아헤노바르부스는 추격을 당하다가 사망했다. 일부 패잔병들은 북아프리카로

■■■■■■ 현대 학자들 사이에서 아쟁^{Agen} 양식 투구로 알려진 사진 속의 철제 투구는 로마 군대가 채택하여 발전시킨 몇 안 되는 갈리아 디자인 중 하나다. 이런 양식의 투구는 내전에서 틀림없이 갈리아 보조병들이 사용했을 것이고, 일부 군단 보병들도 사용했을 가능성이 있다. 특히 몇 년 동안 갈리아에서 복무한 카이사르의 군단 보병들이 사용했을 가능성이 높다. (Schweisz Landesmuseum, Zürich)

갔고, 폼페이우스는 이집트로 도주했다. 카이사르의 손실은 상대적으로 경미해서 백인대장 30명과 함께 병력 200명을 잃었다. 이처럼 백인대장의 손실률이 상대적으로 높은 것은 특이한 현상이 아니라 백인대장들의 공격적이고 위험한 지휘 방식 때문에 어쩔 수 없이 나타날 수밖에 없는 결과였다.

이집트: BC 48년 9월~BC 47년 8월

승리를 거둔 뒤, 카이사르는 짧은 휴식을 취했다. 마르쿠스 안토니우스는 이탈리아로 복귀했고, 도미티우스 칼비누스는 이전 폼페이우스의 부하들로 주로 구성된 3개 군단을 거느리고 시리아로 향했다. 카이사르는 이제 병력 1,000명 규모로 전력이 약화된 제6군단과 새로 모병한 1,400명 규모의 신편 군단, 그리고 800명의 기병을 대동하고 서둘러 폼페이우스 추격에 나섰다. 그를 생포하거나 죽이기 전까지는 전쟁을 끝낼 수 없었다. 폼페이우스가 로도스Rhodos 섬을 거쳐 이집트로 가는 배에 올랐으며 그곳에서 이집트의 지원을 받아 군대를 재건하려고 한다는 소식이 도착했다.

그 무렵, 이집트도 자신들의 내전으로 고통을 받고 있었다. 고령이었던 프톨레마이오스 12세 아울레테스Ptolemaeos XII Auletes(아울레테스는 그리스어로 '피리 연주자'라는 뜻이다)가 왕권을 14살인 그의 아들 프톨레마이오스 13세와 장녀인 클레오파트라에게 공동으로 물려주었기 때문에 내전이 벌어졌던 것이었다. 소년 왕은 자신의 고문관인 환관 포티누스Pothinus와 그가 거느린 군대의 사령관인 아킬라스Achillas의 조종을 받고 있었다. 그의 군대에는 사실상 BC 55년부터 이집트 속주에 주둔하고 있다가 대부분 '현지화'된 2개 로마 군단이 포함되어 있었다. 폼페이우스는 배를 타고 프톨레마이오스의 야영지에서 가까운 해안에 도착한 뒤 어린 왕에게 지원을 간청했다. 이집트 왕은 패자를 지원하기보다는 승자의 편에 서고 싶었기 때문에 폼페이우스를 해안으로 유인해 살해했다. 그를 제일 먼저 공격한 자는 폼페이우스의 아시아 전역에서 그의 부하로 복무했던 백인대장이었다. 카이사르는 BC 48년 10월 2일에 알렉산드리아에 상륙했고, 그곳에서 프톨레마이오스 왕이 보낸 사절을 만났다. 왕의 사절은 그에게 폼페이우스의 머리와 그의 인장용 반지를 선물했다. 카이사르는 눈물을 흘리며 옛 친구의 죽음과 동시에 그를 용서해줄 수 있는 기회가 사라졌다는 사실에 몹시 슬퍼했던 것으로 보인다. 그가 폼페이우스를 살려주고 싶었다고 주장한 것으로 보아 이런 그의 감정이 진심이었을 수도 있지만, 단순히 정적을 죽인 잔인한 행동과 자신을 연관시키지 않음으로써 정치적 이익을 얻으려고 했을 가능성도 있다. 그럼에도 불구하고 그는 명예로운 장례식을 치르고 폼페이우스의 유해를 묻어주었다. 그의 무덤은 AD 2세기 유대인의 반란으로 훼손될 때까지 그곳에 보존되었다. 카이사르는 자신의 릭토르lictor(로마 정무관의 수행원으로, 이들은 자신이 섬기는 정무관의 권위를 상징하는, 막대기 묶음 사이에 도끼날을 끼운 파스케스fasces를 들고 다녔다)를 앞세우고 화려하게 궁전으로 행진했다. 흥분 잘하는 알렉산드리아 시민들이 이러한 과시 행동에 분노하여 소요를 일으키자, 카이사르의 병사들은 무력으로 소요를 진압했다. 카이사르는 선왕이 자신의 자식들을 로마에 위탁했기 때문에, 내전 당사자 모두 무기를 내려놓고 자신의 중재에 따라야 한다고 발표했다. 며칠 후 클레오파트라가 카이사르를 방문했다. 이에 대한 유명한 일화에 따르면, 클레오파트라는 양탄자 혹은 담요로 자신의 몸을 감싼 뒤 충성스러운 그리스인 수행원으로 하여금 그것을 은밀하게 궁전으로 운반하게 한 뒤 카이사르의 앞에서 자신의 모습을 드러냄으로써 그를 매혹시켰다고 한다. 클레오파트라는 당시 21살의 한창 나이(카이사르보다 30살 이상 어렸다)였을 뿐만 아니라 흠잡을 데 없는 미인은 아니었지만 비할 데 없이 매력적이었으며, 교육 수준도 높았고, 지적이었으며, 반할 만한 개성을 지니고 있었다. 그 결과, 역사적으로 널리 알려진 로맨스 중 하나가 시작되었다.

얼마 지나지 않아 프톨레마이오스의 조언자들은 그들의 대의명분으로는 카이사르의 총애를 받는 클레오파트라를 이길 수 없다고 생각하게 되었다. 그들은 자신의 군대를 이끌고 알렉산드리아의 폭도들을 지원하

■■■■■■ 사진 속 주화에 새겨진 인물은 이집트 여왕이자 카이사르와 안토니우스의 정부였던 클레오파트라 7세 Cleopatra VII인 것으로 추정되고 있다. 현재까지 남아 있는 출처에 따르면, 그녀는 고전적인 아름다움을 갖고 있으면서 동시에 매력적인 성격의 소유자였다. 그녀는 틀림없이 지적이고 헬레니즘 전통에 따라 고등교육도 받았을 것이다. (British Museum/AKG Berlin)

기로 하고, 궁전을 포위하여 카이사르와 그의 병사들을 6개월 동안 그 안에 가두었다. 수원이 단절되자, 그의 병사들은 거의 공황상태에 빠졌지만, 궁궐 내에 새로운 우물을 파는 데 성공함으로써 위기를 면할 수 있었다. 이전 폼페이우스의 병사들로 구성된 제37군단이 증원 병력으로 도착하자, 카이사르는 과감해져서 파로스Pharos 섬 전체를 장악하려고 시도했다. 이 섬에는 세계 7대 불가사의 중 하나인 거대한 등대가 건설되어 있었다. 로도스 섬 출신의 선장과 선원들의 뛰어난 기술 덕분에 대항구Great Harbour 내에서 벌어진 해전에서 승리를 거둔 카이사르는 섬과 연결된 방파제에 병력을 상륙시킬 수 있었다. 하지만 적이 신속하게 그 지점에 예비대를 투입하면서 상황은 안 좋은 방향으로 흐르기 시작했다. 약탈을 위해 상륙한 선원들 사이에서 공황이 발생하기 시작하더니 군단 보병들에게까지 확산되었다. 카이사르를 태우고 현장을 벗어나던 배에 도망병들이 몰려들자, 그는 어쩔 수 없이 장군 외투를 벗어버리고 물속에 뛰어들어 수영으로 안전지대로 피했다.

카이사르는 포위전 초기부터 프톨레마이오스를 인질로 잡고 있었지만, 피아의 상황이 반전되자 그를 풀어주기로 했다. 소년 왕은 떠나고 싶지 않다고 주장하다가 결국은 전쟁을 중단하겠다고 약속했다. 하지만 일단 자신의 군대와 합류하자, 즉시 그들을 이끌고 로마군과 싸우기 위해 돌아왔다. 이 무렵 그의 궁정에서는 권력의 균형에 변화가 생겼다. 포티누스는 프톨레마이오스의 또 다른 누이인 아르시노에Arsinoë의 도움을 받아 아킬라스를 살해했고, 이들 두 사람이 왕좌의 배후에 있는 실권자였다. 한편 카이사르의 동맹인 페르가몬Pergamon의 미트리다테스Mithridates 왕이 소아시아로부터 육로로 행군해서 이집트에 도착한 상태였다. 카이사르는 소규모 주둔 병력만 남겨놓고, 5,000명의 병력 대다수를 대동하고 배로 알렉산드리아 항구를 벗어나 동맹군과 합류했다. 프톨레마이오스의 세력은 이 소식을 듣고 두 군대의 합류를 저지해보려고 했지만 실패했다. 카이사르는 공개적인 기동으로 적에 대한 자기 병사들의 우월성을 과시했고, 신속한 전투로 이집트군에게 엄청난 패배를 안겼다. 프톨레마이오스는 도주하다가 타고 가던 배가 전복되면서 익사했다. 아르시노에는 이탈리아로 유배되었다. 카이사르는 알렉산드리아로 돌아가 상황을 안정시켰다.

　이로써 이집트에서 전쟁은 끝이 났다. 하지만 카이사르는 반년 이상을 다른 외부세계와 접촉하지 않은 상태였다. 살아남은 폼페이우스의 잔당들은 이 틈을 노려 재집결했고, 내전은 더 오랫동안 지속될 운명이었다. 이집트에서 전쟁이 끝났음에도 불구하고 카이사르는 그곳에 두 달을 더 머물렀다. 전해지는 바에 따르면, 그 기간 동안 그는 클레오파트라와 즐기고 있었다. 한번은 클레오파트라가 그를 호화로운 선박에 태우고 나일 강을 유람했다고 한다. 카이사르에게 군사적으로나 정치적으로 이렇게 장기간에 걸쳐 무사안일에 빠져 있는 것은 결코 현명한 행동이 아니었다. 아마 그는 내전에서 승리한 뒤에 무엇을 해야 할지 명확한 계획을 세워두지 않았을지도 모르고, 어쩌면 그저 너무나 지친 나머지 매력적인 동반자와 함께 시간을 보내고 싶은 유혹을 거부하지 못했던 것일지도 모른다.

왔노라, 보았노라, 이겼노라: 젤라 전역

카이사르가 마침내 굳은 결심을 하고 움직이기 시작한 것은 5월 말 혹은 6월 초였다. 시리아에서 나쁜 소식이 들려오자, 그는 제6군단과 함께 항해를 시작했고, 나머지 군대는 이집트에 남겨두었다. 폰투스 왕국의 미트리다테스 왕이 자살한 뒤, 그의 아들인 파르나케스Pharnaces는 전성기 폰투스 왕국의 영토 중 일부분만을 승계했다. 내전으로 인해 로마 제국이 혼란에 빠진 것을 본 파르나케스 왕은 잃었던 국토를 다시 회복해야겠다고 결심하고 옛 폰투스 왕국의 핵심 지역을 침공했다. 카이사르의 레가투스인 도미티우스 칼비누스가 그를 상대하기 위해 진격했지만 패배했다. 파르나케스는 포로들을 고문한 뒤 처형하고 자신의 손아귀에 떨어진 다수의 로마인 젊은이들을 거세하는 잔악한 방법으로 자신의 승리를 자축했다.

카이사르가 동원할 수 있는 군대는 전력이 크게 감소했지만 전투 경험이 풍부한 제6군단과 도미티우스의 군대 생존자들로 구성된 소규모 군대였다. 여기에는 교전이 일어나기 전에 도주했던 데이오타루스의 1개 갈라티아 군단과 폰투스에서 새로 모병한 1개 군단, 예전 폼페이우스의 병사들로 구성되었지만 훌륭한 전투 능력을 보여준 제36군단이 포함되어 있었다. 비록 수적으로 열세였지만, 카이사르는 자신의 방식에 따라 파르나케스를 향해 전진하기 시작했고, 젤라^{Zela}라는 도시 외곽에 있는 적의 야영지로부터 8킬로미터 떨어진 지점에서 정지했다. 밤이 되자, 카이사르는 갑자기 행군해 폰투스군이 있는 언덕의 맞은편에 새로 야영지를 짓기 시작했다. 다음날인 BC 47년 8월 2일 아침, 파르나케스는 자신의 군대를 전투대형으로 정렬시켰다. 하지만 양군을 분리하고 있는 협곡이 대단히 급경사를 이루고 있어서 어느 쪽이든 먼저 공격을 하는 자는 협곡을 기어오르다가 지쳐서 공격에 실패할 가능성이 컸다. 카이사르는 파르나케스가 단순히 자신감을 과시하기 위해 그렇게 했다고 생각했다. 당시 군대가 그런 식의 행동을 보이는 것은 일반적인 관행이었다. 따라서 그는 병사들에게 야영장 건설을 계속 진행하라고 명령했다. 하지만 파르나케스가 군대를 이끌고 협곡을 가로지르며 전면 공격을 시도하자, 카이사르는 깜짝 놀랐다. 로마군은 전혀 예상치 못한 상태에서 황급하게 집결하여 전열을 형성했다. 긴 날을 단 전차(전열을 튼튼하게 잘 형성한 군대에는 전혀 효과가 없었다)가 아직 대열에 합류하지 못한 일부 로마 병사들을 살해했지만, 로마군은 곧 발사무기로 전차병들을 사살했다. 전투는 길고 격렬했다. 결국 우익에 있던 제6군단이 적의 전열을 뚫고 들어가 전과를 확대해 측면의 적군에게 위협을 가했다. 마침내 폰투스군은 붕괴하여 패주하기 시작했고, 도망병들은 복수심에 불타는 로마인들에게 학살당했다. 군단

■■■■■ 루마니아 아담클리시에 있는 기념비에 등장하는 또 다른 장면은 한 군단 보병이 글라디우스를 휘두르는 장면을 보여주고 있다. 로마군은 훈련에서 검의 날보다는 끝의 사용을 강조했지만, 글라디우스는 사실 대단히 균형이 잘 잡힌 무기여서 베기나 찌르기 공격에 모두 효과적이었다. (저자 소장)

보병들은 너무 승리의 기쁨에 도취된 나머지 협곡을 건너 경비병들의 저항을 뚫고 적의 야영지를 강습했다.

젤라 전투는 격렬하기는 했지만, 시작된 지 며칠 만에 전쟁의 판도가 결정되었다. 전해지는 이야기에 따르면, 카이사르는 그처럼 형편없는 적을 상대로 폼페이우스가 명성을 쌓았다니 그는 대단히 운이 좋았다고 평했다고 한다. 나중에 폰투스군을 상대로 한 젤라 전투의 승리를 축하하는 개선행진 행렬 속에는 3개의 라틴어 단어, '왔노라, 보았노라, 이겼노라veni, vidi, vici'가 적혀 있는 플래카드가 걸려 있었다.

아프리카: BC 47년 12월~BC 46년 4월

지중해 동부가 이제는 안정되기는 했지만, 다른 곳에서는 카이사르가 자리를 비운 동안 많은 문제가 발생했다. 스페인에서는 카시우스의 행동으로 인해 반란이 일어났고, 동시에 아프리카에서는 스키피오와 아프리카누스, 라비에누스, 카토를 비롯해 다수의 완강한 원로원 의원들이 유바 왕의 지원을 받아 대규모 군대를 모병했다. 게다가 이탈리아에서도 문제가 발생했는데, 그것은 카이사르가 이집트에 있는 동안 적절하게 통신이 이루어지지 않으면서 더욱 악화되었다. 그의 지지자들, 특히 호민관인 푸블리우스 코르넬리우스 돌라벨라Publius Cornelius Dolabella와 키케로의 친구인 카일리우스 루푸스Caelius Rufus가 부채탕감을 옹호하는 정책을 통해 지지자를 모으려고 시도하다가 마르쿠스 안토니우스에게 저지당했는데, 그 과정에서 안토니우스가 너무 가혹하게 행동했다는 혐의로 독재관의 부관副官인 기병총감magister equitum 지위에서 물러났고, 그 자리를 마르쿠스 레피두스Marcus Lepidus가 인수했다.

게다가 카이사르와 함께 복무했던 병사들 사이에서 또다시 반란이 일어났다. 특히 반란의 주동자가 그가 가장 아끼는 제10군단 병사였다는 점은 그를 더욱 괴롭게 만들었다. 나이든 병사들은 제대를 원했고, 다른 병사들은 그들의 노고가 끝났을 때 주기로 약속한 보상금이 아직도 지급되지 않았다고 불평했다. 이것이 그들의 표면적인 불만사항이었지만, 어쩌면 그들의 권태감이 반란을 촉발시킨 가장 큰 이유였는지 모른다. 왜냐하면 역사적으로 군대는 아무런 활동을 하지 않을 때 반란을 일으키는 경향이 있기 때문이다. 카이사르가 이탈리아로 돌아왔을 때, 반란군도 막 마음의 준비를 다지고 로마로 행군하기 시작했다. 그가 반란군의 야영지로 말을 몰고 가 그들에게 연설을 하면서 무엇을 원하는지 물었을 때, 반란군은 그의 행동에 몹시 놀랐다. 그들이 제대를 원한다고 소리를 지르자, 카이사르는 그들의 제대를 허락한다고 선언하고, 일단 그가 다른 부대를 거느리고 아프리카 전쟁에서 승리를 거두면 자신이 그들에게 약속했던 모든 것을 줄 것이라고 그들에게 밝혔다. 놀라서 정신이 멍해진 전쟁 용사들은 그가 자기들을 동지가 아니라 퀴리스quiris, 즉 병사가 아닌 일반 로마 시민이라고 부르자, 공포에 떨었다. 카이사르가 믿을 수 없을 정도로 대단한 카리스마와 자신감을 보이자, 순식간에 군단 보병들, 특히 제10군단은 10명 중 1명을 처형하는 데키마티오 형벌이라도 감수할 테니 계속 그의 밑에서 복무할 수 있게 해달라고 카이사르에게 애걸했다.

아프리카 전역을 시작하고 싶어 조바심이 난 카이사르는 로마에서 최소한의 시간 동안만 머무른 뒤 서둘러 시칠리아로 향했다. 그는 1개 군단만을 대동하고 릴리바이움Lilybaeum의 항구에 도착했지만, 결국 악천후로 인해 곧바로 아프리카로 향할 수 없었다. 의기소침해진 그는 자신의 열망과 자신감을 모두에게 보여주기 위해 그의 전용 천막을 해안에 설치하라고 명령했다. 스키피오가 10개 군단을 편성하고 유바 왕의 4개 군단과 더불어 많은 보조병들과 120마리의 전투 코끼리의 지원을 받고 있다는 신뢰할 만한 보고를 받았음에도 불구하고 그는 자신이 있었다. 심지어 카이사르는 BC 47년 12월 25일 마침내 출항을 했을 때조차 단지 6개 군단과 2,000명의 기병만을 거느리고 있었다. 게다가 작전계획도 형편없었다. 군대가 어디에 상륙할지 수송선 선장들에게 알려주지 않은 데다가 풍향이 순조롭지 못해서 결국 함대는 뿔뿔이 흩어져버렸다. 하드루멘툼Hadrumentum 근처에 상륙했을 때, 그는 고작 3,000명의 군단 보병과 150명의 기병만 거느리고 있었다. 아마 그의 본능적인(전형적인 로마인의) 과감성이 이 순간만큼은 거의 무모함의 수준에 도달했거나, 아니면 오랜 지휘관 생활로 인해 긴장과 피로가 쌓여 안 좋은 영향을 미치기 시작했는지 모른다.

하지만 카이사르는 임기응변에 있어서는 여전히 과거의 어느 때만큼이나 뛰어나다는 사실을 입증해 보였다. 그는 전령을 시칠리아와 사르데냐로 파견하고 곧 군대의 대부분을 다시 집결시켰다. BC 46년 1월 3일, 군대의 주야영지를 루스피나Ruspina로 옮기고 수하물을 그곳에 보관한 다음 경비병을 세웠다. 그리고 나머지 병사들을 파견해 식량을 징발하게 했다. 며칠 뒤 그는 또 한 번 원정대를 이끌고 식량 확보에 나섰다. 이번에는 30개 대대와 400명의 기병, 150명의 궁수를 대동했다. 군단 보병들은 엑스페디타expedita, 즉 즉시 전투가 가능하도록 아무런 짐을 소지하지 않고 무장만을 갖춘 채 행군했다(하지만 이 용어는 가끔 '경무장'이라는 말로 잘못 번역되곤 한다). 그러나 이번에 그들은 강력한 적에게 차단당했다. 기병과 경보병으로 구성된 적은 라비에누스가 지휘를 하고 있었고, 얼마 후 페트레이우스가 지휘하는 또 다른 부대가 그들과 합류했다. 누미디아 기병들은 카이사르의 전열에 빠르게 돌격한 뒤 투창을 던지고 선회하여 후퇴하는 전술로 수차례 공격을 가했다. 군단 보병들이 공격자들을 잡기 위해 앞으로 돌진했지만, 누미디아 기병들은 그들을 쉽게 피했다. 1개 대대가 공격에 나설 때마다 그들은 보병 전초선에서 쏘는 더 많은 발사무기 공격에 노출되었고, 특히 방패로 가리지 못하는 오른쪽 측면은 더 심했다. 사상자가 서서히 늘어나기 시작했고, 종대가 탁 트인 개활지를 가로지르는 동안 전진은 점점 더 느려졌다. 이것은 군대의 대다수 젊은 병사들의 사기에 안 좋은 영향을 미쳤다. 적은 그들을 자꾸 공격해오는데 그들은 아무런 대응을 하지 못하자, 일부 병사들은 절망감에 빠져들기 시작했다. 아마 이 전투를 언급한 것으로 보이는 한 이야기에서, 카이사르는 막 도망치기 시작한 한 기수를 붙잡아 그의 몸을 돌려 세운 뒤 이렇게 말했다.

"봐라, 적이 있는 곳은 바로 이쪽이다!"

한편 라비에누스는 말을 타고 전열을 따라 오르락내리락하면서 군대에서 사용하는 거친 은어로 카이사르의 병사들에게 욕설을 퍼부었다. 한때 제10군단에서 복무했지만 지금은 다른 부대에 소속되어 있는 한 고참 병사가 필룸을 던져 카이사르의 옛 부하였던 라비에누스의 말을 쓰러뜨려 그를 전장 밖으로 실려 나가게 만들었다. 그러나 상황은 여전히 절망적이었다. 이제는 포위까지 당하자, 카이사르는 대대들을 일렬로 길게 정렬시키고(로마 군대는 거의 사용하지 않는 대형이다) 양방향으로 발사무기를 투척한 뒤 돌격하기 위해 한 줄씩 걸러 대대를 뒤로 돌게 했다. 이어서 그들은 돌격했고, 적을 어느 정도 후퇴시켰다. 재빨리 교전에서 이탈한 카이사르의 병사들은 순간적으로 유리해진 틈을 이용해 루스피나를 향해 행군했다. 하지만 새로운 적 군대가 공격을 가해오자, 다시 행군은 중단되었다. 카이사르는 대열을 순회하면서 병사들에게 마지막으로 힘을 내자고 설득했다. 어둠이 깔리자, 그들은 적이 점령한 채 행군로를 가로막고 있는 언덕을 향해 공격을 개시했고, 그곳에서 누미디아인들을 몰아내어 전군이 후퇴할 수 있는 시간을 벌었다. 또 다른 이야기에 따르면, 페트레이우스가 후퇴한 이유는 카이사르를 패배시키는 영광을 자신의 최고 사령관인 스피키오에게 돌리고 싶어했기 때문이라고 한다.

카이사르는 이번 경험을 통해 적이 강하다는 사실을 깨닫고 좀더 신중해졌으며, 이탈리아와 시칠리아에 전령을 보내 보급품의 공급과 병력의 증원을 지시했다. 1월 말이 되자 제13군단과 제14군단이 800명의 갈리아 기병과 1,000명의 궁수 및 투석병과 함께 도착했다.

이제 카이사르는 우지타Uzitta를 포위함으로써 스키피오가 우지타를 지원하러 오도록 만들기 위해 전진했다. 폼페이우스 측의 해상 활동에도 불구하고, 추가로 2개 군단(제8군단과 제10군단)이 도착하자 카이사르는 도시 바깥에서 전투를 시도할 수 있을 만큼 충분히 자신감을 회복했다. 하지만 적은 교전을 거부했다. 또한 카이사르는 전해에 벌어진 반란에 깊이 연관되었던 제10군단의 군사호민관 중 한 명을 벌줌으로써 일벌백계할 수 있는 기회를 잡았다. 문제의 인물인 아비에누스Avienus는 너무나 많은 하인과 말, 그리고 엄청난 양의 개인 수화물을 갖고 오는 바람에 그것들을 수송하는 데만 수송선 한 척이 필요할 정도였다. 모든 수송선에 병사와 보급 물자를 가득 채워도 모자랄 시기에 그와 같은 사치는 충격적이지 않을 수 없었다. 그래서 카이사르는 공개적으로 아비에누스를 비난하고 군대에서 퇴역시켜버렸으며, 그와 함께 반란의 주동자로 알려진 또 한 명의 군사호민관과 몇 명의 백인대장들도 함께 군복을 벗겼다.

카이사르는 여전히 보급에 어려움을 겪고 있었기 때문에 몇 차례 원정대를 파견했는데, 한번은 기병들의 대규모 교전으로 이어졌지만, 이번에도 라비에누스가 패배했다. 적들 역시 병력을 파견하여 식량을 징발했는데, 카이사르는 나머지 군단들로부터 분리되어 있던 2개 군단을 요격하려고 시도했다. 하지만 작전은 실패했고, 후퇴하는 동안 그의 군대는 라비에누스와 강력한 누미디아 경기병, 전초 보병들의 교란 공격에 시달렸다. 이번에도 기병이나 경보병의 부족으로 인해 카이사르는 그와 같은 공격에 적절하게 대응할 수 없었다. 그는 명령을 내려 이후 각 군단마다 300명의 병사들을 개인 소지품 없이 즉시 교전이 가능한 상태로 무장한 채 행군하게 했다. 이들은 기병의 근접 지원을 받으며 작전하고, 밀집대형을 형성함으로써 돌격을 끝낸 기병들이 그들의 뒤에서 집결과 휴식, 진형 정비를 마치고 다시 전진할 수 있는 준비를 할 수 있게 해주었다. 적은 이런 전술에 깜짝 놀라 이후 좀더 신중하게 행동하게 되었다. 한동안 기동작전을 벌여 적을 전투에 끌어들이려던 시도가 실패로 돌아가고 야영지를 설치한 곳이 식수가 부족하자, 4월 4일 저녁 카이사르는 군대를 이끌고 야영지를 벗어나 타프수스로 되돌아왔다. 도시는 여전히 적의 수중에 있었다. 카이사르가 돌아오자, 스키피오도 도시 방어를 지원하기 위해 출격했다. 스키피오는 자신의 군대를 도시에서 약 12킬로미터 떨어진 2개의 야영지에 분산 배치했다.

타프수스는 넓은 염호로 인해 서쪽과 남쪽의 상대적으로 협소한 평야를 통해서만 접근할 수 있었기 때문에 적이 공격하기가 쉽지 않았다. 그처럼 제한된 전장에서는 빠르게 움직이는 대규모 누미디아 기병들이 효과적으로 활동할 수 없었다. 만약 지형이 협소하지 않았다면, 그들은 쉽게 카이사르 군대의 측면으로 침투했을 것이다. 그럼에도 불구하고 스키피오가 전투 코끼리들을 양익의 전면에 배치한 것을 보고, 카이사르도 자신의 양익을 강화하는 데 역점을 두었다. 군단은 평상시처럼 3열로 배치되었고, 전투 경험이 풍부한 제2군단과 제10군단이 우익을, 그들만큼 전투 경험이 많은 제8군단과 제9군단이 좌익을 맡았다. 이어서 그는 갈리아에서 모병한 제5군단 알라우다이를 각각 5개 대대로 구성된 2개 분대로 나누어 각 군단을 양익의 4열에 배치했다. 그리고 그의 기병과 경보병들도 두 집단으로 나뉘어 양익에 배치했다.

적군이 갑자기 진격하자, 카이사르는 분주하게 돌아다니며 자신의 군대를 정렬시키고 병사들을 독려했다. 병사들의 눈에도 적의 진형은 분명 혼란스러워 보였다. 경험이 많은 병사들은 즉시 공격하자고 카이사르에게 독촉할 정도로 폼페이우스의 잔당들이 자신들의 공격을 감당하지 못할 것이라고 자신했다. 카이사르는 준비를 완벽하게 한 다음 전투를 개시하고 싶었기 때문에 공격을 주장하는 병사들을 참을성이 없다며 꾸짖고는 전열을 갖추는 일에만 집중했다. 하지만 고참병들과 함께 있던 우익의 나팔수가 결국 병사들의 요구에 굴복하고 전진 신호를 울렸다. 이 나팔소리를 듣고 다른 대대의 취주병들이 즉시 전진 신호를 울리자, 전체 전열이 앞으로 밀려나가기 시작했다. 백인대장들이 몸을 돌려 결사적으로 군단 보병들을 저지하려고 했다. 카이사르는 그러기에는 이미 때가 늦었다는 사실을 인정하고 그날을 위한 구호를 '행운Felicitas'으로 선포하고 말에 박차를 가해 적진을 향해 전진했다. 적어도 이 얘기는 카이사르의 장교들이 아프리카 전쟁에 대해서 쓴 것에 근거한 것이다. 지금까지 전해지는 또 다른 이야기에 따르면, 카이사르는 간질병 증세를 보이기 시작했는데, 이때 전투가 그렇게 무질서하게 시작된 이유는 바로 간질병 발작 때문이었다고 한다.

하지만 전투가 어떤 식으로 시작되었든, 카이사르는 이제까지 전투 중에서 가장 빨리 승리를 거두었다. 그의 궁수와 투석병들이 집중적으로 적의 코끼리를 노리자, 겁에 질린 코끼리들이 도주하면서 자기 편 병사들을 짓밟았다. 중앙에서는 폼페이우스 잔당의 군단들이 별다른 저항도 해보지 못하고 뒤로 물러섰다. 카이사르 병사들은 격렬하게 공격했고, 심지어 항복하려는 적병마저 사정없이 베어버렸다. 고참병들은 전쟁에 완전히 종지부를 찍고 싶어하는 것 같았다. 적이 수천의 병력을 잃은 것에 비하면, 카이사르 측의 인명 피해는 아주 경미했다. 카토는 자살했고, 유바

■■■■■■ 폼페이우스의 잔당들은 아프리카 전역에서 전투 코끼리를 동원했다. 사진에 등장하는 전투 코끼리는 인도산 코끼리가 아니라 아프리카산 코끼리일 가능성이 높다. 타프수스에서 제5군단 알라우다이의 한 군단 보병은 비전투 종군자 한 명을 코끼리가 코로 휘감자, 그 코끼리의 상아를 잘라서 명성을 얻기도 했다. (AKG Berlin)

왕도 특이한 자살 계약에 따라 페트레이우스와 검투를 벌여 그를 죽이고 자신도 자살했다. 스키피오는 바다로 도주했지만, 배가 침몰하면서 익사했다. 한 번 사면을 받았던 아프라니우스는 이번에도 포로가 되었다가 사형당했다. 하지만 라비에누스와 폼페이우스의 두 아들은 스페인으로 도

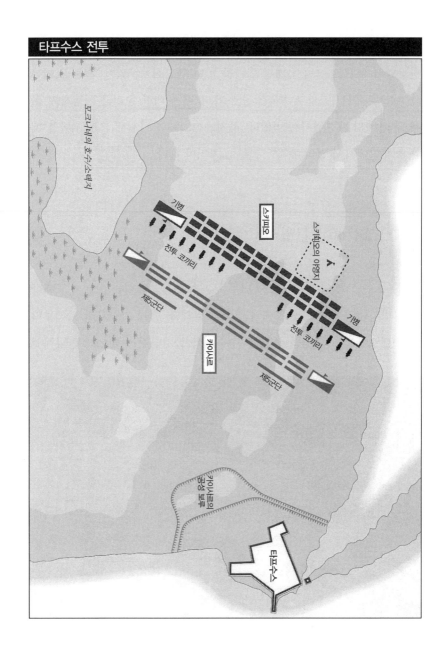

주해 전쟁을 계속했다.

카이사르는 로마로 돌아왔다. 카이사르는 독재관의 지위를 충분히 오래 유지했기 때문에 집정관 선거에 출마할 수 있게 되었지만, 이번에는 원로원이 투표로 그의 독재관 임기를 10년 연장시켜주었다. 그는 갈리아와 이집트, 그리고 파르나케스 왕과 유바 왕에 대한 승리를 기념하기 위해 네 차례의 개선행사를 벌였다. 하지만 BC 46년 11월에 그는 로마를 떠나 스페인에서 내전의 마지막 전투를 치러야 했다.

스페인: BC 46년 11월~BC 45년 9월

카시우스는 스페인 총독으로서 너무 부패하고 무능하다는 사실이 드러나 자기 병사들과 현지 주민들에게 신망을 잃었다. 그가 가이우스 트레보니우스로 교체될 무렵에는 상황이 이미 회복 불가능한 상태여서 반항적인

▦▦▦▦▦▦ 카이사르는 독재관으로 재임하는 동안 네 차례의 개선행사를 가졌다. 각각의 행사는 그 이전의 어떤 것보다도 더 장관을 이루었다. AD 1세기로 거슬러 올라가는 티투스 개선문Arch of Titus에 조각되어 있는 사진 속의 부조는 예루살렘 점령을 축하하는 행사에서 전차를 탄 티투스의 모습을 묘사하고 있다. 개선행진 의식은 로마가 지속되는 동안 거의 변화가 없었다. (Ancient Art and Architecture Collection)

병사들에 의해 신임 총독이 쫓겨나는 사태까지 벌어졌다. 폼페이우스의 장남인 그나이우스가 현지에 도착해서 열화와 같은 환호를 받으며 반란을 일으킨 군단들의 지휘관이 되었다. 곧 그에게 다른 폼페이우스 잔당들이 합류했는데, 그의 동생인 섹스투스와 라비에누스도 거기에 포함되어 있었다. 그들은 13개 군단과 다수의 보조병들을 모병했지만, 이들 대부분은 자질이 대단히 의심스러웠다.

카이사르는 언제나 그랬던 것처럼 신속하게 2,400킬로미터를 주파해 불과 27일 만에 코르두바Corduba에 도착했다. 그는 그곳으로 가는 동안 장문의 시 「여정」을 지으며 여행의 고단함을 잊기도 했다. 그에게는 8개 군단(이들 중 최고는 아마도 제5군단 알라우다이로, 그들은 이미 많은 전투를 경험했지만 아직도 싸움을 갈망하고 있었다)과 제10군단의 고참병들, 8,000명의 기병이 있었다. 전투 초기 단계에서 여러 차례 격렬한 전초전이 벌어졌지만, 그나이우스 폼페이우스는 전면전을 꺼려했다. 이번 전역은 이미 내전의 모든 전역들 중에서 가장 잔인한 전역이 되어 있었다.

폼페이우스 진영에서는 병사들의 탈영이 계속되고 있었다. 카이사르가 전쟁에서 이길 것이라고 말하는 자는 고발 대상이 되었고, 그런 혐의로 고발되면 곧 체포되었다. 그렇게 체포된 병사들 중 74명이 처형당했고, 나머지는 구금되었다. 3월 중순에 폼페이우스는 언덕 요새인 문다Munda에 도착했다. 카이사르는 그를 추격해 그 인근에 야영지를 설치했다. 그 다음날인 BC 45년 3월 17일, 그는 적을 쫓아 행군할 준비를 하다가 적이 고지대에 전열을 형성하고 있음을 알게 되었다. 폼페이우스는 13개 군단과 강력한 기병, 절반 정도가 전초병인 약 1만 2,000명의 스페인 보조병들로 구성된 대규모 병력을 보유하고 있었다. 그들이 전열을 형성하고 있는 고지대와 카이사르가 야영장을 설치한 언덕 사이에는 평평한 평지가 있었다. 카이사르의 군대는 야영지 밖으로 행군해 일반적인 3열 횡대로

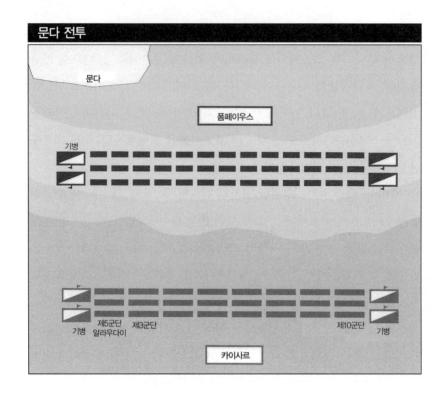

문다 전투

문다

폼페이우스

기병

제5군단
알라우다이
기병
제3군단
제10군단
기병

카이사르

배치되었다. 제10군단이 우익을, 제3군단과 제5군단 알라우다이가 좌익을 담당했고, 양익의 측면은 기병이 엄호했다. 일단 진형을 갖추자, 카이사르의 군대는 평지를 향해 언덕 아래로 행군하기 시작했다. 적은 그들이 전진할 것이라고 예상하고 있었다. 폼페이우스의 군대는 움직이지 않은 채 고지를 고수하면서 적이 언덕 위로 공격해오기를 기다렸다. 카이사르의 병사들은 타프수스 전투 때만큼이나 사기가 높았기 때문에 불리한 상황임에도 불구하고 공격을 감행했다. 전투는 격렬했고 결연했다. 지금까지 전해지는 이야기에 따르면, 카이사르가 자신의 병사들이 동요하기 시작하자 말에서 내려 홀로 적을 향해 돌격했고, 그것을 보고 장교들이 먼저 그의 주위에 몰려들자 곧 군대 전체가 다시 전진했다. 제10군단의 고참병들이 적의 좌익을 몰아내자, 폼페이우스는 우익에서 병력을 돌려 간격을 메우려고 시도했다. 하지만 카이사르의 기병들이 그의 우익에 다시 압박을 가해 우익의 병력을 그곳에 고착시켰다. 마침내 폼페이우스의 군대는 붕괴되었고, 엄청난 병사들이 학살당했으며, 13개의 독수리 군기를 모두 빼앗겼다. 그리고 며칠 사이에 그나이우스 폼페이우스와 라비에누스를 포함한 거의 모든 지휘관들이 죽음을 맞이했다. 카이사르 측은 약 1,000명 정도의 사상자가 발생해 이전의 어떤 전투보다도 심한 인명 피해를 입었는데, 이것은 당시 전투가 얼마나 격렬했는지를 보여준다. 문다는 봉쇄되었고, 군단 보병들은 잔인하게 폼페이우스 잔당의 시신에서 머리를 잘라 방책의 담장 못에 꽂아놓았다. 소탕전이 완료되기까지 몇 달이 걸렸다. 카이사르는 내전에서 승리했다. 하지만 그가 평화를 실현할 수 있을지는 여전히 미지수였다.

군인의 초상
카이사르의 군단 보병

내전 기간 동안 일반 병사나 하급 장교들이 쓴 개인 기록들이 지금까지 전해지는 것은 하나도 없다. 현재까지 전해지는 이야기들 중에서 이름이라도 언급되는 소수의 장병들은 그나마도 눈에 띄는 영웅적 행동을 했기 때문에 이야기 속에서 언급될 수 있었다. 우리는 병사들이 주로 빈민 계층에서 모병되었다는 사실을 알고 있다. 보통의 경우는 전부까지는 아니더라도 대부분이 지원병이었지만, 내전 기간 중에는 아마 많은 병사들이 강제로 징집되었을 것이다. 병역은 이미 직업이 되었지만, 급료는 대단히 낮아서 경작지의 일꾼이나 도시의 일용직보다도 낮았다. 카이사르가 자기 병사들의 급료를 두 배로 인상했을 때도, 일반 군단 보병의 연봉은 여전히 225데나리움(1,000세스테르티우스)에 불과했다. 우리는 로마군의 복무 기간이 일정하게 정해져 있었는지에 대해 정확하게 알지 못하지만, 최대 16년이라는 전통적인 복무 기간은 여전히 유효했을 수도 있다. 그럼에도 불구하고 내전 당시 20년 이상을 복무한 장병들도 일부 존재했다. 특히 부유한 지역에서 적극적으로 싸워 이기면 개인적으로 약탈을 하거나 전군이 획득한 전리품을 더 많이 보상받을 수 있었다. 크게 성공한 장군들은 자신의 병사들에게도 아낌없이 보상해주었다. 군대의 근무 환경은 기본적인 의식주만 제공하는 수준이었고, 군기는 잔인할 정도로 혹독했다. 백인대장의 즉흥적인 판단에 따라 특정 병사가 태형을 당할 수도 있었고, 사형을 받게 되어 있는 범죄의 종류도 대단히 많았다. 병사들은 복무 기간이 끝날 경우 어느 정도 생계 수단을 보장받고 싶어했다. 보통 복무 기간이 끝난 병사들은 일정 부지의 토지를 받았는데, 이것은 신병들 대다수가 여전히 농촌 출신이라는 사실을 암시한다.

군단 보병은 로마 공화국이나 원로원으로부터 별로 받은 것이 없었기 때문에 국가의 존속에는 별로 관심이 없었다. 오히려 그들은 오랜 시간 동안 충성을 다해 복무한 자신의 군단에 더 애착을 가졌다. 이 시기의 군단은 공화국 중기의 한시적인 민병대 군단보다는 기업 이미지에 더 가까웠다. 그들은 오랜 시간 동안 똑같은 단대호는 물론이고 어떤 경우에는 부대명까지 그대로 유지하면서 자신의 독수리 군기 아래 행군했다. 심지어 문다 전투의 경우, 결국 결정적인 돌파구를 뚫은 것은 얼마 전까지만 해도 반란을 일으켜 군기를 문란하게 만들고 전력도 감소한 제10군단의 고참병들이었다. 사실 이들은 카이사르 사후에 계속된 내전에서도 눈부신 역할을 수행했다. 훌륭한 지휘관이라면 자신의 병사들을 고무시켜 임무에 헌신하게 만들 수 있다. 비록 카이사르가 내전에서는 같은 로마 시민들을 패배시키고 그로부터 이익을 얻는 행위를 허용하길 꺼려했지만, 갈리아에서는 부하들에게 전리품을 아낌없이 나누어주었다. 하지만 단순히 재정적인 이익 때문에 그의 병사들이 그에게 열광했던 것은 아니었다.

카이사르의 군대는 영웅주의를 숭배하는 분위기에 젖어 있었다. 그들은 특히 모든 사람들이 보는 앞에서 용기를 과시하는 것을 최고의 미덕으로 여겼다. 카이사르는 전역을 수행하는 과정에서 모든 노고를 병사들과 함께했으며, 선두에 서서 행진하고 싸웠다. 병사들에게 말을 할 때는 그들을 동지라고 불렀고, 모두가 함께 나누었던 노고에 대해 이야기했다. 현재까지 전해지는 출처들이 카이사르의 병사들은 단 한 명도 적에게 투항하지 않았다고 주장하고 있는데, 설사 그것이 과장된 것이라고 해도, 탈영은 폼페이우스의 군대에서 더 많이 일어났다는 것만큼은 분명한 사실이다. 『내전기』에서 카이사르는 자신이 누려야 할 권리를 침해당하고 호민관들이 부당한 대우를 받았다는 사실을 병사들에게 반복적으로 설명했다고 주장했다. 그와 같

은 사실들이 그의 병사들에게 얼마나 깊은 영향을 주었는지, 그리고 그의 이야기에서 언급되는 병사들의 탁월성이 진실보다는 그가 의도한 독자층의 반응에 더 신경을 쓴 것은 아닌지의 여부는 확인하기 어렵다.

내전에 참전했던 모든 병사들이 전부 로마인이었던 것은 결코 아니

■■■■■ 도미티우스 아헤노바르부스의 제단에 새겨진 사진 속의 인물(가끔 전쟁의 신 마르스라는 주장이 제기되기도 한다)은 고위 장교의 군복을 입고 있다. 내전 당시 원로원 계급이나 에퀴테스 신분의 장교들은 이 인물과 비슷한 차림새를 했을 가능성이 있다. (AKG Berlin)

다. 로마 시민이 아닌 사람들이 군단에 휩쓸려 들어간 경우는 대단히 많았는데도, 양측은 상대방이 로마 시민이 아닌 사람들을 군단에 편입시켰다고 서로 비방했다. 참전병 중에는 대규모 외국인 보조병들도 있었는데,

이들은 대체로 자기 부족장의 지휘 아래 내전에 참전했다. 갈리아 부족들과 게르만 부족들을 비롯해 다른 부족들의 족장들은 자신을 따르는 전사의 수로 자신의 지위를 과시했다. 그들은 자기 전사들(이들 중에는 부족 밖에서 온 자들도 포함되어 있었을 것이다)을 지원하고 먹이고 용감하게 싸운 전사들에게 보상을 해주었다. 그에 대한 대가로 전사들은 족장을 위해 싸워야 했다. 전사들은 자신의 부족이나 국가, 대의명분이 아니라 족장 개인을 위해 충성했다. 따라서 내전 당시 양측에 가담했던 외국인 전사들은 그저 자기 족장이 어느 한쪽을 선택했기 때문에 그쪽 편에 서서 싸웠던 것뿐이었다. 만약 족장이 전장에서 이탈하기로 했다거나 다른 쪽에 가담하기로 했다면, 그의 전사들도 그의 결정에 따를 수밖에 없었다. 알로브로게스 부족의 두 형제, 로우킬루스와 에구스가 배반하고 폼페이우스 측에 투항했을 때, 그들의 가문에 속한 전사들은 모두 두 사람의 뒤를 따랐다. 족장과 전사 사이의 유대관계는 상당히 강했다. 설사 지휘관이 동족 출신의 족장이 아니더라도 이와 비슷한 유대관계가 이루어질 수 있었다. 카이사르는 게르만인과 갈리아인으로 구성된 900명의 경호대를 거느렸고, 라비에누스는 오로지 그에게만 충성하는 또 다른 부족민으로 구성된 경호대의 호위를 받았다. 훗날 클레오파트라도 갈리아인으로 구성된 경호대의 호위를 받았다.

　지금까지 전해지는 출처를 보면 일반 군단 보병 개인에 대한 언급은 별로 없는 반면, 백인대장들은 대단히 두드러진 역할을 수행한 것으로 나와 있다. 카이사르는 자신의 군단들이 승리를 거둘 수 있었던 것은 백인대장들의 용기와 지휘 능력 덕분이라고 여러 차례 설명했다. 심지어 위기의 상황에서도 그의 백인대장들은 영웅적인 행동을 보여줌으로써 분위기를 반전시키는 역할을 했다. 그래서 그들은 현대 육군의 근간을 이루는 상사 계급에 비유되곤 한다. 종종 대부분의 백인대장들이 일반 병사로 오랜 기간 복무하다가 공훈을 세워 진급했을 것이라고 생각하는 사람들이 있는데, 이런 관점에 대해서는 사실상 아무런 증거가 존재하지 않는다. 카이사르는 백인대장이 선임 백인대장으로 진급한 경우는 자주 언급했지만, 일반 병사가 백인대장으로 진급한 경우는 언급한 적이 없다. 많은 백인대장들은 입대할 때부터 그 지위에 있었거나, 아니면 백인대의 하급 간부로 입대했을 것이고, 일반 군단 보병들이 대부분 빈민 출신인 것에 비해 그들은 좀더 교육 수준이 높고 어느 정도 부유한 계층이었을 가능성이 훨씬 더 높다. 키케로와 카이사르의 기록 속에서는 모두 일반 군단 보병들보다 백인대장들이 정치적으로 더 중요한 존재로 등장한다. 백인대장들은 직업군인이라기보다 직업적인 군대 간부였다.

여러 백인대장들의 행동은 우리에게 전해지는 출처 속에 어느 정도 자세히 기록되어 있다. 그들 중 한 명인 스카이바Scaeva는 다리키움 전투에서 명성을 얻었다. 그는 고립된 요새를 지키던 3개 대대 중 한 대대의 백인대장이었다. 당시 적의 1개 군단 전체가 다수의 궁수와 투석병의 지원을 받으며 요새를 공격하고 있었다. 전투는 격렬해서 스카이바의 방패에는 120개의 투사무기가 명중되었던 것으로 보인다. 다수의 전우들과 마찬가지로 그도 눈에 화살을 맞고 부상을 당하자, 마치 항복이라도 하려는 듯 적을 가까이 오라고 불렀다. 2명의 적병이 그를 포로로 잡기 위해 앞으로 나서자, 스카이바는 한 명을 죽이고 다른 한 명의 팔을 칼로 베어버렸다. 병사들은 그의 완강한 태도에 용기를 얻어 싸움을 계속했다. 카이사르는 그를 군단 최선임 백인대장으로 진급시킴과 동시에 5만 데나리움을 포상으로 하사하면서 전장병이 보는 앞에서 그를 칭찬했다. 비록 그가 이후에 다시 언급되지는 않지만, 스카이바가 훌륭한 무훈으로 군대에서 계속 복무했음을 암시하는 증거들이 여럿 존재한다. BC 30년대 것으로 보이는 갈리아 나르보넨시스Gallia Narbonensis 출신 퇴역 기병의 비석에 알라 스

카이바이^{Ala Scaevae}(스카이바 기병연대)라는 그의 부대명이 기록되어 있는 것으로 보아, 스카이바는 계속 복무하면서 갈리아 보조병 기병대의 한 부대를 지휘한 것으로 보인다. 카이사르가 언급할 정도로 용감한 백인대장이라면 분명 그와 같은 전사 집단의 대장 역할을 할 만한 이상적인 후보자로 보였을 것이다.

제10군단의 군단 최선임 백인대장도 카이사르의 파르살루스 전투 회고담에서 눈부신 역할을 수행한 것으로 나온다. 크라스티누스^{Crastinus}라는 이 인물은 군대에 재입대해서 그와 마찬가지로 군대에 복귀한 120명의 고참 병사들로 구성된 부대를 지휘했다. 그는 연설을 통해 부하들에게 이번 전투가 카이사르의 지위를 회복시켜줄 것이며, 카이사르에 대한 그들의 의무를 다하는 것이 다시 퇴역할 수 있는 길이라고 말했던 것으로 보인다. 군대를 정렬시키기 위해 카이사르가 말을 타고 지나가자, 크라스티누스는 몸을 돌려 그를 향해 외쳤다.

"장군님, 오늘은 죽음을 각오하고 당신으로부터 감사의 인사를 받고야 말겠습니다."

크라스티누스와 그의 부하들은 돌격의 선봉에 서서 적을 난도질하며 대열을 뚫고 들어갔다. 그는 적이 찌른 칼이 입을 뚫고 목뒤로 관통하면서 결국 죽고 말았다. 카이사르는 전투가 끝난 뒤 병사들에게 명령해 그의 시체를 찾은 다음 그의 시신에 무공훈장을 올려놓은 뒤(로마인들은 서훈을 추서하지 않았기 때문에 이는 대단히 드문 사례다), 다른 전사자들을 함께 매장한 공동무덤과 별개로 특별 무덤을 만들어 그를 매장했다.

병사들이 자신의 군사 경력을 자세히 새겨넣은 기념비를 세우는 관행은 공화정 말기에 등장하기 시작해서 로마 제국 시대에 일반화되었다. 폼페이우스의 백인대장들 중 한 명으로서, 이탈리아의 루케리아^{Luceria} 출신인 그라노니우스^{Granonius}라는 인물은 아테네에서 사망했고, 그를 기리기

■■■■■ 카푸아에서 발견된 이 비석은 카눌레이우스 형제를 기리기 위해 세운 것으로, 두 사람은 모두 카이사르의 제7군단에서 복무했다. 퀸투스 카눌레이우스는 갈리아 전쟁에 참전했다가 불과 18세에 전사했지만, 35세에 사망한 가이우스 카눌레이우스는 내전 당시에도 복무하고 있었을지 모른다. 이 시기에 만들어진 군인의 비석은 현재 거의 남아 있지 않다. (Boston Museum of Fine Arts)

위한 비석은 BC 49년~BC 48년에 건립된 것으로 보인다. 갈리아 전쟁 때 카이사르의 지휘하에서 싸운 제7군단의 가이우스 카눌레이우스Gaius Canuleius는 내전 초기에 복무했을 가능성은 있지만 확실하지는 않다. 그의 아버지는 기념비를 세워 그와 함께 그의 동생 퀸투스 카눌레이우스Quintus Canuleius를 추모했는데, 동생은 제7군단에서 복무하다가 18세의 나이에 갈리아에서 먼저 전사했다. 그 밖에도 BC 1세기 말에 제작된 몇몇 인물들의 비석과 기념비가 발견되었는데, 그들은 내전에 참가했을 가능성도 있지

만 그들의 복무 기간이 자세하게 새겨져 있지 않거나 아예 언급되어 있지 않기 때문에 그들이 언제까지 군에 복무했는지 추측만 할 뿐이다.

■■■■■ BC 1세기 중엽에 만들어진 것으로 보이는 푸블리우스 게시우스Publius Gessius의 묘비는 이탈리아 비테르보Viterbo에서 발견되었다. 묘비에는 그의 군복무에 대한 내용이 하나도 언급되어 있지 않지만, 흉갑을 착용하고 글라디우스 자루를 쥐고 있는 게시우스의 모습이 새겨져 있다. (Boston Museum of Fine Arts)

전쟁을 둘러싼 세계
지중해 전쟁

내전은 로마 세계 전체에 영향을 주었고, 궁극적으로 여러 세기 동안 지속되었던 정치체계를 붕괴시켰다. 많은 로마 시민들이 군대에 쓸려 들어가 야만적인 환경 속에서 복무했다. 일부는 전투 중 전사했겠지만, 그보다 더 많은 사람들이 질병이나 영양결핍으로 사망했고, 그 밖에 영구 장애자가 된 사람들도 있었다. 일부 병사들, 특히 갈리아인들과 같은 보조부대의 병사들은 자신의 아내와 자식들을 대동하고 전역에 참가했고, 그들의 가족들도 힘든 여정과 빈약한 식량으로 인해 고통을 감수해야 했다. 하지만 군인과 그들의 가족들만이 전쟁에 휘말린 것은 아니었다. 많은 민간 지역공동체들 역시 전쟁으로 인해 고통을 겪어야 했다. 극단적인 경우 중 하나가 테살리아의 곰피로, 카이사르는 디라키움에서 후퇴한 뒤에 땅에 떨어진 병사들의 사기를 회복하고자 이 도시의 약탈을 허용했다.

그와 같은 상황에서 로마 병사들은 몹시 잔인하게 행동했다. 심지어 그들이 잔학 행위를 하고 싶어할 경우에는 장교들조차도 그들을 억제하지 못할 정도였다. BC 49년, 카이사르는 의도적으로 야간에 코르피니움으로 행군하지 않았는데, 이는 자신의 병사들을 믿지 못한 카이사르가 그들이 어두운 도시의 거리 속으로 몰래 이탈하게 되면 절대 규율을 지키지 않을 것이라고 생각했기 때문이다. 그는 이탈리아 도시를 약탈하는 것으로 전역을 시작하고 싶지 않았던 것이다. BC 46년에는 카이사르가 병사들을 하드루멘툼 외곽에 주둔하게 했지만 그들이 도시를 약탈하지 못하게 통제할 수 있었다는 것은 괄목할 만한 성과로 간주되었다.

특정 전역이 진행되는 지역에 속한 공동체 사회는 비록 그들이 약탈의 대상이 되지 않았더라도 많은 피해를 입었을 가능성이 크다. 군대들은 대량의 식량이 필요했다. 대부분은 가능한 한 많은 양의 식량을 자발적인 동맹들로부터 공급받거나 다른 곳에서 선적해오기를 바랐지만, 그것이 언제나 가능한 것은 아니었다. 특히 작전 기간이 예상보다 길어질 경우 문제가 발생했다. 군대들은 식량 징발대를 파견해 눈에 띄는 모든 곡식과 가축을 징발할 때, 지역 인구의 식량 수요 같은 것에는 거의 관심이 없었다. 또 군대들이 도시 지역 내에서 충돌할 경우 그에 따른 피해가 발생했다. 카이사르의 소규모 군대가 알렉산드리아에서 포위당했을 때, 도시는 건물이 파괴되거나 불에 타면서 커다란 손실을 입었다.

내전으로 인해 로마 군단이 같은 로마 군단을 상대하면서, 로마는 외적의 공격에 취약해지게 되었다. 파르나케스 왕은 젤라에서 로마군에 패할 때까지 눈부신 성공을 거두었다. 그러나 다른 위협들은 현실화되지 못했다. 파르티아는 크라수스에게 승리를 거둔 뒤 한 차례 시리아를 침공했고, BC 50년 말에는 또다시 침공을 기도하려는 것처럼 보였다. 파르티아는 카레에서 승리를 거둔 지휘관이 왕위에 도전할지도 모른다는 이유로 왕에 의해 처형당하는 사태가 벌어지면서 내분에 휩싸이는 바람에 새로운 공세를 연기했다. 서쪽에서는 카이사르가 갈리아를 신속하게 정복하는 데 성공했지만, 새로운 속주가 아직 로마에 완전히 통합된 상태는 아니었다. 사실 카이사르 생시에 BC 54년~BC 51년에 발생했던 것과 같은 반란이 다시 일어나지는 않았지만, 갈리아 속주가 마침내 안정될 때까지는 또 다른 한 세대와 또 다른 소동을 거쳐야만 했다. 다른 동맹국들은 내전에 개입해서 이익을 얻으려고 했다. 갈라티아의 데이오타루스 왕이 군대를 파견해 폼페이우스를 지원했던 이유는 부분적으로 그의 왕국이 폼페이우스의 종속국이기도 했지만, 동시에 자신의 왕국을 지키려는 의도도 있었다. 누미디아의 유바 왕의 태도도 이와 비슷했다. 이집트에서는 자국 내의 내전 당사자들이 로마의 내전에서 승리를 거둔 자의 호의를 얻기 위해 노력했고, 클레오파트라는 이를 통해 커다란 이익을 얻었으며, 한동안 이집트가 동맹과 속주의 중간에 해당하는 독특한 지위를 유지할 수 있는 수단을 확보했다.

"술라는 정치의 기본도 알지 못했다": 카이사르의 독재관 시기

내전 초기 몇 년 동안, 카이사르는 로마에 머물 시간이 거의 없었다. BC 46년에는 10년 임기의 독재관에 임명되어 한 해의 상당 시간을 로마에서 보냈고, 그 이후 BC 45년 10월에 스페인에서 귀국한 뒤로는 BC 44년 3월 15일 암살당할 때까지 계속 로마에 머물렀다. 나머지 기간 동안에는 전역을 수행하느라 바빠서 대리인을 통해 로마를 통치했다. BC 44년 봄에 그는 다시 한 번 로마를 떠나 발칸 반도에서 다키아를 상대로 전쟁을 한 뒤 이어서 동쪽으로 이동해 파르티아를 상대하려고 계획하는 중이었는데, 그랬다면 아무리 짧게 잡아도 몇 년 동안 이탈리아 밖에서 지내야 했을 것이다. 하지만 카이사르가 로마에서 많은 시간을 보내지 않았음에도 불구하고 그의 지배는 로마의 정치적 성격을 크게 변화시켰다. 카이사르는 술라가 독재관의 지위에서 물러난 것은 스스로 자신의 정치적 무지를 증명한 셈이나 다름없다고 자주 말하곤 했다. 분명 카이사르는 정계에서 은퇴할 생각이 없었기 때문에 결국 모든 권력을 장악한 한 명의 개인이 종신으로 로마를 지배하는 체제가 될 수밖에 없는 상황이었다. 로마의 헌법이 막아야 하는 바로 그런 일이 벌어지게 된 것이었다.

하지만 카이사르가 궁극적으로 어떤 종류의 지위를 차지하려고 생각하고 있었는지를 분명하게 밝혀내기란 결코 쉬운 일이 아니다. 그의 사후 몇 달도 지나지 않아서 그의 지지자들이 그의 암살자들을 상대로 복수를 하려고 했기 때문에 로마는 다시 내전에 휩싸였다. 양측은 카이사르가 벌였던 일, 더 나아가 그가 계획했던 일에 대한 기록을 자기에게 유리하게끔 왜곡했을 것이 분명하다. 암살 가담자들은 카이사르가 원로원 의원들의 특권을 박탈하는 전제군주가 되려고 한다는 것을 증명할 필요가 있었다. 카이사르의 계승자와 지지자들은 그들과 반대되는 관점을 주장하기 위해 그때까지 카이사르의 지배는 대단히 유익했고 앞으로도 계속 그럴 것이며, 카이사르 자신은 왕위에 오르는 것과 같이 비로마적인 것은 원하지 않는다는 사실을 강조했다. 우리는 카이사르의 마지막 몇 개월 동안의 삶에 대해 자세하게 언급하고 있는 당시의 기록들을 그리 많이 갖고 있지 않다. 당시에 작성된 키케로의 서간문들은 대부분 전해지고 있지 않기 때문에 사실상 지금까지 전해지는 이야기들은 대부분 카이사르 사후에 작성된 것들이다. 따라서 이것들은 새로운 내전의 양 당사자들이 전개했던 선전의 영향을 받을 수밖에 없었다. 결국 카이사르의 양아들인 옥타비아누스(아우구스투스)가 BC 31년 마르쿠스 안토니우스와 클레오파트라를 무찌르고 로마의 최초 황제가 된다. 그는 입양된 후 이름이 가이우스 율리우스 카이사르 옥타비아누스Gaius Julius Caesar Octavianus로 바뀌었다. 따라서 카이사르 본인이든 혹은 옥타비아누스이든 누군가가 어떤 법안을 통과시켰다면, 그것은 율리우스 법lex Julia으로 기록되었을 테고, 만약 두 사람 중 한 사람이 새로운 식민지를 건설했다면, 그것은 율리우스 식민지colonia Julia가 되었을 것이다. 이로 인해 두 사람이 한 일을 혼동하기가 쉬우며, 아우구스투스가 실제로 언제 카이사르가 계획해두었던 일을 실행에 옮겼는지 분명하지 않다.

원래 카이사르는 임기 10년의 독재관이 되면서 추가로 윤리감독관praefectus morum 직책을 맡았다. 이 직책은 그에게 감찰관censura이 갖고 있던 대부분의 권한, 특히 원로원 의원을 축출하거나 임명할 수 있는 권한과 시민권을 부여할 수 있는 권한을 주기 위해 새로 만든 것으로 보인다. 사실상 그의 권력은 집정관의 권력보다 더 컸다. 그는 정무관들과 같은 자리에 앉았을 뿐만 아니라 원로원은 언제나 그의 의견을 제일 먼저 물었다. 하지만 그보다 더 중요한 사실은 그가 모든 주요 정무관들을 직접 임명했다는 것이다. 이를 통해 그는 국가의 주요 업무를 통제할 수 있었을 뿐만 아니라 내전 중 그의 추종자들이 보여준 충성에 적절히 보답을 할 수 있었다. 카이사르의 파벌이 보상을 받으면서 원로원의 규모는 엄청나게 커졌다. 그가 암살당할 무렵 원로원 의원의 수는 거의 1,000명에 달했는데, 이는 술라가 구축한 원로원의 의원이 600명이었던 것과도 비교가 된다. 전통주의자들은 내전 기간 동안 카이사르의 진영이 로마의 악명 높은 인사들과 실패자들의 피난처였다고 생각했기 때문에 새로 임명된 원로원 의원들 대다수가 부적합하다고 보았다. 키케로는 다음과 같은 신랄한 농담을 남겼다. "불과 몇 달도 안 되어서 자기 재산을 다 말아먹는 그런 자에게 어떻게 공화국의 지도를 맡길 수 있단 말인가?" 당시 떠돌았던 소문에 따르면, 내전 초기 카이사르는 그와 같은 탕자들을 끌어 모으기 위해 사방을 돌아다니며 그들에게 옛날의 부를 되찾기 위해 정말로 필요한 것이 바로 내전이라는 식으로 이야기를 했다고 한다. 로마인이 아니라 이탈리아의 여러 도시 귀족 계급 출신인 다른 원로원 의원들은 개인의 평판 때문이 아니라 그들의 국적 때문에 인식이 안 좋았다. 게다가 집정관 시절 로마 시민권을 갈리아 키살피나 사람들에게 부여하고 갈리아 전역 기간 동안에는 알프스 북쪽의 많은 귀족들에게까지 부여한 전력이 있던 카이사르는 몇 명의 갈리아인을 원로원 의원에 임명하기도 했다. 이러한 그의 조치는 다시 한 번 로마인들로 하여금 최근에 들어서야 그들이 입던 바지를 버리고 토가^{toga}*를 착용한 뒤 포룸으로 가다가 길을 잃고 정처 없이 로마 시내를 배회하는 야만인들을 신랄하게 비판하도록 만들었다. 카이사르는 자신이 경력을 쌓아오면서 자신을 도와준 사람들에게 항상 보답을 했다는 사실을 자랑으로 여겼다. 독재관으로서 그가 행한 행동들은 이러한 사실을 잘 보여준다.

술라는 자신이 정원을 늘린 원로원을 자신의 당파 사람들로 채웠다. 카이사르도 대체로 그와 비슷하게 행동했다. 다른 의원들에 비해 경력도 많고 명성도 높았던 원로원 의원들 대부분이 카이사르의 반대편에 섰다가 죽었지만, 카이사르에게 사면을 받은 젊은 원로원 의원들은 복직되어 명예와 지위를 누렸다. 카이사르 암살 주동자인 브루투스와 카시우스는 모두 BC 49년~BC 48년에 카이사르를 상대로 싸웠던 인물들이었다. 카이사르는 BC 45년에 두 사람을 법무관에 임명했다. 하지만 그와 같은 명예는 카이사르가 자신의 지지자들에게도 그와 같은 특권을 나누어줌으로써

---

* **토가** 고대 로마 시민이 입은 겉옷.

그 가치가 떨어져버렸다. 카이사르는 자신에게 충성한 사람들에게 정무관직을 주기 위해 법무관의 수를 늘려야만 했다. 집정관의 수는 늘리지 않고 그대로 2명으로 유지했지만, 카이사르는 다른 사람들을 부집정관 suffect consul이나 대리집정관으로 임명하기 위해 2명의 집정관에게 임기가 끝나기도 전에 사임을 부추겼다. 이렇게 정무관이 된 자들도 정식으로 임명된 정무관과 똑같은 기장을 착용했다. 극단적인 예로, 가이우스 카니니우스 레빌루스Gaius Caninius Rebilus라는 인물은 내전 기간 거의 대부분을 카이사르의 장교로 복무했다. BC 45년의 집정관 중 한 명이 임기 종료를 하루 앞두고 사망하자, 카이사르는 카니니우스를 임기가 24시간도 안 되는 부집정관에 임명했다. 키케로는 카니니우스를 이렇게 조롱했다. "그는 로마 공화국의 가장 헌신적인 정무관 중 한 명이다. 왜냐하면 그는 재임 기간에 한숨도 잠을 자지 않았고 새로운 집정관이 자신의 직책을 인계하기 전에 축하 인사를 할 수 있도록 모든 사람들을 뛰어다니게 만들었기 때문이다." 키케로가 카니니우스를 조롱했지만, 사실 그는(그리고 다른 원로원 의원들도) 공화국의 신성한 공직에 대한 카이사르의 오만한 태도에 분노했던 것이다.

처음에 카이사르는 독재관의 부관인 기병총감의 보조를 받았는데, 이 직책은 처음에 안토니우스가 맡았다가 이후 레피두스가 승계했다. BC 45년에는 기병총감을 보조하기 위해 8명의 법무관이 임명되었는데, 이는 폼페이우스가 자신의 스페인 속주를 간접적으로 통치한 것과 이후 로마 황제들이 레가투스와 프라이펙투스praefectus*를 통해 제국을 통치한 것의

---

* **프라이펙투스** 고대 로마의 관직. 최고 행정관이 임명하는 관리로서, 그의 대리인이나 부하 역할을 했다. 공화국 초기에는 집정관이 로마를 비울 때면 프라이펙투스를 임명해 자신의 업무를 맡겼다. 이들 프라이펙투스는 로마에서 160킬로미터 범위 안에 있는 지역에서 사법 및 재정 업무를 책임졌다. BC 4세기 중엽에 이르자 집정관이 로마를 비울 때는 집

중간 단계라고 할 수 있었다. 원로원은 의원 수가 늘어났지만, 사실상 토론의 권리를 상실했고, 그 결과 주요 의사결정 과정에서 배제되었다. 의사결정은 주로 밀실에서 카이사르와 그가 신뢰하는 소수의 조언가들만 참석한 가운데 이루어졌다. BC 59년과 그 이후에는 원로원 의원들이 어떤 직책이나 정치적 후원자를 얻으려면 3두정치의 3인방 중 한 명을 찾아가야 했는데, 이제는 상황이 그때보다 더 나빠졌다. 카이사르는 군대의 최고 지휘관으로서의 역할에 너무나 익숙해진 나머지 정치에 필요한 좀 더 세련된 지도 방식에는 적용하지 못했을 수도 있다. 그는 10년 넘는 인생 대부분의 시간을 명령을 내리면서 보냈고, 그 명령들은 대부분 성공으로 이어졌다. 카이사르는 자신의 능력을 잘 알고 있었고, 다른 사람이 갖고 있는 역량보다 자신의 능력을 더 신뢰했다. 그는 종종 존경하지 않는 인물에 대한 감정과 자신을 과시하기 위한 조바심을 행동으로 드러내곤 했다. 한번은 집정관들이 그의 앞에 왔는데도 바로 자리에서 일어나 그들을 맞지 않아 그들의 기분을 상하게 만들었다. 사람들은 그가 로마에서 거행한 화려한 경기나 볼거리는 좋아했지만, 그가 특등석에 앉아서 다른 사람이 보낸 편지를 낭독하게 하고 그에 대한 답장을 구술하는 그의 습관은 별로 좋아하지 않았다.

하지만 카이사르는 자신이 군대 지휘관이었을 때 보여주었던 정력을 독재관으로 재임하던 시기에도 여전히 보여주었다. 또 그렇게 짧은 기간 동안에 그가 단행한 개혁들이 광범위했다는 사실도 주목할 만하다. 어떤 경우에는 그가 이탈리아 도시들의 기존 체계를 개혁했던 경우처럼 그의

정관이 따로 임명한 법무관이 집정관의 책임을 떠맡기 시작했고, 그때부터 프라이펙투스는 별로 중요하지 않은 자리가 되었다. 그러나 BC 2년경 아우구스투스 황제는 프라이펙투스라는 공직에 새로운 중요성을 부여했다.

개혁이 현재의 상황을 말끔하게 정리해주기도 했다. 속주들 역시 조세체계의 개혁으로 그들에게 유리한 방향으로 영향을 받았다. 속주 전반에 걸쳐 대규모 식민지 건설을 위한 계획이 작성되었다. 이것은 내전에 참전했지만 이제는 퇴역을 눈앞에 두고 있거나 더 이상 복무할 필요가 없어진 대규모 병사들뿐만 아니라 도시 빈민층을 위한 것이었다. 카이사르는 일정한 수입 없이 임대 주택에 살고 있는 대다수 시민들의 습관적인 희망사항이 되어버린 부채 전면 탕감에는 반대하고 좀더 공정한 부채 상환 체계를 도입했지만, 그의 이런 대책은 많은 사람들의 재정적 부담을 경감시켜주는 것은 물론이고 많은 시민들이 중산층의 대열에 합류할 수 있게 해주었을 것이다 그의 식민지 건설 계획 중 실제로 실현된 사례가 얼마나 되는지는 확실하지 않은데, 이는 앞에서 이미 언급했다시피 아우구스투스가 건설한 많은 식민지와 카이사르가 건설한 식민지를 구분하기 어렵기 때문이다. 하지만 카이사르가 암살당할 무렵에 이미 갈리아 트란살피나에서 식민지 건설 계획이 진행되고 있었고, 다른 곳에서도 식민지 건설 계획이 진행되고 있었을 가능성이 높다. 아마 10만 명 정도의 이주자들이 스페인과 갈리아, 아프리카에 정착했을 것이다.

식민지 건설로 당시에 100만 명에 달했던 로마의 인구 중 일부를 줄였기 때문에 로마의 몇 가지 문제가 어느 정도 해소되었다. 클로디우스나 밀로 같은 인물에 의해 쉽게 조직 폭력단으로 변질되었던 동업조합을 금지하는 법률도 제정되었다. 하지만 동업조합이 계속해서 '합법'적인 조직의 지위를 누린 것으로 보아 이 법률은 커다란 효과를 거두지 못했던 것으로 보인다. 공화국이 식량을 구매해서 배급하는 빈민층 중 많은 사람들이 식민지로 이주해서 배급 대상 명단에서 제외됨으로써 그 수는 거의 절반 이상 감소하여 15만 명 선으로 떨어졌다. 도시의 식량 공급 문제를 개선하기 위한 추가 대책으로서, 카이사르는 오스티아^{Ostia}에 새로운 대규모 항만을 건설하라고 명령했지만, 그것은 계획 단계 이상으로 진척되지는 않았던 것 같다. 로마에서는 대규모 건설이 시작되어 오래된 사원과 공공건물이 집중적으로 복구되고 새로운 기념물이 건설되었다. 클로디우스의 지지자들이 태워버린 옛 원로원 건물을 대체할 새로운 원로원, 즉 쿠리아curia를 포함하고 있는 포럼 단지인 포룸 율리움Forum Julium을 건설하는 공사가 시작되었다. 이 단지의 가장 전망이 좋은 자리에는 카이사르 가문의 여신 베누스 게네트릭스에게 헌정된 사원이 자리를 잡았다. 이런 건설 계획은 도시를 좀더 웅장하게 만든 것 외에도 많은 도시 빈민들에게 일자리를 제공했다. 빈민들은 적절한 일자리를 제공받지 못할 경우 사회 불안 요소로 작용할 수도 있었다.

BC 46년과 BC 45년에 있었던 장엄한 개선행진과 별도로, 카이사르는 극적인 대중오락거리, 특히 검투사 경기를 많이 개최했다. 문화적인 부분을 좀더 살펴보면, 대규모 공공 도서관 건설을 계획했고, 폴리마테스polymathēs(박학다식한 학자)인 바로가 그것을 감독했다. 카이사르는 실질적으로 모든 분야에 관심이 있었던 것으로 보인다. 그가 가장 공을 들인 것은 아마 달력의 개혁이었을 것이다. 로마의 전통 달력은 사제들의 지속적인 관심을 요구했고, 실제 계절하고 일치하지 않게 된 지 이미 오래여서 로마의 정치 일정에 심각한 문제를 초래했다. 카이사르는 기존의 달력을 30일이 포함되어 있는 12개의 태양월로 교체했다. 새로운 달력이 정확한 시점에 시작될 수 있도록 BC 46년에는 67일을 추가했다. AD 16세기 말에 제작되어 서서히 세계 전역으로 확산된 현대적인 그레고리우스 달력은 카이사르 달력의 체계를 개선한 것이지만, 대체로 그 체계가 그대로 남아 있다. 영어로 7월을 나타내는 줄라이July는 이 로마 독재관의 이름에서 유래한 것이다.

민간인의 초상
키케로와 내전

내전은 대다수 로마인들을 딜레마에 빠뜨릴 수밖에 없었다. 어느 한쪽을 선택하든, 아니면 어느 쪽도 선택하지 않든 그 나름대로 위험했기 때문이다. 이미 우리가 살펴본 바와 같이, 원로원에 속하는 극히 소수의 인물들만이 실제로 전쟁을 원했다. 위대한 웅변가인 키케로가 내전이 발발하기 직전의 몇 달과 내전 시기에 주고받았던 서간문은 우리에게 당시 상황과 전쟁이 한 개인과 그의 가족 및 친구들에게 미친 영향을 알 수 있게 해준다. 그 편지들은 대부분 키케로의 오랜 친구인 아티쿠스에게 보낸 것으로, 에퀴테스에 속한 아티쿠스는 공식적으로 정계에 발을 들여놓지 않았음에도 불구하고 당시 로마의 모든 저명인사들과 안면을 갖고 우호적인 관계를 유지하고 있었던 것으로 보인다.

마르쿠스 툴리우스 키케로는 '새로운 인물'로 부상하여 그의 가문에서 최초로 집정관에 올랐다. 그는 전장이 아니라 당시 유명한 소송을 맡아 법정에서 이김으로써 명성을 얻었기 때문에, 그의 성공은 거의 전적으로 웅변가로서 그가 가진 능력 덕분이라고 할 수 있었다. 키케로는 폼페이우스가 겪었던 것과 똑같은 내전과 독재관의 출현, 쿠데타나 혁명의 시도 등으로 얼룩진 혼란기를 거치면서 경력을 쌓았다. 그에게 가장 좋았던 순간은 집정관이 된 BC 63년으로, 당시 그는 루키우스 세르기우스 카틸리나Lucius Sergius Catilina*의 음모를 좌절시키고 일당들을 처벌하는 과정을 주관했다. 명성에도 불구하고 키케로는 폼페이우스나 크라수스, 카이사르가 갖고 있던 부나 영향력, 예속 평민이라는 권력 기반을 갖고 있지 않았고, 많은 유명한 원로원 의원들 중 한 명이라는 사실에 만족하고 그것을 넘어선 무엇이 되려고 하지 않았다. 그는 권력 기반이 약해서 BC 58년에는 클로디우스가 집정관 재임 시절에 불법 행위를 했다는 혐의를 뒤집어씌워 그를 국외로 추방하기까지 했다. 비록 잠시 동안 추방당해 있었지만, 이러한 사실은 그가 폼페이우스와 같은 실력자의 지원이나 보호를 받을 수 없었다는 것을 보여준다.

로마에 긴장이 고조되고 있던 BC 50년 11월 24일에 키케로는 집정관 대행으로서 소아시아의 킬리키아에서 1년간의 임기를 마치고 브룬디시움에 돌아왔다. 이것은 카이사르의 정적들이 꾸민 책략으로 인해 생긴 간접적인 결과였다. 정무관직을 수행하고 속주의 총독에 임명되기까지 5년간의 유예 기간을 두게 한 법률 때문에 속주 총독 적임자가 부족해졌던 것이었다. 그 결과, 키케로처럼 집정관을 지낸 지 10년이 넘고 속주 총독으로 가고 싶은 욕심도 전혀 없는 인물들에게 의무를 다할 것을 요구하게

---

* **루키우스 세르기우스 카틸리나** BC 108년경~BC 62년. 로마 공화정 말기의 귀족. 키케로가 집정관일 때(BC 63년) 공화정을 전복하려 했으나 실패했다.

되었다. 킬리키아에 부임했을 때, 그는 속주를 잘 다스리기 위해 최선을 다하면서, 카레에서 로마군을 격파하여 의기양양해진 파르티아가 예상된 침공을 감행할 경우에 대비해 방어태세를 갖추었다. 파르티아가 침공하지 않자, 그는 개선행진을 할 권리를 부여받기를 바랐기 때문에 아마누스 Amanus 산에 있는 부족을 상대로 소규모 전역을 수행해 승리했다. 파르티

아인들의 위협이 계속되었음에도 불구하고, 키케로는 적법한 기회가 오자, 킬리키아를 떠나 내전 직전의 평화기에 있던 로마에 도착했다. 총독으로서 그에게는 아직 명령권이 있었는데, 그가 개선행진을 할 권리를 얻고 싶다면 결코 그것을 포기해서는 안 되었다. 하지만 결국에 그에게 주어진 것은 개선행진보다 덜 명예로운 '감사제'였는데, 그가 거둔 승리의 규모에 비추어볼 때 이것이 훨씬 더 적절한 대우가 아니었나 싶다.

키케로는 편지를 통해 위기가 임박했음을 잘 파악하고 있었다. 키케로는 항상 카이사르보다 폼페이우스와 더 가까웠지만, 폼페이우스가 클로디우스로부터 자신을 보호해주지 않았다는 사실을 잊지 않고 여전히 마음속에 담아두고 있었다. 폼페이우스가 크라수스, 카이사르와 동맹을 맺었을 때, 키케로는 그들을 지원했다. 일례로 그는 원로원에서 카이사르의 갈리아 총독 첫 임기를 연장하는 데 찬성하는 훌륭한 연설을 했다. 반면 그의 동생인 퀸투스는 카이사르의 레가투스 중 한 명으로 갈리아에서 복무했다. 심지어 그는 로마에 도착하기 전에도 아티쿠스에게 편지를 보내 사적으로는 그에게 계속 평화를 위해 애써줄 것을 요구하면서 공적으로는 폼페이우스를 지지할 것이라고 말했다. 그는 카이사르의 지지자들을 부랑자로 간주했는데, 그들 대부분은 젊고 이미 범죄 행위에 연루되어 있었다. 하지만 그는 그들의 힘을 깨닫고는 카이사르파는 "정당한 대의명분만 없을 뿐, 그 밖의 다른 모든 것들은 풍족하게 가지고 있다"고 주장했다. 하지만 키케로는 이런 상황이 초래된 이유를 생각하지 않을 수 없었다. 원로원이 카이사르에게 명예와 권력을 부여해 그를 더욱 위험한 정적으로 만들어놓기 전에 그가 아직 힘이 없었을 때 그를 저지했어야 했다. 카이사르가 관직에 오를 수 있었던 것은 그가 약하고 쉽게 제압당할 수 있었던 시기에 원로원이 효과적으로 그를 저지하지 못했기 때문이었다.

12월 중순 무렵 키케로는 로마 밖에 있었고, 그 문제를 놓고 원로원이 얼마나 심각하게 분열되어 있는지 깨닫기 시작했다. 원로원과 에퀴테스에 속한 절대 다수는 평화를 원했다. 또한 대부분의 사람들은 폼페이우스의 의도와 그가 일단 카이사르를 패배시키고 난 다음에 어떤 일이 일어날지 몰라 불안해했다. 키케로는 그것에 대해 이렇게 썼다. "(폼페이우스와 원로원이) 승리하면 많은 악마들과 틀림없이 독재자가 등장하게 될 것이다." 그는 사람들의 평화에 대한 열망이 얼마나 간절한지를 이해하고 있었기 때문에, 결국에는 원로원이 카이사르와 싸우게 될 텐데도 그에게 그렇게 많은 권력을 허용해준 이유가 무엇인지를 놓고 다시 고민에 빠졌다. 마침내 내전이 벌어졌을 때, 키케로의 편지는 불안에 빠진 시민들 사이에 퍼져 있던 소문에 대한 내용으로 가득했다. 그는 로마를 방어하기 위한 아무런 시도조차 하지 않고 로마를 떠난 폼페이우스의 결정을 이해할 수 없었고, 그것을 자신의 열세를 공개적으로 인정하는 행위라고 생각했다. 그는 로마에 며칠을 더 머물다가 시골로 가 은거했다. 그는 다른 여러 친구들은 물론이고 폼페이우스와 카이사르하고도 편지를 주고받았는데, 그들 대부분은 그에게 어느 편을 지지하는지 분명히 밝히라고 요구했다.

마르쿠스 카일리우스 루푸스Marcus Caelius Rufus는 공화정 말기의 급진적인 정치에 깊숙이 관여한 거칠고 무책임한 동시대 사람들 가운데 한 명이었다. 하지만 그런 그도 키케로하고는 대단히 우호적인 관계를 유지했는데, 키케로는 법정에서 그를 성공적으로 변호해준 적이 있었다. 키케로가 킬리키아에서 근무하고 있던 시기에 카일리우스는 그에게 장문의 편지들을 보냈는데, 그 편지들은 당시 로마의 근황과 스캔들로 가득했다. 당시 그는 카이사르 진영에 합류했는데, 그 이유는 폼페이우스가 좀더 명예로운 대의명분을 갖고 있기는 했지만, 분명 카이사르가 더 뛰어난 군대를 거느리고 있었고, 정치적 분쟁이 무제한적인 전쟁으로 확산될 경우 무엇보다도 군사력이 중요하다고 생각했기 때문이었다.

이탈리아를 포기하고 대신 동방에서 전력을 축적하겠다는 폼페이우스의 결정은 키케로를 비롯해 많은 사람들을 실망시켰다. 여기에 그의 애매한 태도가 곁들여지면서 상황은 더욱 악화되었다. 왜냐하면 그가 아직도 집정관대행으로서 명령권을 포기하지 않은 상태라 군대를 지휘할 수 있는 권한을 갖고 있었기 때문이었다. 이 불안정한 시기의 몇 달 동안 그는 생애의 다른 기간에 비해 아티쿠스에게 더 자주 편지를 보냈고, 어떤 날에는 하루에 한 통 이상을 쓰기도 했다. 폼페이우스의 전략은 방향을 잘못 잡은 것처럼 보였지만, 키케로는 여전히 그에 대한 충의와 감사하는 마음을 가지고 있었다. 그가 폼페이우스의 대의명분을 실제로 믿지 않았음에도 불구하고 그의 그런 태도에는 변함이 없었다. 카이사르와 그의 몇몇 동료들은 키케로에게 로마로 돌아와줄 것을 간청했다. 카이사르가 적법한 원로원을 소집하기를 원했고, 전임 집정관이라는 유력 인사가 참석할 경우 원로원의 권위가 더욱 높아질 것이라 생각했기 때문이었다. 카이사르파는 자신들의 지휘관이 보낸 편지들을 인용하면서 그의 군대가 폼페이우스를 브룬디시움에 가두었다는 사실을 보고하고 공성전의 진행 상황을 이야기했다. 하지만 이 편지들의 일부 내용은 거의 비현실적일 정도로 이상했다. 3월 말에 로마로 돌아온 카이사르는 키케로를 방문해 직접 자신이 그를 존경한다는 사실을 밝히고 그를 설득해 로마로 돌아오게 하려고 시도했다. 키케로는 만약 자신이 로마로 돌아간다면, 카이사르가 군대를 이끌고 스페인이나 그리스에서 전쟁을 벌이는 것을 원로원이 승인할 수 없다는 입장을 밝히고 폼페이우스의 불운을 애석해할 것이라고 말했다. 카이사르가 그에 대한 대답으로 그와 같은 심정을 공개적으로 밝히지 말았으면 한다고 말하자, 키케로는 로마로 돌아가 그와 다른 입장에서 말할 수는 없으며 그렇기 때문에 자신이 시골에 머물러 있기로 결정한 것이라고 설명했다.

카이사르는 곧 스페인으로 출발했고, 키케로는 뒤늦게 폼페이우스를 따라야 할지, 아니면 전쟁에 가담하지 않은 채 그저 여행을 해야 할지를 놓고 고민하기 시작했다. 카일리우스는 카이사르와 함께 행군했고, 4월에는 행군 도중에 키케로에게 편지를 보내 그에게 폼페이우스 진영에 가담하지 말라고 충고했다. 이미 카이사르가 아주 유리해졌기 때문이었다. 비슷한 시기에 쿠리오는 시칠리아로 향하던 중 잠시 키케로의 집을 방문했다. 쿠리오는 그 어느 때보다 자신만만하게 거리낌 없이 자신의 생각을 마구 토해냈다. 키케로는 카이사르의 사면이 일시적인 책략에 불과하며 결국 그의 본심이 드러날 것이라는 쿠리오의 말을 듣고 마음이 혼란스러웠다. 드디어 자신의 갈 길에 대해 반문한 끝에, 그는 마케도니아로 가는 배에 몸을 싣고 폼페이우스의 군대에 합류하기로 결심했다. 당시 10대였던 그의 아들 마르쿠스는 이미 그곳에 가 있었다. 그는 폼페이우스의 군대에 자원입대하여 기병 장교로 근무하고 있었다. 하지만 폼페이우스의 진영에서 그가 본 사실들은 그를 실망시켰다. 원로원 의원들이 점점 더 극단적인 경향으로 흘러가 단순히 카이사르의 도당들만이 아니라 중립적인 태도를 보인 사람들을 모두 극형에 처해야 한다는 말들을 하고 있었던 것이었다. 폼페이우스는 자신감이나 의지가 전과 같지 않아 보였고, 지휘관들 사이에서는 일체감이라고는 찾아볼 수가 없었다. 병으로 인해 그는 파르살루스 전투에 참가하지 못했는데, 이 전투에서 폼페이우스 군대에 대한 그의 낮은 평가는 사실로 확인되었다. 패전 후, 카토는 키케로가 전임 집정관이자 여전히 집정관대행의 명령권을 갖고 있었기 때문에 그에게 패잔병 무리의 지휘권을 제공하려고 했던 것으로 보이지만, 키케로는 그것을 거부하고 이탈리아로 돌아왔다.

카이사르가 장기간 이집트에 머물면서 여러 달 동안 계속해서 연락이 두절되자, 키케로는 그것을 이해할 수가 없었다. 키케로가 원하는 것은 전쟁이 끝나서 로마의 정치가 적어도 어느 정도 정상적인 상태로 되돌아가는 것이었다. 그런데 이제는 카이사르가 승리를 거두었음에도 불구하고 전쟁에 종지부를 찍지 않고 있었던 것이었다. 키케로는 브룬디시움에서 승자를 기다리면서 그가 자신을 어떻게 처리할지를 두고 초조해했다. 하지만 두 사람이 만났을 때, 카이사르는 그에게 대단히 우호적이었다. 그럼에도 불구하고 키케로는 공식적인 정치활동에 참여하는 시간을 점차 줄이면서 철학 서적을 집필하는 작업에 몰두했다. 한편으로 그는 카이사르가 국가를 올바른 방향으로 이끌어 공화국의 제도들이 점차 제자리를 찾을 수 있게 해주기를 바라는 마음을 가지고 있었다. 하지만 카이사르가 패권을 쥐고 독재관이 된 상황에서도 과거에 자신에게 충성을 다한 자질이 의심스러운 인물들에게 계속 의지하는 태도를 보였기 때문에 키케로와 카이사르의 관계는 계속 멀어져갔다. 키케로가 암살 음모에 가담하지는 않았지만, 카이사르가 암살당하기 전 몇 달에 걸쳐 아티쿠스에게 보낸 편지들이 공개되지 않은 것으로 보아, 아티쿠스가 간접적으로 암살 음모에 관련되었으며, 그는 편지가 공개되는 날까지 그 사실을 숨기고 싶어했을 가능성도 있다. 그는 암살 사건 이후 상황이 개선되리라고 크게 기대하면서 거의 1년 동안 다시 한 번 정계에서 주도적인 역할을 했다. 키케로는 킬리키아의 총독으로 재임하던 시기에 브루투스의 대리인들이 살라미스^{Salamis} 시에 돈을 빌려주면서 합법적인 이자보다 네 배나 높은 이자를 요구했을 때 브루투스에게서 무자비하고 비양심적인 면을 보기도 했지만, 브루투스에 대한 존경심은 상당했다. 그럼에도 불구하고 키케로는 브루투스가 또 한 명의 카이사르를 키우는 꼴이 되지 않도록 옥타비아누스의 야망을 부채질해서는 안 된다고 주장했을 때 브루투스의 말을 듣지 않았다. 키케로는 공화국의 진짜 적을 안토니우스라고 생각했고, 그를 몰락시키기 위해 기꺼이 수단과 방법을 가리지 않았다. 결국 그는 실패하여 목숨을 잃었고, 영원한 기념물로서 자신의 서간문과 연설문, 철학책들을 후세에 남겼다.

전쟁의 결과
3월 15일

BC 44년 2월 15일, 카이사르의 독재관 직책을 비롯해 그가 가진 여타 권한들이 종신제로 바뀌었다. 한 달 뒤, 그는 여러 해 동안 그를 위해 일한 동료들을 포함해 그에게 사면을 받은 폼페이우스파 인사들로 구성된 집단에 의해 칼에 찔려 죽음을 맞게 된다. 우리는 암살 음모자들이 그런 식으로 행동할 수밖에 없었던 이유를 논하기 전에, 카이사르가 품었던 장기적인 목표에 대해 살펴볼 필요가 있다(이것은 학자들 사이에서 논쟁이 그치지 않을 뿐만 아니라 합의점에도 도달하지 못한 주제다). 지금까지 일반적으로 주장된 바에 따르면, 로마 공화국이 실패해서 제정으로 교체된 이유는 도시국가에 적합한 체계가 국제적 규모의 제국을 지배해야 하는 상황의 변화에 적응하지 못했기 때문이다. 이런 관점은 어느 정도 타당성을 가지고 있는데, 실제로 로마 공화국 말기에 공화정 체계로는 소수의 막강한 권력을 가진 개인들 사이에서 벌어지는 경쟁을 수용하거나 규제하기가 점점 더 어려워졌다. 이와 동시에 원로원이 직업군인의 등장을 인정하지 않고 퇴역 병사들에게 아무것도 주려 하지 않자, 더 이상 토지를 소유할 수 없게 된 병사들은 자신에게 더 많은 이익을 제공하는 지휘관 밑으로 들어가 그에게 충성을 다했다. 제국이 된 뒤에도 로마의 제도는 도시국가 시절의 그것과 크게 달라지지 않았다. 하지만 황제들은 좀더 많은 제도적 통제를 가했고, 통합을 촉진시켜 제일 먼저 이탈리아를 제국에 합병시키고 이후에는 속주들도 제국에 합병시켰다. 상비군을 지원하기 위해 만든 조직들은 황제 한 사람에게만 충성했다. 제국 정부에서 원로원 의원들은 여전히 고위 관직을 차지하고 있었지만, 보통 황제로부터 위임받은 권력만을 행사했다. 하지만 로마 시민이든 비시민이든 로마 제국으로부터 혜택을 받는 국민의 수는 크게 증가했다. 제정 혹은 보다 널리 알려져 있는 원수정은 BC 133년부터 BC 31년까지의 시기와 비교했을 때, 그것이 존재했던 AD 2세기까지 단 두 차례의 내전만 일어났을 정도로 로마와 속주들에게 상당한 수준의 안정성을 제공했다.

아우구스투스는 카이사르의 양사자養嗣子로서 아버지의 복수를 하는 과정에서 권력을 쟁취했고, 카이사르의 혁신을 일부 모방해 원수정을 창조했다. 하지만 그 밖에 다른 부분에 있어서는 독재관의 실수에서 교훈을 얻어 카이사르와 아주 다른 방식으로 일을 처리했다. BC 1세기에 로마 공화국은 정치적·사회적·경제적·군사적으로 많은 문제를 안고 있었기 때문에, 이런 문제들을 카이사르가 어느 정도까지 인식하고 있었는지를 살펴보는 것도 중요하다. 그는 자신의 명예와 정치적 지위를 지키기 위해 내전을 치렀다. 만약 그가 원로원으로부터 두 번째 집정관 부재중 출마를 허락받고 계속해서 속주 총독의 지위를 보장받았다면, 역사는 상당히 다른 양상으로 전개되어 한 사람의 독재관이 아니라 카이사르와 폼페이우스라는 2명의 유력자가 로마를 통치하게 되었을 것이다. 하지만 그런 일은 일어나지 않았고, 카이사르가 오래 전부터 절대 권력을 목표로 하고 있었는지의 여부와 상관없이 그는 내전에서 승리를 거두면서 그것을 손아귀에 쥐었다. 독재관으로서 그가 계획했던 개혁은 분야가 대단히 광범위했다. 하지만 해법 자체가 실제적이었는지의 여부를 떠나, 그 개혁들이 로마의 문제를 해결하려는 분명한 계획과 일관성을 갖고 있었을까?

결국 카이사르를 보는 시각은 두 가지로 나뉜다. 첫 번째는 카이사르를 공화정이 더 이상 제 기능을 발휘할 수 없다는 것을 이해한 통찰력이 있는 인물로 보는 시각이다. 그는 자신의 생애 전반에 걸쳐 로마의 빈민과 속주의 현지 주민의 생활 여건에 대해 상당한 관심을 갖고 로마에 있는 극소수 엘리트들의 이기적인 이익만을 위해 국가의 영토를 관리해서는 안 된다는 사실을 깨달았다. 원로원 의원 개개인과 하나의 집단으로서 원로원의 무능력과 약함을 확인하고 그것이 자신이 갖고 있는 능력과 큰 차이가 있음을 인식한 카이사르는 무엇이 만인에게 이익이 되는지 분명하게 인식하고 그에 따라 행동할 수 있는 한 개인이 국가를 이끌 필요가 있다고 생각했다. 카이사르는 그렇게 해서 로마를 안정시키려고 했다. 그러나 그의 목표는 결국 원수정을 통해 달성될 운명이었다. 어쨌든 카이사르는 이 목표를 달성하는 데 실패했다. 로마인들이 그가 추구한 혁명을 받아들일 준비가 아직 되어 있지 않았기 때문이었다. 어쩌면 그가 조바심을 내며 너무 서둘렀기 때문일지도 모른다. 만약 카이사르가 그런 생각을 했다면, 그것은 그만의 독특한 생각은 아니었을 것이다. 여러 번에 걸쳐 키케로는 공익을 위해 원로원과 정무관들이 의사결정을 내리는 데 도움을 줄 한 사람의 강력한 지도자인 최고 공직자rector rerum publicarum가 필요하다고 말하곤 했다. 그는 폼페이우스가 그 역할을 해줄 수 있을 것으로 기대했다. 하지만 아무리 낙관적으로 본다고 해도 카이사르가 그 역할을 해줄 수 있으리라고 기대하기는 힘들었다. 키케로가 말한 최고 공직자는 카이사르가 취임한 독재관보다 권력이 약했다.

두 번째는 카이사르를 통찰력을 가진 인물이 아니라 원로원의 전통에 깊이 물들어 있는 귀족주의자로 보는 시각이다. 그와 같은 계급에 속하는 교육을 받은 다른 모든 사람들처럼, 카이사르는 공직을 통해 유명인사가 되기를 바랐기 때문에 고위 관직에 올라 국가를 대표하여 명성과 명예를 얻고자 했다. 자신의 가문이 여러 세대에 걸쳐 원로원의 핵심에서 멀어졌기 때문인지, 아니면 단지 자신의 엄청난 재능을 인식하고 있었기 때문인지는 몰라도, 그의 야망은 아주 컸다. 그는 성공하는 것뿐만 아니라 다른 사람들보다 더 많은 것을 이루기를 원했다. 로마에서 자신을 1인자의 자리에서 2인자로 밀어내는 것은 2인자의 자리에서 최고 말단 자리로 밀어내는 것보다 훨씬 더 어려울 것이라는 말은 카이사르가 한 것으로 추정된다. 그는 굳은 결심으로 자신의 야망을 추구했고, 자신의 목적을 위해서라면 어떤 과격한 수단이라도 서슴지 않고 사용했으며, 심지어 내전을 치르는 것도 마다하지 않았다. BC 45년까지 카이사르는 자신의 목표를 달성했다고 말할 수 있는데, 그렇게 말할 수 있는 이유는 그의 잠재적인 모든 정적들이 죽었고, 다른 어떤 로마인보다 더 크고 더 많은 횟수의 개선 행사를 치렀을 뿐만 아니라 거대한 건설 계획을 통해 자신의 업적을 영원히 기념할 수 있게 되었기 때문이다. 이제 그가 로마에서 최고 권력과 공화국을 개혁할 수 있는 능력을 갖게 된 것은 그로 인해 얻게 된 부수적인 결과였다. 로마의 문제를 해결하기 위한 거대한 계획 같은 것은 없었다. 아마도 카이사르가 문제를 인식하지 못했거나, 아니면 그것을 해결할 수 있는 방법을 생각해내지 못했기 때문이었을 것이다. 그 대신 그는 자신의 에너지를 관련성이 전혀 없는 아주 다양한 발안이나 개혁으로 낭비하면서 진짜 중요한 문제에 정면으로 도전하기보다는 사소한 문제들을 어설

프게 고치려고 했다. 얼마 지나지 않아 또다시 군대 지휘관으로서 쉬운 목표물들을 찾던 그는 정치적 문제들은 뒷전으로 미룬 채 다키아와 파르티아에서 장기간에 걸쳐 전쟁을 수행하기로 결심했다.

현재 우리는 당시 카이사르의 장기 계획이 무엇이었는지 알지 못하며, 그가 암살당한 후 양쪽 진영이 전개한 서로 반대되는 내용의 선전전 때문에 영원히 그것을 알지 못할 것이다. 어쩌면 그는 두 가지 극단적인 시각의 중간에 해당되는 인물이었을지도 모른다. 분명한 사실은 그가 결코 적지 않은 자신의 권력을 포기하려고 계획했었다는 증거는 하나도 없다는 것이다. 하지만 그가 그 권력을 개인적인 것으로 생각했는지, 즉 독재관이나 황제, 왕과 같은 영구적인 지위를 만들어 그것을 후계자에게 물려주려고 계획했는지는 확실하게 말할 수 없다. 당시 많은 로마인들이 실제로 그가 그렇게 하지 않을까 우려했으며, 적어도 암살 공모자들 중 일부는 로마의 귀족들이 전지전능한 권력을 지닌 한 개인의 감독을 받지 않고 자신의 정치적 삶을 추구할 수 있는 권리를 갖기를 바라는 의미에서 자신들이 독재로부터 해방되기 위한 일격을 가하는 것이라고 생각했다.

암살 음모의 주동자 중 한 명이자 모든 사람들이 가장 이기적이지 않고 순수한 동기를 가진 인물로 생각했던 브루투스는 카이사르가 그런 특정 지위에 오르게 될지도 모른다는 두려움 때문에 암살을 음모했다. 카토의 딸과 결혼하고, 스토아학파로 철학을 공부한 진지한 학자였던 브루투스는 독재관이나 왕과 같은 존재를 반대했지만, 인간으로서 카이사르를 싫어하지는 않았다. 실제로 카이사르도 브루투스를 대단히 총애했고, 한때는 브루투스의 어머니와 연인관계이기도 했다. 브루투스의 어머니인 세르빌리아Servilia는 활발하고 지적인 여성이었고, 카이사르도 그녀를 자신의 정부들 중에서 클레오파트라를 제외하고 가장 높이 평가했던 것으로 보인다. 두 사람의 관계로 인해 브루투스가 카이사르의 사생아라는 소

■■■■■■ 사진 속의 주화에는 카이사르 암살 음모의 주동자 중 한 명인 마르쿠스 유니우스 브루투스의 두상이 새겨져 있다. 학식이 있고 행실이 곧은 브루투스는 사람들로부터 크게 존경을 받았다. 특히 카이사르는 그를 총 애해서 심지어 파르살루스 전투에서 자기에게 대항했음에도 불구하고 그를 사면해주었다. 브루투스는 BC 42년 제2차 필리피 전투 후에 자살했다. (Barber Institute of Fine Arts)

문이 퍼졌는데, 이 소문은 전혀 근거가 없었지만 결코 사라지지 않았다. 공모자들 중 일부는 개인적인 원한 때문에 암살 음모에 가담했고, 원래 카이사르의 장교였던 데키무스 브루투스와 가이우스 트레보니우스는 자신이 받은 보상에 실망했기 때문에 암살 음모에 가담했다.

카이사르는 이미 많은 특별한 명예직에 선출되었는데, 이것은 전례가 없었던 것은 아니지만 보통 전임자들의 명예직보다 훨씬 더 격이 높았다.

카이사르와 베누스 여신과의 관계는 대중들에게 더 널리 알려져 있었던 것으로 보이며, 신들이 자신을 총애한다고 주장했던 술라나 폼페이우스

■■■■■ 카이사르가 독재관으로 재임하던 시기에 그가 주조한 이 주화에는 개선장군으로서 월계관을 쓰고 있
는 그의 모습이 새겨져 있다. 당시 머리숱이 많이 없어진 카이사르는 모든 공적인 행사에서 월계관을 쓸 수 있는
권리를 특히 마음에 들어 했다. (AKG Berlin)

같은 이전의 지휘관들보다도 카이사르가 훨씬 더 신과 가까운 사람이라
는 것을 상징했다. 카이사르의 클레멘티아^{Clementia}, 즉 관용을 상징하는 신
에게도 하나의 신전이 봉헌되었는데, 카이사르는 관용을 베풀어 자신의
철천지원수들도 사면해주었다. 공적으로 카이사르는 개선장군의 복장을
착용하고 항상 월계관을 쓸 수 있는 권리(머리숱이 점점 줄어들어서 걱정을
하던 그는 특히 이 권리를 마음에 들어 했다고 전해진다)와 단순한 형태의 정
무관 의자가 아니라 금박을 입힌 의자에 앉을 수 있는 권리를 누렸다. 그

가 여기서 한 단계 더 나아가 왕이 되고 싶어하며 아마도 군주를 신과 동일시하는 그리스 세계의 모델을 따르게 될 것이라는 소문이 무성했다. 일단의 군중들이 그를 렉스rex(왕)라고 부르며 환호하자, 그는 "나는 렉스가 아니라 카이사르다"라고 대답했다. 렉스는 로마의 한 가문 이름이기도 했기 때문이다. 나중에 그는 일단의 무리가 그에게 바친 왕관을 거부하는 커다란 쇼를 벌이기도 했다.

하지만 그의 행동은 장기적으로 그가 의도하는 것을 의심하게 만드는 충분한 근거를 제공했다. 그는 초기 로마의 경쟁 상대였다가 이미 오래 전에 사라진 도시 알바 롱가Alba Longa*의 왕들이 착용했던 것과 비슷한 소매가 긴 상의와 롱부츠를 착용했는데, 율리우스 카이사르 가문은 그 왕가의 후손임을 주장했다. 카이사르는 그의 적자嫡子인 율리아Julia를 잃은 뒤 이미 조카인 옥타비아누스를 양자로 입양해 후계자로 삼고 10대 소년에 불과한 그를 그리스로 보내 동방 원정을 준비하게 했다. 하지만 옥타비아누스가 그의 재산만을 상속할지, 아니면 지위까지 모두 상속할지는 아직 분명하게 정해지지 않은 상태였다. 그보다 더 걱정스런 일은 클레오파트라가 이탈리아에 와서 카이사르의 정부임을 노골적으로 드러내며 대저택에 들어앉은 것이었다. 이집트 여왕의 조각상이 카이사르의 거대한 베누스 신사원에 있는 여신상 바로 옆에 놓여졌다. 카이사르와 그녀의 결혼을 허락하는 특별법이 계획되고 있다는 근거 없는 소문이 떠돌았다. 카이사르 사후, 이집트 여왕이 사내아이를 낳자, 마르쿠스 안토니우스는 그 아이가 카이사르의 사생아라고 주장하면서 그의 이름을 카이사리온Caesarion이라

---

* **알바 롱가** 아에네아스의 아들 아스카니우스가 세웠다고 전하는 고대 이탈리아의 도시. BC 7세기에 투루스 호스티리우스에게 멸망하고, 주민은 로마로 옮겨졌다고 한다. 로마 제정기에는 로마 귀족의 별장이 많이 세워졌다.

■■■■■■ 사진 속의 주화는 암살 음모자들이 카이사르의 후계자와 전쟁을 치르는 동안 발행한 것으로, 양 끝에는 2개의 단검이 새겨져 있고, 중앙에는 해방된 노예가 전통적으로 쓰고 다니던 모자가 새겨져 있다. 그 아래에 새겨진 문자는 3월 15일(EID Mars)을 간략한 형태로 표시한 것이다. (Barber Institute of Fine Arts)

고 짓고는 고인이 된 독재관이 그 아이를 인정했다고 말했다. 그 아이에 대해 쓴 BC 44년 3월 이전의 기록은 존재하지 않는다. 따라서 카이사르가 그 아이의 진짜 아버지인지에 대해서는 많은 의문이 존재할 수밖에 없다. 또 당시 로마에는 때때로 로마 공화국이 위기에 처했을 때 일종의 지침서 역할을 했던 『시빌린 예언서 Sibylline Books』에 나오는 고대 예언이 입에서 입으로 퍼지고 있었다. 그 고대 예언은 바로 파르티아가 오직 왕에 의해서만 정복될 것이라는 것이었다. 당시 원로원은 카이사르에게 이탈리아 본토를 제외한 제국 전체에 적용되는 지위를 수여하는 법률을 준비하는 중이었던 것으로 보인다. 하지만 그의 야망이 무엇이었든, 카이사르는 무력으로 국가를 지배하려고 하지 않았으며, 자신의 개인 경호대를 해산하고 다른 의원들처럼 로마의 거리를 걸어 다녔다.

카이사르는 BC 44년 3월 18일에 로마를 떠나기로 계획했다. 그가 계획한 전역의 규모를 고려할 때, 몇 년 내에 그가 다시 로마로 돌아올 가능성은 별로 없었다. 따라서 브루투스와 카시우스를 비롯해 60명 이상의 다른 음모자들은 신속하게 행동해야만 한다는 결론을 내렸다. 그들은 별로 공통점이 없는 집단이었지만, 여러 달 동안 비밀을 지키는 데 성공했다. 3월 15일(우리에게는 이데스로 알려진 바로 그날) 아침, 카이사르가 정시에 원로원에 도착하지 않자 음모자들은 약간 당황했다. 하지만 마침내 그가 도착했고, 원로원 의원들은 기립해서 그를 맞이했다. 암살 음모자들은 푸블리우스 킴베르Publius Cimber의 소환을 청원한다는 구실을 대며 그의 좌석 주의에 모여들었다. 한동안 연극이 계속되었다. 카이사르가 원로원을 나서기 위해 자리에서 일어나 그들과 악수를 나누려고 하는 순간, 음모자들은 갖고 있던 단검을 꺼냈고, 푸블리우스 세르빌리우스 카스카Publius Servilius Casca가 뒤에서 첫 번째로 일격을 가했다. 카이사르는 수차례 칼에 찔려 결국 죽고 말았다. 카이사르 암살 당시 카이사르가 건설하기 시작한 새 원로원 건물이 아직 완공되지 않았고 클로디우스의 정치폭력배들이 불태운 옛 쿠리아는 여전히 폐허 상태였기 때문에, 원로원 의원들은 폼페이우스의 극장 단지에 부속되어 있는 한 신전에 모이게 되었고, 그 결과 아이러니하게도 암살당한 카이사르의 시신은 폼페이우스 동상 발밑에 쓰러져 있었다.

전쟁의 결말과 영향
내전과 로마 공화정의 종말

브루투스의 고집으로 암살 음모자들은 카이사르만 죽였다. 마르쿠스 안토니우스는 원로원 의원의 토가를 벗어던지고 현장에서 탈출했다. 그는 자신이 위험하지 않다는 사실을 깨닫지 못하고 다른 원로원 의원들이 허둥지둥 도망갈 때 그 무리 속에 끼여 함께 도망쳤다. 앞으로 무슨 일이 일어나게 될지 알고 있는 사람은 아무도 없는 것 같았다. 원로원 의원들은 천천히 그리고 조심스럽게 암살 지지자들이 떼를 지어 혁명과 약탈을 시도하지 않았다는 사실을 확신하고, 의사당으로 돌아와 암살 음모자들과 대화에 들어갔다. 암살 음모자들에게 브루투스는 그 명성에 걸맞은 가치가 있었다. 대다수의 원로원 의원들이 브루투스의 말에 귀를 기울였기 때문이다. 키케로를 비롯해 유명한 의원들은 음모자들과 함께 섬으로써 그들에 대한 지지를 상징적으로 보여주었고, 몇 시간 뒤에는 카이사르의 핵심 측근이라고 할 수 있는 안토니우스와 레피두스까지도 그들의 소행에 대해 체념한 것처럼 보였다. 전반적인 대중의 반응은 분명하지 않았다. 카이사르가 항상 빈민들 사이에서 인기가 높았기 때문에, 브루투스가 공개 연설을 통해 자신의 동기를 설명했을 때 일부는 공개적으로 반대하는 모습을 보였다.

아마 암살 음모자들은 모든 것이 정상 상태로 돌아갈 것이라고 기대했을 것이다. 독재관은 죽었다. 따라서 원로원과 적절하게 선출된 정무관들은 국가를 다스리는 자신의 임무를 재개할 수 있었다. 문제는 사실상 단 한 사람도 공화국의 전통적 제도가 적절한 기능을 발휘했던 시기를 기억하지 못한다는 데 있었다. 심지어 내전 이후 소수만이 살아남은 고령자들조차 술라와 카이사르 같은 독재관이 지배하는 세계와 비공식적인 3두 정치가 지배하는 세계, 그리고 레피두스나 카틸리나Catilina, 클로디우스와 같은 인물들이 일으킨 혁명의 끊임없는 위협 속에서 성장했던 것이다. 카이사르의 기존 지지자들은 암살 음모자들에 대한 일반 사면에 동의할 의사가 있는 것처럼 보였다. 암살 음모자들은 자신들을 위해 권력을 요구하지 않았다. 비록 주동자들은 곧 속주 총독으로 부임하게 되었지만, 이것은 전임 정무관에 대한 당연한 조치에 불과했다. 심지어 브루투스는 안토니우스가 요구한 카이사르의 국민장國民葬을 인정했다. 장례식장에서 안토니우스는 일반 시민들에게 상당한 재산을 기부한다는 내용이 담긴 카이사르의 유언장을 낭독했다. 그는 시민들 사이에서 암살 음모자들에 대한 적대감이 커지는 것을 감지하고는 그들의 영웅을 암살한 자들에 대한 복수를 하도록 군중을 선동했다. 카이사르의 병사들 중 일부는 이와 비슷한 요구를 하면서 대부분 안토니우스나 레피두스에게 자신의 지도자가 되어 달라고 간청했다. 양 진영 사이의 불확실한 휴전 상태는 여러 달 동안 계속되었다.

옥타비우스Octavius는 유언에 의해 카이사르의 후계자로 인정받고 공식적으로 가이우스 율리우스 카이사르 옥타비아누스라는 이름을 사용하게 되었다. 이탈리아로 돌아온 그는 새로운 변수로 등장했다. 브룬디시움에서 로마로 오는 동안 그는 카이사르를 따르던 소수 고참 병사들을 모았다. 그는 19세에 불과했지만, 놀라울 정도로 자신감이 넘쳤다. 마르쿠스 안토니우스는 그를 심각하게 생각하지 않았고, 쓸모 있는 동맹이라기보다는 충성스런 카이사르 지지자들을 차지하기 위한 경쟁자 정도로 생각했다. 바로 이 무렵 그와 클레오파트라는 입양된 후계자에 대응하기 위해 어린 카이사리온을 대중에게 카이사르의 진짜 아들이라고 공개했다. 곧 안토니우스는 갈리아 키살피나로 가서 그곳에서 규모가 확대된 군대를 맡게 되었다(마케도니아 주둔군의 일부가 그곳에 배치되었기 때문이다). 이로써 그는 로마를 위협할 수 있는 존재가 되었다. 평화와 안정이 회복되기를 바라고 대체로 암살 음모자들에게 동조하는 원로원 의원들에게, 안토니우스는 분명 평화를 이루는 데 방해가 되는 가장 큰 적이었다. 레피두스는 천성적으로 신중했기 때문에 비록 갈리아 트란살피나와 히스파니아 키테리오르Hispania Citerior 속주의 군대를 거느리고 있다고 해도, 자발적으로 행동에 나설 가능성은 별로 없었다. 키케로는 마지막 영광의 순간을 맞아서 생존한 의원들 중 가장 유명한 인사로 부상했으며, 원로원에서 벌어지는 논쟁을 주도했다. 이 시기에 그는 일련의 연설에서 로마 정계의 기준으로 봤을 때도 신랄하다고 할 정도로 강력하게 안토니우스를 공격했다. 당시의 연설들은 아테네의 위대한 웅변가인 데모스테네스Demosthenes가 마케도니아의 필리포스 2세Philippos II(알렉산드로스 대왕의 아버지)를 겨냥해 했던 연설들을 모델로 삼았기 때문에, 필리픽스Philippics로 알려지게 되었다. 옥타비아누스는 안토니우스로부터 많은 지지자들이 이탈하게 만들 유용한 허수아비로 여겨졌다. 키케로는 이렇게 말했다. 그들은 "그 젊은이를 찬양하고 영예를 수여한 뒤 버릴 것이다laudanum aduluscentem, ornandum, tollendum." (라틴어로 된 이 말은 운율과 이중적 의미를 담고 있지만, 그것을 번역하기는 쉽지 않다.) 하지만 옥타비아누스는 자신의 힘을 키우면서 제7군단과 제8군단 출신의 고참 병사들을 끌어 모았다. 곧이어 명목상으로는 안토니우스의 지휘하에 있었지만 카이사르 후계자의 부름에 응답한 2개 군단이 추가로 그의 진영에 합류했다.

　　BC 43년 초, 안토니우스는 갈리아 키살피나에 도착했지만, 전해의 총독이자 암살 음모자 중 한 명인 데키무스 브루투스의 저항에 부딪혔다. 안토니우스의 군대는 질적으로나 수적으로 우월했기 때문에, 브루투스는 곧 무티나Mutina에서 포위당했다. 원로원은 브루투스를 구조하기 위해 BC 43년의 신임 집정관 2명, 히르티우스(카이사르의 옛 장교 중 한 명이자 그의 『갈리아 전기』를 완결하고 더 나아가 『내전기』 뒤에 이어지는 내용으로 몇 권의 책을 더 저술했을 가능성이 있는 작가)와 판사Pansa를 파견하기로 결의했다. 또 키케로를 비롯해 여러 원로원 의원들은 BC 70년대에 원로원이 폼페이우스와 그의 사병을 이용하기로 했던 것처럼 두 집정관을 지원하기 위해 옥타비아누스와 그의 군단을 동원하고, 아직 원로원 의원도 되지 못한 젊은이에게 집정관대행의 명령권을 부여했다. 양군은 BC 43년 4월 14일 포룸 갈로룸Forum Gallorum이라는 마을에서 격돌하여 혼전을 치렀다. 안토니우스는 격렬한 전투를 벌이다가 새로운 병력이 도착하자, 결국 2개의 독수리 군기를 잃고 후퇴했다. 판사는 전투 도중 발사무기에 맞아서 부상을 당해 며칠 뒤 사망했다. 공화국 군대는 무티나로 이동해 안토니우스의 야영지를 공격했다. 그들은 처음에는 상황이 유리하게 전개되어 적의 진형을 돌파하는 데 성공했지만, 히르티우스가 안토니우스의 막사 근처에서 교전 중에 전사하는 바람에 옥타비아누스와 그의 병사들은 결국 후퇴해야만 했다. 데키무스 브루투스는 포위에서 벗어났지만, 옥타비아누스는 자기 양아버지의 살해범 중 한 명을 환영하고 싶은 마음이 전혀 없었다. 브루투스는 다른 음모자들과 합류하기 위해 길을 떠났다가 이동 중에 살해당했다.

두 집정관이 며칠 사이에 모두 사망했기 때문에, 옥타비아누스는 이제 사실상 3개 군대를 모두 지휘하게 되었다. 이들은 전부 합쳐서 대략 8개 군단과 기병, 기타 보조군으로 구성되어 있었다. 그때부터 두 집정관의 죽음에 옥타비아누스가 관련되어 있다는 소문이 돌기 시작했다. 그는 남쪽으로 이동해 다음해 집정관 선거에 입후보했다. 하지만 그는 원로원이 자신을 오로지 단기적인 수단으로만 이용하려 한다는 것을 잘 알고 있었을 것이다. 안토니우스가 한동안 견제를 당했기 때문에, 이제 원로원은 그를 버리고 대신 암살 음모자들에게 의지할 수 있게 되었다. 안토니우스와 레피두스, 옥타비아누스 사이에 서신왕래가 시작되었다. 안토니우스와 레피두스가 힘을 합치고 얼마 후 그해 말에 세 사람이 모두 보노니아Bononia에서 회합을 가졌다. 그들은 셋이 함께 대규모 군대(모든 병력이 전부 참가하지는 않았지만, 전부 합치면 거의 43개 군단에 달했다)를 이끌고 로마를 장악한 뒤 BC 43년 11월 27일에 한 호민관으로 하여금 세 사람을 5년 동안 '국가를 재건하기 위해 집정관 권한을 갖는 3인 위원triumviri rei publicae constituendae consulari potestate'으로 임명하는 법안을 통과하게 만듦으로써 제2차 3두정치 시대를 열었다. 이 직위는 한 사람이 아니라 세 사람이 권력을 나누어 가진다는 점만 제외하면 술라나 카이사르가 오른 독재관이라는 직위와 거의 흡사했다. 카이사르에 대한 복수를 해야 한다는 것이 그들의 선전에서 중요한 역할을 했기 때문에, 그들은 암살당한 독재관을 공식적으로 신격화하고 그를 숭배하기 위한 신전을 건설했다. BC 44년에 혜성이 관측되자, 그들은 그 혜성을 죽은 카이사르가 승천했다는 확실한 증거라고 선언했다. 이때부터 옥타비아누스는 신의 아들로 간주되었다.

3인 위원의 행동은 카이사르보다는 술라에 훨씬 더 가까웠다. 그들은 관용을 베풀지 않고 술라처럼 범법자 명단을 공개했다. 그 결과, 200~300명 정도의 원로원 의원들과 수천 명의 기사들이 죽음을 당했다. 그들 중에는 키케로도 포함되어 있었는데, 그는 마차를 타고 도망가는 도중에 안토니우스가 보낸 기사에게 붙잡혔다. 그의 머리는 필리픽스를 작성한 손과 함께 포룸의 발언대에 못 박혀 전시되었다. 3인 위원은 그들 중 다수를 정치적 이유로 살해하고, 대규모 전쟁을 수행하기 위해 돈이 필요했기 때문에 그 밖의 많은 사람들의 이름을 재산 압류 명단에 추가했다. 이렇게 했음에도 불구하고 그들은 세금을 추가로 징수해야만 했다. 원로원의 공석은 3두정치의 지지자들로 채워졌기 때문에, 원로원은 세 사람의 행동을 그저 승인만 해주었으며, 가끔은 미리 승인을 해주기도 했다. 전쟁을 준비하는 동안에도 자신의 권력을 강화하기 위해 그들은 속주를 나누어 가졌다. 안토니우스는 카이사르가 정복한 지역인 갈리아 코마타Gallia Comata(긴 머리의 갈리아)를, 레피두스는 갈리아 트란살피나와 스페인을, 옥타비아누스는 시칠리아와 사르데냐, 아프리카를 맡았다. 더불어 옥타비아누스는 안토니우스의 수양딸 클라우디아Claudia와 약혼했다.

한편 브루투스와 카시우스는 대규모 군대를 준비할 수 있는 시간적 여유가 있었기 때문에, 폼페이우스가 그랬던 것처럼 지중해 동부에 있는 여러 속주로부터 병력을 모았다. 결국 그들은 약 17개 군단을 집결시켰는데, 그 중 일부는 제36군단의 경우처럼 내전 초기에는 폼페이우스를 위해 싸웠다가 나중에는 카이사르를 위해 싸웠고 이제는 카이사르의 후계자를 상대로 싸우게 되었다. 키케로의 아들도 그들의 편에서 기병 장교로 복무하고 있었다. 안토니우스와 옥타비아누스는 그들을 상대로 BC 42년 여름에 22개 군단을 동원했다. 그들은 필리피Philippi에서 만나 두 차례 싸웠다. 첫 번째 전투에서 안토니우스는 카시우스가 지휘하는 측면을 패주시켰는

데, 카시우스는 브루투스가 옥타비아누스의 군단을 분쇄한 줄 모르고 자살했다. 옥타비아누스에 대해서는 그가 겁에 질려 도주했다거나 병에 걸려 계속 자기 막사 안에 누워 있었다는 다양한 소문이 전해진다. 몇 주 뒤에 두 번째 전투가 벌어졌고, 이번에는 카이사르 지지자들의 대의가 완전한 승리를 거두었다. 브루투스는 자기 동료인 카시우스처럼 자살했다. 당연한 일이지만, 이 승리에 대한 공적은 안토니우스에게 돌아갔다.

옥타비아누스와 마르쿠스 안토니우스는 승리를 거둔 뒤 서서히 레피두스를 몰아내기 시작했다. 레피두스는 아프리카의 속주로 전출된 반면, 옥타비아누스는 스페인을, 안토니우스는 갈리아를 맡았다. 이후 안토니우스는 동부로 가서 그 지역의 충성심을 확인하고 다시 한 번 공세로 전환하기 시작한 파르티아인들로부터 위협을 받고 있는 속주들을 안정시켰다. 이전부터 파르티아 왕실에서 망명생활을 하고 있던 라비에누스의 아들은 일단의 추종자들을 이끌고 파르티아의 시리아 원정대의 일부로 참전했다. 동시에 폼페이우스의 차남인 섹스투스는 문다 전투에서 탈출한 뒤 시칠리아에서 상당한 규모의 함대를 건설하고 이제는 3두정치에 적극적으로 대항하고 있었다. 그는 누구보다도 이탈리아를 관리하는 옥타비아누스에게는 골칫거리가 아닐 수 없었다. 옥타비아누스의 중요한 임무중 하나는 포로가 된 적의 병사들이나 복무 기간이 끝난 병사들 혹은 필리피 전투 승리 이후 더 이상 복무할 필요가 없어진 잉여 병력이 뒤섞여있는 거의 10만 명에 달하는 병사들의 퇴역 문제를 처리하는 것이었다. BC 41년부터 그는 이탈리아 전역에서 농지를 몰수해 이 참전용사들에게 제공하기 시작했는데, 이 과정에서 시인인 푸블리우스 베르길리우스 마로Publius Vergilius Maro*를 포함해 많은 농부들이 토지에서 쫓겨났다. 한편에

---

* 푸블리우스 베르길리우스 마로 BC 70년~BC 19년. 고대 로마의 시인. 애국심과 풍부한 교

서는 이와 동시에 안토니우스의 야심만만한 아내 풀비아Fulvia와 그의 기회주의적 동생인 루키우스Lucius가 가능한 한 많은 고참 병사들을 자기편으로 끌어들일 수 있기를 바라며 옥타비아누스에게 대항해 공공연하게 지지자를 끌어 모았다. 가을에 그들은 군대를 일으켰다가 페루시아Perusia에서 포위되었다. 그 지역을 발굴한 결과, 양측이 사용한 돌팔매용 주조 납 탄환들이 다수 출토되었으며, 탄환에는 정치 구호나 대단히 거친 욕이 새겨져 있기도 했다. 루키우스는 결국 다음해 초에 항복했다. 하지만 이 시기 지중해 서부 지역에서 복무하고 있던 안토니우스의 지휘관 대부분은 계속 그에게 충성했다.

3인 위원들 사이에 공개적으로 분열이 생긴 것처럼 보였다. 그 분열은 오로지 또 한 차례 내전으로만 해결이 될 수 있었다. 브룬디시움에서 전투가 시작되었지만, 마지막 순간 두 지도자는 분열을 봉합했다. 풀비아가 병으로 사망하자, 안토니우스는 옥타비아누스의 누이인 옥타비아Octavia와 결혼했다. 두 사람은 제국을 분할하는 데 합의하고 지중해 동부는 안토니우스가, 서부는 옥타비아누스가 지배했다. 미세눔Misenum에서는 섹스투스 폼페이우스와 조약이 체결되었다. 그러나 섹스투스를 사면하고 그의 권위를 인정해주기로 한 이 조약은 곧 파기되었다. 왜냐하면 섹스투스도 옥타비아누스도 조약을 준수하지 않았기 때문이다. 안토니우스는 파르티아 원정으로 분주했고, 옥타비아누스는 섹스투스에게 대항해 자신의 함대를 건설하는 데 주력했다. BC 36년 안토니우스가 파견한 전대의 지원을 받아 옥타비아누스의 가까운 친구이자 제독인 마르쿠스 비프사니우스 아그

양, 시인으로서의 완벽한 기교 등으로 '시성詩聖'으로서의 대우를 받았고, 특히 옥타비아누스의 후대를 받았다. 7년에 걸쳐 완성한 「농경시農耕詩」, 미완성 작품인 장편서사시 「아이네이스」 등의 대작을 남겼다.

리파Marcus Vipsanius Agrippa가 시칠리아 연안에서 벌어진 나울로쿠스Naulochus 해전에서 폼페이우스의 함대를 격파했다. 섹스투스는 동쪽으로 도주했지만, 안토니우스의 장교 중 한 명에게 사로잡혀 처형당했다.

이번 전투를 치르기 위해 상당한 규모의 군사 자원을 축적한 옥타비아누스는 이제 군사력에 있어서 안토니우스보다도 우위에 서게 되었다. 이탈리아에서 레피두스가 일으킨 봉기를 신속하게 진압했을 때, 옥타비아누스는 이번만은 자기 양아버지처럼 관용을 베풀었다. 레피두스는 목숨을 건졌을 뿐만 아니라 로마의 최고 제사장 지위를 유지한 채 은퇴해 편안히 여생을 보낼 수 있도록 허락받았다. 한편 안토니우스는 파르티아에 대규모 침공을 감행함으로써 카이사르가 계획했던 전쟁을 시작했다. 처음에는 어느 정도 성공을 거두었지만, 적이 그의 보급선을 교란하면서 공세가 정체되었다. 퇴각 과정에서 로마군은 커다란 인명 피해를 입었다. 패전과 함께 막대한 경제적 손실을 입었지만, 안토니우스는 자신의 아내인 옥타비아가 보낸 지원을 거부하고 그 대신 클레오파트라가 자기를 지원해준 사실에 대해 공개적으로 찬사를 보냈다. 그와 이집트 여왕 사이의 애정 행각은 점점 더 노골적인 행태를 보였다. 그들은 카이사리온을 비롯해 두 사람 사이의 자식들을 자랑하며 다녔다. 이후 몇 년에 걸쳐 옥타비아누스와 안토니우스의 동맹관계는 완전히 붕괴되었다. 안토니우스가 클레오파트라에 집착했기 때문에, 옥타비아누스의 선동가들은 동방의 음흉한 간부姦婦에게 너무나 깊이 빠져서 조국인 로마를 배반한 인물이라며 그를 쉽게 매도할 수 있었다. 게다가 로마인이자 그의 덕망 높은 정부인인 옥타비아에 대해 그가 경멸하는 태도를 보였기 때문에 그들의 선전 작업은 더욱 수월했다. 옥타비아누스는 동방의 위협에 대항하는 전 이탈리아 tota Italia의 투사로 묘사되었다. BC 31년 마침내 전쟁이 벌어졌고, 악티움 해전에서 안토니우스가 패배함으로써 끝이 났다. 안토니우스는 클레오파

■■■■■ 사진 속의 주화는 마르쿠스 안토니우스가 악티움 해전으로 절정에 이른 전쟁에서 자신의 군대에 급료를 지급하기 위해 주조한 것이다. 앞면에는 노를 사용하는 전함의 그림이 새겨져 있는데, 이는 당시 전역에서 안토니우스가 이집트 함대에 크게 의지했음을 보여준다. 뒷면에는 세 종류의 군기가 새겨져 있다. 이 주화들은 은의 함량이 낮은데, 이것은 당시 안토니우스가 대규모 병력에 급료를 지불하는 데 어려움을 겪었음을 보여준다. (AKG Berlin)

트라와 함께 이집트로 도주했다가 얼마 뒤 자살했다.

옥타비아누스는 이제 로마 세계의 유일한 지배자가 되어 약 60개 군단에 이르는 엄청난 군대를 지휘하게 되었다. BC 29년에 로마로 돌아온 그는 공식적으로 모든 권력을 내놓음으로써 3두정치는 끝이 났다. 결국 그는 원수정으로 알려진 정치체계를 만들어냈지만, 그것이 서서히 진화하는 과정에서 이전 단계로 되돌아가려는 시도가 몇 차례 있기도 했다. 처음에는 그가 매년 집정관에 당선되었기 때문에 그의 권력이 여전히 너무 노골적으로 드러났고, 아직 그에 대한 적개심도 존재해서 특히 그가 도시 밖으로 나갈 때마다 그것이 표출되곤 했다. 그가 팔라티누스 언덕Collis Palatinus에 거대한 궁전을 건설하는 계획에 들어간 것이 바로 이 무렵이었던 것으로 보인다. 팔라티누스 언덕의 반대편에서부터 포룸과 로마의 정치적 중심지로 이어지는 새로운 도로를 따라가다 보면 거대한 출입구가 있고 이것을 거쳐야 궁전으로 들어갈 수 있었다. 이윽고 옥타비아누스는 대중에게 자신이 전제적인 면이 많이 줄어든 것처럼 보이게 하려고 애썼다. 그는 제2차 3두

정치 당시의 옥타비아누스, 즉 범법자 명단을 게시하고 여러 잔인하고 폭력적인 행동을 한 인물이라는 이미지를 벗기 위해 상당한 노력을 기울였다. 결국 그는 전통적으로 깊은 의미를 지닌 아우구스투스(존엄자)라는 칭호와 '조국의 아버지pater patriae'라는 칭호를 얻게 되었다. 완공된 그의 궁전은 별로 웅장하지 않아서 겉으로는 평범한 귀족의 저택처럼 보였고, 다른 원로원 의원들의 집이 늘어서 있는 도로를 따라 포룸을 통과해 그곳에 들어갈 수 있었다. 어느 면으로 보나 아우구스투스는 군주였다. 그의 권력은 어떤 적법한 수단으로도 대항할 수 없었기 때문이었다. 처음부터 로마 제국의 동쪽 반을 차지하며 그리스어를 사용하고 있던 국민들은 그를 왕basileus으로 불렀다. 하지만 그는 자신이 국가의 주인이 아니라 종복, 즉 다른 정무관들과 똑같은 정무관에 불과하며 다만 그들보다 더 많은 권한을 갖고 임기가 더 긴 것뿐이라고 주장했다.

최종 단계에 도달했을 때, 아우구스투스의 권력은 두 가지 핵심 요소에 기반을 두고 있었다. 가장 중요한, 하지만 대중에게는 거의 알려지지 않은 첫 번째 요소는 어떠한 집정관대행의 명령권보다 큰 '집정관대행의 명령권maius imperium proconsulare' 이었다. 아우구스투스만큼 광범위하지는 않았지만, 폼페이우스도 BC 67년에 해적을 상대하기 위해 총독직을 수행하는 동안 잠시 이와 비슷한 권력을 누렸었다. 그는 두 번째로 집정관이 되었을 때 스페인 전역을 포함하는 대규모 속주의 총독이 되었지만, 로마에 남아서 대리인을 통해 총독의 임무를 수행해도 된다는 허가를 받았다. 아우구스투스도 똑같은 특권을 누렸지만, 그의 속주는 정말로 방대해서 중요 지역만 해도 시리아와 이집트, 그리고 라인 강과 도나우 강의 국경 지대가 포함되어 있었다. 폼페이우스나 그 밖에 로마를 지배했던 다른 권력자들처럼, 아우구스투스의 권력은 표면적으로 원로원에 의해 부여되고 5년 혹은 10년마다 다시 부여되었지만, 그것이 철회될 가능성은 전혀 없었다. 유일하게 아프리카의 경우를 제외하고 1개 군단 병력이 주둔하고 있는 모든 속주들은 황제령 속주의 일부로서 황제의 대리인, 즉 레가투스의 지배를 받았다. 대부분의 경우 레가투스는 원로원 의원들 중에서 임명했지만, 로마가 소비하는 곡물 중 상당 부분을 공급하는 이집트는 에퀴테스가 지배했다. 이는 잠재적 경쟁자에게 그와 같이 중요한 지역의 명령권을 부여하는 것이 너무 위험했기 때문이다. 원로원 의원들의 정치 경력에 변화가 생기면서(그리고 곧이어 에퀴테스들도), 그들은 비록 실질적인 권한은 상실했지만 여전히 명예로운 기존의 정무관 직책과 황제의 레가투스와 같은 속주 부총독 직책들을 교대로 경험하게 되었다. 그 이전의 카이사르처럼, 아우구스투스는 모든 중요 보직에 대한 선거를 효과적으로 통제했다.

아우구스투스의 공식적인 권력에서 훨씬 더 대중적인 두 번째 요소는 '호민관의 권한tribunicia potestas'이다. 로마 시민들, 특히 빈민층은 평민회의 호민관에게 강한 감성적 애착을 갖고 있었다. 원래 호민관 제도는 다른 정무관들이 권력을 남용하지 못하게 하여 평민들을 보호하기 위해 도입한 것이었다. 이런 위장 속에서 아우구스투스는 평민들의 옹호자였다. 이 권한을 통해 그는 원로원이나 평민회를 소집하거나 거부권을 행사할 수 있었다. 아우구스투스는 실제로 이러한 자신의 권한들을 행사한 경우가 거의 없었지만, 그것들에 대해 자주 언급했으며, 심지어 그 권한들이 그에게 부여된 때부터 시작해 그의 제위 기간을 셌다.

궁극적으로 아우구스투스의 권력은 군사력에 의지했다. 최초로 로마에는 영구적으로 군대가 주둔하게 되었다. 황제는 자신의 근위대를 두고, 경찰대cohortes urbanae와 소방대vigiles urbani를 창설했다. 이 병력들은 모두 그가 직접 통제했다. 그는 또한 군대의 충성심을 확보하는 데 많은 노력을 기울였다. 근무 조건이 안정되면서 병사들의 법적 지위와 권리도 향상되

■■■■■■ 프리마 포르타Prima Porta에서 출토된 유명한 아우구스투스의 동상은 권력의 정점에 있던 로마 제국 최초의 황제를 묘사하고 있다. 그는 군대 지휘관으로 묘사되어 있지만, 사실 지휘관으로서 그의 능력은 평범했다. 하지만 그는 신뢰할 수 있는 부하를 보는 눈은 뛰어났다. 그 부하들 중 가장 유명한 인물인 아그리파는 그를 위해 전쟁을 승리로 이끌었다. (AKG Berlin)

었다. 명예롭게 전역하는 병사는 작은 토지나 그에 상당하는 금액의 보조

금을 받았다. 이것은 병사들의 급료와 마찬가지로 특별 군사 재정aerarium

militare을 통해 지급되었다. 이 특별 군사 재정은 아우구스투스가 관리하고 가끔 자금을 지원하기도 했다. 아우구스투스는 고참 병사들이 자기 지휘관에게 어떤 형태로든 생계 수단을 제공해주기를 바라던 문제를 마침내 해결하고, 군단 보병들이 다른 사람이 아닌 자기에게만 충성하게 만드는데 신경을 썼다. 황제로부터 급료를 받게 된 병사들은 그에 대한 충성을 맹세했고, 무공을 세운 병사들은 황제로부터 훈장을 받았다.

군사력이 아우구스투스의 정권을 뒤에서 든든하게 받치고 있었지만, 사람들은 그에 대해 별다른 관심을 보이지 않았다. 공화정 시대의 제도들은 대부분 계속 유지되었다. 원로원은 개혁되어 내전 중 다양한 당파들로부터 진의가 의심스러운 혜택을 받은 것으로 기록된 부적절한 의원들이 제거되면서 그 규모가 감소했다. 이번 개혁으로 이탈리아인의 비중이 높아졌지만, 이윽고 여러 속주들의 귀족 가문 출신들이 원로원에 진출하게 되었다. 아우구스투스도 원로원 회의에 그저 한 사람의 의원 자격으로 참석해서, 대단히 유력한 의원이기는 하나 과거 공화정 시대의 호칭에 불과한 '원로원 제1의원princeps senatus'인 척했다. 그는 의원들에게 자유롭게 토의한 뒤 양심에 따라 투표하도록 장려했다. 아우구스투스가 진심으로 그들이 그래 주기를 원했을 수도 있지만, 실제로 그것은 위장에 불과했다. 모든 원로원 의원들은 앞으로 자신의 경력이 황제의 호의에 달려 있다는 사실을 잘 알고 있었고, 그래서 대다수 의원들은 아우구스투스가 듣고 싶어한다고 생각하는 말만 했다. 원로원과 황제 모두 점잖게 분명한 현실을 외면하면서 공개적으로는 로마가 군주국으로 바뀌지 않은 척 위장하기를 바랐다. 아우구스투스는 집권 초기부터 후계자를 키우기 시작했지만, 황실 내에서 사망률이 끔찍할 정도로 높았기 때문에 그 역할을 할 수 있는 인물은 극소수에 불과했다. AD 14년 결국 아우구스투스가 사망했을 때, 그의 후계자인 티베리우스 카이사르 아우구스투스Tiberius Caesar Augustus*는

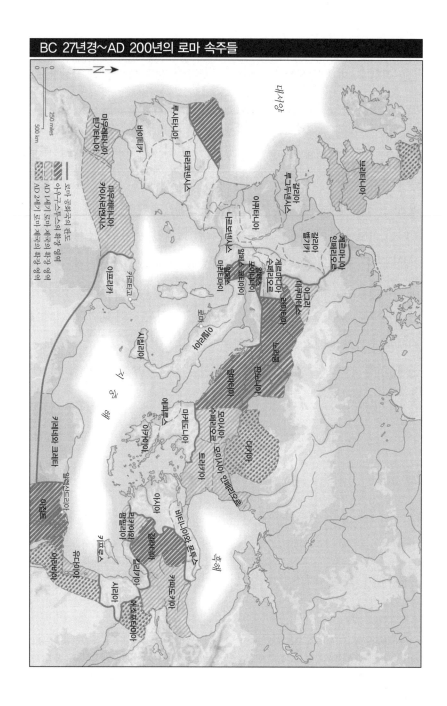

BC 27년경~AD 200년의 로마 속주들

로마 공화국의 판도
아우구스투스의 확장 영역
AD 1세기 로마 제국의 확장 영역
AD 2세기 로마 제국의 확장 영역

원로원의 투표를 통해 정권을 물려받고는 처음에는 그 직위를 마지못해 맡는 척했다. 이 무렵에는 어느 누구도 황제가 없는 삶은 거의 상상할 수조차 없었다.

아우구스투스는 카이사르가 실패한 부분에서 성공을 거두었다. 그는 자기 양아버지가 살해당하는 것을 보고 교훈을 얻어 사람들이 좀더 쉽게 받아들일 수 있는 호칭 뒤에 자신의 권력을 숨겼다. BC 31년 무렵에는 거의 모든 계층에 속하는 국민들이 계속되는 내전의 혼란을 종식시킬 수만 있다면 어떤 사람의 지배도 기꺼이 수용할 태세였다. 아우구스투스의 통치체제는 아주 로마적인 형태의 군주제였다. 황제들이 계속 양아들을 후계자로 삼음으로써 로마는 여러 세기 동안 '카이사르'의 통치를 받았다. 이로 인해 카이사르라는 말은 최고 권력을 의미하는 말이 되었다. 심지어 20세기 초까지만 해도 러시아는 차르^{tsar}가, 독일은 카이저^{Kaiser}가 지배했는데, 이들 황제 호칭은 스스로 독재관이 되었다가 BC 44년에 암살당한 로마 귀족 율리우스 카이사르의 성姓에서 유래된 것이다.

* **티베리우스 카이사르 아우구스투스** BC 42년~AD 37년. 본명은 티베리우스 클라우디우스 네로$^{Tiberius\ Claudius\ Nero}$이며 초대 황제 아우구스투스의 뒤를 이어 로마 제국의 두 번째 황제가 된 인물이다. 아우구스투스 황제의 정복 사업을 도왔고, 즉위 후에는 공화 정치의 전통을 존중하여 제국 통치를 잘 유지하다가 후에 공포 정치를 자행했다.

초기 로마 제국

옥타비아누스는 안토니우스를 상대로 악티움에서 승리를 거두면서 20년에 걸친 거의 연속적인 내부 분쟁에 종지부를 찍었다. 하지만 그렇다고 해서 군사 활동이 중단된 것은 아니었다. 로마의 새로운 민간인 지배자 아우구스투스가 자랑스럽게 자신은 세 번에 걸쳐 야누스 신전Temple of Janus의 문을 닫게 만들었다(그것은 모든 전쟁이 중단되었음을 의미했다)* 고 선언했지만, 실제로 그는 가장 광대한 로마 제국 영토 확장을 감독하고 실현했다. 아우구스투스의 영토 확장은 자신의 양아버지인 율리우스 카이사르의 정복을 능가했고, 새로 건설된 아우구스투스의 포룸을 장식하는 조각상이나 신전에 묘사되어 자랑스럽게 로마 시민들에게 전시되었

---

* 야누스는 로마 신화에 나오는 문門의 수호신으로, 로마 중심부에 있던 야누스 신전의 문은 평화로울 때는 닫혀 있었고, 전쟁 중에는 열려 있었다고 한다.

다. 이 대조를 이루는 선전물들은 로마 지도자들이 충족시켜야 할 상반된 요구들, 즉 민간인 거주자들, 특히 부유한 계층과 핵심 속주들에 사는 거주자들이 바라는 평화와 안정, 그리고 역사적 전통이 자극하고 영원히 정체 상태로만 있을 수 없는 강력한 군사 집단이 요구하는 군사적 승리를 반영한다.

로마 대중들은 아우구스투스가 카이사르의 생전에 끝내지 못한 두 가지 사업인 브리타니아 정복과 카레 전투의 굴욕을 갚기 위해 파르티아 정벌을 완수해줄 것으로 기대했지만, 실제로 그런 일은 일어나지 않았다. 파르티아인들은 외교적 압박에 굴복하여 노획한 3개의 독수리 군기를 반환했고, 브리타니아인들은 한동안은 자기들 마음대로 생활하도록 내버려 두었다. 그 대신 아우구스투스는 스페인 북서부와 알프스를 합병한다는 중요하지만 돋보이지 않는 전역을 수행했는데, 이들을 통합시키는 것은 대단히 어려운 일이었고 많은 전리품을 챙길 수 있는 기회도 별로 없어서 과거 공화국 시절의 지휘관들은 그런 임무를 맡으려고 하지 않았다. BC 20년대에 아우구스투스가 직접 전역에 참가했지만, 지휘상의 주요 업무는 그의 사위인 아그리파가 수행했다. 이후 그는 다른 친척들과 자신의 양아들인 드루수스Drusus와 티베리우스에게 주로 군대의 지휘를 맡겼다. 동부에서는 아라비아와 에티오피아Ethiopia에 대한 원정이 실시되었는데, 이들 원정은 정복을 위한 예비 단계였을 수도 있지만 그런 잠재적 가능성은 실현되지 않았다. 그 밖에 다른 지역에서 아우구스투스는 종속국들에 대한 정리 작업을 벌여 갈라티아는 완전히 속주로 전환시켰고, 유다이아Judaea의 경우 역시 처음에는 헤로데Herod 왕의 권위를 유지시켜주다가 결국에는 속주로 편입시켰으며, 아르메니아Armenia에 대한 영향력을 놓고 파르티아에 대항해 군대를 이동시켰다. 또한 아우구스투스는 로마의 국경을 북쪽으로 밀어 올려 도나우 강 중류와 상류에 도달함으로써 이탈리아 북부의 안전을 강화하고 제국의 동부와 서부를 연결하는 육로를 보호했다. 새로 속주에 편입된 판노니아Pannonia와 노리쿰Noricum, 라이티아Raetia는 제국의 방위에서 중추적인 역할을 담당했다. 로마군은 카이사르의 선례에 따라 라인 강을 도하하여 엘베Elbe 강 유역에서도 전역을 수행했다. AD 4세기 무렵에는 게르만 부족의 항복과 부분적인 이주정책 덕분에 새로운 속주를 만들 수 있는 여건이 형성된 것처럼 보였다. 하지만 곧 재앙이 닥쳤다. 첫 번째는 도나우 강 유역의 새로운 속주가 거대한 반란에 휩싸인 것이었다. 그것을 진압하기까지 3년(AD 6년~AD 9년)이 걸렸으며, 발칸 반도에서 질서가 회복되자마자, 게르만의 새로운 속주 총독인 푸블리우스 퀸틸리우스 바루스Publius Quintilius Varus가 오스나브뤼크Osnabrück 인근의 토이토부르크 숲에서 게르만 부족들에게 매복공격을 당해 3개 군단이 전멸했다. AD 14년까지 이어지는 아우구스투스의 긴 집권기 중 가장 암울한 순간을 맞아 실망한 황제는 밤에도 잠이 들지 못한 채 바루스에게 자기의 군단을 돌려달라고 외쳤다고 한다. 임종 당시 황제는 자신이 지명한 후계자 티베리우스에게 제국의 현 판도를 유지하라고 조심스럽게 조언했다.

● 로마의 속주 총독이 도착했다는 사실은 새롭게 통합된 많은 사회에 커다란 충격이었다. 칼레도니아 부족의 추장인 칼가쿠스Calgacus는 로마 군대가 스코틀랜드 내부까지 팽창하지 못하게 해야 한다고 추종자들에게 역설했다. 당시 로마군의 지휘관은 로마의 원로원 의원이자 역사가인 타키투스의 장인 아그리콜라Agricola였다(Agricola 30.5).
"그들은 약탈과 살육, 강간을 가리켜 '통치'라고 부른다. 그들은 폐허를 만들어놓고 그것을 평화라고 부른다."

제국의 팽창

아우구스투스 바로 뒤에 이어지는 율리우스-클라우디우스 왕조Julio-Claudi-an dynasty*는 내적으로 평화 상태를 유지하면서 간헐적인 대외 활동을 통해 그것을 강화하는 과업을 계속 수행했다. 새로운 황제가 즉위하자, 라인 강과 도나우 강 유역의 군대에서 반란이 일어났는데, 그들은 바루스의 재앙으로 초래된 복무 기간의 연장에 불만을 품었을 뿐만 아니라 아우구스투스가 아닌 다른 황제가 지금까지 그들이 누려온 복무 조건이나 환경을 보장해주지 않을지도 모른다고 우려했다. 두 경우 모두 신속한 행동으로 상황이 진정되었고, 반란의 주동자들은 처벌을 당했으며, 반란에 가담한 한 군단은 10명 중 1명을 처형하는 데키마티오 형벌을 받았다. 티베리우스의 치세 기간 동안(AD 14년~AD 37년) 발칸과 갈리아에서 상당한 규모의 반란이 일어났으며, 제국에서 여전히 원로원이 속주의 군대 지휘관을 선택할 수 있는 유일한 지역인 아프리카에서는 현지인의 반란을 진압하는 데 어려움을 겪었다. 동부 지역에서는 종속국의 합병 작업이 계속 진행되어 카파도키아Cappadocia가 속주로 전환되었고, 아르메니아는 잠정적으로 보호령이 되었다. 클라우디우스(AD 41년~AD 54년 재위)는 트라키아Thracia와 북아프리카가 제국에 통합되는 것을 지켜보았고, 라인 강에 면하고 있는 부족들에 대한 로마의 권위를 계속 유지했지만, 그의 가장 큰 업적은 오랫동안 지체되었던 브리타니아 정벌에 나선 것이었다. 클라우디

---

* **율리우스-클라우디우스 왕조** 초대 로마 황제 아우구스투스에 뒤이은 4인의 황제 티베리우스, 칼리굴라, 클라우디우스 1세, 네로를 배출한 왕조(AD 14년~AD 68년). 이 왕조는 직계 혈통에 따른 것이 아니었다. 아우구스투스는 율리우스 씨족 출신인 율리우스 카이사르의 종손從孫이자 양자였고, 반면에 아우구스투스의 양자인 티베리우스는 귀족 계급인 클라우디우스 씨족 출신이었다. 칼리굴라는 아우구스투스의 증손자였고, 클라우디우스는 티베리우스의 조카였으며, 네로는 클라우디우스의 양자였다.

우스 자신은 군사와는 거리가 먼 인물이었지만, 상징적인 승리의 순간에 현장에 있으려고 직접 북쪽으로 이동했다. 네로(AD 54년~AD 68년 재위) 역시 군사적 시도에는 거의 흥미를 느끼지 못했지만, 파르티아인들이 다시 지배권을 회복하려고 아르메니아에서 시도한 공격을 극복해야만 했다. 브리타니아에서는 가혹한 세금 징수 방식과 병합의 다른 여파로 인해 여왕 부디카Boudicca*가 반란을 일으켰고, 유다이아에서는 보통 새로 편입된 속주에서 터져 나오게 마련인 일반적인 불평의 이유가 종교로 인해 더욱 증폭되었다. 운이 좋게도 네로는 훌륭한 지휘관들 덕분에 이 위기들을 극복할 수 있었다. 아르메니아에서는 코르불로Corbulo가, 브리타니아에서는 파울리누스Paulinus가, 유다이아에서는 베스파시아누스Vespasianus가 문제를 해결했다. 하지만 정작 군사에 전혀 흥미가 없던 본인은 원로원으로부터 별로 인기를 얻지 못해서 그의 통치에 도전하는 사태가 벌어졌을 때 자신을 지키기 위해 준비해둔 병력이 거의 없었다.

4황제의 해(AD 68년~AD 69년)**는 타키투스가 '제국 통치의 비밀'이라고 묘사했던 것, 즉 황제는 로마 밖에서도 옹립될 수 있다는 것을 원로원뿐만 아니라 로마 군단에게 보여주었다. 갈바Galba는 스페인의 지지를 받았고, 그 다음 황제가 된 오토Otho는 로마 근위대의 지지를 받았으며, 비텔리우스Vitellius는 게르마니아 수페리오르에서 그가 지휘하던 군단들이 큰 힘이 되어주었다. 이들은 모두 무력으로 잠시 동안 권좌에 올랐지만, 결국 승자가 된 것은 당시 제국에서 가장 규모가 큰 군사 집단의 지휘자였던 베스파시아누스였다. 유대인의 반란을 진압하기 위해 유다이아에

---

* **부디카** ?~AD 60년. 고대 브리타니아의 여왕. 로마의 지배에 반대해 60년에 반란을 주도했다.
** **4황제의 해** AD 68년~AD 69년에 6대 갈바, 7대 오토, 8대 비텔리우스, 9대 베스파시아누스가 차례로 제위에 올랐다. 2년도 채 안 되는 기간 동안 무려 4명의 황제가 제위에 올랐다.

● 로마군에게 공성전 능력은 중요한 자산이었다. 어느 곳도 함락되지 않을 것이라고 확신을 할 수 없을 정도였다. 그런 사실은 AD 70년~AD 73년 공성전 당시 유대 사막에 있는 마사다^{Masada} 외곽에 건설된 거대한 보루들을 통해 알 수 있다. 유대인 주둔군 사령관인 요세푸스^{Josephus}가 같은 해 초에 있었던 로마군의 요타파타^{Jotapata} 공격에 대해 설명한 다음의 인용문은 로마군이 가한 포격의 위력을 잘 설명해주고 있다(Jewish War 3.166-7).

"베스파시아누스 황제는 자신이 보유하고 있는 160문의 노포를 주위에 배치시키고 방어자들을 향해 사격을 명령했다. 한 번의 일제사격에서 쇠뇌는 화살을 쏘고 투석기는 무게가 거의 50킬로그램에 달하는 돌을 날렸다. 불 붙인 나무토막과 화살이 우박처럼 쏟아졌기 때문에 유대인들은 방벽 위에 서 있을 수 없었다."

집결해 있던 군대에 다수의 파견대를 보낸 도나우 강 유역의 군단들이 그를 지원함으로써 그는 압도적인 우위를 차지할 수 있었다. 아이러니하게도 베스파시아누스가 이 압도적인 군대의 지휘관으로 선택된 이유는 네로가 보잘것없는 이탈리아 촌구석 출신인 그가 자신에게 심각한 정치적 위협을 가하지는 않을 것이라고 생각했기 때문이었다. 베스파시아누스의 지위는 그의 반란군이 그를 황제로 선언한 바로 그날 이후 그가 취한 모든 행동을 승인하는 원로원의 법령이 소급 적용되어 합법화되었다.

베스파시아누스에 의해 시작된 새로운 플라비우스 왕조^{Flavius dynasty}(AD 69년~AD 96년)*는 이전 왕조와 비슷한 문제에 당면했다. 유대인의 반란은

---

* **플라비우스 왕조** 로마 제국을 지배한 황제 가문으로, AD 69년부터 AD 96년까지 3명의 로마 황제인 베스파시아누스와 그의 큰 아들 티투스, 그리고 둘째 아들 도미티아누스가 그 구성원이다. AD 96년 9월 18일 도미티아누스의 암살로 플라비우스 왕조는 3명의 황제를 배출하는 것으로 막을 내렸다.

결국 진압되었고, 예루살렘의 신전은 파괴되었으며, 전역을 통한 브리타니아의 합병도 진척을 보여 스코틀랜드 북동부까지 밀고 올라갔고, 동부에서는 종속국들의 통치권을 제국이 인수하는 과정이 계속되어 코마게네Commagene 왕국이 합병되었고, 라인 강과 도나우 강 상류의 게르만 부족들에 대해서는 두 강 사이를 오목하게 가로지르는 새로운 전선을 구축하는 방법으로 그들의 압박을 완화시켰다. 하지만 성공은 또 다른 난관으로 이어져 도미티아누스Domitianus(AD 81년~AD 96년 재위) 황제는 도나우 강 하류 너머에서 다키아인들이 데케발루스Decebalus 왕의 감화력 넘치는 지도력 아래 단결 중이며 그들을 제압하기는 불가능하다는 사실을 깨달았다. 트라야누스Trajanus(AD 97년~AD 117년 재위)는 그 난제들을 이어받았다. 그는 아우구스투스 다음으로 로마의 모든 지배자들 중 가장 위대한 정복자이자 제국 건설자였으며 대부분의 제위 기간 동안 영토 확장을 위해 직접 전역에 참가했다. 북아프리카에서 그는 로마의 영향력을 남으로 확대해 아우레스Aures 산맥까지 도달하는 상당한 성과를 거두었으나, 다른 곳에서 취한 그의 군사행동에 가려 빛을 발하지 못했다. AD 101년부터 AD 107년까지 그는 도나우 강 너머에서 여러 차례 군사행동을 취했다. 그의 군대는 긴 주교를 건너 먼저 데케발루스 왕에게 항복을 강요하고, 이어서 그가 반란을 일으켰다가 실패하자 그를 궁지로 몰아 자살하게 만들었다. 오늘날 루마니아의 영역에 거의 맞먹는 상당한 규모의 새로운 속주가 탄생했다. 동부전선에서는 종속국이었던 나바테아 왕국Nabataean Kingdom이 제국에 합병되어 아라비아 속주Provincia Arabia가 되었다. 이어서 트라야누스는 좀더 북쪽으로 올라가 유프라테스Euphrates 강을 건너 아르메니아에 대한 로마의 영향력을 회복하고 메소포타미아Mesopotamia에 새로운 속주를 설치하고는, 최종적으로 티그리스Tigris 강을 따라 전역을 수행하여 파르티아의 수도인 셀레우키아Seleucia를 점령했다. 트라야누스는 알렉산드로스 대왕

■■■■■■ 트라야누스의 기둥 한 부분에 주교를 통해 강을 건너고 있는 병사들의 모습이 새겨져 있다. (AKG Berlin)

을 닮고 싶다는 생각에서 그렇게 했는지는 모르지만, 상당한 군사 자원이 동부의 속주로 전용되면서 다른 지역에 반란을 일으킬 수 있는 기회를 제공했다. 심지어 그가 죽기도 전에 동부의 확장 지역이 불안정한 양상을 보이자, 이후에 메소포타미아 지역을 곧바로 포기하고 말았다.

트라야누스 황제의 두 후계자인 하드리아누스Hadrianus(AD 117년~AD 138년 재위)와 안토니누스 피우스Antoninus Pius(AD 138년~AD 161년 재위)는 유능한 지휘관이었지만, 신중한 방어력 강화정책을 추구했다. 두 황제는 각자 브리타니아 북부에 타인Tyne 강에서부터 솔웨이Solway 강까지 이어진 하드리아누스 방벽과 포스Forth 강과 클라이드Clyde 강 사이의 지협을 봉쇄하는 안토니누스 성벽을 건설했는데, 이 방벽들은 그들의 정책을 가장 잘 요약해 보여주고 있다. 기념비적인 성격은 덜하지만, 독일 남부 지역과 북아프리카의 일부 국경선에도 그에 상응하는 방어시설이 구축되었다. 이와 동시에 제국 내부에서 반란이 일어나기도 했는데, 그 중 유다이아의 반란이 가장 심각해서 이곳에서 로마의 영향력이 회복될 때까지 약 50만

■■■■■■ 트라야누스의 기둥에 새겨진 방어시설의 모습. 국경을 따라 건설된 인상적인 방어시설들 덕분에 로마 군은 심리적 우월감을 느꼈다. (AKG London/Hilbich)

명의 속주민들이 죽었고, 종교 중심지인 예루살렘은 전형적인 로마 식민 지로 바뀌어 아일리아 카피톨리나Aelia Capitolina로 불리게 되었다.

　AD 2세기에 로마 제국의 황위 승계 방식의 한 가지 특징은 황제가 자 신의 아들에게 제위를 물려주지 않았다는 것이다. 그 대신 그들은 능력이 검증된 사람들을 입양했다. 이런 절차는 마르쿠스 아우렐리우스Marcus Aurelius(AD 161년~AD 180년 재위)의 즉위로 절정에 달했는데, 하드리아누스 는 2대에 걸친 후계자를 미리 정해두기 위해 자신의 다음 후계자인 안토 니누스에게 아우렐리우스를 양자로 삼도록 요구했다. 많은 사람들은 마 르쿠스 아우렐리우스를 로마의 성군 중 하나로 평가하는데, 그가 사려 깊 은 지식인이었다는 점에서 그와 같은 평가는 어느 정도 옳다. 그가 쓴 자 아성찰적인 『명상록Tōn eis heauton diblia』은 현대인에게도 여전히 매력적이다. 그리고 역사가 기번은 『로마 제국 쇠망사Decline and Fall of the Roman Empire』에서 그의 제위 기간을 하나의 기점으로 삼았다. 철학적 성향을 가지고 있었음 에도 불구하고 마르쿠스 아우렐리우스는 제위 기간의 대부분을 전역을 수행하며 보내야만 했다. 그의 제위 기간 중에도 속주가 동요를 일으키는 일상적인 주기가 반복되었고, 이번에는 이집트와 마우레타니아Mauretania가 그 대상이 되었다. 하지만 파르티아의 시리아 침공은 동부전선을 다시 전쟁 상태로 몰아넣었다. 마르쿠스의 공동 황제인 루키우스 베루스Lucius Verus가 지휘하는 로마군이 승리하여 메소포타미아에 속주를 부활시켰다. 도나우 강 상류의 여러 부족들이 가하는 위협은 훨씬 더 심각했다. 이곳에서는 발트 해로부터 남쪽으로 흑해와 도나우 강을 향해 이주 중이던 고트족Goths의 압력을 받아 마르코마니Marcomanni · 콰디Quadi · 사르마트Sarmat 부족의 침입이 끊이지 않았기 때문에 마르쿠스는 그들을 저지하면서 여생을 보내야만 했다.

마르쿠스의 죽음과 함께 그의 친아들인 코모두스Commodus(AD 180년~AD 192년 재위)가 황위를 계승하면서 양자가 황위를 계승하는 전통은 끊어지게 되었다. 방탕한 황제라는 평판이 자자했던 코모두스는 고된 통치 업무를 소화해낼 수 없었기 때문에 적과 싸우기보다는 적과 거래하는 방법을 더 선호했지만, 그의 치세 기간 동안 도나우 강을 따라 전쟁은 계속되었다. 그의 몰락을 초래한 것은 군사행동을 취하지 않아서가 아니라 그의 근위대장이 군단 병사들에게 제때 봉급을 지급하지 않아서 반란을 촉발시켰기 때문이다. 2년에 걸친 내전 결과, 제국 내에서 가장 규모가 크고 강인한 군대인 도나우 강 유역의 군단들을 지휘하는 셉티미우스 세베루스Septimius Severus(AD 193년~AD 211년 재위)가 승리를 거두고 새로운 왕조를 열었다. 내부 투쟁으로 인해 국경의 부대를 빼내어 같은 로마인들을 상대로 전투를 벌이다 보니 국경지대에 문제가 발생했다. 셉티미우스가 승리한 장기간의 전역도 예외는 아니었다. 그가 페스케니우스 니게르Pescennius Niger*와 그의 시리아 지역 군단들을 패배시켰던 동부전선에서는 비잔티움Byzantium과 같은 주요 도시가 약탈을 당했을 뿐만 아니라 국경선 일대의

■■■■■■ 셉티미우스 세베루스의 승리를 기념하기 위해 로마의 포룸에 건설된 개선문. (Michael Whitby)

힘의 균형이 무너졌다. 이곳에서 셉티미우스는 몇 차례 승리를 거두었지만, 로마의 영역을 확대하지는 않기로 하고 대신 에데사Edessa(오늘날의 터키 산르우르파Sanliurfa)를 근거지로 하는 종속국 오스로에네 왕국Kingdom of Osrhoene을 건설했다. 제국의 서쪽 끝인 브리타니아에서는 셉티미우스의 두 번째 주요 정적인 클로디우스 알비누스Clodius Albinus가 자신의 야망을 추구하기 위해 주둔 병력을 감소하는 바람에 국경의 방어진지들이 침략으로 황폐하게 된 상태였다. 처음에는 하드리아누스 방벽을 따라 그 주변의 방어시설을 복구하려는 많은 작업들이 진행되었다. 그 뒤에 셉티미우스 황제는 방벽 너머 칼레도니아Caledonia에서 죽기 전 3년의 시간을 보냈다.

---

* 페스케니우스 니게르 ?~AD 194년. 로마의 황제(AD 193년~AD 194년 재위). 이탈리아 출신 기병 장교로, AD 185년~AD 186년 갈리아의 군단을 지휘했으며, AD 189년경 집정관이 되었다. 코모두스 황제가 죽은 뒤 내란을 틈타 시리아에서 그의 군단에 의해 제위에 추대되었으나, 이수스 전투에서 셉티미우스 세베루스에게 패배하여 살해되었다.

● 대부분의 로마 황제들은 직접 전역을 수행한 경험을 갖고 있었다. 만약 황제가 적절하게 행동하여 승리를 거둔다면, 이것은 병사들과 황제 사이의 결속력을 더욱 강화시켜주는 역할을 했다. AD 3세기 역사가 헤로디아누스 Herodianus는 셉티미우스 세베루스의 행동을 다음과 같이 찬양했다(History 2.11).

"그는 병사들과 고통을 함께하며 다른 병사들과 똑같은 막사를 사용하고 같은 음식을 먹었으며 황제의 사치스러운 장신구는 사용하지 않았다. 따라서 그는 그의 전우들에게 더욱 큰 지지를 받았고, 그들의 노고에 직접 동참했기 때문에 그들로부터 존경을 받았다."

테이Tay 강의 카파우Carpow에 2개 군단을 위한 거대한 요새를 세우고 포스 Forth 만의 크래몬드Cramond에는 항구를 건설한 것으로 보아 로마인들은 떠나려는 의사가 없었던 것으로 보인다. 그들은 어쩌면 그들의 주둔지를 보호하기 위해 테이 강 너머에 있는 스트라스모어Strathmore의 인구를 조직적으로 줄이려고 시도했을 수도 있다.

요크York에서 임종을 맞은 셉티미우스는 두 아들 카라칼라Caracalla와 게타Geta에게 "병사들을 보살피고 휴식 따위는 잊어라"라고 강조했는데, 그의 이 조언도 카라칼라가 자기보다 어린 공동 지배자를 재빠르게 퇴위시키는 사태를 방지하지는 못했다. 셉티미우스가 수행한 지속적인 전역들은 그의 왕조 후계자들의 치세 기간에도 끊이지 않고 계속되어 카라칼라(AD 211년~AD 217년 재위)는 브리타니아와 라인 강 상류, 동부에서 전역을 수행했고, 세베루스 알렉산데르Severus Alexander(AD 223년~AD 235년 재위)는 라인 강과 동부의 두 구역에서 전역을 수행했다. 세베루스 알렉산데르의 치세 기간 동안 제국에는 제국의 역사를 전기와 후기로 나누는 중요한 변화들 중 하나가 발생했다. 이 시기에 로마의 동부 국경 인접국이었던 아르사키드 파르티아 왕조Arsacid Parthian dynasty가 좀더 호전적인 사산 왕조 Sassanids로 교체되었다. 그의 마지막 운명 또한 이후 반세기에 걸쳐 제국이 혼란에 빠지게 되는 전조가 되었다. 라인 강 전역이 아무런 결말도 이끌어내지 못하자, 병사들 사이에서 그들의 지도자에 대한 불만이 고조되었고, 그는 자기 어머니의 치맛자락 속에 숨어버렸다. 그는 어머니인 율리아 마마이아Julia Mamaea와 함께 살해당했고, 트라키아 출신의 거친 군인인 막시미누스 트락스Maximinus Thrax가 그의 제위를 이었다.

제국의 국경선

250년에 걸친 전쟁사를 이렇게 간략하게 훑어볼 때 분명히 짚고 넘어가야 하는 사실은 로마 황제들이 외부의 다양한 위협들을 고려하면서 동시에 속주의 반란이나 산적들의 정착촌과 같은 과격한 집단 사회의 출현에 대해서도 항상 경계를 늦추지 않았다는 것이다. 이들은 관리 당국이 권위를 상실하거나 증가하는 그들의 폭력 행위에 대한 경계심이 약화될 때마다 출현하는 경향이 있었다. 일반적인 주장에 따르면, 장군이나 황제들은 제국의 주민들을 보호하는 일상적인 방어 행위보다는 많은 보상이 따르는 대외 정복에 더 관심을 가졌고, 속주를 군사적인 관점에서 보호의 대상이 아니라 정복의 대상으로 보았다. 국경 간의 교역과 군사적 영광의 중요성, 법과 질서의 보존 등 이 모두가 중요한 고려사항이었지만, 로마의 평화pax Romana라는 이념 또한 중요했다. 사람들은 황제가 제국의 시민들을 위한 의무를 갖고 있다고 믿었거나, 아니면 적어도 황제의 직무 능력을 중요하게 여겨서 황제를 찬양하거나 비난할 때 로마의 평화를 언급했다. 오래 전부터 국내의 치안 유지와 소요 진압 업무에 국경선이나 그 너머에서 벌어지는 군사 활동에 투입된 것만큼이나 많은 군대 병력이 투입되었을 것이다. 하지만 치안 문제는 일상적일 뿐만 아니라 소규모인 특성을 갖고 있어서 별다른 뉴스거리가 되지 못했다. 따라서 우리는 제국의 전선을 따라 벌어진 웅장한 전역에 대해서는 많은 정보를 갖고 있지만, 당시 국경의 주둔군이 거의 대부분의 시간을 들여 수행했을 틀에 박힌 순찰이나 감시활동에 대해서는 상대적으로 아는 바가 적다.

로마 제국의 국경선은 라인 강과 도나우 강, 유프라테스 강을 기점으로 하는 3개의 주요 영역으로 구분되었으며, 브리타니아가 네 번째로 의미 있는 영역이었다. 이 3개의 주요 영역이 모두 기본적으로 강을 따라 결정되었다는 사실은 결코 우연이 아니다. 방어 수단으로서 강의 가치에 대해서는 많은 논란이 있어왔지만, 강이 일종의 장애물 역할을 했다는 사실은 유럽 전선에서 강물이 얼어버리는 겨울이나 수량이 줄어 도섭徒涉이 가능해지는 여름에 적이 쉽게 국경을 돌파했다는 사실을 통해 잘 알 수 있다. 물론 인간이 강을 도하하는 것이 불가능하지는 않다. 하지만 적의 도하가 가능한 지점은 이미 로마 경계병이 감시하고 있었고, 게다가 경계병 이외에도 함대까지 동원해 방어하는 경우가 많았다. 두 세력의 영역을 구분해줄 만한 강이 존재하지 않을 경우, 로마인들은 시각적인 대체물을 만드는 경향이 있었다. 하지만 그것이 반드시 끊어짐 없이 연결되어 있는 구조물일 필요는 없었다. 로마인들은 북아프리카의 사막 정면에 다양한 직선형 토루들을 건설했는데, 그것들의 목적은 변경의 거주자들이 관찰이 가능한 경로를 따라 이동하는 것을 감시하기 위한 것이지, 그 이동까지 완전히 차단하기 위한 것은 아니었던 것으로 보인다.

동시에 로마의 국경은 견고한 하드리아누스 방벽이 대표하는 단순한 장애물이 아니라 의사소통과 통합의 장으로서 정당한 평가를 받게 되었다. 사실 로마인들은 항상 이 방어시설들 너머로 그들의 영향력을 뻗치려고 했고, 그들의 이웃도 정기적으로 이 방어시설들을 넘나들었다. 아이러니한 사실은 가장 많이 연구 대상이 되었던 로마의 방어시설들, 독일 남서부 라인 강과 도나우 강 사이의 돌출부, 그리고 영국 북부의 장벽들은 로마 국경지대에서 볼 수 있는 전형적인 형태의 방어시설은 아니라는 것이다. 게다가 분명한 장애물인 경우에도 하드리아누스 방벽을 따라 설치된 시설물을 조사해본 결과, 그것의 목적은 이동을 완벽하게 막는 것이 아니라 통제하는 것이라는 사실이 밝혀졌다. 하천은 중요 장애물인 동시에 통신선이었으며, 로마군에게 전방 기지에 대한 안전한 보급로를 제공할 뿐만 아니라 국경 너머의 거주자들이 로마군의 주둔지에서 무역이나 고용을 통해 혜택을 볼 수 있게 해주었다. 그들은 직접적으로 군대와 고용관계를 맺을 수도 있었고, 간접적으로 병사들의 생활에 필요한 다양한 서비스를 제공할 수도 있었다. 현지 주민들의 기준에서 볼 때, 로마 병사들은 상당히 부유했기 때문에 이들로부터 노예나 여자를 사고 모피나 기초적인 식료품을 구입했고, 반면에 현지 주민들은 로마인들로부터 와인이나 향신료와 같은 사치품을 공급받았다. 로마군과 현지인 사이에는 일종의 공생관계가 형성되었다. 로마군은 그 속에서 현지 부족이 보유한 인력이나 필수품을 원했고, 반면에 부족의 지도자들은 로마군으로부터 부

● 비록 하드리아누스 방벽이 로마 제국의 국경지대 유적으로서 굉장한 볼거리를 제공하고 있지만, 로마 제국의 영역을 공식적으로 구분하는 주요 하천이 없는 다른 지역들도 그에 상응하는 관심이 집중되었다. 독일 남부 지역의 경우, 라인 강 상류와 도나우 강 사이의 만곡부에 도미티아누스 황제가 군대의 진지를 강화하기 위해 AD 90년대에 군용 도로를 건설하고 목책을 세워 로마의 영역임을 표시했다. 이에 대한 상세한 설명이 AD 2세기의 군사 서적에 기록되어 있다(Frontinus, Stratagems 1.3.10).

"게르만인들이 평소와 같은 방식으로 숲이나 기타 은신처에서 뛰쳐나와 우리 병사들을 공격하자, 도미티아누스 황제는 190킬로미터에 걸쳐 국경선을 확장함으로써 전투의 성격을 바꾸고 적의 매복 장소를 적발하여 그들을 압도했다."

와 장식품을 얻고 그것을 통해 부족민에 대한 자신의 우월성을 과시하면서 문명의 혜택을 현지에 전파함으로써 부족의 보호자로서 자신이 갖고 있는 권위를 강화해나갔다. 국경지대 주민들과 로마군 사이의 순환적인 관계는 다음과 같은 양상을 띠었다. 로마군은 동조적인 지도자들의 권위를 강화시켜준 뒤, 그들에게 더 큰 요구를 한다. 로마군의 기대치가 너무 높아서 특정 지도자가 정상적인 교역으로 그것을 충족시키기 어려울 경우에는 로마와 현지의 유력 부족 집단들 사이에 충돌이 발생한다. 로마군이 무력 충돌에서 승리를 거두고 나면, 부족 집단들 간의 역학관계는 재편되고, 이들의 순환적인 관계는 처음부터 다시 시작된다.

제국의 첫 번째 세기에 라인 강은 가장 중요한 국경선으로, 팽창을 위한 정복의 가능성과 인근 부족들의 위협이 동시에 존재하는 지역이었다. 바루스의 재앙으로 3개 군단을 잃은 뒤 제국의 29개 군단 중에서 8개 군단이 북쪽 네이메헌Nijmegen과 크산텐Xanten으로부터 남쪽 스트라스부르Strasburg와 빈디슈Windisch까지 라인 강 인근에 배치되었고, 강력한 그 두 배의 군단 병력이 모군티아쿰Moguntiacum(오늘날의 마인츠Mainz) 기지에 배치되었다. 일단 게르마니아를 통합한다는 좀더 원대한 구상을 포기하자, 기동전에 적합한 한시적 군사 시설들이 석재를 사용한 영구 주둔지로 바뀌었다. 이 영구 주둔지에는 고참병과 교역상, 기타 비전투 종군자들이 모여들었다. 이들 중 번창한 지역은 식민지의 지위를 얻는 영광도 누렸는데, 콜로니아 아그리피나Colonia Agrippina(오늘날의 쾰른Köln)가 바로 그 예다. 하지만 구조적 안정화가 정적인 방위 전략을 의미하지는 않았다. 로마는 능동적인 방어 전략을 취해서 로마의 이웃들에게 로마가 존경받을 만하다는 사실을 정기적으로 상기시켜야 할 필요가 있었고, 클라우디우스 황제 밑에서 복무했던 코르불로와 같은 정열적인 지휘관들은 열심히 자신의 재능을 과시했다. AD 2세기 무렵 이 지역의 상비군은 반감되어 4개 군단으로 줄어들었고, 약 40개 보조부대의 지원을 받았다. 로마 시민이 아닌 속주에서 모병한 자들로 구성된 보조부대는 다양한 소규모 부대로 군단의 중장보병을 대체했으며, 여기에는 다수의 기병 알라ala, 측면 기병대를 비롯해 유연한 '기마' 보병들이 포함되어 있었다. 군사적 관점에서 보조군은 전혀 열등한 병종이 아니었다. 사실 그들은 몬스 그라우피우스Mons Graupius에서 그나이우스 율리우스 아그리콜라Gnaeus Julius Agricola가 칼레도니아인들을 상대로 승리를 거두었을 때처럼 상당히 격렬한 전투에 투입되는 경우가 많았는데, 이는 그들이 입은 사상자의 수가 로마군의 손실에 포함되지 않았기 때문이다.

AD 2세기에 라인 강에 배치된 병력은 대강 새로운 속주 브리타니아에 배치된 병력과 대등했다. 당시 브리타니아에는 3개 군단과 50개 이상의 보조군이 주둔했다. 이 시기 최우선 지역은 도나우 강 유역으로, 9개 군단이 서쪽으로는 빈Wien으로부터 도나우 강 삼각지대까지 배치되었고, 추가로 1개 군단이 도나우 강 하류 북안의 다키아에 주둔했으며, AD 160년대

■■■■■ 사진은 하드리아누스 방벽을 따라서 본 풍경(커필즈Cawfields의 작은 성채가 보인다). 하드리아누스 방벽은 엄폐와 선전의 기능이 결합된 또 다른 방어용 구조물이다. (Ancient Art and Architecture)

에는 도나우 강 방어선에 2개 신편 군단이 추가되었다. 이 로마 시민들로 구성된 군단들은 220개가 넘는 보조부대의 지원을 받았고, 길이가 긴 이 지역의 국경선에 다양한 위협이 가해지고 있는 상황을 반영하여 대규모 병력을 배치했다. 로마의 방어선을 아르겐토라툼Argentoratum(스트라스부르) 인근 라인 강의 국경선과 연계시키는 도나우 강 상류의 돌출된 삼각지대는 언제나 민감한 영역이었다. 한편 도나우 강의 하류에서 로마군은 진화하는 부족 집단들의 일상적인 순환관계에서 오는 압력은 물론이고 북유럽이나 러시아 남부의 스텝지대를 가로지르며 전개되는 민족 이동으로 인한 주변 부족들의 연쇄 동요에도 대응해야만 했다. 도나우 강은 또한 제국의 전략적 중심으로서 이곳의 부대들은 라인 강이나 동부의 국경지대를 보강해야 할 필요가 있을 때 거기에 대응할 수 있는 최적의 위치에 있었다.

동부전선에서 로마군은 적에게 대응하면서 가끔은 BC 53년 메소포타

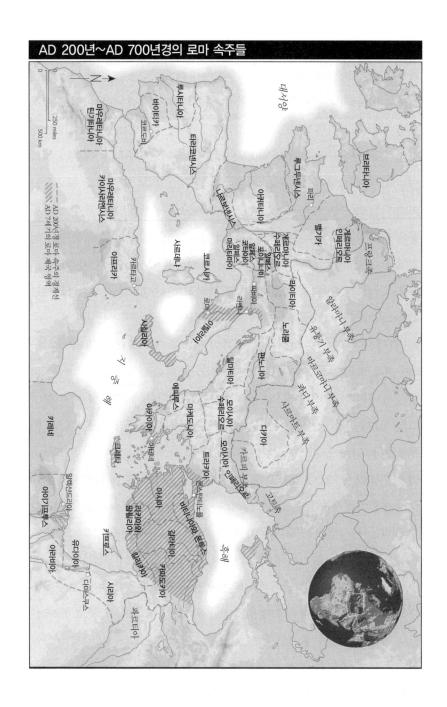

AD 200년~AD 700년경의 로마 속주들

미아의 카레(오늘날의 하란^{Harran})에서 로마군 3개 군단이 파르티아군에게 학살당했던 기억에 시달렸고, 또 가끔은 알렉산드로스 대왕이 탁월한 업적으로 이룩한 명성에 도전하고 싶은 유혹에 빠지곤 했는데, 이후에도 서유럽에서는 그의 명성에 도전하고 싶은 유혹에 빠진 지도자들이 계속 등장했다. 로마인들에게 동부 국경은 명성을 높이기에 적절한 전쟁터이자 영토 확장에 이상적인 지역이었다. AD 1세기 중엽까지는 작은 종속국들이 아나톨리아^{Anatolia}와 레반트^{Levant}에 있는 로마 영토에 대한 완충지대 역할을 했지만, 그 이후에는 유프라테스 강 상류가 로마 제국의 국경이 되었고, 2개 군단이 에르주룸^{Erzurum} 인근의 사탈라^{Satala}와 멜리테네^{Melitene}(오늘날의 말라티아^{Malatya})에 주둔했다. 더 남쪽으로 시리아와 팔레스타인에는 4개 로마 군단이 주둔했고, 모두 주요 도시의 인근에 기지를 두었다. AD 2세기에는 시리아에 있던 2개 군단이 유프라테스로 전진해 사모사타^{Samosata}와 제우그마^{Zeugma}(오늘날의 비레치크^{Birecik})로 이동했으며, 동시에 격렬한 유대인 반란이 일어나자 팔레스타인에는 기존의 2개 군단과 더불어 그 전까지는 나바테아 왕국이었던 요르단^{Jordan} 강 동안에 1개 군단이 더 주둔했다. 이로써 총 8개 군단이 이 지역에 주둔하면서 약 65개 보조부대의 지원을 받았다. 로마 제국 초기 150년 동안 종속국들을 점진적으로 제국에 통합시켰다는 것은, 로마 제국의 영토를 보호하기 위한 완충지대 설치 전략을 무시했다는 의미가 아니다. 북쪽의 아르메니아에서는 그곳 왕국에 대한 보호국 지위를 유지하는 것이 로마의 목표였고, 동시에 유프라테스 강과 아라비아 만 사이에 사막이 완충지대 역할을 하는 남쪽의 경우는 사막이라는 열악한 지형에서 작전을 할 수 있는 방법을 알고 있는 아랍 부족들의 지원을 확보해두는 것이 무엇보다 중요했다. AD 2세기 동안 러시아 남부 지역의 성장에 대한 로마의 근심이 점점 더 커져감에 따라, 트란스코카시아^{Transcaucasia}(오늘날의 남카프카스)에 점점 더 많은 관심이 집중되었다. 또다시 이곳에서도 종속국 정리가 영향력을 확보하는 효과적인 수단임이 입증되었다.

로마 제국 군대의 발달

로마 제국을 지킨 병사들의 출신은 AD 3세기까지 계속 바뀌었지만, 언제나 농촌 출신이 대부분을 차지했다. 원수정 시대에 이탈리아, 특히 포 강유역의 식민지들은 군단 보병의 주요 모병 지역이었으며, 갈리아와 스페인에 있는 식민지들과 퇴역 병사들의 정착지가 대상 지역으로 추가되었다. 그리스어를 사용하는 동부 지역은 식민지가 별로 없었기 때문에, 원수정 시대부터 속주 주민들 사이에서 군단 보병을 모집했으며, 로마군에입대할 경우 로마 시민권이 보상으로 주어졌다. AD 1세기 말에는 이탈리아에서 모병된 병사들의 비율이 이미 감소세를 보이고 있었다. 제국이 몇몇 지역에서 로마 시민들의 정착을 지원하는 데 관심을 가졌다는 증거가존재하지만, 그 중에서도 도나우 강 유역의 속주들에 건설된 퇴역 병사들의 정착지들이 다른 속주들의 인적 자원 공급을 보충해주는 중요한 자원줄로 부상했다. 퇴역 군인의 가족들 중에서 주로 신병 모집이 활발하게이루어질 수밖에 없었던 한 가지 중요한 원인은 바로 셉티미우스 세베루스 시대까지 계속된 현역 복무 중인 병사들에 대한 결혼 금지령 때문이었다. 하지만 병사들의 성관계는 법으로 결코 금지할 수 없었다. 이렇게 해서 태어난 아이들은 합법적인 시민으로 인정받을 수 없었지만, 군단에 합류하는 방법으로 로마 시민권을 확보할 수 있었다. 보조군에도 이와 똑같은 것이 적용되었다. 처음에 보조병들은 특정 인종 집단에서만 모병이 이루어져서, 예를 들면 바타비아^{Batavia}나 사르마티아^{Sarmatia}, 트라키아와 같

● 로마 병사들은 거의 정기적으로 야영지나 공성용 보루와 같은 군사시설물을 건설하는 데 투입되었다. 그들은 제국에서 가장 규모가 큰 전문 인력으로서, 도로나 교량 건설과 같은 민간 분야의 공사 현장에 투입되는 경우가 자주 있었다. 터키 남동부에 있는 AD 75년에 제작된 비문에 따르면, 로마군은 안티오크Antioch 북쪽의 오론테스Orontes 강 옆에 운하를 건설하는 데 동원되기도 했다.

"베스파아누스 황제는 …… 디포타미아Dipotamia 강에 길이 4.8킬로미터의 수로를 파고 다리를 놓기로 계획하고 제3군단 갈리카Gallica와 제4군단 스키티카Scythica, 제6군단 페라타Ferrata, 제16군단 플라비아Flavia, 이 4개 군단과 20개 보조군 대대를 동원했다."

은 특정 인종 집단의 이름이 부대명에 그대로 사용되기도 했다. 하지만 그와 같은 연관성은 부대가 최초 창설된 지역에서 멀리 떨어진 곳에 배치되고 부대가 주둔하고 있는 지역에서 신병을 모집하게 되면서 차츰 희미해져갔다.

로마 시민권이 입대를 고려하게 만드는 중요한 자극제로 작용했다면, 군대의 근무 조건이나 생활환경도 또 다른 자극제로 작용했다. 군단 보병의 급료는 적절한 수준이어서 AD 1세기에는 9아우레우스aureus(225데나리우스)였고, 2세기에는 12아우레우스였는데, 이 정도면 비숙련 노동자에게는 상당히 좋은 대우였고, 특히 그것이 규칙적으로 지급된다는 점에서 더욱 매력적이었다. 병사들은 추가로 가끔 하사금이나 기부금을 받았는데, 클라우디우스 황제와 베스파시아누스 황제 시기에는 새로운 황제가 등극할 때마다 하사금이 지급되다가 마르쿠스 아우렐리우스 황제 이후로 다시 그 관행이 부활되어 일관되게 유지되었다. 특정 전역에 참가한 병사들은 그 대가로 보조금을 지급받았고, 때로는 강한 약탈의 유혹을 받기도

했다. 그리고 가끔 황제의 임종에 따른 유증으로 하사금이 지급되기도 했다. 반면에 기병의 말이 먹을 마초를 포함한 식대와 군복 및 신발 비용이 의무적으로 급료에서 공제되었기 때문에, 군단 군기를 모셔둔 사당에 도난이나 분실을 방지하기 위해 공탁해둔 급료 잔액은 그들이 약탈에 참가하게 되는 행운을 얻지 않은 한, 소액에 그쳤을 가능성이 높다. 퇴역할 때 고참 병사들은 AD 1세기에는 3,000데나리우스를 받았는데, AD 3세기 초에는 그 액수가 인상되어 5,000데나리우스를 받았다. 그들에게 나누어줄 여분의 토지가 있을 경우에는 보상금 대신 토지를 나눠주기도 했다. 보조병은 군단 보병보다 나은 급료를 지급받지 못했지만, 여러 세기에 걸쳐 그것이 어떻게 변했는지를 정리하기에는 증거가 부족하다. 군대 생활은 고되었지만, 로마 세계에서 가장 강력한 조직에 소속된 병사들에게 다른 혜택을 제공했다. 병사들은 일반 시민들에게 위압을 가해 자신의 공식적 보수를 보충하고 만약 상황이 잘못될 경우 군대의 전우애를 이용해 자신을 방어했다. 음식은 일반 농부들이 먹는 것보다 나았을 뿐만 아니라 메뉴도 다양했을 가능성이 높다. 의료 서비스 또한 분명히 농부들이 받는 것보다 더 전문적으로 조직되어 있었다. 영국 북부의 빈돌란다Vindolanda 요새에 보존되어 있는 석판은 하드리아누스 방벽이 건설되기 이전에 만들어진 것으로, 특정 보조부대가 새로 설정된 국경 방어 임무에 종사하는 동시에 지휘관 부인의 생일에 인근의 적절한 신분을 가진 숙녀들을 초청할 수 있도록 오지에 들어가 필수품을 비롯해 각종 사치품들을 확보하는 적극적 활동을 벌였다는 사실을 보여준다.

규칙적인 급료의 지급(특히 앞면에는 황제의 얼굴이, 뒷면에는 적절한 구호가 새겨진 주화로 급료를 지급하는 것)은 군대의 충성심을 확보하는 중요한 수단의 하나였다. 입대하는 순간부터 병사들은 황제와 로마에 대한 충성을 서약하고 그들의 서약은 매년 갱신되었다. 왕조에 큰 의미가 있는 날에는 정기적으로 기념식을 거행하고, 부대의 군사적 응집력을 집중시키는 역할을 하는 군기 옆에 황제의 초상을 함께 걸어 병사들이 황제와 그의 조상에 대한 경의를 갖도록 했다. 대부분의 황제들은 어느 정도 군대를 지휘해본 경험을 갖고 있었기 때문에, 그들이 병사들을 '전우'라고 불러도 틀린 말은 아니었으며, 서로 공유한 기억은 이들 사이의 결속력을 강화시켰다. 이와 같은 긍정적인 수단들은 가혹한 징벌을 통해 더욱 강화되었다. 군기 위반 사례가 발생했을 때 엄격한 지휘관이 가혹한 징계를 가하더라도 병사들은 거의 반항하지 못했다. 병사들 사이에 불만이 없지는 않았지만, 그것이 심각한 문제로 분출되려면 촉매 역할을 할 만한 특정 상황이 벌어져야만 했다. 이를 테면, 황제가 서거하거나 태만한 지휘관이 부임하는 경우가 그런 촉매에 해당했다. 가장 심각한 위협은 장병들이 아니라 야심만만한 장군 때문에 발생했다. 아우구스투스는 다른 장군들과 경쟁을 벌이게 될 가능성을 억제하기 위해 조치를 취해서, 귀족인 크라수스가 전투에서 직접 적의 지휘관을 죽였을 때 그가 무공을 인정받지 못하도록 했으며, BC 19년 자신의 지지자인 루키우스 코르넬리우스

● 세베루스 알렉산데르의 지휘 아래 유프라테스 강의 두라Dura에 주둔했던 제20팔미라 보조군 대대의 문서고에서 발견된 파피루스에는 그 해에 병사들을 위해 열린 50회의 종교 축제에 대한 내용이 기록되어 있다. 축제는 지배자인 세베루스 왕조에 대한 충성심을 강화하고, 아우구스투스 이래 합법적으로 승인된 모든 후대 황제들이 유지해온 로마 제국의 이상과 전통을 병사들에게 각인시키는 역할을 했다.

"1월 3일, 우리의 주인이신 세베루스 알렉산데르 아우구스투스의 안녕과 로마 제국의 영원무궁을 위한 서약이 충족되고 실현되었기 때문에, 신들의 왕 주피터 신에게 가장 훌륭하고 큰 암소 한 마리, 여왕 주노 여신에게 암소 한 마리, 미네르바 여신에게 암소 한 마리, 승리의 신 주피터에게 황소 한 마리, 평안의 여신 주노에게 암소 한 마리, 시조신 마르스에게 황소 한 마리, 승리의 신 마르스에게 황소 한 마리, 빅토리아에게 암소 한 마리를 바쳤다.

1월 24일, 신성한 하드리아누스 황제의 탄신일을 맞아, 신성한 하드리아누스 황제에게 황소 한 마리를 바쳤다.

4월 21일, 영원한 도시 로마의 탄생을 기념하여, 영원한 도시 로마에 암소 한 마리를 바쳤다.

7월 1일, 우리의 아우구스투스, 알렉산데르가 최초로 집정관에 임명되었기 때문에 그를 위해 기원을 했다.

9월 23일, 신성한 아우구스투스의 탄신일을 맞아 신성한 아우구스투스에게 황소 한 마리를 바쳤다."

발부스Lucius Cornelius Balbus*(발부스는 또한 로마의 중심부에 자신의 이름을 딴 주요 공공건물을 건설할 수 있었던 마지막 '외부인'이기도 했다)의 승전을 축하

---

* 루키우스 코르넬리우스 발부스 BC 1세기에 활동한 로마의 부호. 가데스(오늘날의 스페인 카디스) 태생으로 로마 공화국 말기에 주요 로마 정치인들에게 영향력을 행사했다. 스페인에서 퀸투스 세르토리우스의 반란에 대항해 싸운 공로로 그나이우스 폼페이우스로부터 가족과 더불어 로마 시민권을 받았다.

해준 이후로는 황제 가문 이외의 사람에게는 개선행진의 영광을 부여하지 않음으로써 그 화려한 개선행진을 위해 경쟁을 벌이던 오랜 로마 공화국 전통의 맥을 끊어놓았다. 그 이후 많은 주요 전역들은 황제 자신이나 가까운 친척이 지휘를 맡았다. 아우구스투스는 국경을 끼고 있는 속주의 총독을 선택할 때도 세심한 주의를 기울였다. 그들은 자기 지휘 아래 상당한 규모의 병력을 보유할 수 있었기 때문에 황제는 전임 집정관들 중에서 직접 총독을 선택했다. 대부분의 황제들은 장군들이 심지어 먼 곳에 부임했다고 해도 그들을 세심하게 감시했다. 그들이 부적절한 행동을 취할 경우 그것을 무효화하고, 범죄 혐의가 있을 경우에는 불명예스럽게 제거해버렸다.

제국 국민의 삶

국경선 안 로마 제국의 영토는 속주로 분할되어 있었다. 아우구스투스의 제위 말년에는 25개의 속주가 있었다. 새로운 영토가 점령되고 종속국들이 제국에 통합되면서 속주의 수가 점차 증가했지만, 속주가 늘어나게 된 또 다른 중요한 이유는 특정 문제들을 가진 거대한 속주를 더 작은 속주로 세분화했기 때문이었다. 이렇게 해서 AD 3세기 초에는 약 60개의 속주가 존재했다. 대부분의 속주 총독들은 원로원 의원들 중에서 임명했다. 황제가 원로원의 지원을 받아서 손쉽게 통치했기 때문에, 원로원 의원들은 공화정이 폐지된 이후에도 상당한 권위를 누렸다. 하지만 원로원 의원 개개인이 황제의 의사를 미리 예측하고 그에게 지지 의사를 보여주려고 서로 경쟁하는 과정에서 벌어진 토론 내용을 보면 당시 원로원의 권위가 얼마나 제한적이었는지를 알 수 있다. '내부' 속주의 경우, 총독의 주요 기능은 제국의 통제력을 유지하고 세금 징수를 원활하게 수행하는 것이었다. 그들은 제국 내 여러 지역들의 하류 사회 속에 존재하게 마련인 도적떼의 활동을 억제하고, 같은 속주에 속한 도시들의 분쟁을 조정하며, 내적 안정을 확보하고, 속주와 로마 사이의 통신 연락을 감독했는데, 여기에는 매년 황제에게 충성을 표시하는 것도 포함되어 있었다.

조세는 제국의 혈액과 같은 존재로, 세수의 규모는 정상적인 부의 순환에 좌우되었다. 가장 많은 세금이 소비되는 지역은 황제의 궁정과 원로원 의원들이 아낌없이 지출을 하는 로마와 대규모 군대가 주둔하고 있는 국경이었는데, 병사들에게 급료를 지급하지 못할 경우에는 반란을 각오해야만 했다. 국경의 속주들은 대부분 자기 영내에 주둔하고 있는 군단들의 군비를 전부 다 감당할 수 없었기 때문에, '내부' 속주의 잉여 세금은 국경지대로 보내야 했다. 예를 들어, 갈리아와 소아시아의 경우 그곳의 거주자들은 생산물을 팔아서 과세금을 충당할 수 있을 정도의 현금을 벌었다. 따라서 로마 제국은 상당히 복잡한 체계로 진화했고, 그 속에서 서로 다른 지역들이 하나로 결합되었다. 가장 중요한 두 가지 세원은 인두세와 토지세였다. 인두세는 그 적용 범위나 세율에 차이가 있기는 해도 형태는 단순했다. 토지세는 농업 용도에 따라 결정되는 토지의 가치에 대한 평가에 근거해 부과되었다. 예를 들면, 경작지는 포도원이나 목초지와 다른 등급을 받았으며, 평가된 등급에 따라 고정된 비율의 세금이 부과되었다. 이와 같은 세금은 누진세가 아니었다. 이는 소규모 토지 소유자들이 대규모 소유자들에 비해 더 큰 재정적 부담을 떠안았다는 것을 의미한다. 게다가 대농장 소유주들은 세금을 면제받을 수 있는 영향력도 갖고 있었다. 이외에도 제국의 영역은 물론이고 속주의 경계를 통과할 때 관세가 부과되었고, 로마 시민들은 상속을 받거나 노예를 해방시킬 때 5퍼센트의 세금을 내야 했다.

상품의 이동은 무역과 세금의 원천으로서 로마 제국 경제체계의 중요한 측면이었다. 이집트나 북아프리카의 다른 지역에서 산출된 곡물과 스페인에서 생산된 와인과 기름 등이 로마 제국의 토지에서 생산된 생산물로서, 혹은 세금으로서 대량 운송되어 로마에 공급되었다. 이와 비슷하게 원로원 의원들이 소유하고 있는 속주의 토지가 수도에 있는 그들의 호화로운 생활을 지탱하게 해주었다. 군대를 위한 물자 보급도 이런 중앙통제 경제 틀 안에서 이루어졌던 것으로 보이며, 어느 정도까지는 그것이 사실이지만, 빈돌란다 요새의 석판에 따르면, 군부대들은 또한 독자적인 보급망의 지원을 받았다.

로마의 교역 실상을 알려주는 최적의 증거들은 로마 엘리트 계층의 특별한 수요와 관계가 있다. 로마의 엘리트들은 동방의 '사치품'(동아프리카산 향신료와 비단, 보석, 그리고 인도산 향신료 등)을 선호했다. 동방 무역은 상당히 중요한 사업으로, 관세 수입을 얻는 제국과 자신의 수익을 다시 페트라와 팔미라Palmyra에 투자하는 중간 상인들 모두를 부자로 만들어주었다. 로마 경제에 대한 오늘날의 시각은 부분적으로 난파선 탐사를 통해 점점 더 증가하고 있는 증거들에 기반을 두고 있는데, 오늘날 우리는 그 증거들을 통해 당시 무역이 규모는 작지만 제국의 경제에 상당히 중요한 역할을 했음을 알 수 있다. 당시 사치품의 교역은 빙산의 일각에 불과했다. 수면 아래에는 국지적인 역내와 역외 거래망이 존재했고, 도로와 항만, 기타 부대시설 덕분에 이들 거래가 더욱 촉진되었다. 사실 이런 사회 기반시설들은 제국 체제의 가장 중요한 두 요소, 즉 수도 로마와 군대의 편익을 위해 구축된 것이었다.

전반적으로 로마 제국이 기원후 첫 두 세기 동안 번영을 누렸다는 사실은 속주의 도시들에서 발견된 고고학적 유물들을 통해서 알 수 있다. 속주의 도시에 사는 지역 엘리트 계층은 자기가 살고 있는 도시를 경쟁적으로 아름답게 꾸몄다. 부가 제국 밖으로 유출되었지만, 스페인의 은광들처럼 제국이 소유하고 있는 광산에서 생산되는 상당량의 광물로 수지의 불균형을 조절했다. 당시 광산은 군대의 보호를 받으며 광물을 채취했다. 조세체계의 경직성에도 불구하고 평시에는 보통 세수가 지출보다 많았으며, 특히 전쟁이 한정된 기간 내에 끝나고 어느 정도 전리품을 획득한 경우에는 전비를 충분히 감당할 수 있었다. 속주의 농업 생산량은 제국의 기관과 지역 도시들의 수요를 모두 지탱해야 했다.

한편 로마 제국 번영의 황금기였던 AD 2세기에 이미 불길한 징조들이 나타났다. 기본적인 은화 데나리우스의 순도가 90퍼센트에서 75퍼센트로 떨어지더니 셉티미우스 세베루스 시대에는 50퍼센트까지 떨어졌다. 계속되는 전쟁은 엄청난 비용을 요구했다. 유럽의 주요 강가의 국경선에서는 전리품이 전쟁 비용을 상쇄해줄 가능성이 거의 없었기 때문에 특히 더 그랬다. 군대는 전투 지역으로 이동하면서 그들의 행군 진로 상에 있는 지역공동체에 많은 것을 요구했다. 게다가 많은 손실이 발생한 경우에는 그 외에 많은 자원을 추가로 더 요구했다. 내전의 경우는 상황이 더 나쁠 수밖에 없었다. 왜냐하면 그것은 잘해봐야 제로섬 게임^{zero-sum game}*(그리고 최악의 경우 재앙이나 다름없는 엄청난 비용을 발생시켜 속주와 패자의 편에 섰던 모든 사람들을 파멸시켰다)이었기 때문이다. 하지만 그보다 더 중요한 이유는 왕좌를 차지하려는 자는 누구든 자신의 군대에 풍족한 기부금과 높은 보수를 약속해야만 했고, 게다가 내전이라는 위기 상황에 대응하기 위해서는 군대의 병력을 더욱 늘릴 수밖에 없었기 때문이다. AD 167년 루키우스 베루스의 군대가 동부 지역에서 갖고 들어온 전염병 또한 중요한

---

* **제로섬 게임** 게임 이론에서 참가자가 각각 선택하는 행동이 무엇이든지 참가자의 이득과 손실의 총합이 제로가 되는 게임을 말한다.

▪▪▪▪▪ 열주가 늘어선 팔미라의 거리는 당시에 교역 활동을 통해 도시가 커다란 부를 축적했다는 사실을 보여주고 있다. (Ancient Art and Architecture)

인자들 중 하나로, 우리는 이로 인해 초래된 농업 인구 감소의 결과를 이집트의 지주들이 작성한 파피루스 기록에서 볼 수 있다. 어떤 지역에서는 전염병에 의한 충격이 한 세대 동안 계속되는가 하면, 다른 지역에서는 3세대나 계속되었다.

　로마 제국은 지배자가 오랜 기간 동안 제위에 머물면서 원로원과 속주의 군대 모두로부터 지지를 받을 때, 분쟁이 국지전적인 성격을 띠고 여러 전선에서 동시다발적으로 발생하지 않을 때, 그리고 기후를 비롯해 기타 여건들이 적절한 농업 생산량을 보장해줄 때 가장 최고의 기능을 발휘했다. AD 2세기의 대부분 기간이 이에 해당했다. AD 193년 셉티미우스 세베루스가 제위를 승계하면서 심각한 동요가 일어났다. 그의 제위 승계는 거의 제국 전역에 걸친 3년간의 내부 분쟁으로 이어졌다. AD 211년에 그의 아들인 카라칼라가 그의 뒤를 이었을 때, 그는 급료를 50퍼센트 인상하는 방법으로 군대의 환심을 돈으로 샀다. 그는 여기에 필요한 재원

■■■■■ AD 201년에 제작된 주화. 앞면에는 카라칼라의 얼굴이, 뒷면에는 전리품 양옆에 앉아 있는 포로가 새겨져 있다. (Dr Stan Ireland)

을 마련하기 위해 과대평가된 새로운 주화를 발행하고 5퍼센트의 상속세 세율을 두 배로 인상했다. 또 그는 상속세의 세수를 늘리기 위해, 로마 제국 내의 모든 자유민에게 시민권을 부여하여 그들을 세제의 그물 속에 끌어들였다. 로마 제국은 카라칼라보다 오래 지속되었다. 하지만 AD 2세기 동안 제국 번영의 균형이 아슬아슬하게 유지되었다면, 이제부터는 외부의 커다란 위협이나 내부의 의미심장한 격변이 위기를 초래할 가능성이 높아지면서 불안정한 상태에 빠지게 된다.

● 역사가이자 두 번의 집정관을 거쳐 속주 총독을 지내기도 했던 카시우스 디오Cassius Dio는 AD 230년의 역사를 집필하면서 AD 180년에 바뀐 제국의 운명을 이렇게 평가했다(72.36).
"(마르쿠스 아우렐리우스는) 제위 기간 동안 수많은 문제에 부딪혔다. …… 그는 예상외로 불리한 상황에서도 살아남아 제국을 보호했다. 딱 한 가지가 그의 개인적 행복을 망쳐놓았는데, 그것은 바로 그의 아들(코모두스)이었다. …… 그 시대 로마인들에게 벌어졌던 일들과 마찬가지로, 이제 우리의 역사는 황금의 영역에서 쇠붙이와 먼지의 영역으로 떨어지고 있다."

로마
전쟁

위대한 정복자 율리우스 카이사르와 그의 유산

3부
로마 제국의 전쟁
AD 293~AD 696

로마 제국의 전쟁
AD 293~AD 696

AD 235년에 세베루스 알렉산데르가 살해당한 뒤, 로마 제국은 50년에 걸쳐 불안정 상태에 빠지게 되었으며, 흔히 3세기의 위기라고 부르는 이 시기를 기점으로 로마 제국은 말기로 접어들었다. 우리는 이 '위기'와 밀접하게 연관되어 있는 다양한 측면들 (국경의 압박, 찬탈자, 종교적 변화, 재정의 고갈)을 살펴볼 것이다.

서론

AD 3세기 초, 로마 제국은 자신만만하게 스코틀랜드로부터 사하라 Sahara 사막과 티그리스 강 상류까지 뻗어 있는 거대 제국이자 세계에서 가장 강력한 국가였다. 이후 4세기 동안 로마 제국은 전통적인 세계의 주요 국경지대에서 여러 적들을 상대하게 된다. 라인 강을 기준으로 하는 국경지대에서는 알라마니 부족, 프랑크족, 기타 여러 게르만 부족들을 상대했고, 도나우 강 유역에서는 처음에 사르마티아족과 고트족, 이어서 훈족 Hun, 그리고 마지막으로 아바르족Avar과 다양한 슬라브계 부족들을 상대했으며, 아르메니아와 메소포타미아에서는 사산조 페르시아Sassanid Persian Empire와 대결을 벌였다. AD 7세기에는 아랍 부족들이 아라비아 만에서 출현하여 레반트 전역을 휩쓸었다.

AD 7세기 말이 되면 로마의 영토는 줄어들어 아나톨리아와 발칸 반도의 에게 해 주변부, 로마와 라벤나 주변의 제한적인 이탈리아 땅만 남게 되었다. 로마는 지중해 지역의 관점에서 볼 때는 여전히 강력했지만, 이제 다양한 신흥 세력들과 어쩔 수 없이 대립하고 교류해야 하는 처지가 되었다. 동쪽에서는 이슬람교의 감화력에 용기백배해진 아랍인들이 레반트와 이집트를 비롯해 사산조 페르시아를 압도했다. 동방의 이슬람교와 서방의 그리스도교 사이에 1000년 이상 지속된 투쟁은 아랍 전사들이 서쪽으로 밀려와 북아프리카를 거쳐 스페인에 침입하고 거의 정기적으로 콘스탄티노플을 향해 출병하면서 시작되었다. 슬라브 부족들은 발칸 반도의 거의 전체를 장악했다. 발칸 반도 몇몇 지역에서는 특정 지도자들이 등장하면서 북동쪽에서는 불가르족Bulgars이, 북서쪽에서는 세르비아족Serbs과 크로아티아족Croats이 각각 주도권을 잡았다. 이탈리아에서는 포 강 유역에 기반을 둔 롬바르드 왕국Lombard kingdom이 이탈리아 반도의 권력을 분열시켰고, 이러한 상태는 AD 19세기 이탈리아의 재통일이 이루어질 때까지 계속되었다. 갈리아는 프랑크족이 지배했지만, 지배자인 메로빙거 왕조Merovingian dynasty의 여러 분파들에 의해 분할되었다. 이베리아 반도에서는 이미 AD 5세기 동안 여러 부족들의 정착이 이루어진 상태에서 그중 서고트족Visigoths이 간혹 미약하나마 그들에 대한 지배권을 확립했다. AD 7세기에 그들은 아리우스파* 기독교Arian Christianity에서 니케아파** 기독교Nicene Christianity로 개종하면서 통합을 위한 추진력을 얻었고, 그것은 수

---

* **아리우스파** AD 4세기에 예수 그리스도의 신성神性을 부인한 아리우스의 주장을 교의로 삼는 일파.
** **니케아파** 예수 그리스도의 신성 문제를 둘러싸고 생겨난 아리우스 논쟁 때문에 교회가 분열의 위기에 놓이자, 콘스탄티누스 대제는 이 분쟁이 국가적 차원에서 분열을 조장할까 봐 걱정하여 황제 자신의 주선으로 그 당시 황제의 거주지인 니케아에서 종교회의를 개최케 했다. 이 종교회의는 아리우스 논쟁, 즉 예수 그리스도의 신성을 부정하는 아리우스파를 이단異端으로 단죄하여 분열된 교회를 통일시키고, 로마 제국의 안정을 이루기 위해 니케아 신경을 공포했다. 이 신경의 특징을 나타내는 단어는 '호우시우스'인데, 그 의미는 성자聖子는 성부聖父와 본질이 하나라는 것이다.

세기에 걸쳐 이슬람 침략자들과 투쟁하는 가운데서도 살아남을 수 있었다. 브리타니아 제도에서도 또 한편의 모자이크가 펼쳐져 색슨인Saxons들이 점차 남부와 동부의 지배력을 확보했고, 브리튼인Britons들은 서부를 고수했으며, 경쟁관계에 있던 픽트 왕국Pictish kingdom과 스코틀랜드 왕국Scottish kingdom이 스코틀랜드 남부의 지배권을 나누어 가졌다. 여기서도 종교는 미래의 통일을 위한 희망을 제공했다. 색슨인들은 캔터베리Canterbury에 근거를 둔 로마 선교단에 의해 점차 기독교로 개종했고, 당시 아일랜드와 스코틀랜드를 비롯해 잉글랜드 북서부를 지배했던 켈트 교회는 로마 교회와 화해했다.

따라서 AD 7세기 말이 되면 현대 유럽의 정치 무대에서 중요한 역할을 하는 많은 요소들이 적어도 증거 상으로는 자리를 잡았지만, 여러 단계를 거쳐 진행되는 로마 제국의 패권 분열은 복잡한 양상을 띠게 된다. 무엇보다도 이 과정에 관련된 어떤 것도 필연적이지는 않았다는 사실을 기억하는 것이 중요하다. 유럽은 지리적 단위로 조직되어 오늘날 우리에게 낯이 익은 민족 집단에게 지배당할 필요가 없었다. 에드워드 기번이 18세기 말에 쓴 역작의 제목에 나오는(물론 그 이전에도 사용되었지만) '쇠망Decline and Fall'은 이런 변화를 분석하는 데 적용할 수 있는 효과적인 모델이다. 하지만 로마 제국 체제의 생명력은 특히 그것이 기독교와 로마의 이상에 대한 국민들의 헌신, 로마 제국 군대의 순수한 전투력으로 다시 활력을 얻게 되자, 그 반대 상황에 놓이게 되었다는 것을 주목할 필요가 있다.

로마 제국 운명이 바뀌는 전환점들을 밝혀내고픈 유혹을 받게 되는 것은 어찌 보면 당연한 일인데, 각 특정 일자에 대한 타당한 증명이 이루어진다면 충분히 수용 가능할 것이다. AD 312년 콘스탄티누스Constantinus 황제가 기독교로 개종하면서 로마 제국은 다신교에서 기독교로 전환되기

■■■■■■ 콘스탄티누스 황제의 청동 두상으로 눈은 전형적인 양식에 따라 하늘을 응시하고 있다. (Ancient Art and Architecture)

시작했으며, 이로 인해 교회는 막강한 영향력과 부를 갖춘 조직체로 발전하게 되었다. 일부 학자들의 입장에서 볼 때, 교회는 영향력은 있으나 실질적인 역할은 전혀 없는 또 하나의 집단에 불과했으며, 장기적으로는 로마의 납세자에게 부담만 안겨주었다. 하지만 교회가 국경 너머에서는 제국의 목표를 위해 봉사했을 뿐만 아니라 국경 내에서는 제국에 대한 충성심을 보완해주는 역할을 했다. AD 363년 율리아누스Julianus 황제의 대규모 사산조 페르시아 침공은 결국 그가 전사하면서 로마 군대에 재앙에 가까운 패배를 안기는 것으로 끝이 났다. 하지만 이 패배는 동부 국경지대에 140년에 걸쳐 거의 깨지지 않은 평화기를 가져왔다. AD 378년 로마 제국의 동부를 다스리던 발렌스Valens 황제가 트라키아의 아드리아노플Adrianople 전투에서 전사하고, 그의 상대였던 고트족 다수가 정착에 필요한 토지를 분배받았지만, 이후 동부 로마 황제들은 대체로 '고트족 문제'를 자신에게 유리하게 이용했다. AD 395년 로마 제국의 마지막 단일 지도자인 테오도시우스 1세Theodosius I가 사망하자, 제국은 그의 두 젊은 아들들에게 분리 상속되었고,* 황제가 직접 전역을 수행하던 관행도 사라졌다. 하지만 이와 같은 분리 통치의 사례는 이미 그 전에도 있었고, 대체로 유익한 결과를 가져왔으며, 황제가 직접 전장에 나서지 않는 것도 유리한 면이 있었다. '불멸'의 도시 로마가 AD 410년 알라리크^Alaric^가 이끄는 서고트족에게 함락되었지만, 이미 오래 전부터 로마는 제국 수도로서의 기능을 잃었기 때문에 이 사건은 대체로 상징적으로만 중요했다. 아프리카에서 아우구스티누스^Augustinus^**는 속세의 도시에 대한 천계의 우월성을 증명하기 위해 『신국론^De civitate Dei^』을 썼다. 서고트족이 이탈리아에서 철수했지만, 황제들은 라벤나에서 이탈리아를 계속 통치했다. AD 440년대에는 아틸라^Attila^***가 동서에서 동시에 로마의 권위에 도전하며 심지어 황제를 봉신의 지위로 격하시키려는 위협을 가해왔다. 하지만 그가 AD 453년에 사망하자, 훈족은 분열되었고, 10년이 지나지 않아 그의 후계자들은 로마에 도움을 구하는 처지가 되었다. AD 476년 서로마 제국의 마지막 황제가 '야만인' 장군에 의해 폐위되었지만, 동로마 제국 황제의 권위는 여전히 인정을 받고 있었기 때문에 매년 서로마 집정관이 임명되어 명목뿐인 최고정무관 직책을 동로마 집정관과 공유했으며, 테오도리쿠스^Theodoricus^ 왕이 지배하는 동고트 왕국^Ostrogothic kingdom^은 용의주도하게도 로마의 탈을 쓴 고트 왕국의 형태로 라벤나에서 지중해 서부 지역을 지배했다.

우리는 개별적으로 이 '주요' 일자들이 가진 의미들이 정당한 것인지

---

* 로마 황제 테오도시우스 1세는 죽으면서 자신의 두 아들인 아르카디우스와 호노리우스에게 제국을 양분하여 물려주었다. 이로써 로마 제국은 동로마 제국과 서로마 제국, 이 2개 나라로 완전히 분리되었으며, 다시는 통합되지 않았다.

** **아우구스티누스** AD 354년~AD 430년. 로마의 주교이자 성인. 기독교회의 고대 교부^敎父^ 가운데 최고의 사상가이며, 교부 철학의 대성자^大成者^로, 고대 신플라톤주의 철학과 기독교를 결합하여 중세 사상계에 영향을 주었다. 저서에 『고백록』, 『삼위일체론』 등이 있다.

*** **아틸라** AD 406년?~AD 453년. 훈족의 왕. AD 5세기 전반의 민족 대이동기에 지금의 헝가리인 트란실바니아를 본거로 하여 주변의 게르만 부족과 동고트족을 굴복시켜 동쪽으로 카스피 해에서 서쪽으로 라인 강에 이르는 지역을 지배하는 대제국을 건설했다.

■■■■■ 콘스탄티노플의 히포드롬Hippodrome에 있는 오벨리스크obelisk의 대좌에 있는 부조. 테오도시우스 황제와 그의 가족이 야만인들로부터 복종의 증표를 받으며 히포드롬의 황실 전용석에 앉아 있다. (Ancient Art and Architecture)

를 증명해야 하지만, 이 일련의 사건들이 누적되면서 제국의 권위가 땅에 떨어지고 로마 제국의 기구들이 제 기능을 발휘할 수 있게 해주던 재정 및 군사체계가 약화된 것만은 확실하다. AD 5세기 말이 되면 서로마 황제는 지중해 서부에서 상관없는 존재로 전락하게 되지만, 동로마 황제는 일부 세력에 의해 우두머리로 인정을 받았다. 동로마 제국은 반달 왕국 Vandal kingdom*과 동고트 왕국의 재정복을 추진할 수 있는 능력을 보여줌으로써 자신의 권력이 유지되고 있음을 과시했다. 동로마 제국은 재정복을 통해 스페인 일부를 회복하고 갈리아에서 간간이 영향력을 행사하게 되었다. 객관적인 관점에서 보면 흑사병의 재발에 따른 충격이 계속 더해지

* **반달 왕국** AD 429년에 게르만의 한 부족인 반달족이 북아프리카에 침입하여 카르타고를 수도로 하여 세운 왕국. 지중해에 진출하여 제해권을 장악하고 AD 455년에는 로마를 약탈하는 등 세력을 떨쳤으나, AD 534년에 동로마 제국에게 정복당했다.

고 서유럽에서 전쟁이 계속되어 많은 물자를 소비하면서 제국이 AD 500
년보다 AD 600년에 경제적·군사적으로 더 약화되었다고 할 수 있었지
만, 상대적인 관점에서 보면, 동로마 제국의 경우는 그 어느 때보다 강해
졌다고 할 수 있었다. 왜냐하면 최대 강적인 사산조 페르시아 또한 한 세
기에 걸친 투쟁으로 심각한 손실을 입었기 때문이다. 당시의 지배자, 호
스로 2세Khosrau II는 동로마 제국의 도움으로 간신히 왕좌를 지킬 수 있었
다. AD 7세기 초에는 내부 분열과 외적의 침략으로 동로마 제국이 멸망
의 기로에 서 있는 것처럼 보였다. 이런 상황은 사산조 페르시아 군대가
보스포루스Bosporus 해협에 도달하여 AD 626년에 아바르 제국과 함께 콘
스탄티노플을 공격했을 때 절정으로 치달았지만 도시와 제국은 결국 살
아남았다. 2년 내에 헤라클리우스는 페르시아를 패배시키고 페르시아 왕
좌에 우호적인 인물이 오르도록 영향력을 행사했다. 여기에는 비록 권좌
를 오래 지키지는 못했지만 기독교인 샤르바라즈Shahrbaraz(사산조 페르시아
의 군대 지휘관)도 포함되어 있었다. AD 630년대에는 아바르 제국의 위세

● 제국의 멸망에 대한 대단히 정확한 평가 중 하나는 AD 630년대 카르타
고의 감옥에 수감되어 있던 유대인 죄수들의 대화에서 등장한다. 그들은
제국의 상황이나 사라센Saracen의 새로운 예언자에 대한 소식을 듣고 다니
엘서에 나오는 제국의 운명에 대한 관점에서 이를 논의하고 있다(Doctrine
of the Newly-baptised Jacob 3.8).
"야곱Jacob이 그에게 물었다. '동로마 제국의 상황에 대해 어떻게 생각합니
까? 예전과 같은 상태를 유지할까요, 아니면 쇠퇴할까요?' 유스투스Justus
는 확실하게 답하지 않았다. '설사 그것이 쇠퇴한다고 해도 우리는 다시 부
흥할 거라고 믿습니다.' 하지만 야곱은 그를 설득했다. '우리는 기독교를
믿는 나라들을 보았습니다. 그리고 네 번째 짐승은 이미 쓰러져 그 나라들
에게 갈기갈기 찢기고 있습니다. 그 10개의 뿔이 승리하게 될 겁니다.'"

가 약화되어 예속 부족들이 독립을 주장하게 되었다. 동로마 제국에게 결정적인 타격은 맑은 하늘의 날벼락처럼 떨어졌다. 새로운 종교가 오랫동안 쉽게 관리해왔던 이웃을 강력한 적으로 바꾸어버렸던 것이다.

양측 군대
제국의 안과 밖

로마 제국의 군대

로마 제국은 항상 로마 시민과 비시민 병사들로 구성된 로마 군대의 힘에 의존했다. AD 212년 포괄적인 시민권 확대 정책 이전까지 군단 보병은 로마 시민으로만 구성되었으며, 로마 시민이 아닌 신병들은 보조부대에 들어갔다. 모병 절차에 대해서는 놀라울 정도로 알려진 바가 없다. 아마 언제나 징병 위주로 모병이 이루어졌고, 필요한 인력은 로마 시민에 대한 인구 통계 기록에 따라 할당되었겠지만, 부대가 퇴역 병사들의 정착지 근처에 주둔했기 때문에 일종의 세습적인 군대 복무의 요소도 존재했을 것이다. 가끔, 어쩌면 종종 속주의 젊은이들은 군대 복무를 통해 상당히 만족스럽고 꽤 안정된 직업을 가질 수 있었고, 특히 고향과 가까운 곳에서

■■■■■■ 로마 제국 말기의 기병. 크리스타 훅Christa Hook의 삽화. (Osprey Publishing)

복무하게 된다면 더 이상 바랄 것이 없었다.

　로마 제국 말기가 되면, 군대의 역학관계에 변화가 일어나 외부인의 수가 로마 시민의 수보다 훨씬 더 많아지게 되고, 전통적으로 군대의 근간을 이루던 보병은 기병 부대에게 그 자리를 내주게 되며, 국경지대의 부대limitanei는 그 지위가 격하되고, 군대에서 점차 로마인의 수가 줄어들고 반대로 외국인의 수가 늘어나면서 군대의 기강이 해이해지고 충성심도 떨어졌다는 주장이 종종 제기되곤 하는데, 비록 이런 이론들은 로마 제국 말기에 전개된 군대의 상황을 반영하고는 있지만, 궁극적으로 이것들은 모두 현상을 잘못 해석한 것이다.

로마군은 상당한 규모의 비시민권자로 구성된 부대에 계속 의지했다. 특히 내전 중이거나 적에게 패배당한 직후, 혹은 특수한 원정을 위해 병사를 신속하게 모집할 필요가 있을 때, 그런 경향이 더 심했다. 이 '외부인'들은 대체로 뛰어난 병사들이었기 때문에 황제나 장군들에게는 믿음직한 경호원이었다. 황제나 장군 개인의 수행원인 부켈라리우스^{bucellarius}(비스킷을 먹는 자)는 군대의 정예병에 속했을지도 모른다. 또한 비시민권자인 고위 지휘관들도 다수 복무하면서 정치적으로 중요한 역할을 했다. 이들은 특히 AD 5세기에 서로마 제국이 해체되는 기간에 많은 활약을 했다. 하지만 그들의 눈부신 활약상을 보고 외부인들이 군대의 하위 계급까지 장악했을 것이라고 추론하는 것은 무리가 있다.

보병은 이제까지 언제나 로마군이 강했지만, 로마 제국 말기에는 기병 부대가 더 중요한 역할을 수행한 것이 사실이다. 하지만 로마군이 중세 기사시대의 도래를 예상하고 전력의 핵심을 육중한 쇠미늘 갑옷을 착용하는 기병으로 전환했다는 일반적인 믿음을 뒷받침해줄 만한 증거는 거의 존재하지 않는다. 로마군은 파르티아와 페르시아 부대를 모방해 쇠미늘 갑옷을 입은 소수의 창기병^{clibanarii}(화덕 운반병) 부대를 보유했다. 하지만 훈족 기병을 모델로 한 기마 궁수가 훨씬 더 일반적인 병종이었다. AD 6세기의 역사가 프로코피우스^{Procopius}는 동시대의 이상적인 병사로서 합성궁^{合成弓}으로 무장한 기병을 꼽았다. 하지만 보병은 대부분의 군대에서 여전히 기반을 이루고 있었고, 로마의 보병들은 적절한 훈련과 지휘를 받을 경우, 어떤 적이라도 물리칠 수 있는 능력이 있었다.

로마 제국 말기 로마군의 또 다른 발전으로 인해 AD 4세기부터 지위와 보수의 측면에서 리미타네이^{limitanei}와 코미타텐시스^{comitatensis}, 즉 고정

된 주둔지를 지키는 속주 소속 부대와 황제나 고위 장군의 예하 부대 사이의 구분이 생겼다. 리미타네이는 둔전병으로 변질되면서 자신의 전문 기술과 함께 군사적 자질을 상실했다는 주장이 종종 제기되고 있지만, 그것은 그들을 지탱하는 토지의 성격을 잘못 해석한 것이고 또 그들이 동부 국경의 주요 전역에서 기동부대와 함께 계속해서 동원되었다는 사실을 무시한 것이다. 리미타네이가 코미타텐시스보다 더 많은 기병부대를 보유하고 있었다는 것은 주목할 만한 점인데, 그것은 그들이 현지 순찰을 위해 말을 유용하게 사용했으며, 더불어 먼 거리를 신속하게 이동한 뒤에도 보병이 전투력을 유지할 수 있는 능력이 상당했음을 말해준다.

로마군의 배치에는 점진적으로 변화가 있었다. 제국의 초기에는 군단들이 국경 근처의 주요 기지(예를 들어, 쾰른)에서 숙영했지만, 군사적 필요에 의해 부대들이 국경 주둔군으로, 혹은 후방으로 특정 임무를 위해 파견되었다. 나중에는 이런 임시방편적인 병력 분산이 아예 굳어져 병력은 속주 전역의 여러 요새와 도시로 분산되었다. 하지만 황제는 좀더 신속한 배치를 위해 기동부대도 필요했다. 동로마 제국은 2개 군대가 '상시' 콘스탄티노플 주변에 주둔했고, 나머지 군대는 발칸과 동부에 배치되었다. 서로마 제국은 갈리아와 이탈리아에 자국 군대를 주둔시켰지만, 이후 갈리아에서 제국의 권위가 축소되면서 그곳에서 철수했다.

종합적으로, 로마군은 AD 3세기에서 AD 7세기 사이에 변화했지만, 병력의 대다수를 제국의 거주자들로 충당했다. 특정 고지대는 뛰어난 병사들을 배출한 것으로 유명했다. 발칸 고지대나 소아시아 남부의 이사루리아Isauria 산악지대, 아르메니아가 거기에 해당했다. 고트족과 게르만족, 훈족 또한 로마군에 대한 기여도가 높았다. 하지만 이와 같은 병사들은 대체로 로마 제국이 병사를 제공받기 위한 분명한 목적을 갖고 제국 영토에 받아들여 정착지를 제공한 부족 집단 출신이었다. 현재까지 남아 있는

대부분의 증거들을 기록한 도시 출신의 교양 있는 관찰자들에게, 로마 군대는 분명 상당히 야만적이고 기율도 없는 것처럼 보였겠지만, 어쩌면 로마 제국 초창기의 군대에 대해서도 이와 똑같은 말을 했을 수도 있다.

제국 말기의 군대 규모는 파악하기가 어렵다. 그에 필요한 정보들이 대부분 없어졌기 때문이다. AD 3세기에 로마 제국은 35만 명 이상의 육군 병력을 거느리고, 추가로 4만 명의 해군이 있었을 것이다. 디오클레티아누스^{Diocletianus}(AD 284년~AD 305년) 황제와 콘스탄티누스(AD 306년~AD

■■■■■■ 사진은 노티티아 디그니타툼Notitia Dignitatum(고대 로마의 모든 민간 및 군사 관직 명부)의 한 페이지로, 마기스테르 오피키오룸magister officiorum(모든 행정과 사법을 담당하는 최고 행정·사법관)이 맡은 책무를 묘사하고 있는데, 여기에는 제국 병기창fabricae 업무도 포함되어 있었다. (MS Canon Misc. 378, f. 141r, Bodleian Library)

337년) 황제 치하에서 전체 병력은 크게 증가하여, 50만 명(어쩌면 60만 명)을 상회했을 것이다. 하지만 서류상의 병력은 언제나 실전 가능한 병력보다 많았고, 많은 병력들이 특정 임무에 종사했기 때문에 전체 편제 인원 중에서 일부만이 개별적 전역에 동원 가능했을 것이다. AD 4세기에 병력 5만 명의 군대면 규모가 꽤 큰 편이었으며, AD 6세기 무렵에는 기동군의 경우 병력이 3만 명을 넘는 경우가 거의 없었다.

규율에 대한 불평에도 불구하고, 로마 제국 군대는 여전히 병사들을 강하게 훈련시켰던 것으로 보인다. 연속적으로 발행된 군사 교범에 따르면, 적어도 동로마 제국 군대에서는 훈련과 전술에 관심이 집중되었지만, 로마 군대가 자신의 적을 능가할 수 있는 방법으로서 기초적인 군사 기술보다는 군대 조직이 점점 더 부각되었다고 해도 아마 틀린 말은 아닐 것이다. 로마군은 멀리 떨어져 있는 부대들이 서로 공조를 이루게 함으로써 보병과 기병은 물론 포병 부대까지 포함된 복합 군대를 형성하고, 전역 기간 동안 이들에게 보급품을 공급할 수 있는 역량을 갖고 있었다. 도로와 창고, 식량저장소, 병기창, 숙영지를 마련하기 위해 복잡한 법률체계가 탄생했고, 이를 통해 로마 제국은 병력이 필요한 곳이면 어디든 그들의 병력을 이동시킬 수가 있었다.

페르시아 군대

로마 제국이 자기들과 필적할 수 있을 정도로 정교한 체계를 가진 적과 마주한 것은 오로지 동부 국경뿐이었다. AD 220년대에 이란계 사산조 페르시아가 아르사키드 파르티아 왕조를 밀어내고 새로운 군사적 지배자로서 자신의 존재를 역내의 잡다한 민족들에게 인식시켰다. 그들 중에는 메소포타미아 습지Mesopotamian Marshes에 집중적으로 분포하는 견실한 유대인과 기독교 집단도 포함되어 있었다. 우리는 사산조 페르시아 군대에 대해서는 명확하게 아는 것이 별로 없다. 이는 우리가 알고 있는 거의 모든 지식이 반복된 분쟁 기간 동안 페르시아 측의 행동을 보고한 로마 제국 측의 정보원들이 제공한 것이기 때문이다. 한 가지 기억해두어야 할 전략적 주안점은 페르시아의 관점에서 볼 때 그들의 북동부 국경, 즉 그들이 중앙아시아 민족들과 마주하고 있는 구역이 전략적으로 더 중요했다는 것이다. AD 5세기 말에 페로즈Peroz 왕이 엽달족Hephthalite*을 상대하다가 자신의 군대를 재앙으로 몰고 간 경우나 AD 7세기 초 아르메니아의 슴바트 바그라투니Smbat Bagratuni의 복무 기간을 통해 우리는 몇 차례 페르시아 군대를 잠시 엿볼 기회가 있지만, 우리가 인식하고 있는 페르시아 군대와는 큰 차이가 있다.

페르시아 왕은 AD 6세기가 될 때까지 대규모 상비군을 두지 않았다. 국경 도시와 요새에 주둔군이 있기는 했지만, 대규모 전역을 수행해야 할 경우, 왕은 귀족들에게 명령을 내려 속주에서 징병을 시행했다. 자유 신분의 신사 계급이 기마 전사로 복무하면서 군대의 근간을 형성했다. 아마 이들은 자신의 종자들을 대동했을 것이다. 페르시아는 봉건적인 체계를 갖고 있어서 왕실의 토지를 교부받으면 왕실의 요구가 있을 때 군대에 복

---

* **엽달족** 에프탈족Ephtalites이라고도 한다. 엽달족은 AD 5세기 중엽부터 1세기 동안 중앙아시아의 아무다리야 강 상류에 살면서 위세를 떨친 이란 계열의 유목 민족이다. AD 6세기 초에 동서 투르키스탄에서 북서 인도에 이르는 지방을 지배하면서 동서 무역을 중계하다가, AD 567년에 돌궐과 사산조 페르시아 연합 세력에게 망했다.

무하거나 병력을 제공해야 했다. 국내 전역의 경우는 병사들이 자기 토지에서 나오는 수입으로 자급자족할 수 있다고 생각했기 때문에 보수를 지급하지 않았던 것으로 보이지만, 해외 원정을 수행할 경우에는 보수를 지급했다. 봉건제도는 왕국 밖에서 군대를 모집할 때도 적용되었다(그들은 특정 조건을 제시하고 복무했다). 하지만 때로는 북동쪽 국경선 너머의 훈족이나 투르크족으로부터, 때로는 카스피 해Caspian Sea 남쪽 산악지대에 거주하는 다일라미테족Dailamites과 같은 특정 국내 집단으로부터 용병을 고용하기도 했다.

페르시아군 하면, 흔히 쇠미늘 갑옷을 입은 중장기병을 연상하지만, 그들의 가장 강력한 병종은 기마 궁수였다. 로마의 전술 교본 저자들은 페르시아군이 정면 공격에는 대단히 취약할지 모르나 백병전에 돌입하는 시기를 충분히 지연시키면서 자신의 우월한 궁수들을 활용할 수 있는 기회를 잡으려고 할 것이라고 조언했다. 페르시아군은 중동의 오랜 공성전 전통을 계승했기 때문에 공성전을 계획하고 갱도를 파고 다양한 공성용 기구들을 배치해서 아주 강력하게 요새화된 진지를 함락할 수 있는 가공할 역량을 갖추고 있었다. AD 6세기에는 대규모 조세 개혁과 토지 재분배가 이루어졌는데, 이는 페르시아 왕이 급료를 받고 지속적으로 근무하는 약간의 상비군 부대를 보유함으로써 왕권을 강화하려는 데 목적이 있었으며, 아마 이런 형식의 상비군 제도는 로마의 코민타텐시스를 모방한 것인지도 모른다. 하지만 왕과 귀족들 사이의 봉건적 관계는 여전히 중요한 요소로 작용해서 왕권을 위해 필수적인 군사적 위신에 영향을 주었다. 페르시아 왕은 해외 원정을 수행하여 전리품과 명성을 얻고 국내의 지위를 강화했을 것이다.

유럽에 있는 로마의 적

유럽에 있는 로마의 여러 적대 부족들에게도 군사 지도자의 개인적 명성은 매우 중요했다. 이러한 적대적 집단들은 대가족이나 한 마을 출신으로 구성된 소규모 전사 집단부터 가족 단위를 포함한 더 복잡한 씨족이나 부족뿐만 아니라 드물기는 하지만 강력한 국제적 연합체까지 다양했다. 가장 작은 집단으로 AD 6세기에 도나우 강을 건너온 슬라브족 습격단이 있었는데, 이들은 정착할 토지를 찾기 위해 가족을 마차에 태우고 이동하면서 200명 내지 300명이 떼를 지어 활동했을 것이다.

제국에 도전한 게르만족과 고트족 집단 대부분은 그와 같은 작은 씨족이나 마을공동체 무리로서 왕의 권위 아래 뭉쳤다. 지도자가 될 수 있는 권리는 궁극적으로 성공, 특히 전쟁에서의 승리에 달려 있었다. 비록 유력한 가문들(예를 들어, 고트족의 발티Balthi와 아말리Amali)이 왕조를 열려는 시도를 하기는 했지만, 장기간 계속된 패배의 충격과 전쟁을 지도할 적절한 지도자의 부재로 살아남지 못했다.

이들 집단 내에는 어느 정도 불안이 존재했기 때문에 AD 300년까지 두드러진 활동을 보였던 카르피족Carpi과 같은 집단들은 영원히 역사 속에서 사라질 가능성도 있었다. 롬바르드족과 같은 경우는 몇 세대에 걸쳐 우리의 출처에 전혀 등장하지 않다가 AD 6세기에 다시 등장하기도 했다. 그와 같은 변화들은 이들이 완전히 제거된 것이 아니라 자신의 정체성을 추종자들에게도 강요하는 다른 지배자에게 복속되었음을 의미한다. 강력한 게르만족 왕은 아마 1만 명의 전사를 동원할 수 있었을 것이고, AD 357년 스트라스부르에서 율리아누스 황제를 상대했던 그보다 큰 규모의 군대는 동맹을 통해 모을 수 있었다. 드물게 게르만 지도자들은 대규모 병력을 지휘하기도 했지만(아말Amal이 이끄는 동고트족은 발칸 반도에서 경쟁 고트족 집단을 흡수한 뒤 2만5,000~3만 명의 전사를 동원했다), 이것은 로마 제국의 무력이 초래한 산물로 예외적인 경우에 해당했다. 부족들은 로마의 무력에 맞서 뭉치지 않으면 질 수밖에 없었던 것이다.

가장 강력한 로마의 적은 초국가적인 연맹으로, 그 대표적 예가 AD 5세기의 훈족, 그리고 AD 6세기와 AD 7세기의 아바르족이었다. 이들 집단은 그들의 활동 영역 내에 있는 다양한 군소 부족 단위들을 흡수하고, 공포와 전리품으로 단결력을 유지했다. 그들은 계속 존재하기 위해서 규칙적으로 전쟁을 치러야만 했다. 그들의 무자비한 지도자들은 주요 도시의 방어시설을 압도할 수 있을 만한 인력을 보유하고 있었다. 훈족과 아바르족 모두 로마의 권위에 강하게 도전했지만, 그들의 본성적인 불안정성은 그들이 파멸하게 되는 원인을 제공했다. 훈족은 AD 453년 아틸라의 죽음으로 인해 그의 잠재적 후계자들 사이에서 치명적인 분열이 일어났다.

한편 아바르족은 AD 626년 콘스탄티노플에서 당한 패배에서 결코 회복하지 못했다. 왜냐하면 상위 집단의 전력이 약화되어 하위 집단들이 반란을 일으켜도 속수무책이었기 때문이다. 훈족 하면, 유목민 전사의 이미지가 떠오를 정도로 그들은 자기 말에 너무나 애착을 가진 나머지 걸어

다니는 경우가 거의 없었다. 다양한 엘리트 전사들이 기병으로서 싸운 것은 사실이지만, 이와 더불어 이 집단들은 예를 들면 아바르 연맹에 속하는 슬라브족처럼 명성이 덜한 연맹 부족으로부터 상당한 규모의 보병들을 제공받아 전투에 동원할 수 있었다.

로마의 적들은 전부 합칠 경우, 로마의 군사력과 대등하거나 더 막강했지만, 로마인들은 보통 부분적으로는 조직의 우월성과 훈련을 통해서, 그리고 부분적으로는 강력한 방어시설을 통해서, 하지만 무엇보다도 국경의 여러 곳에서 동시다발적인 분쟁이 일어나지 않도록 하는 전략을 통해서 자신의 우위를 유지할 수 있었다. 도나우 강과 라인 강을 따라 인근 부족 집단들은 단기적으로 공동작전을 펼쳤을지 모르나, 로마의 외교술은 잠재적 분열의 가능성을 활용하는 데 능숙했다. 그보다 더 광범위한 동맹관계는 거의 드물었다. 그 유일한 예로 AD 626년에 페르시아군이 보스포루스 해협에 진을 치고 아바르 왕국과 결합하여 콘스탄티노플을 공격하려고 시도한 적이 있는데, 그마저도 로마의 함대에 의해 좌절되고 말았다. 로마가 북해의 색슨족 약탈자들과 서로마 제국 함대의 일부를 획득한 북아프리카의 반달 왕국을 제외한 다른 적들과 다른 점이 있다면, 그것은 바로 소규모이지만 강력한 해군을 보유했다는 것이었다.

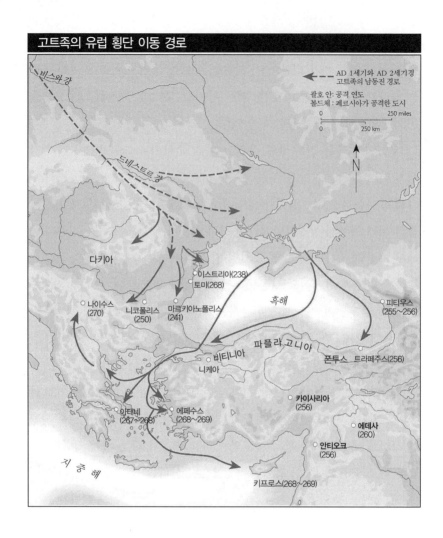

고트족의 유럽 횡단 이동 경로

AD 1세기와 AD 2세기경
고트족의 남동진 경로

괄호 안: 공격 연도
볼드체 : 페르시아가 공격한 도시

0 _____ 250 miles
0 _____ 250 km

N

비스와 강

드네스트르 강

다키아

흑해

이스트리아(238)
토미(268)

나이수스
(270)

니코폴리스
(250)

마르키아노폴리스
(241)

피티우스
(255~256)

파플라고니아

비티니아

니케아

폰투스 트라페주스(256)

카이사리아
(256)

아테네
(267~268)

에페수스
(268~269)

에데사
(260)

안티오크
(256)

지중해

키프로스(268~269)

개전
위기의 발생

AD 235년에 세베루스 알렉산데르가 살해당한 뒤, 로마 제국은 50년에 걸쳐 불안정 상태에 빠지게 되었으며, 흔히 3세기의 위기라고 부르는 이 시기를 기점으로 로마 제국은 말기로 접어들었다. 우리는 이 '위기'와 밀접하게 연관되어 있는 다양한 측면들(국경의 압박, 찬탈자, 종교적 변화, 재정의 고갈)을 살펴볼 것이다. 하지만 먼저 국경의 압박에서 출발하는 것이 가장 논리적이다. 왜냐하면 일반적인 주장에 따르면, 당시 로마 제국이 다른 분야의 변화를 통제하지 못하게 만든 상황이 바로 국경에서 전개되었기 때문이다.

동쪽 국경 너머에서는 사사니드 아르다시르^{Sassanid Ardashir}가 AD 226년 크테시폰^{Ctesiphon}에서 왕위에 오르면서 새로운 왕조가 열렸다. 이러한 변화는 상당히 의미심장할 수밖에 없었는데, 그 이유는 일반적으로 로마가

● 그리스 역사가 헤로디아누스는 AD 220년대에 페르시아 사절단이 세베루스 알렉산데르 황제에게 제시한 요구사항들을 기록했다(6.4.5).

"사절단은 위대한 왕의 명령에 따라 로마인들과 그 지배자는 시리아와 유럽 맞은편의 아시아 전체를 포기하고, 이오니아와 카리아에 이르는 영토와 에게 해와 폰투스 사이의 모든 민족들에 대한 페르시아의 지배를 허용해야 한다고 말했다. 왜냐하면 이것들은 전통적으로 페르시아인들의 소유였기 때문이다."

파르티아인들을 지배해왔기 때문이다. 실제로 로마는 연속적으로 승리하면서 파르티아 왕실의 명성을 실추시켰지만, 사산조 페르시아는 알렉산드로스 대왕의 정복 이전에 페르시아를 지배했던 아케메니드 페르시아 왕조Achaemenids와의 연관성을 강조하며 역동적인 민족주의를 유포시켰다. 사산조 페르시아의 사절은 그들의 조상이 갖고 있던 토지의 반환을 요구하며 거절할 시에는 전쟁이 있을 것이라고 위협했다. 아르다시르 왕의 아들인 샤푸르 1세Shapur I에게 교훈을 주려던 고르디아누스Gordianus의 시도는 AD 244년에 패배와 함께 그가 전사하면서 치욕으로 끝이 났고, 그의 계승자인 아라비아의 필리푸스 1세Philippus I Arabs는 군대를 퇴각시키기 위해 돈을 지불할 수밖에 없었다. AD 253년과 AD 260년에는 샤푸르가 로마 제국을 공격해 동부 속주의 주요 도시인 안티오크를 비롯해 유프라테스 강 유역의 두라와 같은 수많은 중소 도시들을 탈취했으며, 엄청난 양의 전리품을 페르시아로 갖고 갔다. 발레리아누스Valerianus 황제도 AD 260년에 에데사 전투에서 패해 포로가 되어 페르시아로 끌려갔다. 이후 10년 동안 동부에서 로마 제국의 권위는 땅에 떨어졌고, 페르시아에 효과적으로 저항한 사람은 팔미라의 지배자 오다이나투스Odaenathus뿐이었다. 동부 국경은 로마 제국에게 엄청난 비용을 요구하는 군사 무대가 되었고, 그곳

■■■■■ 유프라테스 강 유역의 도시, 두라의 파괴된 성벽. (Ancient Art and Architecture)

■■■■■ 아테네 아고라를 가로지르는 발레리아누스의 방벽. (저자 소장)

속주들이 감당하던 상당한 수준의 세수는 사라질 위기에 놓여 있었다.

문제는 도나우 강 지역에서 벌어진 사태로 인해 더 심각해졌다. 그곳에서도 로마 제국은 새로운 적과 마주해야만 했다. 이곳에서는 폴란드 북부로부터 고트족이 점진적으로 이동하면서 이제까지 변화가 서서히 진행되고 있었다. 지금까지 입증된 최초의 고트족 유입은 AD 238년에 발생했는데, 당시 그들은 도나우 강 입구 인근에 있는 이스트리아Istria를 약탈했다. 10년 뒤 그들은 발칸 반도 북동쪽을 휩쓸었고, AD 251년에는 데키우스Decius 황제가 그들을 무력으로 도나우 강 너머로 돌려보내려다가 전사하고 군대는 전멸당했다. AD 250년대는 더 많은 약탈 행위로 점철되었으며, 동시에 고트족은 흑해에서 선박을 징발하여 소아시아를 가로지른 뒤에게 해로 진입해 AD 268년에는 아테네를 약탈했다. 마케도니아와 트라키아의 광산은 어쩔 수 없이 조업이 중단되었다.

이와 같은 고트족의 대이동으로 다른 민족들이 정착지에서 밀려나게 되었으며, 결국 그들은 고트족과 로마 제국 국경 사이에서 오도 가도 못하는 신세가 되었다. 이런 과정에서 서로 다른 다수의 부족들은 궁극적으로 로마를 공격하려는 마음을 먹고 견고한 연맹들을 형성했다. 도나우 강 상류에서는 반달족과 콰디족, 마르코마니족이 국경을 돌파했으며, 라인 강 상류에서는 알라마니족이 세력을 강화하여 AD 260년대에는 이탈리아를 두 번이나 침략하기까지 했다. 라인 강 하류에서는 프랑크족이 AD 3세기 하반기 내내 국경 방어선을 위협한 대규모 연맹을 지배하게 되었으며, 색슨족 해적들이 북해를 건너 영국 해협 남쪽으로 내려와 노략질을 하기 시작했다.

로마 세계에서 오로지 아프리카와 이베리아 반도, 그리고 정도는 약하지만 브리타니아만이 침략의 대상에서 제외되었다. 국경에 가해지는 압박이 점차 증가하고 있다는 사실은 너무나 분명했지만, 황제들은 한 구역에서 다른 구역으로 병력을 전용할 수 없었기 때문에 대신 패배할 것이 분명한 불리한 상황에서 어쩔 수 없이 침입자를 상대할 수밖에 없었다.

그 결과가 제국의 위신에 미칠 영향은 분명했다. AD 260년대 후반에 제국은 사실상 세 조각으로 분리되며 그들은 개별적으로 자신의 살길을 모색하는 데 여념이 없었다. 문제는 AD 235년에 발생했다. 그 해 세베루스 알렉산데르 황제는 동부에서 전역에 실패한 직후 라인 강 주둔 군대에 의해 퇴위당했다. 그들은 황제의 지휘 능력 부족에 두려움을 느끼고 자신들의 지휘관인 트라키아인 막시미누스(전해지는 바에 따르면, 그는 전혀 교육을 받지 못한 농부 출신으로 일반 병사에서 시작해서 장군까지 된 인물이었다)를 황제로 선언했다. 막시미누스는 원로원을 회유하여 자기편으로 만들려는 노력을 하지 않았고, 군부에 대한 그의 장악력, 특히 동부 국경의 군대에 대한 통제력은 급료를 두 배로 인상하겠다고 약속을 했음에도 불구하고 불안정했다. 그는 자신의 약속을 지키는 데 필요한 재원을 마련하기 위한

수단을 대규모 징발에 의존했기 때문에, 그에 대한 평판은 더욱 나빠졌다. 막시미누스는 AD 238년까지 살아남았지만, 그 해에 그가 원로원으로부터 지지를 받거나 황제로 선포된 정적을 처리하는 데 실패하자, 병사들이 반란을 일으켰다. 1년 동안 7명의 황제가 등장해 북아프리카와 이탈리아 북부에서 싸움을 벌였고, 로마의 사회 불안은 이어질 혼란의 전조가 되었다. 이와 같은 대규모 내부 혼란은 자연스럽게 외부의 적에게 침략의 기회를 제공했고, 그것은 황위를 차지할 사람이 감당해야 할 기존의 문젯거리에 또 다른 문제를 더했다.

황제들이 얼마나 단명했는지는 간단하게 당시 황제들의 목록을 만들어보기만 해도 금방 알 수 있다. 황위를 주장했지만 지역적 수준을 벗어나지 못하고 단명한 모든 인물들을 전부 목록에 포함시키기는 어렵다는 조건하에 다음과 같은 당시 황제들의 목록을 작성했다.

AD 235~AD 238	막시미누스
AD 238	고르디아누스 1세와 고르디아누스 2세
AD 238	발비누스Balbinus와 막시무스Maximus
AD 238	푸피에누스Pupienus
AD 238~AD 244	고르디아누스 3세
AD 244~AD 249	아라비아의 필리푸스 1세
AD 249~AD 251	데키우스
AD 251~AD 253	트레보니아누스 갈루스Trebonianus Gallus
AD 251~AD 253	볼루시아누스Volusianus
AD 253	아이밀리아누스Aemilianus
AD 253~AD 260	발레리아누스
AD 253~AD 268	갈리에누스Gallienus

로마에 있는 아우렐리아누스의 방벽. (Ancient Art and Architecture)

AD 268~AD 270	클라우디우스 2세 고티쿠스Claudius II Gothicus
AD 270	퀸틸루스Quintillus
AD 270~AD 275	아우렐리아누스Aurelianus
AD 275~AD 276	타키투스Tacitus
AD 276	플로리아누스Florianus
AD 276~AD 282	프로부스Probus
AD 282~AD 283	카루스Carus
AD 283~AD 28	카리누스Carinus
AD 283~AD 284	누메리아누스Numerianus

　　새로운 황제의 등극은 병사들에게는 또다시 기부금이 지급된다는 의미였다. 한 차례의 내전을 치를 때마다 추가적인 인명 손실, 물리적 파괴, 국경의 약화가 초래되었다. 아이러니하게도, AD 248년 필리푸스 황제가 로마 건국 1000주년을 화려하게 축하했지만, AD 250년대의 군사적 실패

들로 인해 사실상 제국은 세 조각으로 분열되었다. 오다이나투스는 동부 국경의 방어에 성공하자, 황제의 권력에 대한 야망을 품게 되었고, AD 268과 AD 269년 사이에 그의 아내인 제노비아^{Zenobia}가 그의 야망을 계승했다. 한편 갈리아에서는 라인 강 주둔군이 자기들의 상승장군인 포스투무스^{Postumus}를 황제로 선언했다. 위기감이 고조되면서 동부에서는 종말론적 문학(예를 들어, 13권의 『시빌의 신탁^{Sibylline Oracles}』)이 유행했고, 로마 주위를 둘러싼 19킬로미터의 성벽은 AD 271년에 공사가 신속하게 끝이 났다. 제국은 일련의 격렬한 전역을 거쳐 아우렐리아누스 황제에 의해 재통합되었다. 그가 제국을 재통합할 수 있었던 것은 AD 269년 포스투무스가 살해당하면서 갈리아의 정세가 불안정해지고 오다이나투스가 암살당한 덕분이었다. 또한 그는 위험에 노출된 다키아 속주를 포기하고 로마군을 도나우 강 하류를 따라 재배치할 준비를 했다. 아마 가장 중요한 사건은 정력적인 샤푸르가 AD 270년에 사망한 것인지도 모른다. 페르시아가 그에 버금가는 지도자를 배출하기까지는 50년이라는 세월을 기다려야 했다. 군사적 실패는 확실히 몰락으로 이어졌지만, 그렇다고 승리가 반드시 생존을 보장하는 것은 아니었다. 아우렐리아누스와 그의 로마 제국 재건 작업을 이어간 프로부스는 군대의 야영지 안에서 음모에 희생당했고, 카루스는 메소포타미아 습지를 침공하던 중 사망했는데, 전해지는 이야기에 따르면 벼락을 맞아 죽었다고 한다.

국경 안쪽에서 오래 지속된 전쟁과 잦은 패배, 그리고 황제의 잦은 교체가 계속 누적되면서 중요한 경제적 문제들이 발생했다. 황제는 병사들에게 하사금과 급료를 지불하기 위해 점점 더 많은 돈이 필요했기 때문에, 귀금속 주화를 필요량만큼이라도 생산해내기 위해 동원 가능한 모든 금은을 쥐어짜야만 했다. 갈리에누스 황제 치하에서는 이런 상황으로 인해 군대의 보수를 지급하는 데 사용되는 표준 화폐인 데나리우스 주화의

■■■■■■ 전설적인 '카라우시우스와 동지들Carausius et fratres'을 새긴 AD 286년경의 주화. (Ancient Art and Architecture)

은 함유량이 5퍼센트로 감소했다. 나중에는 오래 가지 못하는 순은과 같은 광채를 내기 위해 비소 용액 속에서 도금한 구리 주화를 발행했다. 주화의 가치 하락은 그에 상응하여 가격의 상승을 촉발시켰고, 다시 그것은 연속적인 인플레이션을 초래했다. 특히 AD 3세기의 마지막 30년 동안은 인플레이션이 심각했다.

인플레이션의 희생자 중 하나는 정부로, 정부의 세수는 그 가치가 급감했다. 유연성이 거의 없는 조세제도를 고려할 때, 새롭게 대규모 현금을 확보하기는 대단히 어려웠다. 결국 조세수입에 대한 의존도는 더욱 높아졌다. 병사들은 보급 물자가 필요했기 때문에, 농촌의 납세자들에게 가

치가 하락하기만 하는 동전을 거두어들이기보다는 군대가 식량과 기타 필수품들을 직접 구입할 수 있게 허용함으로써 물품이 병사들에게 직접 전달되어 재화의 순환 과정이 짧아졌다. 이런 상황 전개는 계획된 것이 아니라 우연히 일어났겠지만, 군대가 점차 보급 물자를 스스로 확보하는 관행을 채택하자, 속주의 행정당국은 군대가 주민들에게 공용 징발한 부분만큼 세금을 감면해줄 수밖에 없었다. 인플레이션의 또 다른 희생자는 도시들로, 도시에서는 지난 150년 동안 이어졌던 화려한 건축물의 건설이 중단되어버렸다.

위기의 또 다른 결과로 원로원의 소외와 군대 지휘관들의 전문화를 들 수 있다. AD 238년, 원로원과 군대는 황위의 계승을 놓고 경쟁을 벌였

■■■■■■ 왕관을 쓴 아우렐리아누스를 새긴 주화. (Barber Institute of Fine Arts)

지만, 갈리에누스 치하에서 원로원은 실질적으로 군대의 지휘부에서 제외되었다. 이런 상황 전개는 이미 그 이전에 시작되어, 세베루스 왕조의 황제들은 원로원 소속이 아닌 심복을 주요 지휘관에 임명하는 경향이 있었다. 하지만 황제의 지위가 불안해지면서 변화가 더욱 촉진되었고, 동시에 병사들도 귀족 출신 풋내기보다는 신뢰할 만한 지휘자를 원했다. 아우렐리아누스가 도나우 강 상류의 군단들로부터 지원을 받아 황제가 된 후 이들을 동원해 제국을 복구했을 때, 판노니아인과 기타 발칸 혈통의 장교들이 현저하게 부각되는 일이 발생했다. 이들은 직업군인이어서 민간인 지식인들은 그들의 문화적 소양이 부족하다고 비웃었을지 모르지만, 그들은 로마 제국의 이상과 전통에 헌신하고 능력 있는 장군임을 입증해 보였다.

위기는 또한 종교에도 영향을 미쳤다. 불행이 반복되니 당연히 신을 달래야만 한다는 생각을 했기 때문이다. 처음에 이것은 전통적으로 믿어왔던 신들에게 간절히 애원하는 형태를 취했다. AD 249년, 데키우스는 모든 시민들에게 황제를 위해 기도하고 제물을 바치라는 칙령을 내렸다.

● AD 250년의 파피루스는 데키우스가 제물을 바치라고 요구했을 때 벌어진 일을 잘 보여주고 있다. 모든 사람들은 명령을 따랐다는 사실을 증명하기 위해 영수증을 보여야 했다.

"테아델피아Theadelphia 마을의 제사장에게

페테레스Peteres의 딸 아우렐리아 벨리아스Aurelia Bellias와 그녀의 딸 카피니스Capinis로부터

우리는 이제껏 신들에게 제사를 바쳐왔습니다. 그리고 이제 칙명에 따라 귀하의 입회하에 본인은 신주를 붓고 제물을 바치고 신성한 제물을 맛보았습니다. 따라서 우리는 귀하에게 아래에 서명해주실 것을 요구합니다. 감사합니다.

[서명] 우리, 아우렐리우스 세레누스Aurelius Serenus와 아우렐리우스 헤르마스Aurelius Hermas는 귀하의 제사를 눈으로 확인했노라.

나, 헤르마스 본인이 서명하다.

카이사르 가이우스 메시우스 퀸투스 트라야누스 데키우스 피우스 펠릭스 아우구스투스Caesar Gaius Messius Quintus Trajanus Decius Pius Felix Augustus 1년, 11월 27일."

아마 의도하지 않은 결과였겠지만, 이 명령으로 인해 기독교인들은 황명의 거부와 배교 사이에서 선택의 갈림길에 서게 되었다. 일부는 기독교를 버렸고, 아마 그보다 훨씬 더 많은 사람들은 지배자들의 시선을 피하거나 묵인받을 수 있는 수단을 강구했을 것이다. 하지만 순교자도 많아서 로마 제국은 기독교인을 반역자로 간주하게 되었다. 박해는 데키우스의 죽음과 함께 일단 멈추었지만, AD 257년 발레리아누스에 의해 다시 시작되었다. 그는 성직자들에게 관심을 집중시키며 기독교인들을 표적으로 삼았다. 그가 전투에서 패하자, 박해도 끝이 났다. 아우렐리아누스 황제는 승리를 거두자, 전쟁의 승리와 관계가 있는 전통적 신들, 특히 빅토리아와 마르스, 헤라클레스, 주피터에 대한 자신의 신앙을 널리 선전했다. 그리

고 AD 273년 팔미라에서 패한 이후, 그는 절대 정복되지 않는 태양, 솔 인
빅투스Sol Invictus를 특별한 신앙의 대상에 추가했다. 디오클레티아누스와
콘스탄티누스가 각자의 방식에 따라 계속 증명해 보인 것처럼, 알맞은 신
을 골라 숭배하는 것은 승리를 가져왔다.

전투
제국에 대한 도전

디오클레티아누스에 의한 안정화 단계

아우렐리아누스가 로마 제국을 재통합시켰지만, 제국의 안정성을 재확립한 사람은 디오클레티아누스다. 그는 20년 동안 제위를 지킨 뒤 자신의 계획대로 퇴위했다. 성공의 비결은 공동황제제도에 있었다. 그 전까지는 주요 부대들이 각자 자신의 황제를 추대하려는 욕망에 사로잡혀 분열이 더욱 조장되었기 때문이다. 권력을 공유하는 이러한 방식은 AD 2세기에도 사용된 적이 있는데, 당시 마르쿠스 아우렐리우스 황제는 루키우스 베루스를 공동 황제로 임명하고 파르티아 원정을 지휘하게 했으며, AD 3세기에는 발레리아누스 가문과 카루스 가문이 공동 집권 방식을 시도하기도 했다. 가족이 공동으로 지배하는 방식은 충성심을 강화시켜줄 수는 있지만, 그 대가로 능력 있는 인사는 잃어야 했을 것이다. 디오클레티아누스는 AD 285년에 오랜 동료인 막시미아누스^{Maximianus}*를 카이사르, 즉 부제^{副帝}로 임명한 뒤 갈리아로 파견하여 바카우다이^{bacaudae} 부족의 반란을 진압하게 했다. 이들 반란군은 로빈 후드 형태의 의적단이나 현지 실력자를 지지하는 집단에 이르기까지 다양했다. AD 286년 막시미아누스는 아우구스투스, 즉 디오클레티아누스와 동등한 정제^{正帝}가 된다. 이 두 아우구스투스 사이의 관계는 성스런 신들의 관계로 묘사하자면, 디오클레티아누스는 신들의 왕인 주피터이고, 막시미아누스는 주피터의 아들인 헤라클레스에 해당했다. 6년에 걸친 공동 통치 후, 이집트에서 반란이 일어나자 디오클레티아누스는 황제의 권위를 나눌 인적 자원을 확대하기 위해 2명의 젊은 동료들을 부제로 임명했다. 이에 따라 갈레리우스^{Galerius}는 동부의 부제로, 콘스탄티우스^{Constantius}는 서부의 부제가 되었다. 2명의 부제와 2명의 정제의 딸들이 혼인함으로써 4명의 황제가 긴밀히 결합하게 되었다.**

디오클레티아누스와 그의 동료들이 정열적으로 전역을 수행했다는 사실은 AD 301년에 디오클레티아누스가 선포한 '최고가격령^{Edict on Maximum Prices}'*** 앞에 나오는 그의 전승 칭호^{victory title}들 속에 그대로 반영

---

* **막시미아누스** AD 240년?~AD 310년. 로마의 황제(AD 286년~AD 305년 재위). 디오클레티아누스 황제의 전우^{戰友}로 부제가 되어 서방을 지배했고, 이듬해 정제가 되었다. 4분통치 성립 이후 이탈리아를 비롯한 4개 지방을 지배했다. 후에 막센티우스, 콘스탄티누스와 사이가 나빠져 패하고 자살했다.

** 로마 제정 말기에 황제 디오클레티아누스가 실시한 4분통치. 광대한 제국 영토의 치안과 변경의 방위를 확보하기 위해, AD 286년에 제국을 황제 자신과 막시미아누스의 통치 구역으로 2분했다. AD 293년에는 갈레리우스와 콘스탄티누스 1세가 부제로 임명되면서 제국은 4인의 황제가 분할 통치하게 되었다. 이들은 혼인 관계로 긴밀한 결합을 맺고, 정제는 20년간 통치한 뒤에 부제에게 양위하며, 그런 순서를 되풀이하기로 했다. 그러나 디오클레티아누스가 죽은 뒤 분쟁이 발생하여 이 제도는 붕괴되었다.

*** **최고가격령** 통화량 증가로 물가가 상승하자, 디오클레티아누스는 상인들이 탐욕스럽

되어 있다.

"황제 카이사르 가이우스 아우렐리우스 발레리우스 디오클레티아누스, 경건하고 행운이 따르며 절대 굴복하지 않는 자, 아우구스투스, 최고 제사장, 게르마니아 대승 6회, 사르마티아 대승 4회, 페르시아 대승 2회, 브리타니아 대승, 카르파티아Carpathia 대승, 아르메니아 대승."

콘스탄티우스에게 브리타니아를 수복하는 임무를 맡김으로써 막시미아누스는 무어족의 침입에 대처하기 위해 라인 강 국경을 벗어나 아프리카로 갈 수 있게 되었다. 동부에서는 갈레리우스가 AD 297년에 페르시아에게 패했다가 다음해 AD 298년에 승리하는 커다란 성과를 올렸다. 그는 메소포타미아 습지를 약탈하기도 했지만, 무엇보다도 결정적으로 중요했던 것이 그가 나르세스Narses 왕의 가족 중 여자들을 포로로 잡은 것이었다. 나르세스는 이들을 돌려받기 위해 강화를 요청하고 티그리스 강 동쪽

다고 비난하며 AD 301년에 '최고가격령'을 발표하면서 국가가 정한 가격 이상으로 파는 사람을 사형시키겠다고 선포했다.

의 영토를 넘겨주었다.

승리만큼이나 중요했던 것은 디오클레티아누스의 행정 개혁이었다. 디오클레티아누스는 이 행정 개혁을 통해 속주의 수를 두 배로 늘리고(디오클레티아누스는 이 행정 개혁을 통해 속주의 총독들이 자신의 영역을 좀더 세심하게 통제할 수 있을 것이라고 기대했다), 이와 더불어 여러 개의 속주를 묶어서 속주 총독과 프라이펙투스 프라이토리오^{praefectus praetorio}* 사이에 행정적 완충지대인 관구를 도입했다. 또 토지세와 인두세에 대한 부담을 좀더 공정하게 배분하고 효율성을 높이기 위해 조세체계에 대한 개혁도 이루어졌다. 정기적으로 세입 항목에 대한 재평가가 이루어졌기 때문에 이론적으로 제국의 예산을 잡는 것이 처음으로 가능해졌다. 또한 디오클레티아누스는 화폐의 안정화도 시도하여 새로운 금화와 은화, 동화를 발행했다. 하지만 그에게는 국민들에게 확신을 줄 만큼 충분한 귀금속 주화를 발행할 수 있을 정도의 귀금속이 없었던 것으로 보인다. 그 결과, 인플레이션은 멈추지 않았고, 결국 AD 301년 디오클레티아누스는 '최고가격령'을 반포해 광범위한 상품과 서비스에 대한 최고 가격 목록을 제국의 모든 거주지와 시장에 게시하게 했다. 디오클레티아누스는 다른 분야에 비해 군사 편제 분야에 있어서 혁신성이 조금 부족했을 수도 있지만, 지금까지 남아 있는 증거만으로는 그의 행동에 대해 어떤 결론을 내리기가

---

* **프라이펙투스 프라이토리오** BC 2년경 아우구스투스 황제는 프라이펙투스라는 공직에 새로운 중요성을 부여했다. 그는 소방대장인 프라이펙투스 및 곡물 공급을 담당하는 프라이펙투스와 더불어 2명의 프라이펙투스 프라이토리오(근위대장)를 임명했다. 프라이펙투스 프라이토리오는 황제의 경호를 책임지고 있었기 때문에 당장 막강한 권력을 얻었다. AD 300년경에 이르자, 제국의 동부와 서부의 프라이펙투스 프라이토리오는 민간 행정을 감독하게 되었다. 그들은 황제의 대리인으로서 사법권을 행사하고 세금을 징수하고 속주의 총독들을 감독했다. 그들은 또한 군대를 지휘하고, 황궁에 물자를 공급하는 업무를 관장했다. AD 306년에 디오클레티아누스의 뒤를 이어 황제가 된 콘스탄티누스 1세 시절에 프라이펙투스 프라이토리오는 군지휘권을 잃었지만, 사법과 재정 기능은 계속 유지했다.

곤란하다. 국경을 걱정한 그는 국경의 방어시설을 강화하고, 새로운 도로 (예를 들어 스트라타 디오클레티아나$^{Strata\ Diocletiana}$)를 건설하고, 국경 근처에 병력을 배치했다. 그의 제위 기간 동안 군대의 규모가 증가했을 가능성이

● 디오클레티아누스는 가격 통제의 필요성을 다음과 같이 설명했다(최고 가격령의 서문).

"공동체의 안전을 위해 우리 군대가 파견되는 곳마다 부당 이익을 노리는 자들이 마을이나 도시뿐만 아니라 모든 도로에서 무례하고 은밀하게 공공의 복지에 해를 끼치고 있다는 사실을 누가 모른단 말인가? 그들은 상품에 네 배, 여덟 배라는 터무니없는 가격을 매기고 있으니 인간의 언어로는 그들의 폭리와 관행을 표현할 길이 없다. 실제로 어떤 경우는 단 한 차례의 거래만으로 병사는 자기가 받은 기부금과 봉급을 몽땅 털리기도 한다. 게다가 군대를 지원하기 위해 모든 세상 사람들이 낸 기부금도 이 도적들의 손에 이윤으로 들어가버린다. 병사들은 마치 군복무에 대한 보상금과 자신의 퇴역 보너스를 자기 손으로 이 도적들의 손에 넘겨주는 것처럼 보일 정도다."

대단히 높지만, 정확한 수치는 남아 있지 않다.

콘스탄티누스와 기독교 개종

AD 305년 디오클레티아누스 황제는 스팔라토Spalato(오늘날의 크로아티아 스플리트Split)에 특별히 준비해둔 궁전으로 은퇴했지만, 그가 정한 황위 승계 방식은 제대로 실행되지 못했다. 그 이유는 디오클레티아누스의 방식이 특정 왕가에 대한 병사들의 강력한 충성심을 고려하지 않았기 때문이다. 서로마의 새로운 아우구스투스(정제)인 콘스탄티우스가 AD 306년에 요크York에서 사망하자, 그의 병사들은 즉시 그의 아들인 콘스탄티누스를 후계자로 인정했다. 이후 6년 넘게 콘스탄티누스는 자신의 길을 계획하고 싸워서 서로마 전역을 지배하게 되었고, 이 과정은 AD 312년 로마 외곽에서 벌어진 밀비우스 다리Pons Milvius 전투로 절정에 달했다. 그의 상대인 막센티우스Maxentius(디오클레티아누스의 공동 황제였던 막시미아누스의 아들)는 병력을 티베르Tiber 강 북안에 배치했지만, 그들이 패배하여 혼란에 빠진 채 도시로 도주하는 동안 나무다리가 무너져내렸다. 이 승리에서 가장 의미심장한 부분은 콘스탄티누스의 병사들이 그리스도의 깃발 아래에서 싸웠다는 것으로, 콘스탄티누스는 그리스도의 영적인 인도를 받았다고 주장했다. 전투가 끝난 뒤 그는 자신의 새로운 신에 대한 보답에 착수했다. 몇 가지 측면에서 이것은 디오클레티아누스(그는 AD 303년에 기독교에 대한 박해를 시작했다) 때와는 다른 중요한 변화라고 할 수 있었다. 콘스탄티누스의 개종은 결국 로마 제국의 기독교화로 이어졌고, 이어서 유럽이 기독교로 개종하게 되었다. 하지만 종교에 대한 근본적인 사고방식, 즉 올바른 신을 제대로 모셔야 승리를 거둘 수 있다는 생각에는 변함이 없었다.

향후 12년에 걸쳐 콘스탄티누스는 동로마의 리키니우스와 불안한 동반관계를 유지하며 제국을 공유했지만, AD 324년에 양측은 충돌을 일으켜 보스포루스 해협에서 결정적인 해전을 벌였다. 이를 통해, 콘스탄티누스는 동서 로마의 유일한 지배자로 부상했다. 이번 승리는 새로운 수도(콘스탄티노플)의 건설로 더욱 돋보이게 되었다. 구도시 비잔티움의 자리에 세워진 이 도시에는 새로운 성벽과 궁전, 황제가 머물기 위한 기타 부속물들이 들어섰다. 이제 콘스탄티누스는 도나우 강과 페르시아의 국경에 대한 책임을 승계했다. AD 330년대에 그는 고트족을 상대로 격렬한 전역을 수행해 그 지역을 한 세대 동안 잠잠하게 만드는 성과를 거두었다. 그의 제위 기간 말기에는 콘스탄티누스가 메소포타미아 습지의 기독교 인구들과 접촉해 그들에게 '해방'을 위한 희망을 심어줌으로써 동부에서 긴장이 고조되었다. 이미 그는 페르시아의 젊은 군주 샤푸르 2세에게 편지를 보내 기독교의 이점에 대해 알리고 그의 지배하에 있는 기독교 신민들을 박해하지 말라고 경고한 적이 있었다. 결국 콘스탄티누스는 AD 337년에 동부 국경을 향해 진군을 개시했지만, 니코메디아^{Nicomedia} 근처에서 사망함으로써 분쟁을 그의 후계자에게 넘겨주게 된다.

비록 그의 승계로 인해 4분통치체계는 붕괴되었지만, 콘스탄티누스는 대부분의 분야에서 디오클레티아누스 황제의 의도에 가장 적합한 후계자였다. 콘스탄티누스는 그의 제위 기간 중 절반은 내전을 치렀고, 그 결과 국경에 대한 관심이 분산될 수밖에 없었다. 그는 황제가 거느리고 다니던 중앙 부대인 코미타텐시스를 개편하고 기병과 보병을 위해 기병총감 magister equitum과 보병총감^{magister peditum}이라는 2개의 고위 지휘관직을 두었

● 콘스탄티누스는 페르시아 왕에게 편지를 보냈다(Eusebius, Life of Constantine 4.9-13).

"신을 동맹으로 삼아 그의 권능으로 나는 확실한 구원의 희망을 안고 해안에서 출발해 점진적으로 모든 세상을 일으켜 세웠소. …… 형제여, 나는 조물주이자 만물의 아버지인 이 유일신에 대한 내 신앙을 솔직하게 고백하며 그것을 나는 결코 후회하지 않소. 이 세상을 지배했던 많은 자들은 어리석은 오류에 현혹되어 지금까지 계속 그 분의 존재를 부인해왔소. 하지만 결국 그들은 어떻게 되었소? 너무나 엄청난 징벌을 받은 나머지 이제 사람들은 그 어떤 사례도 그들의 운명이 보여주는 본보기보다 강력하지 않다는 사실을 인식하게 되었을 정도요. 이것은 그들과 같은 목표를 추구하는 사람들에게 보내는 강력한 경고가 아닐 수 없소. 그들과 함께(당연히 나는 기독교인을 말하는 것이오. 나의 모든 관심사는 오로지 그들밖에 없소) 페르시아의 주요 지역들도 큰 축복을 받았다는 사실을 알았을 때 얼마나 기뻤는지! …… 따라서 나는 이들을 당신에게 맡기오. 왜냐하면 당신은 너무나 위대하기 때문이오. 그리고 이들을 당신의 품 안에 보내겠소. 왜냐하면 당신 또한 신앙심으로 명성이 높기 때문이오."

다. 프라이펙투스 프라이토리오(과거의 근위대장)는 군사 분야의 작전에 대한 책무는 모두 상실하고 군대의 보급과 모병을 포함한 행정에 대한 전반적인 업무를 수행하게 되었다. 황제의 역할이 그만큼 늘어났다는 점을 감안해, 제국을 4개의 대관구grand prefecture로 나누었다. 또 속주의 입장에서, 군사 지휘권은 민간 부분의 임무와 분리되었다. 콘스탄티누스의 가장 위대한 업적은 파운드 당 72온스의 금이 들어간 솔리두스solidus 금화를 기반으로 한 안정된 통화체계를 확립했다는 것이다. 솔리두스는 내전의 전리품과 신전의 재물에서 얻은 금괴를 사용해 만들었다.

동로마 제국

로마 제국은 콘스탄티누스의 세 아들에 의해 분할되었다. 콘스탄티누스 2세는 갈리아를, 콘스탄스는 로마를 맡았으며, 콘스탄티우스 2세는 동로마와 함께 샤푸르 왕을 상대로 하는 전쟁까지 계승했다. 콘스탄티우스

■■■■■ 사진 속의 주화 앞면에는 콘스탄티우스 2세의 두상이, 뒷면에서 로마 병사가 창으로 적 기병을 떨어뜨리는 장면과 "다시 한 번 이 자리에 행복이 있으리라"라는 구호가 새겨져 있는데, 이 구호에는 전쟁에 임하는 로마인의 자세와 승리에 대한 기대감이 반영되어 있다. (Dr Stan Ireland)

2세는 지금까지 역사학적으로 정당한 평가를 받지 못했는데, 그 이유는 기독교 성향의 저자들이 그를 이단으로 간주하는가 하면, 또 당시의 주요 비종파적 저자인 암미아누스 마르켈리누스Ammianus Marcellinus가 그가 배교자 율리아누스Julianus와 충돌했다는 이유로 그에 대해 잘못 묘사했기 때문이다. 그 결과, 페르시아의 지배자들 중 가장 역동적이었던 인물을 상대로 적은 손실만 입은 채 동로마의 국경을 유지하는 데 성공했음에도 불구하고, 페르시아를 상대로 24년 동안 끈질기게 전쟁을 수행한 그의 업적은 평가절하되었다. 전투 기간 중 회전은 AD 344년 신가라Singara 외곽에서 단 한 차례 있었다. 로마군은 우세를 유지하다가 무질서하게 적을 추격하여 페르시아의 야영지를 공격하는 바람에 적이 전열을 가다듬을 수 있는 여유를 주었고, 그 결과 전투는 승패를 가름하지 못한 채 끝이 났다. 콘스탄티우스의 전략은 새로운 요새를 건설하고 국경지대의 주요 도시에 의지하여 페르시아의 침입을 저지하는 것이었는데, 니시비스Nisibis가 상부 메소포타미아를 가로질러 진격할 수 있는 열쇠를 쥐고 있었다. 샤푸르는 이 도시를 세 차례나 포위하고 페르시아의 공성전 기술이 발휘할 수 있는 모든 힘을 쏟아 부었지만, 도시는 고인이 된 주교 야곱Jacob의 시신을 부적으로 삼아 도시 성벽 주위를 돌게 함으로써 그를 통해 신의 도움을 받아 이를 막아냈다. 하지만 신가라는 새로 보수된 성벽 밑으로 갱도가 뚫리면서 AD 360년에 결국 함락당했으며, 같은 해 베자브데Bezabde 또한 페르시아의 수중에 떨어졌다.

암미아누스가 운 좋게 생존자 중에 포함되었던 AD 359년의 아미다 Amida(오늘날의 터키 디야르바키르Diyarbakir) 공성전은 전략적 대결의 역동성을 잘 보여준다. 콘스탄티우스가 도나우 강 국경에 관심을 집중하자, 샤푸르 2세는 일단 니시비스를 무시하고 로마 제국 영내로 깊숙이 침투하여 타격을 가하는 작전을 계획했다. 하지만 강이 범람했기 때문에 페르시아군은 북쪽으로 방향을 선회했다. 아미다에서 샤푸르는 자신의 전력을 과시하며 수비군을 위압하려고 했지만, 로마군 포병이 왕을 겨냥해 발사한 노포용 화살이 그의 수행원 중 한 명을 맞히면서 위력 시위는 순식간에 엉망이 되고 말았다. 샤푸르 왕은 도시를 반드시 처벌해야만 한다고 생각했다. 결국 73일간의 단호한 저항 끝에 도시는 함락되었지만, 공성전에 따른 일정의 지연과 엄청난 인명 피해로 인해 페르시아는 침공을 중단해야 했다.

콘스탄티우스는 내전뿐만 아니라 여러 국경선에 개입해야 했기 때문에 한곳에 정신을 집중할 수 없었으며, 특히 AD 353년 그가 로마 제국의 유일한 지배자가 된 뒤에 그런 경향이 더 심해졌다. AD 351년과 AD 353년 사이에 콘스탄티우스는 조카인 갈루스Gallus를 공동 지배자로 삼아 동부 국경을 관리하게 했지만, 그는 그 자리에 부적절했다. AD 355년 콘스탄티우스는 갈루스의 동생인 지적인 율리아누스에게 관심을 돌려 그를 이용해 서로마를 통제했고, 어느 정도 좋은 결과를 거두었다. 하지만 AD 360년 율리아누스의 병력이 자신의 지도자를 공동 황제로 임명해줄 것을 요구하기 시작했다(율리아누스가 부추겼을 가능성도 있다). 콘스탄티우스는 국경을 안정시킨 뒤 그의 경쟁자를 상대하기 위해 서쪽으로 방향을 전환해 이동하다가 도중에 사망했다. 이로써 율리아누스는 아무런 전쟁 없이 제국을 계승하게 되었다.

AD 361년에 동로마 제국에 도착한 율리아누스는 훌륭한 장군이라는 명성을 얻었지만, 콘스탄티우스를 능가할 수 있다는 것을 증명할 필요가 있었다. 여기서 중요 변수는 종교였다. 율리아누스는 과거의 신들을 지지하여 콘스탄티우스에게 도전할 때 기독교에 대한 믿음을 버렸다고 공식적으로 선언한 바 있었다. 페르시아는 그의 신앙을 시험해볼 수 있는 좋은 시험대였다. 이곳에서 율리아누스는 자신의 신앙이 옳으며 콘스탄티우스의 정책은 아무런 효과가 없다는 사실을 증명해야 했다. AD 363년 대규모 침공을 위한 준비가 진행되었다. 율리아누스 자신은 유프라테스 강을 따라 이동하는 본대를 지휘하고, 동시에 별도의 군대가 메소포타미아 북부 지역에서 양동작전을 펼칠 예정이었다. 전역 초기에는 성공적이어서, 율리아누스는 유프라테스 강을 따라 페르시아의 요새를 압도하면서 수도인 크테시폰 근처까지 도달했으며, 페르시아인들이 관개수로의 문을 열어 그의 전진을 방해하려고 했지만, 그는 그것마저 극복해냈다. 하지만 이때 그는 적의 수도를 함락시킬 가능성이 별로 없다는 사실을 깨닫고는 티그리스 강을 따라 상류 방향으로 회군하기로 결심했다. 그러기 위해서는 어쩔 수 없이 그의 보급품 수송선들을 소각해야 했는데, 이들을 상류로 끌고 올라갈 방법이 없었기 때문이다. 향도嚮導의 배신으로 그는 길을 잃었고, 견제부대가 샤푸르의 군대를 북쪽에 묶어두는 데 실패했기 때문에 이제 로마군은 샤푸르의 끊임없는 습격을 받기 시작했다. 율리아누스는 소규모 접전에서 치명적인 부상을 입었고, 그의 후계자인 장교 요비아누스Jovianus는 티그리스 강 동쪽의 영토와 니시비스, 신가라를 양도하고 간신히 부대를 탈출시킬 수 있었다. 페르시아와 전투를 계속하기를 원하

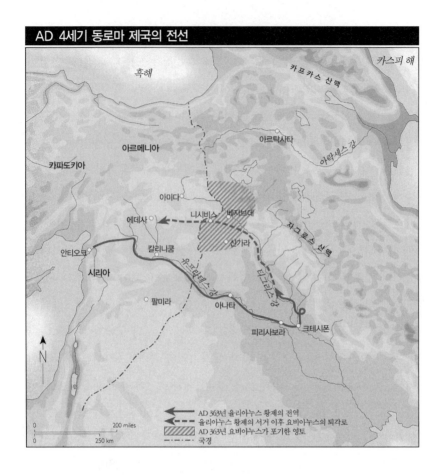

AD 4세기 동로마 제국의 전선

흑해　카프카스 산맥　카스피 해

아르메니아

아르탁시타

카파도키아

아락세스 강

아미다

니시비스　베자브데

에데사

칼리니쿰　신가라

안티오크　자그로스 산맥

시리아

유프라테스 강　티그리스 강

팔미라

아나타

피리사보라　크테시폰

N

0　200 miles
0　250 km

⬅ AD 363년 율리아누스 황제의 전역
⬅ 율리아누스 황제의 서거 이후 요비아누스의 퇴각로
▨ AD 363년 요비아누스가 포기한 영토
— 국경

는 니시비스의 주민들이 격렬하게 반대했지만, 그들의 반대는 기각되었고, 그들은 모두 아미다로 이주당했다.

로마군의 패배에 대한 책임은 종교에 따라 양쪽으로 갈렸다. 로마 다신교 신봉자들은 율리아누스의 영웅적 승리가 비겁한 요비아누스 때문에 무산되었다고 본 반면, 기독교인들은 요비아누스의 신앙이 율리아누스의 어리석은 행위로부터 로마를 구해냈다고 보았다. 니시비스의 상실은 로마인들에게 뼈에 사무치는 원한을 남겼고, 2세기가 흐른 뒤에도 니시비스의 수복은 여전히 제국의 주요 과제로 남아 있었다. 하지만 AD 363년

■■■■■■ 니시비스의 침례실 모습. 원래 달렸던 문의 상인방上引枋이 어렴풋이 보인다. 이 건물이 봉헌되고 불과 1년도 지나지 않아서 요비아누스(AD 363년)는 니시비스를 페르시아에 넘겨버렸다. (저자 소장)

의 협정은 로마의 동부 국경지대에 이제까지 경험해보지 못한 가장 긴 평화기를 가져왔고, 이는 AD 5세기 동안 동로마 제국의 생존에 중요한 영향을 미쳤다. 한때 긴장의 순간도 있었고, 두 차례의 단기적 무력충돌이 있기는 했지만, AD 502년까지 장기 전쟁은 벌어지지 않았다. 한동안 아르메니아의 지배권을 두고 긴장이 계속되었지만, 결국 AD 387년에 아르메니아 왕국이 제압당하면서 로마와 페르시아가 그 영토를 나눠가졌다. AD 421년과 AD 422년의 전쟁은 페르시아에서 조로아스터교 신전에 도전한 기독교 행동주의자들의 행위로 촉발되었다. 기독교인들은 서쪽으로 도주했고, 테오도시우스 2세Theodosius II는 같은 기독교인들의 인도를 거부했다. AD 440년~AD 442년에는 다시 분쟁이 점화되었는데, 이번에는 카프카스의 방어를 위해 로마가 지불해야 할 금액을 두고 의견 충돌이 일어났다. 다시 한 번 로마는 제한전쟁을 치렀다. 하지만 로마는 발칸 반도에서 훈족이 활동을 전개하고 있는 상황에서 정전에 동의할 수밖에 없었고, 동시에 페르시아도 북동쪽 국경에 집중해야만 했다.

평화가 지속되는 동안 양국 사이에는 외교적 중재체계가 등장함으로써 양국의 의견 차이가 전면전으로 확대되는 위험이 줄어들었다. 소수 종교도 권리를 인정받아서 페르시아에서도 기독교인들은 보호를 받았다. 페르시아 내 기독교인의 상황은 그들이 교리 문제로 로마 교회와 결별하자, 더 나아졌다. 국경지대의 아랍 유목 민족을 통제하기 위한 시도도 이루어졌고, 새로운 요새의 건설은 금지되었으며, 카프카스의 핵심 요새들은 공동으로 방어했고, 니시비스와 칼리니쿰Callinicum, 아르탁사타Artaxata와 같은 특정 도시의 시장에서는 교역이 집중적으로 이루어졌다. 로마와 페르시아는 자신들을 세계를 밝히는 2개의 등불로 인식했기 때문에 파괴적이고 야만적인 외부인들에 대항해 상대를 지원하는 것을 서로의 의무로 여겼다. 심지어 아르카디우스Arcadius 황제가 페르시아 왕 야즈데게르드Yazdegerd를 아직 아이에 불과한 자신의 아들 테오도시우스의 후견인으로 지명했다는 일화까지 있을 정도로 양국의 관계는 긴밀했다.

● 페르시아 왕 호스로는 마우리키우스Mauricius 황제에게 간청하며 양국 간 우호 협력의 전통을 상기시켰다(Theophylact 4.11.2-3).
"신께서는 처음부터 2개의 눈, 즉 가장 강력한 제국인 로마와 가장 사려 깊은 군주국인 페르시아를 통해 온 세상이 빛을 발하도록 만드셨습니다. 왜냐하면 양국에 의해 신에게 복종하지 않는 호전적인 부족들은 제거되고 인류의 전진은 조절되며 바르게 인도될 수 있기 때문입니다."

AD 4세기 유럽 전선

콘스탄티누스 사후, 서로마의 가장 중요한 변수는 내전이었다. AD 340년에 콘스탄티누스 2세는 콘스탄스와 싸우던 중 전사했고, AD 350년에는 콘스탄스도 자신의 참모진 장교인 마그넨티우스^{Magnentius}에 의해 폐위된 뒤 살해당했다. 콘스탄티우스는 일리리아^{Illyria}에서 또 다른 찬탈자인 베트라니오^{Vetranio}의 군대를 부추겨 AD 351년 9월 28일에 무르사^{Mursa}에서 마그넨티우스와 충돌했는데, 이 전투는 AD 4세기의 가장 파괴적인 전투 중 하나였다. AD 353년 또 한 차례의 패배로 마그넨티우스가 제거되자, 라인 강의 군대가 또다시 붕괴되는 일이 발생했다. 궁정의 음모로 프랑크족 장군인 실바누스^{Silvanus}가 AD 354년에 반란을 일으켰던 것이다. 결국 율리아누스(내전으로 인해 프랑크족과 알라마니족이 국경을 넘어왔기 때문에 AD 355년에 그가 갈리아로 파견되어 있었다)는 AD 360년 2월 파리에서 아우구스투스(정제)로 추대되었고, 그 뒤 자신의 최정예 병력을 거느리고 콘스탄티우스를 상대하기 위해 동쪽으로 행군했다. 암미아누스는 율리아누스가 갈리아에서 한 행동을 장밋빛으로 채색했다. 지금까지 남아 있는 그의 저서들은 실바누스를 진압하는 이야기에서부터 출발한다. 이 과감한 행동에는 암미아누스도 동참했다. AD 356년 한 해 동안 율리아누스는 정력적으로 전역을 수행해 라인 강 유역에서 로마의 권위를 재정립했다. AD 357년에는 갈리아와 이탈리아 군대가 협공작전을 펼쳐 알라마니족의 영토로 전쟁을 확대하는 야심찬 전역이 계획되어 있었다. 하지만 상호협조상의 문제로 전략은 엉망이 되었고(아마 시기심으로 인해 사태가 더욱 악화되었을 것이다), 이탈리아 군대는 바젤^{Basel} 근처에서 패배했다. 하지만 8월이 되자, 율리아누스는 아르겐토라툼 근처 라인 강 우안에서 알라마니족과 마주쳤고, 이것은 격렬한 전투로 이어졌다. 암미아누스가 이 전투를

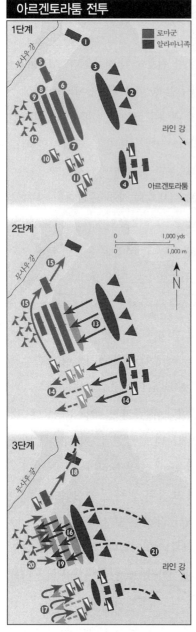

아르겐토라툼 전투

1단계

로마군
알라마니족

라인 강

아르겐토라툼

0　　　　1,000 yds
0　　　　1,000 m

N

2단계

라인 강

3단계

라인 강

1단계

1. 알라마니족 매복병
2. 제대대형의 알라마니족 주력 보병
3. 알라마니족의 전초선
4. 알라마니족 기병
5. 세베루스의 로마군 후위
6. 로마군 경기병
7. 로마군 제1선(코르누티Cornuti와 브라키아티Brachiati 포함)
8. 로마군 제2선(바타비Batavi와 레게스Reges 포함)
9. 로마군 예비(프리마니Primani 포함)
10. 율리아누스의 근위대
11. 로마 기병
12. 로마군의 군용 행낭 및 야영지 경비대

2단계

13. 알라마니족 보병이 로마의 경기병을 제1선 뒤로 퇴각시키다.
14. 알라마니족 기병이 로마군 우익의 기병을 패퇴시키다.
15. 알라마니족 매복병이 발각되어 근위대의 지원을 받은 로마군 좌익에게 무력화되다.

3단계

16. 알라마니족 보병이 로마군 제1선을 돌파하지만 제2선에 의해 저지당하다.
17. 율리아누스가 기병을 재편성하고 우익을 안정시키다.
18. 로마의 좌익이 평원으로부터 알라마니족 매복부대를 추격하다.
19. 알라마니족이 로마군의 전열을 야영장이 위치한 언덕까지 밀어붙이다.
20. 로마군의 예비와 야영지 경비대가 알라마니족을 퇴각시키다.
21. 알라마니족이 라인 강을 향해 도주하자, 로마군이 추격에 나서다.

제대로 자세하게 묘사한 덕분에, 이 전투는 고대 말기에 발생한 전투들 중 진행 과정을 재현할 수 있는 소수 전투들 중 하나가 될 수 있었다. 신체가 큰 알라마니족은 신체적 이점을 활용해 초기에 아주 격렬한 돌격을 감행했는데, 암미아누스는 로마군이 우월한 군기와 훈련 덕분에 알라마니족의 이러한 신체적 이점을 극복할 수 있었다고 논평했다. 한 가지 더 주목해야 할 것은 승리의 주역이 바로 로마 보병이라는 사실이다. 로마 기병은 중장기병에 속하는 카타프락트cataphract(전신 갑옷을 입은 기병)가 일부 포함되어 있음에도 불구하고 전장에서 도주했다.

요비아누스의 짧은 제위 기간이 끝나자, 발렌티니아누스Valentinianus와 발렌스 형제가 제국을 공동으로 통치했다. 형인 발렌티니아누스는 라인 강과 도나우 강 상류를 맡고, 발렌스는 도나우 강 하류와 동부 국경을 맡았다. 도나우 강에서는 콘스탄티누스 황제가 정착시킨 안정이 깨졌는데, 그 이유는 늘 그랬던 것처럼, 로마의 내분 때문이었다. 콘스탄티우스와 고트족의 관계는 여러 차례 긴장이 고조되기도 했는데, 특히 로마 제국이 후원하는 기독교 전파 시도는 반발을 불러일으키기도 했다. 하지만 고트족은 콘스탄티누스 가문과 동맹관계를 계속 유지했으며, AD 365년 율리아누스의 사촌인 프로코피우스Procopius(콘스탄티누스 가문의 먼 친척)가 발렌스에 대항해 반란을 일으켰을 때 도나우 강 유역의 고트족의 유력 동맹 부족인 테르빈기족Tervingi으로부터 지원을 확보할 수 있을 정도로 그들 간의 유대는 강했다. 그러자 발렌스는 이들 반란 세력을 징벌하기 시작했지만, 심한 홍수와 고트족이 소택지나 숲속으로 숨는 데 뛰어났기 때문에 결정적인 교전은 벌어지지 않았다. AD 369년 발렌스가 이런 사태에 종지부를 찍으려고 하자, 테르빈기족은 자신들에게 이익이 되는 조건들을 내세워 로마와 협정을 맺었다. 여기에는 그들이 로마에 제공해야 하는 병력의 수를 감축하는 조건도 포함되어 있었다. 발렌스가 도나우 강 남안에서 정력적으로 요새를 구축한 반면, 테르빈기족은 기독교에 대한 박해를 재개했다. 좀더 서쪽에서는 발렌티니아누스가 알라마니족과 콰디족, 사르마티아족을 상대로 유사한 작전을 폈고, 동시에 그의 부하들은 북아프리카와 브리타니아의 소요를 처리했다.

AD 370년대에는 국경의 상황에 변화가 일어났다. 서쪽에서는 발렌티니아누스가 콰디족의 대표단을 위압하려던 중 뇌졸중으로 쓰러지자, 군사 경험이 별로 없는 그라티아누스Gratianus와 아직 유아에 불과한 발렌티니아누스 2세가 뒤를 이었다. 도나우 강 하류에서는 대규모 고트족 집단이 강을 도하하여 평화롭게 정착할 수 있는 권리를 요구하며 로마 당국을 괴롭혔다. 그들은 서쪽으로 이동하는 훈족 때문에 결사적이었다. 훈족은 더 멀리 동쪽에서 이동을 시작해 이제는 흑해로 접근하는 중이었고, 그에 따라 이동 경로 상에 있는 다른 부족들이 차례로 밀려나는 도미노 현상이 발생했다. 제일 먼저 드네스트르Dnestr 강과 드네프르Dnepr 강 사이에 근거지를 둔 가장 강력한 고트족 집단인 그레우툰기족Greuthungi이 훈족에게 패배했고, 그 다음은 테르빈기족이 위협을 받았다. 훈족의 재앙에 비한다면 로마는 별로 두렵지 않을 것 같았고, 도나우 강은 안전한 방어선을 제공해줄 것 같았다. 로마는 테르빈기족만을 수용하고 그들의 지도자를 제거하는 방법으로 고트족을 통제하려고 시도했다가 실패했지만, 이후 식량으로 통제를 가하는 수단을 적극적으로 활용하여 그들이 식량을 구하기 위해 분산하는 틈을 타 지속적으로 습격을 가하는 방법으로 고트족의 위협을 어느 정도 억제하는 데 성공했다.

AD 378년에는 발렌스가 안티오크에서 돌아오고 그라티아누스가 고트족에 맞서 합동작전을 펼치기 위해 라인 강에서 진군하자, 로마는 고트족을 괴멸시킬 수 있을 것 같았다. 하지만 그라티아누스의 도착은 지연되었다. 알라마니족이 그의 계획을 듣고는 침공을 결정했기 때문이었다. 발렌스는 여전히 고트족에게 승리를 거둘 수 있다고 자신했기 때문에 AD 378년 8월 9일 아드리아노플에 있는 야영지에서 병력을 이끌고 나와 고트족의 진지로 향했다. 아마 로마군은 수적으로 고트족을 압도했을 것이

● 암미아누스의 기록에 따르면, 아드리아노플 전투의 승자는 자신의 병사들이 도시를 공격할 수 없다는 사실을 인정했다(31.6.4).

"프리티게른Fritigern은 공성전 경험이 없는 사람들이 그처럼 불리한 상황에서 전투를 벌이는 것은 무의미하다는 사실을 잘 알고 있었다. 그는 공성전을 포기하고 적을 봉쇄할 수 있는 충분한 병력을 남겨둬야 한다고 제안했다. 그는 자신은 석조 성벽을 상대로 싸움을 하지는 않을 것이라고 말했다. 그리고 보호를 받지 못하는 부유하고 풍요로운 지역을 아주 안전하게 공격하여 약탈해야 한다고 그들에게 조언했다."

암미니우스(16.2.12)는 알라마니족에 대해서도 이와 비슷한 얘기를 기록했다. "그들은 실제 도시들이 마치 그물에 둘러싸인 무덤이라도 되는 것처럼 그 도시들을 피해갔다."

다. 하지만 그들은 행군 대형에서 무질서하게 전열을 형성한 뒤 무턱대고 전투를 시작했고, 그 결과 로마군의 좌우 양익이 고트족에게 격퇴당했다. 바로 이때 식량 징발을 위해 전투 현장에서 멀리 떨어져 있던 고트족의 기병이 복귀하면서 측면 공격을 가했고, 이에 더해 궁수들의 집중사격과 긴 낮 시간 동안의 열기가 결합하면서 로마군 중앙도 서서히 무너졌다. 비록 로마군이 완고하게 저항하기는 했지만, 발렌스를 포함해 병력의 3분의 2가 전사했다.

대체로 사람들은 아드리아노플 전투를 로마 제국의 전환점이라고 생각한다. 하지만 반드시 기억해야 할 사실은 동로마의 군대는 보유 야전군 중 하나가 완전히 붕괴되었음에도 불구하고 결국 살아남았으며, 승리한 고트족도 새로운 동로마의 황제 테오도시우스가 성공적으로 관리했다는 것이다. 테오도시우스는 고트족에게 로마군에 복무하는 대가로 트라키아의 토지를 주었다. 고트족은 주요 골칫거리 중 하나였지만, 성벽으로 둘

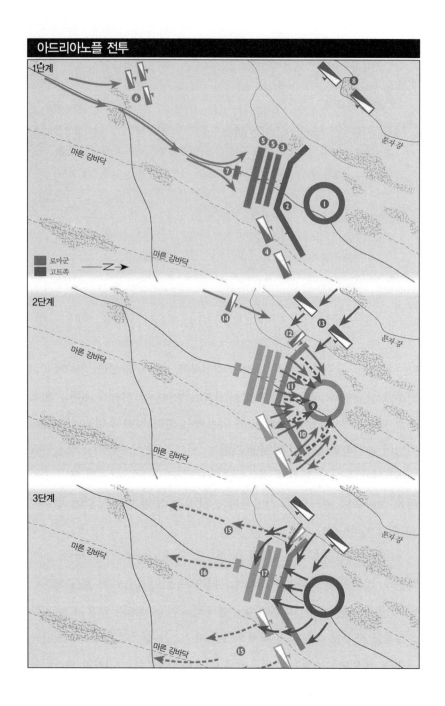

아드리아노플 전투

1단계

2단계

3단계

■ 로마군
■ 고트족

마른 강바닥

툰자 강

◀ 420쪽 그림 설명

1단계: 로마군이 행군 대형 선두부터 전열을 형성하여 우익에 기병을, 선두에 경보병을 배치하다.
1. 고트족의 마차 원형진을 방어하는 보병
2. 고트족 경보병
3. 로마 경보병
4. 로마군 우익 기병(기마궁수sagittarii와 방패기병scutarii)
5. 로마군 중기병
6. 로마군 좌익 기병
7. 로마군 예비(바타비)
8. 고트족 기병(늦게 도착)

2단계: 고트족이 기병이 도착할 때까지 전투를 지연시키려고 노력하는 가운데, 양측 군대가 설전을 벌이다.
9. 고트족 보병이 인질 교환 협상이 벌어지는 동안 차진車陣으로 후퇴하다.
10. 기마궁수와 방패기병이 패퇴당하다.
11. 로마군 주력이 차진을 공격하다.
12. 좌익의 로마 기병 일부가 차진을 공격하다.
13. 고트족 기병이 복귀하여 로마군 좌익을 분쇄하다.
14. 좌익의 로마군 기병이 여전히 진형을 정비하다.

3단계
15. 대부분의 로마 기병들이 전장에서 퇴각하다.
16. 로마군 예비대가 후퇴하다.
17. 차진으로부터 반격을 개시한 고트족 보병과 기병 사이에서 로마군이 포위당하다.

러싸인 도시를 점령할 수 있는 능력이 없었기 때문에 그들이 가하는 충격은 제한적일 수밖에 없었다. 테오도시우스가 찬탈자들을 저지하기 위해 AD 387년과 AD 394년에 서쪽으로 향했을 때, 그는 고트족의 지원을 충분히 활용했다. 이들 전투, 특히 AD 394년의 프리기두스Frigidus 강 전투에서 파멸적인 손실을 입었기 때문에 분명 고트족이 약화되었겠지만, 이보다 더 중요한 사실은 그들이 서로마 군대에서 최고의 부대를 파괴했다는 것이다. AD 395년에 테오도시우스 황제가 밀라노Milano에서 사망하자, 제국은 그의 어린 아들 2명에 의해 분할되어, 아르카디우스가 동로마를, 호노리우스Honorius가 이탈리아를 맡았다. 이후 10여 년에 걸쳐 호노리우스의 궁정이 모병이나 기타 군사 문제에 관련한 극단적인 법령을 점점 더 많이 선포한 사실에서 볼 수 있듯이, 둘 중에서 훨씬 더 강력한 지위에 있었던 것은 동로마였다.

훈족

AD 5세기 초에 훈족이 도나우 강을 따라 도착하기 시작했지만, AD 395년까지 그들의 중심지는 카프카스를 가로지르며 습격에 몰두하느라 훨씬 더 동쪽에 있었다. AD 408년과 AD 409년 사이에 훈족 왕 울딘Uldin이 도나우 강 하류를 건너왔지만, 그의 부족은 로마의 외교술에 현혹당했다. AD 415년이 되면 훈족은 헝가리 평원에 자리를 잡게 되는데, AD 413년에 콘스탄티노플에 새로 거대한 일련의 방벽이 건설된 것은 아마 그들의 접근과 무관하지 않았을 것이다.

AD 420년대에 훈족은 이웃 부족 집단들을 복속시키고 유일한 지배 가문인 루아Rua 가문의 지배하에 그 권한을 확고하게 다짐으로써 그 세력이 크게 팽창했다. 루아가 죽고 그의 지위는 조카인 블레다Bleda와 아틸라가 계승했다. 루아는 매년 동로마로부터 일종의 평화보상금을 뜯어냈는데, AD 430년대에 금 700파운드(318킬로그램)이었던 것이 아틸라의 힘이 최절정에 달했던 AD 447년에는 2,100파운드(954킬로그램. 동로마 제국 총수입의 5퍼센트에 해당했을 것이다)에 달했다. AD 440년대에 아틸라는 발칸 북부 지역을 습격하여 도시를 약탈하고 그 재물로 훈족의 번영을 촉진시켰다. 하지만 AD 450년 서로마 제국 황제인 발렌티니아누스 3세의 누나인 호노리아Honoria가 혼인을 제안하자, 서쪽으로 방향을 전환했다.

훈족의 힘은 그들 지도자의 개인적인 권한, 즉 연합체에 속한 모든 구성원들을 지배할 수 있는 능력에 달려 있었다. 이것은 부분적으로 특정인을 후원하거나 전쟁의 승리에 대한 보상을 지급하는 방법으로 얻을 수 있었지만, 공포감을 조성하는 방법이 가장 효과적이었다. 아틸라는 자신의 손아귀에서 벗어나는 것이 불가능하다는 것을 거듭 과시했고, 잠재적인 경쟁자에게는 고통스러운 죽음을 선사했다. 그 결과, 로마는 분열시키고

■■■■■■ 디오클레티아노폴리스Diocletianopolis(오늘날의 불가리아 히자르Hissar)에 있는 방어시설은 전형적인 로마 말기의 자갈과 벽돌로 만든 도시 방벽을 보여주고 있다. (저자 소장)

지배한다는 전통적 외교술을 훈족에게만큼은 적용할 수가 없었다. 훈족은 같은 훈족 사람들의 송환을 요구하기도 했는데, 그들은 아틸라의 권력으로부터 도피한 자들이었을 가능성이 크다. 이 일로 로마는 아틸라를 대체할 수 있는 지도자를 지원할 수 있는 기회마저 잃게 되었다. 게다가 아틸라는 국제 정세에 대한 폭넓은 지식을 갖추고 있는 뛰어난 외교관이기도 했다. 그는 페르시아 내부로 침공할 수 있는 경로를 잘 알고 있었으며, 로마가 아프리카를 향해 동부로 원정을 시도하는 틈을 타 발칸 반도를 공격했고, 서쪽에서는 고트족과 프랑크족, 로마 사이의 긴장을 적절하게 활용했다. 그는 로마의 외교 사절을 접견할 때 심리적 압박을 능수능란하게 이용했다. 그의 연합체가 세력을 확대하면서 그가 엄청난 군사 자원을 통제하게 되자, 그것을 최대한 활용하는 것이 그의 주된 관심사가 되었다. 훈족 기병을 선봉에 세운 그의 군대는 적의 방어시설을 향해 신속한 전진이 가능했고, 동시에 소모품이나 다름없는 예속 부족들의 집단을 로마의 성벽 앞에서 희생시키는 방법으로 자신들의 공성전 능력을 보완했다. 이들의 위협이 너무나 심각했기 때문에 콘스탄티노플에는 추가적인 일련의 요새들과 마르마라Marmara 해에서 북해까지 이어진 장벽이 구축되었다.

훈족 연합체가 오래 지속될 수 없었다는 사실은 로마에게 구원과도 같았다. 이들이 지속되기 위해서는 군사적 승리와 전리품이 정기적으로 필요했다. 따라서 승리에 제동이 걸릴 경우 연합체 내부에는 긴장이 고조될 수밖에 없었다. 서로마 제국에 대한 아틸라의 공격은 제한적인 성공만을 거두었고, 이 한 번의 삐걱거림은 그의 죽음으로 더욱 안 좋은 사태를 초래했다. 그의 아들들은 지위 승계를 두고 싸움을 벌였고, 예하 부족들은 반란을 일으켰다. AD 454년에는 게피드족Gepids이, 그리고 이어서 동고

● 아틸라의 궁정에서 대사로 근무한 그리스 역사가 프리스쿠스Priscus는 훈족의 요구를 다음과 같이 기록했다(fr.11).

"에데코Edeco는 궁정으로 가서 아틸라의 편지를 전했다. 편지에서 아틸라는 도망자와 관련하여 로마인들을 비난했다. 그것에 대한 보복으로, 그는 만약 로마가 그들을 넘겨주지 않고, 또 도나우 강을 따라 판노니아에서 노바 자고라Nova Zagora에 걸쳐 그가 획득한 영토에서 경작을 중단하지 않는다면, 전쟁에 의지할 수밖에 없다고 위협했다. 더 나아가, 일리리아에 있는 시장은 도나우 강 인근의 이전 위치가 아니라 나이수스로 옮기라고 했는데, 그 곳은 그가 초토화한 뒤 스키타이인Scythian과 로마 영토 사이의 경계선으로 설정한 지점으로, 짐이 없는 사람이 도나우 강에서부터 닷새를 걸어야 도착할 수 있었다. 그는 일반인이 아닌 집정관 정도의 고위 관리를 대사로 보내라고 명령했다."

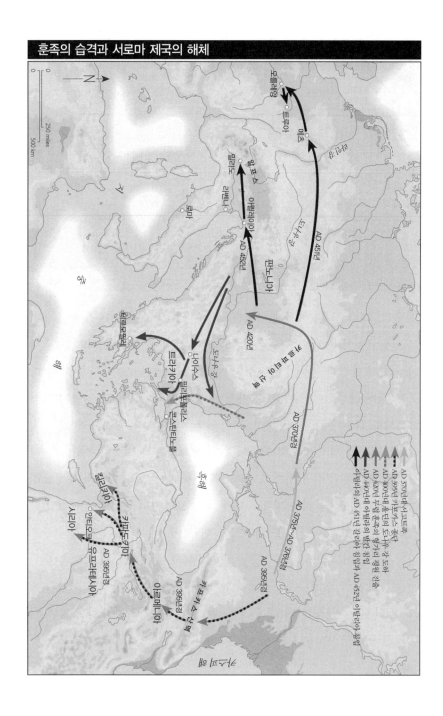

훈족의 습격과 서로마 제국의 해체

트족과 롬바르드족, 헤룰리족^{Heruli}을 비롯해 기타 부족들이 훈족 지배의 그늘에서 벗어나 도나우 강 국경선을 따라 로마와 맞섰다. 이어진 한 세대에 걸쳐 발칸의 북부와 중부 지역에서는 고트족 무리가 토지와 안전한 곳을 찾아 끊임없이 지나갔고, 한편 로마는 힘의 균형을 유지하기 위해 요새화와 식량 공급 통제, 그리고 로마 제국 군인의 지위에 따른 보수 지급이라는 예전의 정책으로 되돌아갔다. 고트족은 개별적인 집단들을 대상으로 술수를 부리는 로마의 전략을 인식했지만, 결코 타협하지 않으려는 고트족 지도자들의 야망으로 인해 계속 로마인의 손아귀에 놀아났다. 시의 적절하게 강력한 고트족 지도자 한 명이 사망함으로써, 그의 주요 경쟁자였던 아말리의 테오도리쿠스^{Theodoricus}가 발칸 반도의 고트족 대부분을 통합할 수 있었다. 그 전력이 얼마나 막강했던지, 동로마 제국의 제노^{Zeno} 황제는 이탈리아 침공을 그들에게 맡겨 그 지역에 대한 동로마 제국의 통제권을 다시 확보할 수 있었다.

서로마 제국의 몰락

AD 395년에 젊은 호노리우스가 테오도시우스가 죽자 서로마 제국의 황제가 되었지만, 서로마 제국은 반달족 혈통의 스틸리코Stilicho 장군이 장악하고 있었다. 게다가 스틸리코는 테오도시우스 황제가 임종 시에 자기에게 동로마 제국의 황제 아르카디우스를 보호하고 발칸 반도의 두 속주는 서로마 제국의 관할로 전환하라는 명령을 내렸다고 주장했다. 관할권을 둘러싼 경쟁으로 스틸리코는 발칸 문제에 개입하게 되었고, 이곳에서 벌어진 제국의 내적 경쟁 때문에 고트족(테오도시우스 황제의 군대에 복무하는 동안 약화되었던 집단)이 더 좋은 복무 조건을 요구할 수 있는 여건이 조성되었다. 테오도시우스 황제 밑에서 고트족의 지휘관으로 복무했던 알라리크가 로마 제국 군대에 맞설 수 있는 능력을 지닌 군대 지휘자로 부상했지만, 여전히 지속적인 이익을 확보하기 위해 분투하고 있었다. 그의 성공은 다른 부족 집단이 서로마 제국의 국경을 침범했을 때 비로소 실현되었다.

AD 406년 12월 31일, 반달족과 알라니족Alani, 수에비족이 라인 강으로 물밀듯이 몰려오자, 지역 군대 지휘관이 황제로 선포되는 사태가 발생했다. 스틸리코의 권한은 붕괴되었고, 그의 가문(스틸리코의 가문은 황실과 결혼하기 위해 지속적인 노력을 기울여왔다)은 로마 정계에서 제거되었다. 그와 동시에 이탈리아 북부에서는 스틸리코의 고트족 병사들 다수가 알라리크의 진영에 합류하면서 로마군의 주력부대마저 사라지게 되었다. 알라리크는 호노리우스로부터 양위를 받는 데 실패하자(호노리우스는 밀라노를 포기하고 좀더 안전한 라벤나로 피신했다), 스스로를 황제라 칭하며 AD 410년 8월 24일에 로마를 점령했다.

알라리크의 순간적인 로마 약탈은 상징적인 의미만을 지닐 뿐이었다.

그보다는 갈리아와 스페인에 있는 호노리우스의 제국 경쟁자들이 훨씬 더 중요한 의미를 지니고 있었다. 그들의 야심 덕분에 침략 부족들이 로마의 분열을 이용할 수 있었기 때문이다. 호노리우스는 이미 10여 년 동안 극단적인 군사 법안들을 발표하면서 자신이 신민을 보호할 능력이 없다는 사실을 입증했다. 필연적으로 지역의 보호자들이 출현했는데, 그들은 사용 가능한 모든 군사 인력을 활용해야만 했다. 그런 인력들은 대체로 정처 없이 유랑하는 부족 집단이기 마련이

■■■■■■ 이 상아 장식판에는 국가 수호자인 스틸리코의 모습이 새겨져 있다. (Ancient Art and Architecture)

었다. 이와 더불어 양립할 수 없는 목표들이 등장했는데, 침략자들을 제압하기 위한 정책과 미래의 용도를 위해 자신의 인력을 보존하려는 이들의 욕구는 서로 상충할 수밖에 없었다.

알라리크가 아프리카로 가는 도중에 사망하자, 그의 추종자들(서고트족)은 스페인으로 이동했고, 그곳에서 수에비족과 반달족을 진압하는 데 공을 세웠다. 이들은 마침내 AD 418년에 갈리아 남서부의 가론^{Garonne} 강

계곡 유역에 정착하게 되었다. 호노리우스 황제가 그곳의 영토를 그들에게 하사하고 그에 따른 수입을 인정해주었던 것이다. 서고트족은 그에 대한 보답으로 호노리우스를 위해 전역을 수행해야만 했기 때문에, 다시 스페인으로 파견되었다. 서고트족 왕인 테오도리쿠스 1세Theodoricus I는 절대적인 안정을 구현했다. 그는 로마가 약화된 것처럼 보일 때마다 갈리아 남부에서 로마에 도전했고, 수에비족과 유대를 강화하여 스페인까지 세력을 확장했으며, 동시에 자신의 이익에 부합하기만 하면 언제든 협력할 의사가 있는 것처럼 보였다.

서고트족이 스페인에 발을 들여놓자(물론 더 정확한 원인은 로마의 내부 투쟁 때문이었지만), 반달족이 아프리카로 건너갔다. 아프리카 속주 총독인 보니파키우스Bonifacius는 라벤나에 있는 경쟁자의 압박에 저항하는 데 도움을 줄 반달족을 초청했다. AD 429년 반달족의 도착은 서로마 제국의 운명을 결정지었다. 10년 내에 그들은 북아프리카의 속주들을 장악했고, 카르타고를 점령했으며(AD 439년), 그들을 격퇴하려는 동로마 제국에 맞섰다. 북아프리카는 서로마 제국에서 가장 번영한 지역으로, 그때까지 부족들의 침입에 따른 충격에서 벗어나 있던 곳이었다. 따라서 북아프리카의 상실로 인해 라벤나에 있는 황제가 사용할 수 있는 자원은 급격하게

● 갈라이키아^{Gallaecia}의 편년사가인 히다티우스^{Hydatius}가 스페인 상실에 대해서 다음과 같이 묘사했다(Chronicle, 17).

"스페인의 속주가 방금 언급한 재앙에 따른 파괴 과정에서 황폐화되었을 때, 이를 측은하게 여긴 황제께서 야만인들에게 평화를 촉구했다. 그러자 그들은 속주의 땅을 구획 단위로 나누어 갖고 그곳에 정착했다. 아스딩 반달족^{Asding Vandal}은 갈라이키아를 소유했고, 수에비족은 바다와 접한 갈라이키아의 서쪽 끝부분을 가졌다. 알라니족에게는 루시타니아와 카르타기니엔시스^{Carthaginiensis}가, 실링 반달족^{Siling Vandals}에게는 바이티카^{Baetica}가 할당되었다. 도시와 요새에 머물며 재앙에서 살아남은 스페인 사람들은 스스로 굴복하여 야만인들의 노예가 되었고, 야만인들은 속주 전역을 지배했다."

감소했다. 더욱 심각한 문제는 반달족이 카르타고의 로마 선박들을 이용해 시칠리아와 사르데냐를 지배하고 이탈리아를 약탈하는 것이었다. 그들은 AD 455년에 로마를 약탈했는데, 이는 AD 410년 알라리크가 로마를 점령했던 것보다 더욱 큰 피해를 초래했다.

로마인의 관점에서 볼 때, 가장 시급한 일은 땅에 떨어진 제국의 권위를 회복하고, 부족 집단들을 안정시킨 뒤 서서히 그들의 독립성을 약화시키는 것이었다. 제위 말기에 호노리우스는 콘스탄티우스 장군에게 의지했다. 콘스탄티우스 장군은 파트리키우스^{patricius}*라는 칭호를 받게 되었고, 이후 이 칭호는 서로마 제국 고위 지휘관의 직책명이 되었다. 콘스탄

---

* **파트리키우스** 로마 공화정 초기에는 귀족 계급을 의미했다. 초기 로마 원로원 지도자들이 그 시초이며, BC 400년경에는 행정직과 성직 대부분을 독점하게 되었다. 로마 제국 시대로 접어든 뒤 파트리키우스의 지위는 황제가 되기 위한 필수조건이 되었고, 파트리키우스의 칭호를 줄 수 있는 권한은 황제에게 완전히 귀속되었다. 콘스탄티누스 황제(AD 306년~AD 337년 재위) 이후 파트리키우스는 황제와 집정관 다음가는 서열로서 세습되지 않는 명예로운 신분을 가리키는 칭호가 되었다.

● 서고트족의 왕은 로마와 고트족이 서로 화해했다는 의미에서 연 축하의 식에서 AD 414년에 포로가 된 로마 제국의 공주와 결혼식을 올렸다 (Olympiodorus, 24).

"아타울프는 나르보Narbo(오늘날의 나르본Narbonne) 시 지역 유지인 인게누스 Ingenuus의 집에서 플라키디아와 1월 첫째 날에 결혼식을 올렸다. 결혼식에서 플라키디아는 왕실 복장을 하고 로마 양식으로 장식된 홀에 앉아 있었고, 아타울프는 로마 장군의 외투를 비롯해 기타 로마식 복장을 하고 그녀의 옆에 앉아 있었다. 결혼식 중간에 아타울프는 플라키디아에게 다른 결혼선물과 함께 비단옷을 입은 50명의 준수한 젊은이들을 선물로 주었다. …… 이어서 결혼 송가가 울려 퍼졌는데, 제일 먼저 아탈루스Attalus가, 이어서 루스티키우스Rusticius와 포이바디우스Phoebadius가 송가를 불렀다. 결혼식은 그 자리에 참석한 로마인과 야만인들 모두가 외치는 환호와 축하 속에서 끝이 났다."

티우스는 호노리우스의 딸(아타울프Ataulf의 미망인인 갈라 플라키디아Galla Placidia)과 결혼했지만, AD 421년에 사망했다. AD 423년 호노리우스가 사망하자, 콘스탄티우스의 미망인이 아직 어린 자신의 아들 발렌티니아누스Valentinianus를 대표해 콘스탄티노플에 간청했고, 동시에 라벤나의 한 찬탈자가 훈족에게 지원을 요청했다. 발렌티니아누스 3세가 AD 425년에 즉위했지만, 분쟁이 벌어지면서 훈족이 서로마 제국의 내정에 개입했다.

아이티우스Aetius가 새로운 파트리키우스로 부상했다. 그는 갈리아에서 서고트족을 진압하는 위대한 업적을 세웠고, 종종 훈족의 도움을 받아 부르군트족Burgundians을 분쇄하기도 했다. 아이티우스는 인질로서 훈족과 함께 생활한 적이 있었기 때문에 그들과 연줄이 있었다. 하지만 그가 거둔 성공의 최고봉은 프랑크족과 부르군트족, 서고트족(그들의 왕 테오도리쿠스는 영웅적으로 전사했다)과 거의 불가능해 보이는 동맹을 체결해 그들

의 도움으로 AD 451년 아틸라의 침공을 카탈라우니아 평원Catalaunian Plains 에서 격퇴시킨 것이다. AD 452년 아틸라가 이탈리아 북부로 방향을 선회 했을 때, 아이티우스는 아퀼레이아를 포함한 이탈리아 북부 도시들을 잃는 것을 막을 수 없었다. 아틸라는 훈족을 끊임없이 괴롭혔지만, 서고트 족을 알프스 너머로 데려오지 않은 상태에서 감히 직접적인 공격을 할 엄두를 내지 못했다. 그러자 대신 교황 레오 1세Leo I가 아틸라에게 이탈리아를 떠나도록 설득했다.

예전의 스틸리코와 콘스탄티우스처럼, 아이티우스는 결혼을 통해 자신의 가문을 황제의 가문과 연결시키려고 시도했지만, 그것은 오히려 그의 몰락을 초래했다. AD 454년 9월, 발렌티니아누스가 직접 아이티우스를 암살하자, AD 455년 3월에 아이티우스의 개인 경호원들이 황제에게

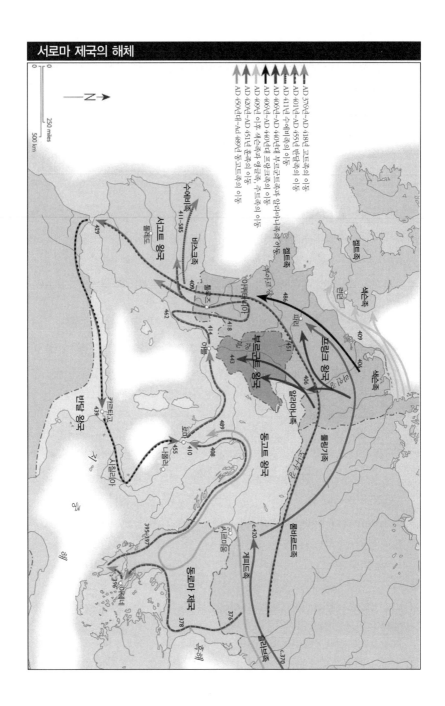

● 동고트족의 테오도리쿠스가 이탈리아에 수립한 왕국을 높이 평가한 라틴 작가의 기록(Anonymus Valesianus 59-60).

"테오도리쿠스는 탁월한 비범함과 모든 인간에 대한 선의를 가진 인물로, 33년 동안 왕위에 있었다. 이탈리아는 30년 동안 그와 같은 행운을 누렸기에 그의 후계자들은 평화를 계승할 수 있었다. 이것은 다 그가 무엇을 행하든지 선을 행했기 때문이다. 그는 비록 아리우스파에 속했지만, 로마인과 고트족을 통치하면서 가톨릭교도를 공격하지 않았다. 그는 원형 극장과 원형 경기장에서 경기를 개최했기 때문에 심지어 로마인들조차도 그를 트라야누스 혹은 발렌티니아누스라고 불렀다. 테오도리쿠스는 바로 그들의 시대를 자신의 모델로 삼았다. 그리고 고트족은 그가 정의를 구현하기 위해 반포한 칙령 때문에 모든 면에서 그를 자신들의 가장 위대한 왕이라고 평가했다."

● 테오도리쿠스가 구축한 국제관계의 한 예로, 그는 부르군트 왕국의 왕에게 시계를 선물로 보내면서 동봉한 편지에 '문명'의 혜택을 강조했다 (Cassiodorus, Variae 1.46).

"따라서 나는 평소와 다름없는 우정으로 귀하에게 경의를 표하는 바이오. 그리고 이 편지의 전달자와 함께 시계와 그것을 조작할 사람을 보내 귀하의 지적 능력에 기쁨을 주기로 결심했소. …… 한때 귀하가 로마에서 보았던 것을 귀하의 고국에서도 소유하시오. 귀하의 우정이라면 당연히 나의 선물을 기쁘게 받아줄 것이오. 왜냐하면 그것은 관계의 끈을 통해 나하고도 연결되어 있기 때문이오. 귀하의 치세 기간 동안 부르군트족에게 가장 정묘한 솜씨의 기계를 철저하게 조사하고 고대의 발명품을 찬양하게 하시오. 귀하를 통해서 부르군트족은 부족 사회의 삶의 방식을 버리고 자기 왕의 지혜에 대한 존경심으로 현인들의 업적을 당연히 갈망하게 될 것이오."

복수했다. 이후 20년 동안 서로마 제국에 이해관계가 있는 각종 권력 집단들 사이에서 권력 투쟁이 벌어졌다. 서고트족과 반달족, 동로마 제국, 파트리키우스인 리키메르^{Ricimer} 휘하의 이탈리아 군대가 서로 황제를 추대하면서 황제가 빠르게 교체되었다. 실권자인 리키메르가 자신이 추대한 마요리아누스^{Majorianus} 황제(AD 457년~AD 461년 재위)를 나중에 폐위시키고 처형한 사례는 그에 따른 문제점을 잘 보여주고 있다. 마요리아누스는 이탈리아 중부 지방에 대한 반달족의 습격을 억제하고 갈리아와 스페인에서 로마 제국의 권위를 회복했다. 그러나 그가 이렇게 큰 성공을 거두었음에도 불구하고 아프리카에 대한 공격이 좌절되자, 리키메르는 그를 처형해버렸다.

반달족을 무너뜨리고 서로마 제국의 자원을 되찾기 위한 마지막 시도로서 AD 468년에 대규모 해상원정대가 콘스탄티노플에서 파견되었지만, 반달족의 화공선에 의해 저지당했다. 원정의 실패는 동로마 제국에게는 파멸적이었고(동로마 제국은 1년 수입보다 많은 2만9,000킬로그램의 금을 소비했다), 서로마 제국에게는 치명적이었다. 잦은 황제 교체 이후 AD 476년에는 오도아케르^{Odoacer} 휘하의 이탈리아 군대가 아우구스툴루스^{Augustulus}(꼬마 아우구스투스)라는 조롱 섞인 별명이 붙은 어린 로물루스^{Romulus}를 폐위시키고, 황제의 기장을 콘스탄티노플로 보냈다. 오도아케르의 이탈리아 통치는 아말의 테오도리쿠스가 AD 491년 라벤나를 점령하고 '동고트' 왕국을 수립할 때까지 계속되었다. 테오도리쿠스는 오랫동안 왕위에 있으면서(AD 491년~AD 526년) 성공적인 로마-고트 왕국을 확립했으며, 그 기간 동안 이탈리아는 번영을 누렸다. 라벤나의 지배자는 갈리아 남부와 스페인에서 괄목할 만한 세력을 확보했고, 아프리카의 반달족에게 간간이 영향력을 행사했다.

AD 6세기의 전쟁

서로마 제국이 발버둥을 치며 해체되어가는 동안, 동로마 제국은 발칸 반도의 반복적인 파괴에도 불구하고 번영을 구가했다. 이는 동부의 국경이 평화로운 가운데 소아시아와 시리아, 이집트의 부유한 속주들이 이윤을 창출하고 있었기 때문이었다. 동로마 제국의 지배자들은 서로마 제국을 도와주려고 했다. 특히 해상 습격 위협으로 지중해 동부에 영향을 미치고 있던 반달족과의 투쟁에서 서로마 제국을 지원하고 나섰다. 하지만 동로마 제국의 이러한 노력은 아무 소용이 없었다. AD 502년 페르시아와 분쟁이 재발하자, 카바드^{Kavadh} 왕이 아르메니아를 침공하여 여러 요새를 탈취하고 결국 격렬한 공성전 끝에 아미다까지 함락시켰다. 전쟁의 발발 원인은 훨씬 더 동쪽에서 페르시아가 중앙아시아의 엽달족을 처리하는 과정에서 발생했다. 카바드 왕이 왕위를 회복하는 데 도움을 준 엽달족은 보상금을 요구했고, 카바드 왕은 로마에 재정적 지원을 요청했다. 하지만 동로마 제국의 황제 아나스타시우스^{Anastasius}는 그것을 거절했다. 그 이유는 페르시아가 지배하고 있던 니시비스 문제가 다시 거론되었을 수도 있고, 혹은 페르시아의 전력이 증가하지 않을까 우려했을 수도 있다.

로마는 AD 502년에 불가르 훈족^{Bulgar Huns}이 발칸 반도를 약탈하고 있었기 때문에 신속하게 대응하지 못했다. 하지만 로마군 지휘관들 사이에서 벌어진 알력에도 불구하고 상황은 서서히 안정을 되찾았다. AD 505년 무렵에 카바드 왕이 다시 엽달족의 침공을 받아 그쪽에 신경을 써야 했기 때문에 7년에 걸친 휴전에 합의했다. 아나스타시우스는 장군들에게 각자의 고충에 대해 물었고, 이를 통해 국경 근처에 안전한 기지가 부족한 것이 문제의 핵심임을 알게 되었다. 이에 따라 그는 다라의 특정 지점을 선정해 새로 거대란 요새 건설 공사를 진행했다. 재정적 책임은 아미다의

■■■■■■ 다라에 있는 남쪽 수문은 성벽의 전체 높이(상부의 절반은 현재 무너진 상태다)와 망루의 일부, 하천 위에 놓인 다리의 아치를 보여준다. (The Bell Collection, University of Newcastle)

■■■■■ 다라의 남쪽 수문을 도시 안쪽에서 바라본 광경은 원형 성벽이 2단으로 건설되었음을 보여준다. 10미터 높이의 첫 번째 단은 아나스타시우스가 세운 것이고, 얇은 아치형 상부 구조는 유스티니아누스 시대에 쌓은 것이다. (The Bell Collection, University of Newcastle)

토마스Thomas 주교에게 일임했다. AD 507년 무렵 아나스타시우스 황제는 국경에 새로운 요새의 축성을 금지한 조약을 어겼다고 페르시아가 항의할 만큼 요새의 방벽을 높이 올렸으나, 그들의 항의를 무시했다.

이와 같은 긴장 속에서도 휴전은 20년 더 유지되었다. 하지만 고대 양대 강국의 경쟁은 자국 영향권의 주변부와 카프카스 남부 지역, 그리고 종교적 요인이 긴장을 더 고조시키는 역할을 한 아라비아에서 계속 이어졌다. 하지만 AD 527년에 다시 시작된 분쟁은 여전히 지속된 AD 5세기의 평화로운 협력 전통의 힘을 보여주는 다음의 사건에서 비롯되었다. 고령이 된 카바드 왕이 유스티니아누스 황제에게 자신의 아들 호스로를 양자로 삼아 그가 황위를 계승할 수 있게 해달라고 요청했는데, 이것은 한 세기 전 아르카디우스 황제가 야즈데게르드 왕에게 했던 간청에서 입장만 바뀐 것이었다. 유스티니아누스 황제는 신하들이 호스로를 완전히 양자로 삼게 되면 제국의 황위 계승에 혼란이 발생할 수도 있다고 설득했기 때문에, 황제의 아들로서 모든 법적 지위를 누리는 입양 형태 대신 한 단계 낮은 형태의 입양을 제시했다.

전쟁은 처음에 로마 측에 불리하게 진행되어 아르메니아와 상부 메소포타미아에서 패배했지만, AD 527년 삼촌의 황위를 계승한 유스티니아누스는 동부의 방어선을 재정비하여 아르메니아에 새로운 군사령부를 설치하고, 핵심 지역에 대한 주요 방어시설 공사를 시작했으며, 동부전선 사령관에 새로운 장군 벨리사리우스Belisarius를 임명했다(유스티니아누스의 전쟁에 대한 주요 사가인 프로코피우스도 벨리사리우스의 참모진에 속해 있었다). AD 530년 페르시아군은 아르메니아에서 패했고, 벨리사리우스는 다라에 있는 그의 기지 밖에서 페르시아군을 압도했다. 하지만 이 승리들은 AD 531년 벨리사리우스가 유프라테스 강의 칼리니쿰에서 패함으로써 그 빛을 잃고 말았다. 모든 부분에서 유스티니아누스 황제의 최대 관심은 동

■■■■■■ 유스티니아누스와 그를 수행하는 고위 성직자, 막시밀리아누스 주교, 민간인 고위 인사, 경호원을 묘사한 이 모자이크는 라벤나의 산비탈레 성당 Basilica of San Vitale에 있다. (Ancient Art and Architecture)

부 국경의 상황을 안정시키는 데 있었다. 따라서 항구적인 평화를 위한 협상을 추진했고, 새로운 페르시아 왕 호스로가 AD 532년에 조약에 동의했다. 유스티니아누스는 5톤(1만1,000파운드)에 달하는 금을 지불했고, 다라에서 로마 지휘관과 병력을 철수시키는 데 동의했다.

유스티니아누스는 그의 삼촌의 제위 기간이었던 AD 518년부터 서로마 제국의 문제에 관심을 갖고 있었고, 신속하게 동방정교회와 로마의 교황 사이의 유대관계를 복구했다. 이로 인해 동고트족이 지배하는 이탈리아에는 불안감이 조성되었다. 그 이전까지 이들은 이단적인 지위에도 불구하고 로마와 콘스탄티노플 사이의 긴장관계 덕분에 교황과 좋은 관계를 유지하고 있었다. 아말의 테오도리쿠스가 AD 526년에 사망하자, 그의 딸인 아말라순타 Amalasuntha가 아들 아탈라리크 Athalaric의 왕좌를 보존하기

■■■■■■ 마르티로폴리스(오늘날의 터키 실반Silvan)에 있는 유스티니아누스의 방어시설은 이 도시가 아르메니아의
새로운 장군을 위한 기지가 되었을 때 건설되었다. (저자 소장)

위해 투쟁을 벌였기 때문에 이전 세대에 조성된 국제관계의 균형이 흔들
렸다. 유스티니아누스는 페르시아와 강화를 맺음으로써 자신의 원대한
구상을 진행시킬 수 있는 기회를 잡게 되었다.

그 중 첫 번째는 반달족이었다. 그들의 종교 박해로 인해 사지를 절단
당한 망명자들이 콘스탄티노플로 피신하곤 했기 때문에, 동방정교회에게
그들은 더없이 불쾌한 존재였다. AD 5세기에는 동로마 제국이 그들에 대
한 원정을 두 차례 감행했다. 반면, 동고트족이 지배하는 이탈리아의 경
우는 외교적 전망이 더 밝았다. AD 533년 92척의 전함이 호위하는 500척
의 수송선에 로마군 1만5,000명과 동맹군 1,000명, 벨리사리우스의 가신
들, 그의 사병 집단인 부켈라리우스를 실은 원정부대가 항해에 나섰다.
반달족 왕인 겔리메르Gelimer는 사르데냐에서 일어난 반란에 정신이 팔려
있었던 반면, 벨리사리우스는 시칠리아에 있는 동고트족으로부터 보급품
을 지원받았고, 로마군은 반달족 함대와 부딪치지 않고 해안에 상륙했다.

■■■■■■ 다라의 이 요새는 말발굽형 주요 망루와 거기에 인접한 사각형의 더 작은 망루를 보여주고 있다. 중간 부분에 성채도 보인다. (저자 소장)

벨리사리우스는 카르타고로 전진하여 겔리메르가 보낸 소규모 군대를 물리치고 도시를 점령했다. 그해 말, 그들의 군대가 사르데냐로부터 귀환하자, 반달족은 카르타고 탈환을 시도했지만 성벽 바로 앞에서 커다란 패배를 당했다. 유스티니아누스는 속주를 개편하고, 반달족에게 무시당할 정도로 약했던 도시의 요새를 복구했으며, 국경 방어시설을 재구축하고, 가톨릭 교회의 재산을 반환했다. 벨리사리우스는 수천 명의 반달족 포로를 데리고 항해해 콘스탄티노플로 갔다. 포로들은 모두 동로마 제국 군대에 편입되었고, 그는 개선행진을 허가받았다. 이것은 500년 만에 처음으로 황제가 아닌 사람에게 허락된 개선행진이었다.

이탈리아에서는 뜻하지 않은 기회가 찾아왔다. 아탈라리크가 사망하고 조카인 테오다하드Theodahad에 의해 감옥에 갇힌 아말라순타가 죽음을 당하는 일이 발생했던 것이었다. 유스티니아누스는 그 사태에 항의하며 달마티아와 시칠리아에 원정대를 파견했다. 그는 동로마 제국의 종주권을 받아들이는 문제를 두고 테오다하드와 협상을 벌였으나 결렬되자, 벨리사리우스에게 이탈리아를 침공하라고 명령을 내렸다. 벨리사리우스가 거느린 병력은 로마 병사 7,000명과 동맹군 500명, 그리고 그의 사병이 전부였다. 하지만 벨리사리우스는 일부 거주민들이 고트족을 지원했음에도 불구하고 공성전을 통해 나폴리를 점령했고, 이어서 로마로 행군했다. 로마의 주둔군은 이미 도시에서 철수한 상태였다. 테오다하드에 이어 왕위에 오른 비티게스Witiges는 AD 537년 2월에 로마를 포위했다. 병력이나 보급 물자가 부족했음에도 불구하고, 벨리사리우스는 엄청난 길이의 성벽을 방어하며 점진적으로 포위군을 습격하여 AD 537년과 AD 538년 사이의 겨울에 마침내 공성전이 끝났을 때 포위군에게도 방어군만큼이나 많은 피해를 입혔다. 증원군이 도착하자, 벨리사리우스는 다시 공세로 전환하여 리구리아와 밀라노, 리미니를 확보했다. 하지만 로마군 지휘관들의 분열, 특히 나르세스가 벨리사리우스가 상급자임을 인정하지 않음으로써 생긴 불화로 인해 부르군트 왕국의 침공군이 밀라노를 약탈하는 재앙이 발생했다. 전해지는 이야기에 따르면, 밀라노의 남성들 중 30만 명이 그때 학살당했다고 한다. 나르세스는 콘스탄티노플로 소환되었고, AD 539년 벨리사리우스는 고트족을 포 강 계곡 남쪽의 이탈리아 전역에서 완전히 몰아내고 라벤나로 향하기 시작했다. 라벤나는 AD 540년에 교섭을 통해 항복했다. 동로마 제국이 불가르족과 슬라브족이 정기적으로 발칸 반도를 침입해오고 아프리카에서는 반란과 무어인의 습격이라는 문제로 인해 신경이 분산되어 있는 상황에서 제한된 병력으로 2개의 강력한 서유럽 왕국을 제거했기 때문에, 여기까지는 국토 수복이 눈부신 성공을 거두었다고 할 수 있었다. 핵심은 동부 국경의 평화에 있었다. 하지만 AD 539년에 이 평화는 깨지고 있었다. 당시 서유럽에서 거둔 유스티니아누스의 성공을 질투하고 있었을지도 모르는 호스로 왕은 비티게스가 보낸 사절을 만났다. 사절은 그에게 유스티니아누스가 너무 강력해지기 전에 행동을 취해야 한다고 주장했다. 동맹을 맺은 아랍 부족들 사이에서 방목권을 놓고 분쟁이 발생하자, 호스로는 그것을 구실로 공격을 시작했고, AD 540년에는 전리품을 노획하거나 보호비를 징수하고자 유프라테스 강으로 진군했다. 그의 진격로 상에 있는 도시들은 습격을 당하거나 겁에 질려 보호비를 지불했고, 안티오크는 격렬한 공성전 끝에 함락당했다. 도시는 조직적으로 약탈을 당해 심지어 대리석 조각물이나 모자이크까지 전부 페르시아로 운반되었을 정도였으며, 동시에 살아남은 거주자들도 페르시아로 끌려가 크테시폰 근처에 뉴안티오크New Antioch를 건설하는 데 동원되었다. 그가 페르시아로 복귀하는 과정에서 더 많은 도시들이 약탈당하거나 보호세를 바쳤다. 호스로의 성공은 종종 유스티니아누스가 군사 문제를 소홀히 했다는 근거로 제시되곤 한다. 그러나 로마의 방어시설이 꽤 괜찮은 수준이기는 했지만, 여러 곳에 주둔하느라 분산되어 있는 병력만 가지고는 페르시아 왕실 주력부대를 상대할 수가 없었다. 따라서 도시들의 방어에 주력하면서 콘스탄티노플에서 파견한 기동부대가 도착하기만을 기다리는 수밖에 다른 도리가 없었다.

　AD 541년에 호스로는 북쪽의 라지카Lazica로 관심을 돌렸다. 한편 이탈리아에서 소환되어 동부 국경을 담당하게 된 벨리사리우스는 상부 메소포타미아를 습격했다. AD 542년 호스로는 팔레스타인으로 이동하려고 했지만, 벨리사리우스의 군대가 전력이 향상되자 이를 포기해야 했다. 또 다른 변수는 로마 제국을 휩쓴 흑사병이었다. AD 543년에는 흑사병으로 인해 북쪽으로 이동하던 페르시아군이 행군을 중단했다. 하지만 AD 544년이 되자 호스로는 특별히 에데사를 노리고 메소포타미아로 돌아왔다. 종교가 주된 이유였던 것으로 보이는데, 당시 사람들은 에데사가 도시의 성문에 새겨진 어떤 문자 형태로 그리스도에게 보호를 약속받았다고 믿었다. 호스로는 페르시아의 공성전 기술을 모두 동원했으나, 결국 실패하고 말았다. 그가 쌓은 거대한 공성용 언덕이 신비로운 그리스도 형상(에데사의 만딜리온Mandylion of Edessa*, 토리노의 수의Shroud of Turin**의 명성이 이로부터 시작되었다)이 나타나자 파괴되었다는 이야기가 나돌았다. AD 545년 호스로는 5년간의 정전에 합의하고 그에 대한 대가로 5,000파운드(2톤)의 금을 받고 라지카에 대한 전역은 계속 한다는 단서조항을 달았다. AD 551년에 휴전이 연장되었고, AD 557년에도 다시 연장되었다가 AD 561년과 AD 562년 사이에 50년 평화조약이 체결되었다. 이 평화조약에는 국경 문제에 관한 세부조항과 그리스도교 신민들을 박해하지 않을 것이라고 호스로가 보장하는 조항이 포함되어 있었다.

하지만 곧 로마의 상황은 악화되었다. 고트족은 벨리사리우스가 마치 자기들의 지배자가 될 것처럼 속인 뒤 항복을 하게 만들었다고 생각하고는, 비록 라벤나를 잃었지만 새로운 지도자를 선택했다. 토틸라Totila는 역동적인 지휘관임을 입증해 보였다. 로마군은 처음에 그의 병력을 압도했지만, 분산되어 있어서 각각의 지휘관들이 서로 공조하는 데 실패했다.

---

* **에데사의 만딜리온** 만딜리온은 예수 그리스도의 얼굴 형상이 기적적으로 찍혔다고 하는 무명수건을 말한다. 성녀 베로니카가 골고다 언덕을 올라가는 예수 그리스도에게 무명수건을 건네주었을 때 찍혔다고 한다.
** **토리노의 수의** 예수의 장례식 때 사용된 수의로 알려져 있는 유물이다. 수의에는 남성의 형상이 그려져 있는데, 찬성론자들은 이 그림이 예수의 형상이 찍힌 것이라고 믿고 있다. 하지만 토리노의 수의의 진위 여부에 대한 논란은 끊이지 않고 있으며, 몇 차례 과학조사가 이뤄지기도 했지만, 확실한 결론은 나지 않았다.

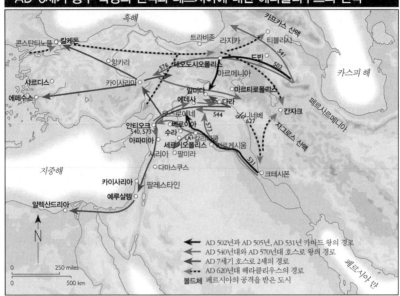

AD 6세기 동부 국경의 전역과 페르시아에 대한 헤라클리우스의 전역

흑해
카프카스 산맥
콘스탄티노플 칼케돈
트라비존 라지카 티블리시
앙카라 576 테오도시오폴리스 드빈 541
사르디스 아르메니아 502
에페수스 카이사리아 마르티로폴리스 카스피 해
알미다
에데사 칸자크
문에네 다라 627
안티오크 544 니네베
540,573 베룬아 573 페르시르메니아
아파미아 수라 칼리니쿰
셀레키우스폴리스 로케시움 자그로스 산맥
시리아 531
팔미라
지중해
다마쿠스 크테시폰
카이사리아 팔레스타인
예루살렘

알렉산드리아
N

AD 502년과 AD 505년, AD 531년 카바드 왕의 경로
AD 540년대와 AD 570년대 호스로 왕의 경로
AD 7세기 호스로 2세의 경로
AD 620년대 헤라클리우스의 경로
볼드체 페르시아의 공격을 받은 도시

0   250 miles
0   500 km
페르시아 만

● 그리스 역사가 메난드로스Menandros는 AD 561/562년에 로마와 페르시아가 맺은 평화조약의 비준에 대해 다음과 같이 기록했다(fr.6.1.304-19).

"이것들을 비롯해 제반 모든 문제들을 철저하게 토의한 뒤, 50년 평화조약이 페르시아어와 그리스어로 각각 기록되었고, 그리스어 조약서는 페르시아어로, 페르시아어 조약서는 그리스어로 번역되었다. 로마 측에서는 행정 대신 페트로스Petros와 유세비우스Eusebius 등이, 페르시아 측에서는 야즈드구스나스프Yazdgusnasp the Zikh와 수레나스Surenas 등이 비준했다. 양측의 조약 내용이 문서화되자, 그 문서들은 대조를 통해 내용이나 표현이 정확한지를 검증했다.

첫 번째 조항에는 페르시아가 트존Tzon과 카스피의 문Caspian Gates이라고 불리는 지점을 통해 훈족이나 알라니족, 그 밖의 야만인들이 로마 영역으로 들어오게 허용해서는 안 되며, 로마는 그 지역 혹은 메데스Medes 국경의 다른 지역에서 페르시아를 향해 어떤 군대도 파견해서는 안 된다는 내용이 적혀 있다."

■■■■■■ 에데사(오늘날의 터키 산르우르파)에 세워진 이 성벽은 AD 6세기에 세 차례에 걸친 페르시아의 공성전을 이겨냈다. (저자 소장)

그 결과, 토틸라는 AD 542년에 이탈리아 남부의 대부분을 되찾았고, AD 543년에는 나폴리를 굶주리게 만들어 항복을 받아냈다. AD 544년 벨리사리우스는 위기에 대처하기 위해 4,000명의 신병과 충분치 않은 군자금만 가지고 이탈리아로 돌아왔다. 하지만 AD 546년에 토틸라는 로마를 점령했다. 비록 다음해 벨리사리우스가 로마를 다시 수복하기는 했지만, 자원이 부족했기 때문에 소환을 요청할 수밖에 없었다. 토틸라가 AD 550년 다시 로마를 점령하고 시칠리아를 위협했을 때, 마침내 유스티니아누스도 행동에 나섰다. 그는 전쟁을 끝내기 위해 나르세스를 보냈고, 나르세스는 필요하다고 생각하는 자원들을 요구했다. 그는 AD 552년과 AD 553년 두 차례 고트족을 패배시켰다. 이어서 그는 이 기회를 틈타 이탈리아를 침공한 프랑크족과 알라마니족의 대군을 상대해야 했다. 하지만 결국 AD 554년 로마는 이탈리아 반도를 견고하게 지키고 평화를 구가했다. 나르세스는 통합된 민간 및 군사 권한을 갖고 로마를 재편성하는 임무를 맡왔다.

유스티니아누스의 웅대한 국토 회복 운동이 동로마 제국의 자원을 너무 많이 사용하는 바람에 그의 후계자들이 AD 6세기 말에 다양한 문제에 대처하느라 애를 써야 했다고 비판하는 사람도 있다. 사후의 관점에서 보면 분명히 그렇다고 할 수 있지만, 동시대의 관점도 고려할 필요가 있다. 유스티니아누스는 능력이 닿는 한 최선을 다해서 동로마 제국을 안정시켰으며, 심지어 호스로가 평화조약을 위반했음에도 불구하고 국경은 AD 540년에 손실이 있은 뒤 재차 안정을 되찾았다. 흑사병의 창궐로 인해 로마의 문제는 더욱 악화되었지만, AD 6세기 말 아프리카의 번영은 평화가 장기적인 이익을 가져다준다는 사실을 분명히 보여주었다.

유스티니아누스의 후계자들

불행하게도 AD 550년대 말에 새로운 위협이 등장했다. 당시 아바르족 대사는 카프카스에서 로마군 지휘관과 접촉을 가졌다. 훈족처럼 아바르족도 어쩔 수 없이 서쪽으로 도주할 수밖에 없었던 이전 중앙아시아 연합체의 엘리트 계층이었고, 훈족의 웅대한 야망과 무자비한 목적의식을 공유하고 있었다. 일단 그들이 헝가리 평원을 점령하자, 유스티니아누스 치하의 군사적 오지였던 발칸 반도가 다시 심각한 문제로 부상했다. 아바르족의 우월성에 위협을 느낀 롬바르드족은 이탈리아로 이주했고, 이어서 포강 유역의 계곡에서 로마의 진지들을 돌파했다. AD 565년 삼촌의 지위를 계승한 유스티니아누스 2세는 로마의 위엄과 관련하여 웅대한 이상을 품고 있었다. 그는 보조금을 요구하는 아바르족의 요청을 거부하고 이어서 페르시아를 상대로 전쟁을 일으켰다. 그의 호전적인 행위가 완전히 어리석은 짓이 아니었던 이유는 그가 중앙아시아의 투르크족이 페르시아의 북동쪽 국경을 공격함으로써 로마에 협력할 것이라고 믿었기 때문이다. 그리고 페르시아령 아르메니아의 기독교 귀족들이 반란을 일으키면 호스로 왕은 더욱 정신이 분산될 게 틀림없었다. 유스티니아누스는 결코 같은 믿음을 가진 사람들을 저버릴 수 없다고 주장하면서 50년 평화조약으로 합의된 연공을 거부했다.

유스티니아누스의 야망은 결코 행동으로 실현되지 않았고, AD 573년에는 페르시아가 6개월에 걸친 공성전 끝에 다라를 점령했다. 그 충격으로 유스티니아누스는 광분했고, 동로마 제국은 어쩔 수 없이 강화를 요청했다. AD 576년에 호스로 왕은 아르메니아에서 전역을 수행했지만, 어떤 도시도 함락하지 못하고 고산지대에 도달했을 때는 오히려 적에게 허를 찔렸다. 왕의 짐조차 적에게 노획당하고 유프라테스 강을 건너는 동안 많은 페르시아인들이 익사했다. 그 이후 동로마 제국은 대체로 페르시아의 공격을 잘 막으면서 오히려 그들의 영토를 약탈하여 결국 호스로와 그의 후계자인 호르미즈드 4세^{Hormizd Ⅳ}(AD 578년~AD 590년 재위)로 하여금 화평 교섭에 나서게 만들었다. 하지만 로마가 다라의 수복을 고집하는 바람에 교섭은 결렬되었고, AD 591년에 가서야 평화를 회복할 수 있었다. 호르미즈드 4세는 그의 주요 지휘관인 바람^{Vahram}과 불화를 일으켜 결국 왕좌에서 밀려났으며, 그의 아들인 호스로 2세는 바람이 크테시폰에 접근하자 로마로 도주해 도움을 요청했다. 로마는 그의 왕권을 회복시켜주고 카프카스 남부의 공국들을 양보하는 대가로 다라를 비롯해 전쟁 중에 점령된 지역들을 반환받았다.

로마의 입장에서 동부 전역은 전통적으로 다른 전역보다 중요했다. AD 570년대와 AD 580년대에 발칸과 이탈리아는 무시되었다. 롬바르드족의 전진을 가로막는 유일한 장애물은 그들의 내부 분쟁이었고, 한편 발

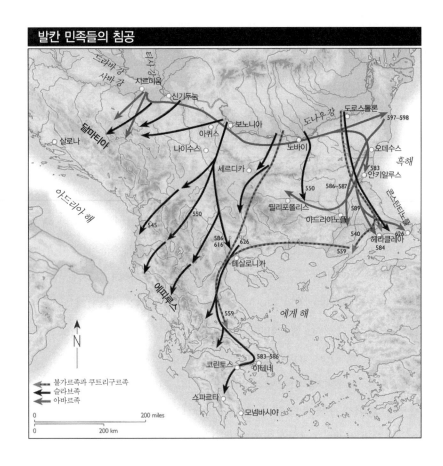

발칸 민족들의 침공

지도 상의 라벨:
드라바 강 / 사바 강 / 티사 강 / 자르미움 / 신기두눔 / 보노니아 / 도나우 강 / 도로스톨론 / 597–598 / 딜마티아 / 살로나 / 아퀴스 / 나이수스 / 도바이 / 오데수스 / 흑해 / 583 / 안키알루스 / 세르디카 / 550 / 586–587 / 아드리아 해 / 550 / 필리포폴리스 / 589 / 589 / 589 / 야드리아노플 / 콘스탄티노플 / 545 / 586 616 / 626 / 테살로니카 / 540 / 헤라클레아 / 626 / 559 / 584 / 에페이루스 / 559 / 에게 해 / 583–586 / 코린토스 / 아테네 / 스파르타 / 모넴바시아

범례:
불가르족과 쿠트리구르족
슬라브족
아바르족

0 _____ 200 miles
0 _____ 200 km

칸 반도에서는 아바르족이 AD 579년 남쪽으로 관심을 돌렸을 때 티베리우스가 그들을 격퇴하기 위해 동원할 수 있는 병력은 많지 않았다. 이후 10년 동안 로마는 나날이 늘어가기만 하는 평화보상금과 도시 방어시설에 의지할 수밖에 없었지만, 아바르족은 이전에 훈족이 그랬던 것처럼 그런 방어시설들을 함락했다. AD 580년대 초에는 슬라브족 무리가 일부는 아바르족과 협력하고 또 일부는 그들의 지배에서 벗어나기 위해 남쪽으로 밀고 내려와 아테네와 코린토스Corinthos를 파괴했고, AD 584년에는 콘스탄티노플의 장벽까지 접근했으며, AD 586년에는 테살로니카Thessalonica

를 공격했다.

AD 582년에 티베리우스를 계승한 마우리키우스는 동부 국경에 평화가 정착될 때까지 거의 아무런 조치도 취할 수 없었다. 그 후, 그는 정력적으로 일련의 전역에 착수하여 점차 델타 지역으로부터 신기두눔^{Singidunum}(오늘날의 베오그라드^{Beograd})에 이르는 도나우 강 국경지대를 안정시켰고, 내지에서 로마의 권위를 재확립했다. 전쟁은 도나우 강 북쪽으로 장소를 옮겨서, 먼저 도나우 강 하류 지역에 걸쳐 있는 슬라브족을 공격했고, 이어서 헝가리 평원에 있는 아바르족의 본래 영토를 공격했다. 하지만 계속된 전투는 서서히 그 효과가 나타나더니, AD 602년에는 군비의 지출 변화(장비 및 말 유지 비용을 줄였다)에 불만을 품고 있던 군대가 동계 전역을 위해 도나우 강 북쪽에 머물라는 명령을 받자, 반란을 일으켰다. 군대는 콘스탄티노플을 향해 행진하여 마우리키우스를 권좌에서 밀어내고 장교인 포카스^{Phocas}를 그 자리에 앉혔다.

포카스의 제위 승계로 인해 발칸 반도의 로마군은 불가피하게 활동 강도가 떨어질 수밖에 없었다. 하지만 그보다 더 심각한 일이 발생했다. 호스로 2세는 AD 591년에 잃었던 소유물과 위신을 되찾기 위해 자기 후원자인 마우리키우스의 폐위를 구실 삼아 로마를 공격했다. 포카스의 제위 기간 동안, 페르시아는 유프라테스 강 동쪽에 있는 로마의 거점들을 서서히 점령했으며, 때때로 장기간의 공성전이 벌어지기도 했다. AD 609년과 AD 610년 사이에는 아프리카 속주 총독의 아들인 헬라클리우스^{Heraclius}가 포카스에게 반기를 들었다. 당시 콘스탄티노플에 있는 포카스의 정권은 점차 인기를 잃으면서 폭력적으로 변질되어가고 있었다. 내전으로 인해 국가 방위가 소홀해지는 것은 로마가 몰락하는 원인임이 다시 한 번 증명되었다. AD 610년 헤라클리우스는 콘스탄티노플을 점령했지만, AD 611년과 AD 612년 사이의 동계 기간 전까지는 동로마 제국을 완전히 장악하지 못했다. 바로 이 시기에 페르시아는 카파도키아에서 공세를 시작해 안티오크와 카이사리아Caesarea(오늘날의 터키 카이세리Kayseri)로 밀고 들어왔다.

헤라클리우스는 페르시아의 진격을 저지하는 데 있어서 포카스에 비해 별로 나을 것이 없었다. AD 614년 예루살렘이 페르시아의 공성전으로 함락당했고, 그 거주자들과 예수의 수난과 관련된 유물들이 바빌론 유수 Babylonian Captivity * 때와 똑같은 일을 겪었다. AD 622년 헤라클리우스는 절망적으로 콘스탄티노플 교회의 재산을 '차입'해 십자군 전쟁의 성격을 띤 일련의 전역을 시작했다. AD 590년과 AD 591년 사이에 잠시 기독교로 전향한 적이 있었던 호스르 2세는 이제는 동방정교회의 지능적인 반대파 역할을 자처하고 나섰다. 그는 유대인들을 우대하고 이단적이며 반체제적인 기독교 집단을 묵인해주었다. 따라서 헤라클리우스는 적어도 자신을 합법적인 신앙의 수호자로 내세울 수 있었다. 그는 로마 영토를 방어하는 전략을 버리고 대신 페르시아 내부에서 전쟁을 수행했으며, 자신은 아르메니아와 카프카스 남부에 기지를 두고 아제르바이잔Azerbaijan 일대를 황폐화시키면서 그를 함정으로 몰아넣으려는 페르시아군과 접촉을 계속 회피했다.

동부 국경의 전쟁은 다시 발칸 반도에 대한 무관심을 초래하여, AD 7세기의 첫 20여 년 동안은 슬라브족과 아바르족이 발칸 반도의 북부와 중부 지역 대부분을 장악했다. 헤라클리우스에게는 그들의 전진을 저지할 수 있는 병력이 남아 있지 않았고, 심지어 AD 623년에는 마르마라 해 인근에서 아바르족 대칸可汗을 위한 외교 리셉션을 준비하다가 거의 포로

---

* **바빌론 유수** BC 6세기에 두 차례에 걸쳐, 신바빌로니아에 정복당한 많은 유대인들이 바빌론으로 끌려간 사건. 이후 유대인은 오랜 세월 동안 방랑 생활을 하게 되었으며, 일부는 페르시아의 키루스 2세의 포로해방령에 의해 BC 538년에 예루살렘으로 귀국했다.

가 될 뻔한 적도 있었다. 분명 그는 자신의 왕관을 겨드랑이에 끼고 허둥지둥 콘스탄티노플로 도주해야만 했을 것이다. 평화보상금을 올리는 것만이 유일한 해결책이었지만, 동로마 제국이 점점 약화되어가고 있는 상황에서 이것 역시 효과가 없었다. AD 626년 아바르족은 테살로니카를 포위한 뒤 관심을 콘스탄티노플로 돌렸다. 당시 콘스탄티노플은 대규모 공성포의 격렬한 포격과 파상적으로 밀려드는 슬라브족의 공격을 받고 있었다. 보스포루스 해협에 진을 치고 있던 페르시아 군대가 아바르족 대칸의 연락을 받고 바다를 건너 공격을 지원하려고 했지만, 그들의 횡단은 로마 해군에 의해 분쇄당했다. 로마의 함정은 또한 골든 혼Golden Horn을 건너오는 슬라브족의 공격을 분쇄하는 데 커다란 역할을 했다. 결국 아바르족 대칸은 자신의 위신에 커다란 오점을 남긴 채 철수해야만 했다. 이윽고 동정녀 마리아가 자신의 유물 여러 점이 안치되어 있는 도시를 보호해주었다는 신의 가호에 대한 이야기가 떠돌기 시작했다.

헤라클리우스는 귀환해 수도를 보호하기를 거부했다. 동부전선에만 집중하겠다는 그의 결정은 옳은 것으로 입증되었다. 먼저 그는 투르크 동맹군의 지원을 받아 페르시아 영토를 광범위하게 약탈했고, 투르크족이 카프카스 너머로 철수한 뒤 AD 627년 12월에는 니네베Nineveh 외곽에서 전투를 벌여 페르시아군을 패배시켰다. 페르시아 중앙부까지 위협을 당하자, 페르시아 왕궁에서는 호스로에 대한 쿠데타가 일어났다. 호스로의 아들은 자신을 지원해주는 대가로 헤라클리우스와 평화협정을 맺는 데 동의했다. 이로 인해 페르시아 왕궁은 호스로 밑에서 복무했던 기독교인 장군을 포함한 잦은 지배자 교체로 극도로 불안정한 시기를 맞게 되었다. 이런 혼란을 틈타 헤라클리우스는 로마의 영토를 수복하고 예루살렘 함락 당시 피탈당했던 성 십자가Holy Cross를 비롯해 많은 약탈품들을 되찾았다. 헤라클리우스는 AD 630년 부활절에 성 십자가를 제 위치에 다시 세

● 호스로 2세의 타도를 선언하는 이 메시지는 콘스탄티노플의 성 소피아 교회에서 대중들에게 낭독되었다(Chronicon Pashale p.728).

"세상 모든 사람들이 신을 향해 외치게 하라. 기꺼이 주님께 봉사하고, 그를 보고 환호하며, 주님께서 진정 우리의 군주임을 인정하라. 우리를 만드신 것은 우리 자신이 아니라 바로 그분이다. 우리는 주님의 백성이자, 그의 초원에 있는 양이다.

그리고 우리 모든 기독교인들은 찬양하며 유일신 하느님께 감사드리고 그의 성스런 이름 속에 담긴 위대한 기쁨을 만끽하자. 쓰러진 자는 주님의 적인 교만한 호스로다. 그는 멸망하여 땅속 깊이 묻히고 그의 기억은 완전히 지구상에서 소멸되리라. 우리의 진정한 신인 구세주 예수 그리스도와 그의 순결한 생모, 우리의 축복받은 성모, 영원한 동정녀 마리아에 대해 오만하게 치욕적인 부당한 말을 하고 그로 인해 찬양을 받은 자, 요란하게 신성모독을 한 바로 그자가 죽게 되었다."

우면서 성대한 기념식을 거행했다. 로마 세계는 제자리를 찾은 것처럼 보였고, 비로소 강화와 회복의 시기가 시작될 수 있었다.

군인의 초상
주요 전사들

속주 주둔군 지휘관 아비나이우스

플라비우스 아비나이우스^{Flavius Abbinaeus}는 AD 304년과 AD 305년 사이에
군에 입대하여 이집트 중부에 주둔하고 있던 '파르티아 궁수부대'의 파
견대에서 33년 동안 복무했다. 그의 부대는 기마부대로, 이름에서 알 수
있듯이 원래 동부 국경지대 복무를 위해 모집된 병사들이나 동부 국경에
서 잡힌 포로들로 구성되었지만, 이후 일상적인 절차에 따라 로마 속주에
서도 병사를 모집했다. AD 337년과 AD 338년 사이에 당시 부사관까지
진급한 아비나이우스는 블레미족^{Blemmyes}(이집트 남쪽 국경지대에 살던 부
족)의 대사를 콘스탄티노플까지 호위했다. 콘스탄티노플에 도착한 그는
콘스탄티우스 황제에 의해 호위관으로 진급하게 되었고, 그에게는 황제

의 자주색 예복에 키스를 할 수 있는 특전이 주어졌다. 호위관들은 하위 참모장교 집단으로 활동하며 다양한 제국의 업무를 수행했다. 따라서 아비나이우스는 대사를 다시 고국으로 호송하는 임무를 맡았다. 그는 3년 동안 블레미족과 지낸 뒤, 당시 시리아에 있던 콘스탄티우스에게 복귀하여 디오니시아스^{Dionysias}에 있는 기병대대의 지휘관으로 진급했다.

이집트로 돌아온 아비나이우스는 기병대대 지휘관 자리를 놓고 다른 후보자들과 경쟁을 벌이게 되었는데, 다른 후보자들 역시 후원자를 통해 이미 위촉장을 확보해둔 상태였다. 아비나이우스는 콘스탄티우스 황제에게 탄원하여 자신의 지위를 확인받았지만, AD 344년에 현지 백작에게 해임당했다. 하지만 탄원을 통해 그는 다시 그 지위를 인정받았다. 이후 그는 AD 351년 이후까지 계속 그 자리에 머물렀다. 아비나이우스의 지휘가 얼마나 적절했는지는 파피루스 문서를 통해 확인할 수 있는데, 이 문서들은 그의 군대 경력 상의 변동 사항을 비롯해 그의 병사들과 현지 주민의 상호작용이나 치안 유지 활동, 세금 징수 활동 등에 대한 내용이 기록되어 있다.

로마군 장교이자 부족 지도자 알라리크

알라리크는 약 AD 370년경에 고트족 테르빈기의 유력 가문인 발티 가문에서 태어났다. 어린 시절 아마 그는 AD 376년의 도나우 강 도하에 참가하여 로마 제국 군대를 만나게 되었을 것이다. 어느 순간부터 그는 고트족의 표준 신앙인 아리우스파 기독교도가 되었다. AD 390년대 초에 그는 테오도시우스 황제에 맞선 발칸 반도에 있는 전사 집단의 지도자로 부상했다. 하지만 AD 394년에는 서로마 제국의 제위를 찬탈한 에우게니우스

Eugenius를 상대로 벌어진 테오도시우스의 원정에 부족 동맹군의 지휘관으로 참가했다. 프리기두스 강 전투의 승리에 기여한 자신의 공로와 그의 부하들이 입은 커다란 손실에 대해 제대로 보상이 이루어지지 않자, 환멸을 느낀 알라리크는 로마와 콘스탄티노플 사이의 긴장을 틈타 발칸 반도 중부와 남부 지역을 약탈했다. AD 399년 무렵에 그는 한 가지 중요한 소원을 이루었는데, 그것은 바로 일리리쿰의 로마군 사령관magister militum per Illyricum에 임명된 것이었다. 이를 통해 그는 급료를 받고 추종자들에게는 식량을 제공할 수 있게 되었다.

AD 401년에 그는 이탈리아를 침략해 밀라노에서 서로마 제국 황제인 호노리우스를 포위했지만, 서로마 제국의 군벌인 스틸리코에게 패했다. 알라리크는 어쩔 수 없이 발칸 반도로 후퇴했고, 그의 무리는 열기와 빈약한 식사로 고통을 당했다. 알라리크는 발칸 반도 북동부에 머물면서 AD 407년 호노리우스가 발칸 반도를 서로마 제국에 합병시키려는 시도의 일환으로 그를 로마의 장군으로 임명할 때까지, 영구적으로 정착할 수 있는 토지를 확보하려고 노력했다. 예정된 전역이 취소되자, 알라리크와 호노리우스의 관계는 악화되었고, 알라리크는 군복무 계약에 따른 보수를 받아내기 위해 재차 이탈리아를 침입했다.

아탈루스와 알라리크 사이의 긴장관계에 더해 호노리우스와의 협상이 별 진전이 없자, 알라리크는 로마로 돌아와 AD 410년 8월 24일에 별다른 어려움 없이 도시를 함락했다. 3일에 걸쳐 도시를 점령하면서 알라리크는 그의 좌절감을 어느 정도 해소했을지는 모르나, 추종자들의 토지에 대한 요구를 만족시키지는 못했다. 이후 그는 군대를 이끌고 남쪽으로 갔는데, 그의 목표는 북아프리카였을 가능성이 높다. 하지만 시칠리아로 건너가려고 시도하는 동안 저지당했다. 그는 북으로 퇴각하는 도중 병을 얻어 사망했다. 그의 의제인 아타울프가 군대의 지휘권을 인수했고, AD

412년에 그는 그들을 갈리아 남부로 인솔해 아퀴타니아에 서고트 왕국을
세웠다.

동고트 국왕 테오도리쿠스

테오도리쿠스는 발칸 반도 북부의 고트족 집단 중 하나를 이끈 아말 가문
에서 AD 5세기 중반에 출생했다. AD 461년에서 AD 462년 사이에 그는
인질로 콘스탄티노플에 왔고, 10년을 이곳에서 보내며 교육을 받았다.
AD 474년에 아버지의 뒤를 이은 뒤, 그는 15년 동안 발칸 반도에서 부족

▪▪▪▪▪▪ 라벤나에 있는 테오도리쿠스의 묘. 300톤이나 나가는 이스트리아의 대리석 하나로 돔을 제작한 이
무덤은 정권의 오랜 지속을 바란 테오도리쿠스의 야망을 보여주고 있다. (Ancient Art and Architecture)

민을 위한 근거지를 확립하기 위해 때로는 협상을 하고, 때로는 동로마 제국 제노 황제를 위협하는 등 다양한 시도를 했다. 그의 성공은 AD 476년과 AD 478년, 그리고 AD 483년부터 AD 487년까지 그가 로마 장군으로 임명되었다는 사실에서 분명히 엿볼 수 있는데, 당시 제노 황제는 발칸 반도의 다른 부족과 동부 국경 지역의 이사우리아족Isauria의 반란에 대응하기 위해 테오도리쿠스를 이용했다. 그의 제안을 거부하면, AD 479년에 스토비Stobi의 경우처럼 도시가 약탈을 당하거나, AD 482년에 마케도니아와 테살리아의 경우처럼 속주 전체가 파괴당했다.

그의 가장 큰 고트족 경쟁자인 테오도리쿠스 스트라보가 AD 481년에 사망하자, 테오도리쿠스는 아말 가문의 지도하에 있던 발칸 반도의 고트족 대부분을 통합할 수 있었지만, 여전히 안전하고 풍요로운 영토를 확보한다는 주요 목표를 달성하지는 못했다. AD 488년 제노 황제는 테오도리쿠스가 이탈리아로 이동해 (AD 476년에 마지막 서로마 제국 황제를 폐위하고 그곳을 지배하고 있던) 오도아케르를 공격해야 한다는 데 동의했다. 승리할 경우, 테오도리쿠스는 제노 황제를 대신해 서로마 제국을 지배하기로 되어 있었다. 테오도리쿠스는 라벤나에서 오도아케르를 상대했으며, 3년에 걸친 봉쇄 끝에 그의 경쟁자는 권력을 공유하는 데 동의했다. 하지만 곧 테오도리쿠스는 오도아케르가 배반을 했다며 그를 살해했다. AD 491년에 제노 황제가 사망하자, 테오도리쿠스의 입장은 복잡했지만, AD 497년 아나스타시우스 황제는 그를 이탈리아의 지배자로 인정했다. 그의 고트족 추종자들에게 그는 국왕, 때로는 심지어 아우구스투스(황제)였다. 분명 그것은 테오도리쿠스도 원하는 지위였지만, 그는 조심스럽게 콘스탄티노플을 상대하면서 그들에 대한 복종을 주장했다.

테오도리쿠스의 33년에 걸친 치세 기간(AD 493년~AD 526년)은 이탈리아의 황금기로 간주되는데, 이는 특히 AD 540년대의 투쟁기와 극명한 대

● 테오도리쿠스는 아나스타시우스 황제에게 편지를 보내 자신의 충성심을 주장했다. 그의 편지는 일종의 부족 집단의 군벌에 해당하는 인물이 로마의 이상에 애착을 갖고 있음을 보여주고 있다(Cassiodorus, Variae 1.1).

"우리의 왕권은 귀하의 황권을 모방하고, 귀하의 훌륭한 의도를 모델로 삼은 유일한 제국의 복사판입니다. 우리가 귀국의 예를 따르는 부분에 관한 한, 우리는 다른 모든 나라들보다 뛰어납니다. 종종 귀하는 원로원을 존중하고 지난 황제들의 법률을 진심으로 수용하며, 이탈리아의 모든 구성원들 중 하나로 합류하라고 권고합니다. 당신은 귀하의 특성과 똑같아지려고 노력하는, 귀하의 위엄 있는 동맹자를 어떤 방법으로 구분할 수 있습니까? 더 나아가 그렇게 고귀한 감정, 로마에 대한 사랑이 존재할 뿐만 아니라 자신의 이름으로 지배하는 2명의 군주를 그 감정에서 결코 떼어놓을 수는 없습니다."

조를 이룬다. 그가 왕위에 오르고 첫 20년간은 대단히 성공적이었다. 혼인을 통한 외교를 통해 서유럽의 주요 부족들과 관계를 맺었고, AD 507년부터는 스페인의 서고트 왕국이 그의 지배를 받았다. 그는 로마의 원로원과 교황에게 특별대우를 해주며 비위를 맞추었고, 새 왕국을 로마의 이미지로 세심하게 포장했다. 로마와 콘스탄티노플 사이의 종교적 분열은 이런 관계를 더욱 촉진시켰다. 고트족에게 그는 여전히 전쟁 지도자였지만, 이제 그것은 그가 갖고 있는 여러 복합적인 이미지 중 하나에 불과했다. 테오도리쿠스의 마지막 10년은 그리 행복하지 않았다. 아들이 없는데다가 사위가 일찍 사망했기 때문에 왕위 계승 문제가 부각되었고, 동시에 AD 518년에 아나스타시우스가 사망하면서 로마와 콘스탄티노플 사이에 종교적인 화해가 이루어지자, 테오도리쿠스는 로마의 지도급 인사들에게 의심을 품게 되었다. AD 526년 테오도리쿠스의 죽음은 그의 왕국 내부의 긴장을 급속하게 수면 위로 부상시켰고, 벨리사리우스는 바로 그린 긴장관계를 이용해 침공을 감행했다.

동로마 제국의 환관이자 신뢰받는 장군 나르세스

환관인 나르세스는 페르시아령 아르메니아 출신이었지만, AD 5세기 말에 콘스탄티노플의 왕궁에서 성장했다. 그는 황제의 침실 시종들의 여러 계급을 두루 거치면서 승진을 거듭해 AD 530년과 AD 531년 사이에 출납관이자 고위 공직자 지위에 올랐다. 이런 지위를 바탕으로, 그는 페르사르메니아Persarmeina의 망명자들에게 돈을 제공했고, 동쪽으로 여행을 하면서 귀중한 전리품들을 챙겼다. AD 531년과 AD 532년 사이에 그는 황제의 칼을 받드는 시종이 되었고, AD 532년 1월 18일에는 그가 뿌린 뇌물이 콘스탄티노플에서 벌어진 시위의 주동자들 사이에 응집력을 약화시키는 데 결정적인 역할을 했는데, 당시 그들의 난동으로 유스티니아누스 황제가 퇴위당할 위기에 몰렸었다. AD 535년 그는 또 한 차례의 민감한 임무를 수행하게 되었는데, 이번에는 황후 테오도라Theodora를 위해 알렉산드리아의 테오도시우스 주교를 복직시키고 그의 적들을 추방하는 임무를 맡았다. 나르세스는 1년 넘게 알렉산드리아에 머물면서 테오도시우스의 적들을 상대로 사실상 내전이나 다름없는 투쟁을 벌였다.

AD 538년에 그는 거의 60세에 가까운 고령이 되었지만, 대단히 성공적인 군사 경력이 되는 새로운 과업에 착수하여 이탈리아에 있는 벨리사리우스를 위한 증원부대를 지휘했다. 나르세스는 벨리사리우스의 행동을 비난했고, 두 사람 사이의 경쟁의식 때문에 밀라노를 잃는 일이 발생했다. 나르세스가 콘스탄티노플로 소환되자, 그와 함께하지 않으면 이탈리아에 머물기를 거부한 동맹 부족인 헤룰족Heruls의 파견대도 그의 뒤를 따랐다. AD 541년과 AD 542년 사이에 나르세스는 다시 한 번 민감한 임무를 맡게 되었다. 그는 먼저 유스티니아누스 황제의 고위 재무장관이 관련된 것으로 알려진 음모를 염탐하고 이어서 콘스탄티노플의 불온한 분위기에 대해서 조사해야 했다. AD 545년에는 헤룰족 내에 있는 그의 연락선을 활용해 헤룰족의 지휘자들을 설득하여 이탈리아에서 복무하게 했다.

AD 551년에는 나르세스에게 커다란 기회가 찾아왔다. 벨리사리우스가 이탈리아의 군사적 상황을 안정시키는 데 실패한 뒤 그를 대체하기 위해 유스티니아누스 황제가 처음 선택했던 인물인 황제의 조카 게르마누스Germanus가 사망했던 것이다. 나르세스는 이탈리아 지역 총사령관에 임명되자, 이 직책을 수락하면서 자신이 전쟁을 끝내는 데 필요한 인력과 자금을 충분히 공급받아야 한다는 단서를 달았다. 나르세스는 발칸 반도에 머물면서 병력과 각종 물자를 집결시켰고, 이탈리아로 들어가는 주요 통로를 봉쇄한 고트족 파견대의 허를 찌르며 AD 552년 6월 6일에 비로소 라벤나에 도착했다. 그달 말, 나르세스는 고트족 지도자인 토틸라를 상대하기 위해 행군했다. 토틸라는 다양한 기만전술을 시도했지만, 나르세스는 속지 않았을 뿐만 아니라 지능적인 전술을 사용해 전투에서 그를 분쇄했다. 7월에 나르세스는 신속하게 로마를 탈환하고 나폴리에서 고트족과 부딪쳤다. 이번에도 지능적인 계획으로 승리를 확보했지만, 당시 사람들은 나르세스가 동정녀 마리아에게 헌신했기 때문에 승리할 수 있었다고 주장했다.

이후 10년 동안 나르세스는 중부와 북부 이탈리아에 있는 고트족의 거점들을 제거하고 프랑크족의 침략을 저지하면서 보냈다. 동시에 유스티니아누스 황제는 그에게 이탈리아에서 민정民政을 부활시키고 동시에 동로마 제국의 황제가 선호하는 종교 교리를 따르게 만들라는 큰 과제를 맡겼다. AD 559년 무렵 그는 동로마 제국의 가장 고귀한 명예인 파트리

▪▪▪▪▪▪ 사진 속의 바르베리니Barberini 상아 조각판은 아마 유스티니아누스 황제의 모습을 새긴 것으로 보인다. 위에서는 예수가 황제를 축복하고 왼쪽에서는 승리의 여신이 황제를 찬양하는 가운데 패배한 동양인 한 명이 그의 창 뒤에 서 있고, 밑에서는 다른 동양인들이 선물을 바치고 있다. 오른쪽에서는 한 장군이 승리의 여신상을 바치고 있고, 말발굽 바로 아래에서는 대지의 여신이 자신의 하사품을 들어 보이고 있다. (AKG London/ Erich Lessing)

키우스 칭호를 받았고, AD 565년에는 명예 집정관이 되었는데, 이는 전통적인 로마 위계질서에서 그의 위치를 보여준다. AD 565년 유스티니아누스 황제가 사망하자, 그의 마지막 10년은 복잡하게 얽히게 되었다. 유스티니아누스 2세와 그의 관계가 그다지 밀접하지 않았기 때문이다. AD 568년부터 롬바르드족이 포 강 계곡으로 이주해 오면서 새로운 군사적 위협을 가했지만, 그는 AD 574년에 거의 95세의 나이로 사망할 때까지 자신의 지위를 유지했다.

페르시아의 장군이자 왕위 찬탈자 샤르바라즈

파루칸Farrukhan은 페르시아의 기독교인으로, 호스로 2세는 그가 로마군을 공격할 때 발산하는 엄청난 에너지를 보고 그에게 샤르바라즈, 즉 '멧돼지'라는 별명을 붙여주었다. AD 614년 그는 팔레스타인 일대를 제압하고 피비린내 나는 공성전 끝에 예루살렘을 점령했다. 그는 살아남은 기독교도를 성 십자가 유물과 함께 바빌로니아Babylonia로 보내 그곳에 억류했고, 그 밖에 신 포도주를 적셔 예수의 목을 축였던 성스러운 스펀지Holy Sponge와 예수를 찔렀던 창Spear of Longinus은 황제 헤라클리우스에게 바쳤다. 이후 3년에 걸쳐 그는 이집트를 점령하고, 이어서 AD 622년에 헤라클리우스 황제가 반격부대를 집결시키고 있을 때 소아시아에서 전역을 수행했다. 헤라클리우스는 기동과 교전에서 뛰어난 모습을 보여주었지만, AD 626년 샤르바라즈는 보스포루스 해협으로 전진해 콘스탄티노플을 공격하는 아바르족을 지원하려고 시도했다. 로마 해군이 그의 군대가 유럽으로 건너가지 못하게 막았지만, 아바르족이 철수한 뒤에도 그는 칼케돈Chalcedon에 머물렀다. 이 시기에 호스로 왕이 그를 암살하려고 시도했다가 그 계획이 발각되었고(들리는 바에 따르면, 헤라클리우스의 도움이 있었다), 이를 알게 된 샤르바라즈는 로마와 싸우기를 거부했다.

　AD 628년에는 그의 아들이 호스로 왕을 전복시키는 음모에 가담했고, AD 630년에는 그가 헤라클리우스 황제의 지원을 받아 어린 아르다시르Ardashir 왕을 상대로 쿠데타를 일으켰다. 자신의 군대가 아직 로마 제국 동부의 속주를 점령하고 있는 상태에서 샤르바라즈는 로마 영토로부터 철수하고 성 십자가를 돌려주는 데 동의했다. 그는 겨우 두 달 동안 왕위에 있다가 곧 살해당했다. 헤라클리우스 가문에 대한 지지를 암시하는 이름을 가진 그의 아들 니케타스Nicetas는 AD 630년대에 시리아에서 아랍인을 상대로 로마군을 지휘했지만, AD 641년에 아랍인을 위해 페르시아를 정복하겠다고 제안했다가 칼리프 우마르Umar에게 처형당했다.

전쟁을 둘러싼 세계
전쟁의 영향

행정

장기전은 로마인에게 그리 새로운 것이 아니었다. 실제로 팽창기에 로마인들은 그들이 거의 정기적으로 전쟁을 벌였다는 사실을 자랑스럽게 생각했다. 하지만 로마 제국 내부에서 전역이 반복적으로 일어나면서 결과적으로 토지가 피폐해지고 도시가 파괴되고 민간인이 죽거나 포로가 되는 현상은 일상적인 일이 아니었다. AD 3세기 중엽 국경에서 문제가 발생하기 전에 AD 69년~AD 70년과 AD 193년~AD 197년에 일어난 내전은 심각한 사례에 해당했다. BC 3세기 말 한니발의 이탈리아 침공은 외국인에 의해 그 정도의 피해가 발생했다는 점에서 이들 사례에 거의 상응한다고 할 수 있다. 이러한 새로운 상황은 제국의 조직과 경제 및 사회 구조,

신앙체계에 영향을 주었다.

군사적 필요성은 통치체제의 근본적인 변화를 촉발하여, 디오클레티아누스 황제 치세 때에는 일인지배체제에서 공동지배체제로 바뀌었다. 콘스탄티우스 2세나 발렌티니아누스 1세의 경우처럼 단독으로 지배할 기회를 가졌던 이후의 황제들은 동료를 임명해 지휘의 부담을 공유하는 방안을 선택했다. 지역 군대나 속주 주민들은 황제가 직접 나설 때 큰 자신감을 가졌다. 하지만 집단지배체제는 긴장을 초래할 수도 있었다. 실제로 그런 일이 콘스탄스와 콘스탄티우스 2세 혹은 아르카디우스와 호노리우스 사이에서 벌어졌다. 공동 황제로 인정된 두 황제 사이에서 벌어진 전면적인 분쟁의 가장 심각한 사례는 율리아누스가 즉위를 선포한 뒤 콘스탄티우스가 사망했기 때문에 결국 현실화되지 못했다. 심지어 로마가 2개의 제국으로 확실하게 분열된 상태에서 각자 커다란 문제를 안고 있어서 상호 협력의 가능성이 크게 줄었던 AD 5세기에도, 동로마는 가능할 때마다 서로마를 지원했다. 황제가 늘어나자, 행정적인 변화가 발생했다. 디오클레티아누스의 세 동료들과 이후 콘스탄티우스의 세 아들은 각자 공직자들이 필요했고, 그 결과 프라이펙투스 프라이토리오는 지역 단위로 나뉘게 되었다.

행정 단위도 아래로부터의 압박 때문에 분리되었다. AD 3세기에 반복된 침입과 잦은 황제 교체로 인해 발생한 재정적 문제는 군대에 급료를 지불하고 보급품을 공급하기 위해서는 새로운 제도가 필요함을 의미했다. 전통적인 세원의 가치가 하락하고 양적 변동도 심해졌기 때문에 군대는 그 문제를 직접 맡아서 필요 물자와 기타 자원을 확보할 수밖에 없는 상황으로 점차 내몰린 것 같다. 속주가 화폐로 세금을 받아 그것을 군단에 전달하면 군단은 그 화폐로 생필품을 구매해 다시 화폐를 속주에 되돌려주던 기존의 방법 대신에 군대가 직접 자신이 필요한 것들을 확보하고 속주가 그것을 세금에서 감면해주는 방식으로 재화의 순환 과정을 짧게 줄여버렸다. 디오클레티아누스 황제 치하에서 로마는 이것을 채택해 제도화했다.

또한 군단이 장기적으로 소규모 작전 단위로 분리되는 경향도 존재했는데, 이 개별적인 소규모 작전 단위가 점차 정착되어, 그들은 자신의 모군단에서 떨어져서 작전을 펴거나 숙영을 하는 데 익숙해졌다. 집중된 군단들을 분산시키고 속주의 도시에 부대를 주둔시키다 보니 새로운 보급상의 문제가 발생했지만, 반면 이와 같은 병력의 분산은 국경의 방어시설이 더 이상 침략자들을 저지하지 못할 때 더 넓은 영역을 방어할 수 있는 수단을 제공했다. 이 같은 상황 속에서 병사들은 시민들과 전보다 더 밀접하게 정기적으로 상호작용하게 되었고, 이와 동시에 조세제도에 의한 군수체계는 농업 생산물을 수집 및 저장해야 했기 때문에 점점 더 복잡해져갔다.

현지 도시 엘리트 계층의 참여에 크게 의지하고 있던 속주 정부의 전통적 체계는 그런 문제에 대처할 수 없었다. 이는 부분적으로 변화의 복잡성 때문이었지만, 더욱 중요한 이유는 지역 엘리트의 지위가 그들을 둘러싼 경제적·군사적 상황 전개로 인해 약화되었기 때문이다. 인플레이션과 화폐 가치의 하락은 그들이 도시의 업무에 지출할 수 있는 부가 감

● AD 370년대 초의 법률은 공식적인 보급 물자에 대한 회계 처리의 문제를 보여준다(Theodosian Code 7.4.16).
"만약 군대의 회계사가 한 달이 끝나는 날까지 조달요청서 원본을 보내지 않을 경우, 그들은 구매를 철회하지 못했거나 그들이 회계를 담당하고 있는 부대에 전달하지 못한 보급품을 자신의 재산으로 구매해서 병사들에게 직접 주거나 국고에 반환해야 한다."

소했다는 의미였다. 이와 동시에 외부의 침략과 내전으로 인해 귀족이나 도시가 모두 의존하고 있던 경제 기반인 농업이 붕괴했다. 더욱 심한 경우는 심지어 요새화된 도시들조차 약탈을 당했다는 것이었다. 도시는 활력을 잃었고, 그곳에 사는 엘리트들은 소유한 토지를 통해 여전히 부를 유지하고 있었지만, 도시의 생활방식을 유지하기 위해 한정된 자원을 소비하기보다는 자신의 사유지에 은거하는 쪽이 더 낫다고 판단했을지도 모른다. 빈곤과 쇠퇴가 서로 맞물려 순환했기 때문에, 도시는 행정적 요구가 늘어나자, 제국 정부가 그들에게 기대하던 역할을 수행하기가 점점 더 어려워졌다.

그로 인해 나타난 한 가지 결과는 디오클레티아누스 황제 치하에서 속주의 수가 거의 두 배로 늘어난 것이었다. 속주의 엘리트들이 자신의 전통적인 기능을 수행할 수 없다면, 총독들이 세금의 징수와 현지의 법률 집행에 더욱 밀접하게 개입해야 할 필요가 있었다. 제국의 총독들이 현지 귀족들이 운영하던 전통적인 영역을 서서히 잠식하면서 현지 귀족들의 권위를 더욱 약화시켰고, 앞에서 언급한 빈곤과 쇠퇴의 악순환은 더욱 촉진되었다.

속주 도시들(초기 로마 제국의 영광들 중 하나로, 그것의 흔적이 광범위하게 남아 있어서 고전 지중해 세계에 대한 우리의 인식을 여전히 지배하고 있다)은 그들의 지배계층이 현지를 통치하는 데 점점 더 흥미를 잃으면서 반대급부로 점점 더 증가하는 위협에 노출되었다. 현지의 지도자들은 중앙 행정부에 진입함으로써 좀더 큰 권력을 확보할 수 있었고, 속주에서부터 제국의 궁정에 이르기까지 중앙 관료의 수가 증가하면서 교육받은 인력이 더 많이 필요했다. 도시의 공직을 놓고 경쟁하는 대신 개별 도시를 위해 봉사하는 것은 현지 귀족들에게 시시한 일로 여겨졌기 때문에, 제국은 그들이 성과를 내도록 하기 위해 새로운 법을 자주 도입해야만 했다. 새로운 법도 효과가 없을 경우, 해당 업무는 속주 총독이 임명한 자가 주관해야 했다. 이를 통해 중앙 권력은 더욱 확산된 반면, 현지인의 자존심은 더욱 잠식당했다. 아이러니하게도 도시의 중요성이 계속 유지되는 데 기여한 한 가지 변수는 바로 군사적 불안정성이었다. 도시의 방어시설이 인근 농촌 지역의 거주자

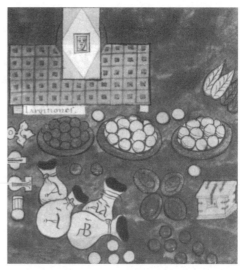

■■■■■ 사진은 노티티아 디그니타툼의 한 페이지로, 재무장관 Comes sacrarum largitionum의 사무실을 보여주고 있다. 표준 양식의 임명장에 덧붙여 분류 대상이 되는 다양한 유형의 재산이 표현되어 있다. (MS Canon Misc. 378, f. 142v, Bodleian Library)

를 위한 피난처를 제공했기 때문이다. 하지만 이것도 단지 부분적인 안정만을 제공할 뿐이었다. 만약 위협이 너무 크거나 너무 오래 지속된다면, 도시는 붕괴의 위기에 처하게 될 것이고, 그러면 현지 주민들은 어쩔 수 없이 그들 중 가장 부유하고 이동 수단을 많이 확보한 엘리트들의 지도하에 도주를 고려하게 될 것이다.

제국의 일부분을 포기하는 사태는 AD 3세기 동안 하나의 문제로 등장했다. 당시 반복된 외침으로 라인 강과 도나우 강의 국경선에 인접한 상당 지역의 인구가 줄어들었다. 대단히 운이 좋은 거주자들은 슬며시 남쪽으로 탈출하는 데 성공했고, 그 덕분에 고대 말기에 갈리아 남서부와 발칸 반도의 남부 지역은 계속 번영을 구가할 수 있었다. 하지만 대다수는 죽음을 당하거나 포로가 되었다. 이와 같은 상황 전개로 인해 제국의 조세체계에 문제가 발생했다. 특정 지역은 생산이 거의 이루어지지 않거나

전무했던 반면, 다른 지역은 잠재적 세수를 알아내는 데 많은 시간이 걸렸다. 이론상 그와 같은 변동에 대응하기 위해 납세자의 현황을 정확하게 파악하려는 정기적인 인구조사가 디오클레티아누스 황제 시대에 제도화되었지만, 1개 속주의 전반적인 인구 재평가조차도 실시하기가 너무 힘들 정도였기 때문에 중요한 납세자 명부는 정확하지 못했다. 현실에서 세수의 부족분을 충당하는 가장 쉬운 방법은 접근 가능한 생산자에게 표준 세금 부과액을 높이거나 추가 세금을 부과하여 더 많은 세금을 쥐어짜는 것이었다.

제국의 일부에서는 세금 부담이 너무 과중해서 주민들이 납세를 회피하는 일도 종종 있었을 것이다. 막강한 부와 권력을 가진 계층은 납세 의무를 무시하고 황제가 주기적인 미납세금의 탕감을 선언할 때까지 기다렸다. 가난하면서 힘도 없는 주민은 납기를 지연시킬 수 있는 권한을 가진 부유한 이웃의 보호 아래 들어가 예속민이 됨으로써 똑같은 수법을 사용했다(그 대가로 예속민은 금전을 지불하거나 서비스를 제공했다). 그렇지 않으면 관계당국에 알리지 않고 다른 지역으로 이주함으로써 세금 납부를 회피했을 것이다. 이런 상황 때문에 로마 제국은 사람들을 자신이 일하는 장소에 묶어두기 위한 법률을 제정하게 되었다. 따라서 다양한 도시 장인이나 상점원들은 법적 이론에 따라 세습직업이 되었고, 농촌에서는 소작농들이 그들의 토지에 묶여 있어야 한다고 거듭 정해졌지만, 잦은 입법이 필요했다는 사실은 그것을 수행하는 과정이 결코 쉽지는 않았다는 사실을 암시한다.

군벌

오랫동안 계속된 전쟁이 초래한 경제적·행정적 문제가 복잡했음에도 불구하고, 로마 제국은 AD 3세기의 위기를 극복하고 AD 4세기 대부분의 기간 동안 번영을 누렸다. 동로마 제국은 이런 번영의 시기가 AD 6세기까지 이어졌지만, 서로마 제국은 AD 5세기 동안 세입의 축소와 권위의 쇠퇴라는 치명적인 악순환에 다시 빠져들었다. 침입자들로 인해 대규모 지역이 황폐화되고 버려졌으며, 이번에는 손실이 제국 내부의 좀더 깊은 영역까지 확대되었다. 서고트족과 같은 집단을 물리치기에는 제국 정부가 너무나 무능했기 때문에, 공식적인 조약과 함께 그들이 로마의 통제에서 벗어난 풍요로운 속주인 갈리아 남서부와 스페인, 마지막으로 가장 중요한 북아프리카에 정착하게 되었다. 갈리아 남서부를 서고트족에 할당한 경우처럼 일부 사례에서는 이론적으로 서로마 제국이 강력한 파견부대를 확보할 수 있었다. 하지만 실제로 그런 부대는 서고트족 자신의 이해관계에 맞을 경우에만 사용이 가능했는데, 그 예로 일련의 스페인 전역은 서고트족에게 이익이 되었다. 그 외의 경우는 황제가 명목상의 동맹에 대항해 행동을 취해야만 했다.

제국의 힘이 실제로나 사람들의 인식 상으로나 약화되어 나타난 중요한 결과 중 하나가 현지 군벌의 등장이다. 그들은 특정 지역을 통제하고 중앙정부가 되었든, 외국인이 되었든, 외부의 압력으로부터 자신이 통제하는 지역을 방어했다. 때때로 이러한 상황은 제국의 동의하에 일어나기도 했다. AD 5세기 서로마 황제는 개인의 무기 휴대를 금지하는 법률을 완화했는데, 이는 세금을 내도 국가가 안전을 제공할 수 없다는 사실을 황제 스스로가 자인한 것이었다. AD 410년 로마가 브리타니아 제도에서 '철수'한 것이 아마 그와 같은 사례에 해당할 것이다. 마지막 공식적인 로

● 반달족의 아프리카 정복에 대한 대응책으로 AD 440년 6월 발렌티니아누스 황제는 개인의 무기 소지를 금지하는 법률을 완화했다(Valentinian III, Novel 6.2.3).

"공익을 위한 요구가 존재하는 한, 우리는 모든 사람들의 갈망을 결집시켜 그것의 도움을 받아야만 한다. …… 이 칙명에 의해 우리는 모든 시민들에게 요구한다. 상황이 요구할 경우, 시민들은 로마의 힘에 대한 확신을 갖고 그들이 사용할 수 있는 모든 무기를 사용해도 좋으나, 공공질서를 유지하고 자유민의 절제를 해치지 않도록 하라."

마 병력이 사라지면서 로마계 브리타니아 속주민들은 이제부터 자신의 몸은 스스로 지켜야 한다고 생각했을 것이다. 황제의 바람에도 불구하고, 그와 같은 일은 더욱 자주 일어났다. 최악의 경우 강력한 속주의 군벌이 스스로 황제를 자처할 수도 있었다. 팔미라의 오다이나투스나 AD 3세기 말의 독립적인 갈리아 황제들이 바로 그런 예에 해당했는데, 그들은 제위 찬탈자로 상황이 허락되면 반드시 진압해야만 했다. 로마의 지배력이 붕괴되어가고 있을 때, AD 460년대 갈리아 북부의 시아그리우스Syagrius* 같은 지배자들은 로마의 권위에 대한 불굴의 옹호자로 보였을 수도 있다.

대부분의 군벌은 그와 같은 위대한 인물보다는 권력도 약했고, 좀 더 지엽적인 성격을 띠고 있었다. 그들은 바카우다이bacaudae, 즉 농민 산적이 등장한 현상을 설명하는 데 있어 그럴듯한 이유가 된다. 바카우다이는 AD 3세기와 AD 4세기의 제한된 기간 동안 갈리아와 스페인의 일부를 지배했다고 전해진다. 그들은 자신의 지주나 로마 정부를 전복시키는 데 열

---

* **시아그리우스** AD 430년?~AD 487년. 고대 로마 최후 갈리아 총독. 로마의 장군 아에기디우스의 아들로 뒤를 이어 갈리아 총독이 되었다. 서로마 제국 멸망 후에는 게르만 부족국가 사이에 끼어 독립국가를 이룩했다.

● AD 350년대 초에 카리에토Charietto는 서로마 제국 찬탈자 마그넨티우스의 현지 부족 지지자로서 유명해졌다. 하지만 마그넨티우스가 패배하여 죽음을 당하자, 그는 산적이 되어 생계를 유지할 수밖에 없게 되었다. AD 355년 서로마 제국 카이사르(부제)에 임명된 율리아누스는 그와 모종의 타협을 이루는 것이 최선책이라는 결론을 내렸다. 카리에토는 라인 강 국경선 방어자로서 두려움의 대상이 되었고, 율리아누스가 동로마로 떠날 때까지 살아 있다가 AD 365년에 알라마니족의 침입에 대항하여 작전을 펴던 중 사망했다. 당시 그는 백작의 지위를 갖고 있었다.

중한 계급투쟁 전사라기보다는 특정 지역의 가난한 소작농부터 현지 귀족에 이르는 거주민들의 동맹체였을 가능성이 높으며, 귀족들이 지도자 역할을 했을 것이다. 이 조직은 터키 남부의 산악지대 거주민인 이사우리아인들이 그랬던 것처럼 공식적으로 제국에 쉽게 진입하고 이탈할 수 있었다. AD 4세기에 그들은 현지 이사우리아 지도자들과 인근 지역 도시들을 결합시켜주는 유대관계가 깨지자, 간헐적으로 반란을 일으켰다. AD 5세기에 이사우리아인들은 귀중한 군사 자원으로 인정을 받아서 제노 황제에 의해 모병되어 제국 군대에서 복무했다. 그 중 한 이사우리아인은 집정관, 고위 장성, 그리고 파트리키우스의 지위에 오르기도 했다. 다음 한 세기 동안 황실 근위대를 그들이 장악하고 있었기 때문에, 그들의 지도자인 또 다른 제노는 레오 황제의 사위가 되었고 결국에는 레오의 황위를 계승했다. AD 491년 제노 황제가 죽은 뒤 그들에 대한 우대가 사라지자, 지역의 반란이 다시 촉발되었고, 심지어 스스로 황제임을 선포하는 자가 등장하기도 했다.

황제들은 그와 같은 강력한 현지 세력가의 존재를 용인하는 것과 그들을 징계하려고 자신의 힘을 낭비하는 것 사이에서 균형을 잡아야만 했다. 제국에서 중요한 위치를 차지했던 인물들 중 다수가 지지자들로 구성된 개인 수행원들을 거느렸는데, 가장 눈에 띄는 형태가 부켈라리우스로, 그들은 장관급 지휘관의 주위를 둘러싸고 있었다. 그 외에 주요 주교들은 수도승들이나 기타 기독교 수행원으로 구성된 수행단을 거느렸고, 아나톨리아의 토지 소유자들의 경우는 장창병 경호대의 형태로 수행원을 거느렸다. 장창병들의 경우, 그들의 비행으로 인해 유스티니아누스 황제가 단속을 시도하기도 했다. 이런 상황 속에서 황제들은 더 이상 무력을 독점할 수 없게 되었다. 알렉산드리아의 주교는 주교 총회를 위협하고 제국 관리가 자신의 원하는 바를 이루지 못하게 방해할 수 있었고, 동시에 고향에서는 그의 지지자들이 경쟁 상대인 주교의 사지를 절단하고 질서 회복을 시도하는 제국 군대를 위압하기도 했다. 이와 같은 행동을 제한하려는 법률이 제정되었지만, 대체로 타협을 하는 것이 더 쉬웠다. 우리는 이집트에서 부켈라리우스 집단을 부양하기 위한 사적인 목적을 가진 토지를 발견했다. 비록 그것이 결과적으로는 황제 개인의 전반적인 우월성을 감소시켰다 하더라도, 그와 같은 인물들과 협력하면서 제국의 권위를 유지하는 것이 훨씬 더 비용이 적게 들었다.

로마 속주에 정착한 부족 집단의 지도자는 군벌의 범주에 포함시킬 수 있었다. 실질적인 군사보호자로서 그의 권위는 자신의 부족 추종자들뿐만 아니라 나머지 로마인 거주자들과 귀족들에게도 서서히 인정을 받았다. 서고트족과 동고트족의 왕들은 두 가지 대조적인 이미지를 유지해야만 했다. 하나는 문명화된 법률의 집행자 이미지로, 그들은 현지의 평화를 유지할 수 있는 능력만 있으면, 한때 로마인의 소유였던 재산이나 국가의 세금을 도용하더라도 정당화될 수 있었다. 나머지 하나는 뛰어난 전투 지휘관의 이미지로, 그들은 자신의 군사적 재능을 수행원들에게도 나누어줄 수 있어야 했다. 카시오도루스Cassiodorus의 저술에 나오는 라틴어

미사여구와 유리키아누스Euricianus의 법전에 담긴 로마법은 전자의 근거가 된다. 반면, 군사적 역량의 중요성이 계속 강조됨으로써 그들 왕국에 있는 로마인 구성원들은 군사화될 수밖에 없었다. AD 6세기 메로빙거 왕조의 프랑스와 서고트 왕국의 스페인에서 살아남은 로마의 도시들은 비록 규모는 작더라도 대단히 효과적인 군사 조직체로서 자체 민병대를 계속 유지했다.

기독교

전쟁은 다양한 방식으로 제국에 영향을 미쳤지만, 아마 가장 크고 장기적으로 의미가 있었던 것은 종교적 믿음에 미친 영향일 것이다. 전쟁과 승리는 기독교가 제국의 지배적인 종교로서 확산될 수 있는 토대를 제공했다. AD 3세기에 제국은 전통적인 그리스 · 로마 신들의 구원을 받으면서 개인의 성향에 따라 다양한 현지 신들이나 혹은 미트라스Mithras, 즉 정복되지 않는 태양과 같은 외국의 신성한 존재들의 지원을 받았다. 예배 의식은 군대의 충성심과 군기를 유지하는 중요한 요소였다. 두라 에우로포스Dura Europos(유프라테스 강에 있는 로마의 전초기지)에서 발견된 종교 제사 달력이 그것을 증명해주고 있다. 군대 병영 생활은 일련의 제례를 중심으로 조직되었고, 그 중에서도 제국의 중요한 연중 축제는 두드러졌다. 그들은 현 황제 혹은 공동 황제들의 초상을 군단 군기들 사이에 걸어둠으로써 독수리 군기가 이끌어내는 강한 충성심을 공유했다. AD 3세기 기독교에 대한 대규모 박해는 제국의 안전을 위해 제사를 올리라는 황제의 요구로 인해 촉발되었다.

콘스탄티누스 황제가 기독교의 신을 자신의 성스러운 동지이자 승리의 제공자로 인정하고 밀비우스 다리 전투와 이어서 리키니우스에게 승리를 거둠으로써 그것이 입증되자, 적어도 외적으로는 종교 세계에 변화가 일어났다. 그 이후 기독교의 신은 그의 종들을 도왔다. 예루살렘 하늘에 십자가가 출현하여 콘스탄티우스의 승리를 알린 AD 351년의 무르사 내전에서든, 주교의 꿈과 예수의 전조를 통해 보장된 유스티니아누스의 아프리카 재정복과 같은 외국 원정에서든 변함이 없었다. 황제는 저명한 기독교 신자에게 장래의 전역에 대해 자문을 구했을 것이다. 제노 황제가 보스포루스 해협 인근의 기둥 위에 거주하면서 수행을 하던 주두행자^{柱頭行者} 다니엘^{Daniel}을 방문해 반달족과 싸우려는 원정에 대해 조언을 구한 것이 바로 그 예에 해당한다. 교회는 AD 559년 유스티니아누스 황제가 콘스탄티노플로 개선했을 때 성 소피아 사원의 제단에서 기도를 드리는 것으로 행사를 마무리했을 정도로 개선행사에 관여하기 시작했다. 제국의 전쟁은 심지어 성전^{聖戰}이라는 함축적 의미를 가지게 되었다. 페르시아에 대한 콘스탄티누스 황제의 마지막 전역은 메소포타미아 지역의 기독교인들을 해방시키기 위한 것이라는 선전을 하기도 했다. AD 620년대 헤라클리우스는 제국의 남은 전력을 모두 끌어 모아 페르시아와 아바르족에 대항했는데, 당시 그는 로마인들을 포위당한 이스라엘의 자손으로 묘사하며 이교도들을 무찌르고 바빌론으로부터 성 십자가를 되찾아야 하는 사명을 가지고 있다고 주장했다.

이처럼 기독교 신자인 황제들의 성공과는 대조적으로, 기독교 신자가 아닌 황제들은 엄청난 실패를 거듭했다. 배교자 율리아누스는 페르시아에서 대규모 군대를 재앙으로 인도했다. 한편 소규모 접전에서 그가 죽음을 당했던 일을 두고 사람들은 성 메르쿠리우스^{St Mercurius}가 개입한 것으로 해석했다. 제위 찬탈자인 이단자 에우게니우스는 프리기두스 강 전투에서 정통파 테오도시우스에게 압도당했다. 그리고 콘스탄티노플은 천사의 개입으로 고트족이 꾸민 것으로 추정되는 위협에서 해방되었다. 이단 기독교를 믿는 자들도 실패할 가능성이 있었다. 발렌스는 니케아파 기독교를 반대하다가 아드리아노플의 재앙 이후 결국은 죽음을 맞이했다.

모든 일들이 진정한 기독교 신의 힘과 올바른 신앙의 중요성, 이미 콘스탄티누스를 감화시킨 적이 있는 어떤 문제를 증명하기로 작정이라도 한 것처럼 돌아갔다. 콘스탄티누스는 기독교인들이 단결하여 신의 마음을 움직일 수 있을 정도로 간절하게 탄원을 올려야 하며 올바른 신을 믿는 정통 교단에 속한 성직자들을 지원하는 것이 중요하다고 역설했다. 그 결과, 황제들은 교리적으로 옳은 것에 대한 합의와 시행, 그리고 성직자의 교육에 깊이 개입하게 되었다. 하지만 신앙의 영역은 황제가 일상적으로 활동하는 세속적 영역의 경우보다 훨씬 더 강력하게 황제의 명령에 반항했다. 밀비우스 다리에서 승리를 거둔 지 몇 달이 지나지 않아, 콘스탄티누스는 도나투스파Donatist *의 분쟁(이 분쟁은 AD 3세기 종교박해 때 거기에 저항하지 않은 북아프리카 성직자들의 합법성을 따지는 과정에서 시작되었다)에 대한 판결을 내려달라는 요청을 받았다. 그리고 리키니우스를 물리치고 동로마 제국을 손에 넣은 지 1년 뒤, 그는 니케아 공의회의 의장을 맡았다. 이 회의는 성부인 하느님과 성자인 예수 사이의 관계에 대한 아리우스파의 논쟁을 해결하려고 했다. 두 경우 모두 한 세기가 지난 뒤에도 여전히 미해결로 남았다.

황제들은 자신의 강력한 군사력과 정치적 권력을 이용해 교회에 대한 권위를 유지하려고 했지만, 의도한 결과를 얻기는 대단히 어려웠다. AD 553년 유스티니아누스는 비길리우스Vigilius 교황을 콘스탄티노플로 부른

---

* **도나투스파** AD 4세기 초에 북아프리카 기독 교회에 출현한 교파. 교회 문제에 대한 국가의 간섭을 반대하고 철저히 종교적이어서 참회의 삶과 순교를 주장했으며, AD 7세기까지 존속하다가 이단으로 몰려 쇠퇴했다.

■■■■■■ 테살로니카의 성벽. 갈레리우스의 수도에 설치된 AD 4세기의 방어시설이다. (저자 소장)

뒤 공의회에 참석하기 위해 숨어 있던 그를 제단에서 억지로 끌어냈다. 하지만 그때 황제가 내린 교리는 서유럽에서 50년 이상이나 인정을 받지 못했다. 콘스탄티노플에서는 황제와 주교 사이에 때때로 긴장이 조성되면서 주요 도시권 질서 유지 시 반복되어 나타났던 문제들이 더욱 악화되었다. 아르카디우스 황제가 AD 404년에 요한 크리소스톰John Chrysostom 주교를 체포했을 때 수행원들이 난동을 일으켜 성 소피아 사원과 원로원이 불에 타버리는 일이 발생했다. AD 407년 크리소스톰 주교는 유배 중에 사망했지만, 한 세대가 지난 뒤 그리스정교회의 기둥으로 인정받았다.

알렉산드리아는 더욱 통제가 불가능했다. 이 도시의 주교가 거대한 성직자 기관에 재정을 지원하고 있었기 때문인데, 그 조직에는 인근 사막에서 수도하는 수백 명의 수사들도 포함되어 있었다. 그들은 필요할 때마다 동원되어 도시로 불러왔다. 황제들은 이러한 무력과 뇌물, 후원의 강력한 결합에 대응할 수 있는 충분한 병력을 항상 이집트에 주둔시킬 수는 없었다. 따라서 이집트 교회에서 인기가 높은 지도자와 타협을 하는 편이 더 나았다. 심지어 황제가 개입하기로 결심하더라도, 그들이 내세운 성직자 후보의 권위는 알렉산드리아 도시 밖에까지 미치지 못했고, 그들의 적은 항상 반격의 기회를 노렸다. 프로테리우스Proterius는 마르키아누스 황제의 지원을 받아 주교의 지위를 유지했지만, 마르키아누스 황제가 죽자 자기 교회의 침례실에서 끌려나와 대중들 앞에서 그의 경쟁자인 고양이 티모시Timothy the Cat의 지지자들에게 사지를 절단당했다.

비록 기독교가 가끔 황제의 위신을 세워주기는 했지만, 교회는 제국 내에서 황제의 권위를 붕괴시키는 사건에 빠짐없이 개입했다. 이는 부분적으로 지역 사회에서 주교가 갖는 권력 때문이었다. 알렉산드리아의 주교는 어떤 관점에서 보더라도 이례적이었지만, 제국에 속한 대부분의 도시에서 현지의 주교는 주요 부동산 소유자이자 후원자이며 학식이 높은 인물이었다. 그와 같은 지위 덕분에 그들은 대체로 그 도시를 대표할 정도로 신뢰를 받았다. AD 481년에 마케도니아 헤라클레아Heraclea의 주교는 테오도리쿠스의 고트족에게 식량을 제공하여 자기 도시의 주민들을 구했다. AD 540년 호스로 1세가 시리아를 침공했을 때, 페르시아의 약탈을 어느 정도 제한하고자 주교가 교섭을 시도하기도 했다. 자연재해가 일어났을 때 황제에게 세금 감면을 요청하는 경우에도 주교가 주민들의 입장을 조리 있게 표현하는 것은 당연한 일이었을 것이다. 하지만 이러한 주교의 권위는 동시에 제국의 이익에 위협이 될 수도 있었다. AD 481년 테살로니카에서는 제노 황제가 그 도시에 고트족의 정착을 허용하려고 한다는 소문에 주민들이 반란을 일으켜 황제가 임명한 프라이펙투스로부터 열쇠를 빼앗은 뒤 그것을 주교에게 위임했다. AD 594년에는 도나우 강 인근

■■■■■ 니케아(오늘날의 터키 이즈니크Iznik)의 성벽. 원통형의 기둥과 기타 망루의 기초에 재사용된 재료들은 그것들이 서둘러 건설되었다는 사실을 보여준다. (저자 소장)

아세무스Asemus의 주교는 현지 민병대가 마르키우스 황제의 동생이 지휘하는 기동부대에 징병되는 것을 반대했다.

지역 공동체는 제국의 도움이 없을 때 주교뿐만 아니라 살아 있는 성인과 성스러운 유물이 그들을 보호해줄 것이라고 기대했을 것이다. AD 5세기 서로마 제국이 붕괴될 때, 성 주느비에브St Genevieve는 아틸라로부터 파리를 구했다는 평가를 받았고, AD 470년대에는 클레몽 페랑Clermont Ferrand에서 시도니우스Sidonius 주교가 새로운 기도문을 도입해 장기간에 걸친 포위 속에서도 주민들의 사기를 유지했다. 메소포타미아에서 예수가 에데사를 보호했다는 이야기는 이미 앞에서 언급한 바 있다. 테살로니카는 제국의 보호를 받을 수 없었을 때 현지 교회가 초자연적인 힘을 발휘한 또 다른 사례를 볼 수 있는 곳이다. AD 7세기 초, 이 도시의 주교는 도시의 수호성인인 데메트리우스Demetrius가 실현한 기적들을 설명하는 작품을 제작했는데, 이 작품에는 그들의 도시를 아바르족과 슬라브족으로부터 구할 수 있었던 그의 능력이 특별히 강조되었다. 주교의 작품은 아바르족의 압박이 다시 거세졌을 때 대중들에게 데메트리우스의 기적을 알려주기 위해서 제작되었다. AD 7세기 말에 도시가 사실상 콘스탄티노플로부터 단절되어 제국의 지원을 기대할 수 없게 되자, 그 작품에는 공성전과 포위전에 데메트리우스가 개입해 기적을 일으킨 사례들이 더 추가되었다. 데메트리우스는 그의 우월한 권위를 인정하지 않거나 그의 도시에 관심을 기울이지 않은 제국의 프라이펙투스를 겸손하게 만들 수 있는 능력과 콘스탄티노플로 가는 식량 보급의 방향을 돌림으로써 황제에게 도전할 수 있는 능력을 갖고 있었다.

제국이 번성하는 한, 기독교 신앙과 전쟁의 밀접한 관계는 황제의 권위를 더욱 강화시켜주었고, 심지어 세속적 권력이 붕괴될 때 자주 발생하는 긴장관계도 따지고 보면 제국의 몰락을 초래한 것이 아니라 그것이 반영된 결과일 뿐이었다. 하지만 어떤 면에서는 교회가 귀중한 자원을 사유화하고 호전적이지 않은 정신, 즉 패배주의적인 정신을 심어줌으로써 제국의 붕괴에 기여했다고 비난을 받기도 한다.

교회가 많은 성직자들의 봉사를 요구하고, AD 6세기에는 수도원 운동이 확산됨으로써 더 많은 장정들이 세속의 활동에서 빠져나갔다. 대규모 부동산 소유주인 교회는 안정적인 세입원을 감소시켰고, 이보다 더 중요한 사실은 개별적인 교회들이 기부받은 재화를 귀금속 형태로 엄청나게 축적했다는 사실이다. 이렇게 교회로 흘러들어간 세속의 자원 양은 어느 정도는 기독교가 승리하기 이전 기간 동안에 벌인 종교 활동에 들어간 비용과 비슷하다고 볼 수 있다. 하지만 그것보다 더 많은 자원이 흘러들어갔을 가능성도 있다. 위기의 순간에는 수도사와 성직자도 징병 대상이 될 수 있었고, 교회의 재정은 종종 포로의 몸값이나 약탈을 막기 위한 보상금을 지불하는 데 사용되기도 했다. AD 620년대에 헤라클리우스는 콘스탄티노플의 교회 재산을 강제로 대출받음으로써 전역을 수행하는 데 필요한 자금을 조달했다. 이것은 교회의 자원이 세속적인 용도에 전혀 이용되지 않은 것은 아니라는 사실을 의미할 수도 있지만, 만약 그 돈이 교회가 아니라 정상적인 군비를 감당하는 데 사용되었다면 더 효과적이지 않았을까 하는 의문이 남는다.

전쟁에 대한 태도에 대해서는 거기에 현대적인 관점을 적용하지 않는 것이 중요하다. 우리에게 기독교는 평화의 종교이겠지만, 콘스탄티누스 황제는 구약성경에 나오는 전투의 신으로서 기독교의 신성을 선택했다. 하지만 로마인의 사기를 유지시켜주는 기독교의 능력에는 부정적인 측면도 있다. 신이 덕성 높은 자신의 종복을 승리로 보상해준다는 믿음은 패배를 죄악이나 잘못된 믿음의 관점에서 해석하게 만들기 때문이다. 동로마 제국에서는 AD 6세기에 걸쳐 예수의 성격에 대한 논란이 오랫동안 지속되었다. 어떻게 신성과 인성이 단일한 존재 속에 융합되면서도 각각의 요소가 서로를 훼손시키지 않을 수 있는지에 대한 논란은 동로마 제국의 여러 속주에 있는 많은 거주자들과 콘스탄티노플의 사이를 멀어지게 만

들었다. 황제는 이단자로, 그리고 교리의 통일을 강요하는 행위는 박해로 간주되었다. 그 결과, 사람들은 동로마 제국에 불행한 일이 벌어질 것이라고 생각하게 되었다. 적어도 황제의 견해를 받아들이지 않았던 시리아와 이집트, 아르메니아의 주민들은 그렇게 생각했다. AD 630년대, 헤라클리우스가 대부분의 기독교인들이 도저히 용납할 수 없는 교리상의 타협을 시도하자, 상황은 더욱 복잡해졌다. 황제가 이단으로 전락했다는 사실은 같은 시기 아랍인이 거둔 성공을 완벽하게 설명해주었다. 황제가 다시 신에게 돌아와 올바른 신앙생활을 하지 않는 한, 어떤 성과를 얻을 수 있는 가능성은 전혀 없어 보였다. 따라서 아무런 조치도 이루어지지 않았다.

민간인의 초상
유명 인사들

밀라노 주교 암브로시우스

암브로시우스Ambrosius(AD 374년~AD 397년)는 한 프라이펙투스 프라이토리
오의 아들로 태어나 공직 경력을 쌓았고, 서로마 제국의 수도인 밀라노의
집정관에 있으면서, AD 372년과 AD 373년 사이에는 아이밀리아의 속주
총독이 되었다. 당시 밀라노의 교회는 황제의 지지를 받는 아리우스파가
장악하고 있었는데, 암브로시우스는 다소 부적절하게도 니케아 공의회의
지지자들을 위한 새로운 주교 선거에 출마하여, 아직 세례도 받지 않은
상태에서 주교에 선출되었다. 그는 공식적으로 교단에 합류하여 1주일
뒤에 주교의 지위에 취임했다.

　암브로시우스는 정열적으로 니케아파 기독교를 전파하기 위해 교회

를 건설하고, 교단의 신성에 토대가 되는 유물들을 찾아내고, 여성의 신앙을 촉구하고, 찬송가를 장려하고, 학자를 후원했다. 뛰어난 웅변가였던 그는 지적인 설교로 교양 있는 제국의 관료들, 즉 그와 비슷한 배경을 가진 사람들로부터 지지를 얻었다. 세속에서 그가 쌓은 경력 덕분에 그는 공의회를 조종하여 자신의 견해를 지지하게 만드는 기술을 터득하고 황제에게 맞설 수 있었다. 그는 발렌티니아누스 2세가 교회에 아리우스파의 믿음을 요구하자 이에 맞섰고, 또 테오도시우스 황제가 유대교 교회를 파괴한 시리아의 열정적인 기독교인들에게 벌을 주려 하고 테살로니카에서 민간인을 학살하자 이에 항의하여, 테오도시우스 황제가 대중들 앞에서 공개적으로 참회하게 만들었다. 하지만 암브로시우스 또한 기독교를 이용해 제국의 힘을 유지했고, 성 십자가의 발견에 대한 전설을 콘스탄티누스 황제의 어머니 헬레나Helena와 연관시키기도 했다. 암브로시우스는

성 십자가의 못을 황제의 투구와 굴레에 사용하여 세속적인 군사적 권위가 계속 유지될 수 있도록 기독교가 지원하고 있다는 사실을 상징적으로 보여주자고 제안했다. AD 397년에 그가 죽은 후, 그의 비서가 쓴 그의 전기가 출판되어 암브로시우스의 명성이 빠르게 퍼졌지만, 황제의 궁정이 더 안전한 라벤나로 옮겨가면서 밀라노 교구는 자신이 갖고 있던 특수한 지위를 상실하게 되었다.

금욕주의 성인 시메온

시메온 스틸리테스^{Symeon Stylites}(AD 390년~AD 459년)는 동로마 제국에서 가장 영향력이 큰 성인이었다. 시리아의 여러 수도원에서 10년을 보내는 동안 그의 지나친 금욕주의는 수도원 내에서 우려를 자아냈다. 그 후 그는 텔네신^{Telneshin} 근처의 언덕으로 이주해 작은 동굴 속에서 살았다. 그의 명성이 높아지면서 순례자들이 그에게 관심을 보이자, 시메온은 즉시 한 기둥 꼭대기에 올라갔다가 이어서 그것보다 더 높은 20.4미터 높이의 기둥 꼭대기에 올라가 30년 동안 그곳에서 머물다가 생을 마쳤다. 그의 기도와 저주의 힘은 널리 알려져서 서로마 제국은 물론이고 동로마 제국 국경 밖에서도 방문자들이 찾아왔다. 시메온은 테오도시우스 2세가 법을 준수하는 이교도와 유대인들은 보호해주겠다는 법률을 제정하자 그를 맹렬하게 비난했고, AD 457년에는 레오 황제가 민감한 종교적 문제에 대해 그에게 자문을 구하기도 했다.

AD 459년 9월 2일에 시메온이 죽자, 그의 시신과 유품을 놓고 경쟁이 벌어졌다. 그의 동료들은 현지 마을 주민이나 아랍 유목민이 그의 시신을 훔쳐 자기들의 이익을 위해 사용하지 않을까 우려했다. 안티오크의 대주

● 역사가 에바그리우스Evagrius는 AD 580년대에 동로마 제국의 고위 장성이 시메온의 성유골을 활용하자고 요청했을 때 일어난 사건을 기록했다 (1.13).

"필리피쿠스Philippicus가 귀중한 성유골을 동로마 제국의 군대가 보호해야 한다고 요구했을 때, 나는 그의 성스러운 두개골을 보았다. 그런데 이상한 일은 그의 머리를 덮은 머리카락이 전혀 부패하지 않았다는 것이었다. 마치 그가 다시 살아나기라도 한 것처럼 잘 보존되어 있었다. 그의 이마에 있는 피부는 주름이 가고 쭈그러들었지만, 여전히 완전한 형태를 유지하고 있었고, 이빨도 열렬한 추종자가 억지로 빼낸 것을 제외하면 대부분 그대로 남아 있었다."

교인 마르티리우스Martyrius와 동로마 제국의 고위 장성인 아르다부르Ardabur 는 그의 시신을 안티오크로 가져가기 위해 고트족 병사들과 함께 기둥으로 찾아왔다. 그곳 주민들은 그의 시신이 지진에 대한 일종의 부적이 되어주기를 바랐다. 시메온은 마르티우스가 손으로 그의 턱수염 하나를 뽑으려고 하자 그의 손을 얼려버림으로써 스스로 자신의 몸을 지켰다. 시메온이 허리에 둘렀던 지저분한 가죽 의복은 레오 황제에게 보냈는데, 결국은 보스포루스 해협에서 그의 자리를 계승한 시메온의 영적 자손인 주두 수행자 다니엘의 수중에 들어갔다. AD 480년대에 거대한 수도원 단지가 시메온의 빈 기둥 주변에 있는 칼라트 세만Qalat Seman에 건설되었다. 주요 교회 건물은 동서 길이 100미터, 남북 길이 90미터에 달했다. 이 장소는 아직도 순례자들의 관심이 집중되는 명소로 남아 있다.

동로마 제국 관리 리디아인 요하네스

요하네스Joannes는 AD 490년에 소아시아의 필라델피아Philadelphia에서 태어나 그곳에서 콘스탄티노플로 이주한 뒤 궁정 서기관이 되었다. 철학을 공부한 그는 취직자리를 찾던 중 동향 사람이 AD 511년에 프라이펙투스 프라이토리오로 승진하면서 바로 기회를 잡게 되었다. 그는 반쯤은 공식적인 수임료를 통해 상당한 수입을 챙길 수 있는 고위 관직에 오르게 되었다. 그는 그의 후원자를 위한 찬사를 쓰고 그 대가로 한 줄당 금화 한 닢을 받았다. 요하네스는 라틴어에 대한 해박한 지식을 갖고 있었으나, 당시 동로마 제국에서는 라틴어가 법정 언어였음에도 불구하고 별로 사용하지 않았다. 한동안 그는 관구의 법률 자료들을 준비하느라고 바쁜 와중에도 그의 경력을 위해 왕궁에서도 일했다. 그의 후원자가 공직을 떠나자, 요하네스는 근무 기간이 승진 여부를 결정하는 좀더 정상적인 일을 맡게 되었다.

요하네스의 문학적 재능은 계속해서 주목을 끌었다. 유스티니아누스 황제는 그에게 로마에서 온 귀족 앞에서 낭독할 찬사를 부탁했고, 이어서 AD 530년 다라에서 거둔 로마군의 승리를 포함한 페르시아 전역의 역사를 저술할 것을 지시했다. AD 540년대에 그는 콘스탄티노플 국립대학의 교수가 되었는데, AD 551년과 AD 552년 사이에 40년 4개월에 걸친 공직 생활에서 은퇴할 때까지 이 직책과 관구의 직책을 겸임했다. 그는 관구에 대한 연구도 포함되어 있는 『로마 공화정의 정무관에 대하여De Magistratibus reipublicae Romanae』라는 제목의 저술로 가장 잘 알려져 있는데, 이 책에서 그는 행정 개혁에 대한 자신의 편견과 문학적 재능이나 라틴어 능력과 같은 전통적 자질들의 중요성이 줄어드는 현상에 대해 이야기했다.

동고트 왕국 궁정에서 근무한 로마인 카시오도루스

젊은 플라비우스 마그누스 아우렐리우스 카시오도루스 세나토르^{Flavius} Magnus Aurelius Cassiodorus Senator가 프라이펙투스 프라이토리오인 그의 아버지에 의해 보좌관으로 선택됨으로써, AD 503년부터 AD 507년까지 카시오도루스 가문 3대가 이탈리아에서 로마 제국과 부족 지도자들을 위한 주요 공직에 근무하게 되었다. 그 후 그는 동고트 왕국 라벤나에서 법률 전문가이자 우아한 라틴어로 공식 서간문을 작성하는 공무원으로서 정기적으로 근무했고, 그 과정에서 AD 514년에는 집정관이 되었으며, AD 530년대에는 파트리키우스에 오르는 영광을 누렸다. 심지어 유스티니아누스 황제의 국토 수복이 시작된 뒤에도 그는 프라이펙투스 프라이토리오로서 계속 근무했고, 동고트 군대를 위해 보급체계를 조직했다. 동고트 정권의 붕괴와 함께 그는 종교적 삶에 집착했고, AD 550년에는 콘스탄티노플로 이주했는데, 아마 전쟁의 혼란에 빠진 이탈리아에서 피난을 했던 것으로 보인다. AD 550년대 중엽에 그는 자신의 고향인 칼라브리아^{Calabria}의 스퀼라체^{Squillace}로 돌아와 수도원을 세웠고, AD 580년경 사망할 때까지 그곳에 머물렀다.

그는 왕성한 작가였다. 현재 동고트족에 대한 우리의 지식에 토대가 되는 12권에 달하는 서간집 이외에도 그는 테오도리쿠스와 그의 사위에 대한 찬사를 썼으며, 고트족의 역사를 써달라는 왕의 요청을 수락하여 고트족과 지배자인 아말 가문의 유구한 역사를 쓰고 철학과 종교에 대한 작품도 여러 권 집필했다. 수도원에서는 종교적 이해를 돕는 방편으로서 세속적 학문이 계속 유지될 수 있기를 바랐다. 이를 위해 그는 문법과 어원, 그리고 수사법을 다룬 『교육방법론^{Institutiones divinarum et saecularium litterarum}』을 두 권 편찬했다. 그는 이를 통해 수사들이 필경사로서 자기 역할을 수행할 때 도움을 주고자 했다. 그 외에도 찬송가에 대한 논평과 성경에 대한 책들이 있다. 더불어 그는 다른 저작물들을 의뢰하기도 했는데, AD 4세기와 AD 5세기 주요 그리스 정교회 역사가들의 글을 라틴어로 번역한 것이 바로 그것이다. 그가 세운 수도원은 그의 사후 얼마 가지 못했지만, 그의 저작물은 서유럽의 수도원 제도가 취할 방향과 고전의 보존자로서 수도원의 역할에 깊은 영향을 주었다.

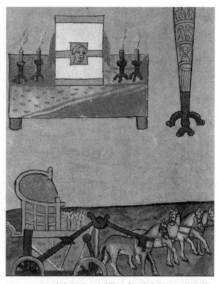

■■■■■ 노티티아 디그니타툼의 한 페이지로, 프라이펙투스 프라이토리오의 직책과 함께 의전용 마차와 잉크 받침대, 촛대, 황제의 임명서가 보인다. (MS Canon Misc. 378, f. 90, Bodleian Library)

벨리사리우스의 아내 안토니나

안토니나Antonina는 AD 484년경에 연예인 가족에서 태어났다. 그녀의 아버지는 콘스탄티노플의 전차운전수였고, 어머니는 배우였다. 그녀는 벨리사리우스와 결혼하기 전에 적어도 한 번 결혼한 전력이 있었다. 두 사람은 벨리사리우스가 미래의 황제 유스티니아누스의 경호원이었던 AD 520년대 초에 결혼한 것으로 보인다. 만약 우리가 역사가 프로코피우스(그는 안토니나를 혐오했다)의 말을 믿는다면, 그녀는 그 전에 이미 몇 명의 정부를 두었고, 그의 대자代子*를 상대로 연애행각을 벌임으로써 벨리사리우

▬▬▬▬▬ 라벤나의 산비탈레 성당의 모자이크. 유스티니아누스 1세의 아내 테오도라와 그녀의 수행원들을 묘사하고 있다. (Ancient Art and Architecture)

스를 배신했다.

벨리사리우스의 승진과 유스티니아누스의 아내인 황후 테오도라(테오도라 역시 연예인 출신이었다)와의 친분관계 덕분에 안토니나는 상당한 영향력을 행사했다. 이후 어느 시점에 그녀는 고귀한 파트리키우스 지위를 하사받았다. 그녀는 벨리사리우스가 서유럽에서 전역을 수행할 때 그를

---

* **대자** 기독교에서 대부나 대모가 세례식 때 입회하여 종교적 가르침을 주기로 약속하는 남자 아이.

따라가서 AD 533년에 원정군이 아프리카로 항해하는 동안 식수 공급을 개선하는 데 도움을 주었고, AD 537년에 로마의 공성전이 진행 중일 때는 벨리사리우스를 대신해 함대와 보급을 조직했다. 추정컨대 그녀는 남편을 압도했던 것 같다. 테오도라를 대신해 AD 537년 실베리우스^{Silverius} 교황을 축출하는 데 힘을 보탰으며, AD 541년에는 유스티니아누스의 전임 재무관인 카파도키아인 요한이 몰락하도록 조장했고, 비길리우스 교황을 설득해 테오도라가 선호하는 신학이론을 지지하게 했다. AD 542년과 AD 543년 사이에 벨리사리우스가 불명예를 당했을 때, 안토니나는 황제의 총애를 회복하기 위해 노력했으며, 이어서 AD 544년에 그가 사령관으로 재임명되자 그와 함께 이탈리아로 갔다. 그녀는 증원을 탄원하기 위해 콘스탄티노플로 돌아왔지만, AD 548년 테오도라가 사망하자 벨리사리우스의 소환을 추진하는 쪽으로 생각을 바꾸었다. 또한 그녀는 테오도라의 손자와 자기 딸 사이의 결혼을 취소하여 황실이 자기 가문의 재산을 취하지 못하게 했다. 그녀는 아마 AD 565년에 사망한 벨리사리우스보다 더 오래 살았을 것이다.

전쟁의 결과
새로운 국경의 형성

제국의 분열

AD 4세기 동안 지속되고 서로 다른 여러 지역의 분쟁이 관련되어 있던 전쟁이 언제 끝났는지를 명확하게 구분한다는 것은 힘든 법이지만, 다음의 세 가지 주요 정황을 로마 말기의 전역들이 초래한 결과의 증거로 봐도 무리는 없을 것이다. 동로마 제국과 북아프리카에서 이슬람계 아랍인들이 완벽한 승리를 거두었고, 발칸 반도에서는 슬라브족이 연속적으로 토지를 넓혀가다가 마침내 식별 가능한 엘리트 지배계층을 배출했으며, 서로마 제국에서는 유스티니아누스의 대규모 국토 회복 노력에도 불구하고 부족 왕국이 입지를 굳혔다.

　동쪽에서 헤라클리우스가 페르시아와 절망적인 투쟁에 발이 묶여 있는 가운데, 아라비아 반도에서는 엄청나게 커다란 의미를 갖는 사건이 전개되고 있었다. 메카Mecca에서 40세의 상인이 천사 가브리엘로부터 신의 메시지를 받았다. 이후 10여 년 동안 무함마드Muhammad는 메카에 머물면서 더 많은 메시지를 받았고, 서서히 숭배자들을 모았다. 하지만 이 정도의 성공을 거둔 그와 지역공동체의 다수를 차지하던 다신교도들 사이에 서서히 긴장이 고조되었다. AD 622년 무함마드와 그의 추종자들은 북쪽 야스리브Yathrib(오늘날의 메디나Medina)로 이동했으며, 이것은 이슬람 시대의 개막을 알리는 사건(헤지라Hegira)이었다.

AD 632년에 무함마드가 죽을 때 메카를 비롯한 아라비아 반도 북부 지역 대부분이 그의 지배하에 있었으며, 아랍인들은 그의 후계자들의 지휘 아래 팔레스타인과 시리아로 밀고 들어갔다. 아랍인들은 AD 633년과 AD 634년에 일련의 제한적인 승리를 거두면서 다마스쿠스에 입성했다. AD 636년에는 헤라클리우스의 동생인 테오도레가 지휘하는 로마의 대규모 반격이 동로마 제국 속주의 거의 모든 군사 자원을 집결시킨 가운데 진행되었지만, 야르무크Yarmuk 강에서 재앙으로 끝이 났다. 로마의 저항력은 붕괴되었고, 이후 몇 년에 걸쳐 팔레스타인과 시리아의 주요 도시들이 항복했다. AD 640년에는 아랍이 로마령 메소포타미아를 점령하고 아르메니아와 킬리키아, 아나톨리아에서 전역을 수행했다. AD 639년에 이집트에 대한 공격이 시작되었고, AD 642년에 이집트 역시 아랍인에게 점령당했다. 10년도 채 지나지 않아서 로마 제국의 모든 풍요로운 지역들이 아랍의 수중에 떨어졌다.

이런 업적에 있어서 가장 놀라운 부분은 (그것의 속도와 완벽한 기습은 별도로 치고) 같은 시기에 아랍 군대가 페르시아 제국을 해체하고 있었다는 데 있다. 분명 사산조 페르시아는 AD 628년 호스로 2세가 폐위된 이후 혼란에 빠져 있었지만, AD 632년에 호스로의 손자인 야즈데게르드 3세가 어느 정도 안정을 가져왔다. 하지만 페르시아군은 이 새로운 도전을 감당할 수 없었다. AD 640년대 초까지 야즈데게르드는 메소포타미아 습지에 있는 왕국의 모든 도시들을 포기하고 이란 북동부로 피신해야만 했다. AD 651년에 야즈데게르드는 이곳에서조차 압박을 당했다. 그가 암살당하자, 사산조 페르시아는 종말을 고했고, 이로써 중동 전역에 대한 이슬람의 통치가 확립되었다.

AD 700년까지 아랍인들은 북아프리카 전역을 로마의 수중에서 빼앗은 뒤, 스페인에서 서고트 왕국의 정벌에 착수했다. 그들이 전진을 계속하지 못한 유일한 지역은 아나톨리아로, 그곳에서는 동로마 제국의 저항이 점점 거세졌다. 아랍인들은 알렉산드리아를 점령한 뒤, 강력한 해군을 건설하여 키프로스를 장악하고 소아시아의 남쪽 해안선과 에게 해의 섬들을 위기에 빠뜨렸다. 지상에서는 반복적인 습격으로 소아시아 내륙의 광대한 지역이 피폐해졌으며, 많은 주요 도시들이 파괴되거나 버려졌다. 침략자들로부터 멀리 벗어나 산악지대에서 피난처를 찾으려는 피난민의 대열이 계속 이어졌고, 동시에 반복적인 재앙은 종교적 신념에도 의문을 품게 만들었다. 하지만 아랍인들은 결국 AD 670년대에 콘스탄티노플에서 결정적으로 저지당했다. 수도의 굳건한 성벽과 로마의 해군(그리스의 불이라는 비밀 무기와 함께)이 도시의 신성한 방어자들의 지원을 받았다(그들 중 동정녀는 그녀의 로브와 거들이라는 유품으로 유명했다). 결국 아랍인들은 후퇴할 수밖에 없었다.

그 다음 세대를 거치면서 로마 제국의 영토에는 새로운 질서가 등장했다. 속주의 거대 도시들을 바탕으로 했던 기존의 체계는 일제히 사라져버리고 마을과 시골의 장터가 전면에 등장했고, 이와 동시에 행정 조직은 국경의 방어를 책임지는 군대 조직을 유지하는 방향으로 바뀌었다. 유일하게 콘스탄티노플만이 살아남아 도시로 인정받았다. 그런 콘스탄티노플조차도 인구가 전성기 시절에 비해 10분의 1로 줄어들었다. 아랍의 승리를 저지하는 데 계속 실패하자, 종교적 변동이 일어났다. AD 8세기의 대부분의 기간 동안 껍데기만 남은 동로마 제국은 그리스도 성상에 대한 숭배가 적절한 것인지를 두고 논쟁을 벌이느라 갈기갈기 찢어졌고, 성상파괴주의자와 함께 황제들은 성상은 우상이라는 이슬람의 관점을 지지했다.

■■■■■ 예루살렘의 바위사원Dome of the Rock은 기독교와 유대교의 심장부에 있는 이슬람의 힘을 상징한다. (Ancient Art and Architecture)

발칸 반도에서 동로마 제국은 비록 그것이 군사적 관점에서 굉장한 것은 아니었지만, 거의 동부 국경에서 경험한 패배만큼이나 치명적인 패배를 경험했다. 우리는 AD 602년에 마르키우스가 죽은 뒤 벌어진 일련의 사건들에 대해서는 자세히 알지 못한다. 당시 발칸 반도의 대부분 지역에서 표면적으로는 로마의 권위가 회복되었다. 포카스와 헤라클리우스 모두 동부 국경 전역을 우선시했기 때문에, 점진적으로 발칸 반도에서 병력이 점진적으로 빠져나갔고, 그로 인해 슬라브족 집단들이 아무런 방해를 받지 않고 사방을 누빌 수 있었다. 아바르족은 간간이 침략을 실시해 슬라브족과 아직 버티고 있는 로마인들에 대한 그들의 권위를 확대해나갔

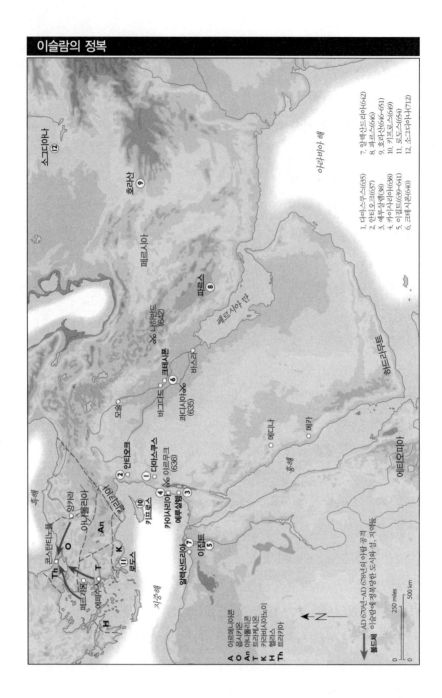

이슬람의 정복

아르메니아론 A
옵시키온 O
아나톨리콘 An
트라케시온 T
카르비시아노이 K
헬라스 H
트라키아 Th

1. 다마스쿠스(635)
2. 안티오크(637)
3. 에루살렘(38)
4. 카이사리아(638)
5. 이집트(639-641)
6. 크테시폰(640)
7. 알렉산드리아(642)
8. 파르스(646)
9. 호라산(646-651)
10. 키프로스(649)
11. 로도스(654)
12. 소그디아나(712)

볼드체 AD 670년~AD 678년대의 아랍 공격 이슬람에 정복당한 도시와 섬, 지역들다. 심지어 그들이 AD 626년 콘스탄티노플 외곽에서 당한 굴욕조차도 일시적 소강상태를 가져다주지 못했다. 아바르 연맹이 해체되자, 소규모 부족 집단들이 출현해 특정 지역을 지배하기 시작했다. 불가르족은 발칸 반도의 북동부를, 크로아티아족과 세르비아족은 북서쪽을 장악했다. AD 7세기 후반이 되면, 콘스탄티노플의 내륙 지역과 테살로니카에 있는 고립 지역, 아테네, 코린토스, 그리고 기타 바다를 통해 접근이 가능한 지역만이 로마의 지배하에 남게 되었다.

서로마 제국의 지역에서 AD 476년에 마지막 로마 황제가 폐위당하면서 일종의 종말을 고했고, 반달족이 아프리카를, 서고트족이 스페인과 갈리아 남부를, 메로빙거 프랑크 왕국이 갈리아 북부를 장악하고, 곧이어 동고트족이 이탈리아에 도달했다. 유스티니아누스의 국토 회복은 시계를 되돌리려는 위협을 제기했지만, AD 6세기 말에 롬바르드족이 이탈리아에 도착함으로써 오히려 로마가 움츠리게 되었고, 스페인에서는 서고트족이 권한을 재천명했다. 서유럽은 동로마 제국의 우선순위에서 발칸 반도보다도 밑으로 처졌기 때문에, 동로마 제국은 그곳에서 일어나는 사건에 영향력을 행사하는 활동은 거의 하지 않았다. AD 578년 티베리우스 황제는 이 사실을 인정하고 그가 즉위할 때 로마의 원로원이 보내온 금을 돌려보내며 그들에게 이 금을 사용해 새로 도착한 롬바르드족을 매수하라고 조언했다. AD 590년대에 로마 제국의 이탈리아 지배는 로마 주위의 다른 지역과 아슬아슬하게 연결되어 있는 북쪽의 라벤나와, 로마로부터 이탈리아의 남쪽 끝과 시칠리아에 있는 좀더 큰 고립 지역에 국한되어 있었다. AD 7세기에는 심지어 콘스탄스 2세가 로마를 방문했음에도 불구하고 로마의 권위가 확실하게 회복되지는 않았다. 동로마 제국에서 확산되고 있는 성상파괴주의에 대한 종교적 적대감과 로마에 존재하지 않는 데다가 성공도 거두지 못하는 황제에 대한 존경심의 부족이 겹치면서 조세에 대한 저항이 로마와 라벤나에 대한 동로마 제국의 통제를 종식시켰다. 로마 제국은 시칠리아와 이탈리아 반도 남부의 일부에서 계속 명맥을 유지했지만, 더 이상 이탈리아 문제에 있어서 중추적인 역할을 하지 못했다.

서유럽의 미래에 가장 중요한 사건이 프랑스에서 발생했다. AD 6세기 초까지 이곳은 대체로 메로빙거 왕조에 의해 통일이 이루어졌다. 메로빙거 왕조는 먼저 프랑스 북부 지역에서 로마의 군벌들을 제압하고, 남부 지역에서 서고트족을 밀어냈다. 이들 승리에 이어서 클로비스Clovis*가 의미심장하게도 다른 게르만족들이 받아들인 아리우스파 기독교가 아니라 로마 가톨릭으로 개종했다. 하지만 가문의 방계 집단이 서로 경쟁을 벌여 그의 왕국이 분할 상속되면서 왕국의 통일성이 붕괴되었다. AD 6세기 동안 클로비스의 후계자들은 여러 기회를 틈타 이탈리아에 개입했고, 로마의 국토 회복 기간에는 양쪽 진영에 가담하기도 했다. 부족의 대동맹을 통해 콘스탄티노플에 도전하는 방안도 고려했고, 게르만 남부 지방을 서

---

* **클로비스** AD 465년?~AD 511년. 프랑크 왕국의 초대 국왕(AD 481년~AD 510년 재위)으로 메로빙거 왕조의 창시자다. 전 프랑크족을 통합하여 프랑크 왕국을 수립했고, 로마 가톨릭으로 개종하여 로마 교황과의 우호관계를 보증했다.

서히 잠식해 들어오는 아바르족에 저항했으며, 왕국의 서로 다른 방계 집단들 사이의 역학적 균형을 무너뜨리려는 콘스탄티노플의 시도를 버텨냈다.

AD 630년대 이후에는 메로빙거 왕조의 지배자들이 거의 아무런 실질적 권력을 발휘하지 못했다. 그들의 권력은 점차 궁재들의 손으로 넘어갔다. 그 중 피핀Pippin 가문이 가장 강력했다. AD 7세기 말에는 사실상 피핀 가문이 메로빙거 가문을 대체하게 되었다. AD 732년에 푸아티에Poitiers에서 이슬람 침입자들을 되돌아가게 만든 것이 바로 피핀 가문의 카를 마르텔Karl Martell*이었다. 이후 그의 손자인 카를 '대제'(샤를마뉴Sharlemagne)가 프랑크 갈리아 왕국을 통일하고 이탈리아의 롬바르드 왕국을 정복했다. AD 800년에 샤를마뉴가 로마를 방문하여 성 베드로 성당Basilica Papale di San Pietro에서 대관식을 올림으로써 이후 신성 로마 제국 탄생하는 계기가 되었다.

---

* **카를 마르텔** AD 688년~AD 741년. 프랑크 왕국의 궁재. AD 719년 이후 통일 프랑크 왕국의 궁재로서 카롤링거가※의 주도권을 잡았다. AD 732년 스페인으로부터 침입해온 아라비아군을 격퇴하여 서유럽 그리스도교 세계를 이슬람 세력으로부터 보호했다. AD 737년 이후부터 왕국의 실권을 장악하여, 이후 그의 아들 소小피핀이 메로빙거 왕조를 몰아내고 카롤링거 왕조를 수립하는 기반을 구축했다.

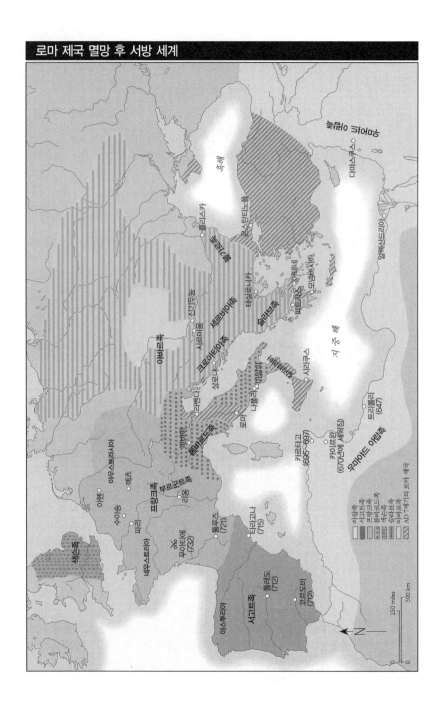

로마 제국 멸망 후 서방 세계

전쟁의 결말과 영향
로마의 유산

로마 제국을 산산조각 낸 AD 4세기의 전쟁은 유럽과 중동, 북아프리카에 새로운 정치 지도가 형성되는 초석을 마련했다. 서로 다른 민족과 문화, 전통을 가진 속주들이 로마의 힘에 의해 점차 변화하고 결국 중앙의 권위를 인정하여 몇 가지 공통적인 특징을 보이던 것과는 달리, 이제는 해체된 세계가 등장했다. 서로 다른 지역에서는 다른 종류의 엘리트 계층이 전면에 부상했고, 그에 따른 결과들은 아직도 세계 지도에 여전히 남아 있다.

로마는 결코 끝나지 않았다. 남아 있던 동로마 제국의 속주들이 계속해서 콘스탄티노플에 있는 황제의 지배를 받았고, 황제는 본인을 비롯해 제국의 신민들을 로마이오이Rhomaioi(로마인)라고 여겼기 때문이다. 적에게 둘러싸인 동로마 제국은 스스로 로마의 정치적 · 종교적 · 문화적 유산의 보호자라고 생각하면서 AD 7세기 말과 AD 8세기 초에 걸친 아랍의 격렬한 압박에도 살아남아서 AD 10세기에는 발칸 반도와 소아시아에서 상당한 수준의 국토 회복을 착수하기 위한 자원을 찾게 되었다. 비록 AD 11세기에 셀주크 투르크족Seljuk Turks의 도착으로 그들의 자원과 힘이 또다시 감소되었지만, 동방의 부에 대한 전설 때문에 바이킹 용병들이 러시아를 거쳐 남으로 여행을 했고, 이어서 두 마음을 품은 4차 십자군이 AD 1204년에 콘스탄티노플을 약탈했다. 하지만 로마라는 국가는 AD 1453년 오스만Osman 제국의 포대가 콘스탄티노플의 로마 방벽을 파괴할 때까지 보스포루스 해협에서 계속 살아남았다.

하지만 중동은 1000년에 걸친 그리스와 로마의 지배가 종식되고 셈족Semitic의 지배에 들어갔다. 확실한 증거는 많은 도시들이 헬레니즘 이전의 지역 명칭으로 돌아갔다는 것이다. 에데사는 우르파Urfa가 되었고, 히에라폴리스Hierapolis는 만비즈Manbij로, 헬리오폴리스Heliopolis는 바알베크Baalbek로, 필라델피아는 암만Amman이 되었다. 예외적인 경우로 알렉산드리아와 안티오크(안타키아Antakya)는 이름이 바뀌지 않았다. 새로운 권력의 무게중심 역시 중요했다. 여러 세기 동안 로마가 당면했던 동방의 경쟁자는 수도를 메소포타미아 습지와 이란 고원에 둔 반면, 새로운 아랍 제국은 지중해 세계 가까이에 터전을 마련했다. 시리아는 우마야드Ummayads 왕조가 지배했고, 이집트는 파티마Fatimids 왕조가 지배했다. 로마가 이전에 상대했던 파르티아나 사산조 페르시아의 적들은 지중해에 들어오는 경우가 거의 없었던 반면, 아랍인들은 여러 곳의 주요 항구들을 점령하고 신속하게 강력한 해군을 건설했다. 지중해는 더 이상 소위 '우리의 바다', 즉 마레 노스트룸mare nostrum이 아니었으며, 이제는 분쟁과 위협의 영역이 되었다.

유럽 북서부에서는 로마의 통제력이 가장 빠르게 약화되었다. 브리타니아 제도에서는 색슨족이 점차 로마계 브리타니아인들을 서쪽 끝으로

■■■■■ 트라프레인의 보물Traprain Treasure. 아직 복원되지 않은 상태다. (National Museum of Scotland)

몰아내고 잉글랜드의 대부분 지역에 그들 나름대로 서로 경쟁하는 왕국들을 수립했다. 이 과정에서 유명한 아더Arthur 왕의 이야기가 창조되었으며, 콘월Cornwall과 브르타뉴Bretagne 사이의 유대가 강화되었다. 그 밖의 사례들은 브리타니아가 대체로 대륙과 별개로 발전했다는 주장을 뒷받침해준다. 프랑스에서는 피핀, 즉 카롤링거 왕조의 지배력이 공고해지면서 로마 제국 이후 최초의 초국가적인 정치적 실체인 신성 로마 제국이 창설되었다. 신성 로마 제국은 종교적 권위의 측면에서 교황을 조종해 동로마 제국에 도전하거나 라틴어와 로마 방식의 경작법을 사용해 로마 제국의 진정한 후계자임을 자처했다.

신성 로마 제국과 동로마 제국 사이에서 경쟁이 벌어진 지역은 발칸 반도로, 이 지역은 이전 로마 제국의 영역 중 가장 오랫동안 혼란 속에 빠져 있던 곳이었다. 대부분의 지역이 슬라브족 집단에 의해 황폐화되었지만, 이들은 자체의 엘리트 지배계층을 만들어내는 데 있어서 더딘 행보를 보였다. AD 8세기에 콘스탄티노플의 힘이 점차 회복되자, 동로마 제국은 그들이 아직도 소유하고 있는 섬들과 해안 고립지대에서부터 그리스 반도와 발칸 반도 남동부로 팽창할 능력이 있다는 사실을 입증해 보였다. 하지만 발칸 반도 북부와 북서부 내륙의 많은 영토는 누가 되었든 현지의 슬라브족과 생존한 모든 로마인들을 지배하는 부족 집단이 다스렸다. 이

■■■■■ 5각형 망루가 있는 앙카라 성벽. (Ancient Art and Architecture)

시기에 부상한 가장 중요한 왕국은 북동부의 불가르 왕국과 북서부의 세
르비아 및 크로아티아 왕국이었다. 이들 각 왕국의 엘리트 지배층은 콘스
탄티노플과 복잡한 관계를 맺으면서 로마의 인정을 받음으로써 얻게 될
(경제적·문화적) 혜택을 갈구하면서도 제국의 황제가 되어 자신들의 지배
자가 될 가능성이 있는 인물에게 너무 의지하는 것을 경계했다. 콘스탄티
노플의 권위는 점점 커지다가 결국 쇠퇴했다. 이 지역의 성격을 가장 잘

● 슬라브족은 테살로니카 공격을 지원하게 만들려고 아바르족을 부추겼
다(Miracles of St Demetrius §197).
"그들은 자기들이 그 주변의 모든 도시와 지역에서 사람들을 몰아냈으며,
그곳만이 홀로 버티며 도나우 강 지역과 판노니아, 다키아, 다르다니아
Dardania, 그리고 나머지 속주와 도시에서 유입되는 모든 피난민들을 수용하
고 있다고 말했다."

묘사한 것은 연방국가라는 말이다. 여기에 속한 나라들은 강력한 유대관계를 인정했지만, 잠재적인 지배자나 피지배자 사이에 경쟁이 존재했고, 이와 동시에 신성 로마 제국과 같이 선택 가능한 지원 대상이 존재했기 때문에 긴장은 더욱 고조되었다.

종교 분열

종교적 충성을 위한 경쟁은 발칸 반도에서 분열을 조장하는 요소 중 하나였다. 로마와 콘스탄티노플이 다른 집단을 개종시키기 위해 경쟁을 벌였기 때문이다. 신앙체계는 로마 말기의 전쟁으로 점철된 시기로부터 우리에게 전해진 주요 유산 중 하나다. 세계적 종교로서 기독교가 등장한 것은 가장 중요한 사건으로 여겨지고 있는데, 왜냐하면 기독교가 전쟁을 통해서 로마 제국 내에서 승리를 거두었기 때문이다. 로마 제국은 기독교의 성격을 구체화하고, 이 세계적 종교가 이에 필적하는 다양한 형태의 다른 종교들 속에서 계속 존재할 수 있도록 보호해주었다.

정통 교리를 정의하기 위한 여러 종파가 투쟁을 벌이다 보니 중요한 집단이 배제되는 상황이 발생했다. AD 4세기에는 아리우스파의 견해(즉, 성자는 성부의 하위 개념이라는 견해)와 다소 연관이 있는 기독교도들이 도나우 강 북쪽의 게르만족들을 개종시켰다. 이 부족들은 AD 380년대 로마 제국 내에서 니케아파가 아리우스파에 최종적으로 승리를 거두었을 때도 별로 영향을 받지 않았다. 그 결과, 이들의 후손이 세운 서고트 왕국이나 반달 왕국, 그리고 동고트 왕국은 모두 아리우스파의 견해를 갖고 있었기 때문에, 가톨릭 교회는 이들을 이단으로 간주했다.

동쪽에서는 AD 420년대에 동정녀 마리아의 지위와 예수 그리스도에게 신성을 부여할 것인지에 대한 논쟁을 통해 네리우스파Nestorian를 이단으로 판정하자 불화가 발생했다. 로마 제국이 네리우스파를 추방하자, 오히려 그들은 사산조 페르시아에서 번성하게 되었다. 페르시아에서는 종파의 지도자인 카톨리쿠스catholicus와 함께 교단이 국가의 정식 교회로 인정을 받았고, 카톨리쿠스의 임명은 보통 왕실의 재가를 받아서 이루어졌다. 네리우스파 선교단은 사산조 페르시아의 외교와 교역 네트워크를 활용해 인도와 중앙아시아, 중국에서 포교에 성공했다. 예수의 본성에 대한 논쟁은 AD 5세기 중엽 동로마 제국에서 그리스도 단성론자Monophysite * 들이 분파해 나가는 사태를 초래했다. 중재를 위한 시도는 실패했는데, 부분적으로는 동로마의 단성론자에게 교리상으로 양보를 하는 행위가 로마와 서로마 교회의 반대에 부딪혔기 때문이고, 부분적으로는 가끔 상대를 협박하는 행태가 벌어지면서 양측의 입장이 더욱 강고해졌기 때문이다. 논쟁을 위한 근거 문서들은 선전을 위한 글로만 넘쳐흘렀고, 그들의 명확한 입장에 대한 내용은 없었다. 이는 관련된 언어들(라틴어와 그리스어, 콥트어Coptic, 시리아어, 아르메니아어) 사이에서 복잡한 논지를 정확하게 번역하는 일이 대단히 어려웠기 때문이다. AD 6세기 중엽에는 별도의 단성론 교단이 등장해 이집트와 시리아, 아르메니아를 장악했다. 아랍이 일대를 정복한 뒤, 그리스정교회, 즉 칼케돈파Chalcedonians ** 가 동로마 제국에서 우위를 점하는 상태에서 새로운 기독교 분파가 나타나는 한편, 네리우스파와 단성론자들은 아랍이 지배하는 지역에서 주요 종교 집단이 되었는

---

* **단성론자** 그리스도교에서 예수 그리스도의 한 인격 안에 두 본성, 곧 신성神性과 인성人性이 있다는 교리를 부인하고 오직 하나의 본성만 존재한다고 가르친 사람 또는 가르침으로써 비난을 받은 사람.
** **칼케돈파** 그리스도는 신성과 인성의 완전한 결합체라는 양성론을 정통으로 하고, 단성론을 이단으로 본다.

● 교회 역사가인 에바그리우스는 교회를 가차 없이 분열시킨 칼케돈파(2개의 본성 속에 존재하는)과 단성론자(2개의 본성에서 출발하는) 사이의 속 좁은 불화를 애통해했다(2.5).

"따라서 시기심 많고 신을 혐오하는 악마가 사악한 음모를 꾸미며 딱 한 단어를 다르게 해석했다. 그 결과, 이들 중 하나를 언급하는 것은 결국 다른 하나를 언급하는 것이나 마찬가지임에도 불구하고, 대부분의 사람들은 둘의 차이가 대단히 크며, 두 견해가 완전히 정반대의 내용이고, 서로를 배척하는 것으로 간주했다. 예수가 2개의 본성으로 존재한다고 공개적으로 고백한 사람들은 예수가 2개의 본성에서 출발했다고 고백하는 것이기 때문에, 그런 점에서 예수가 신성과 인성의 완전한 결합체라고 고백하는 것은 결국 그가 신성과 인성으로부터 구성되었다고 선언하는 것이나 마찬가지다."

데, 이 지역의 한정된 수의 정교회 신자들은 멜키테스Melkites, 즉 황제의 사람들로 불렸다.

로마 제국 내부에서는 로마와 콘스탄티노플이 별개의 종교 중심지로 부각되었다. AD 340년에는 알렉산드리아의 주교인 아타나시우스Athanasius의 유배를 둘러싼 교리상의 의견차이로 인해 거의 내전이 벌어질 뻔했고, AD 5세기 말과 AD 6세기 중엽, 그리고 AD 7세기 대부분의 기간 동안 동로마 제국의 교회가 단성론 문제를 해결하려고 시도했다가 분열을 초래했다. 황제들이 바뀌어도 무엇이 옳은 교리인지를 결정할 권리가 자신에게 있다는 그들의 생각은 바뀌지 않았다. 따라서 황제가 지배하는 지역에서는 대부분 교리에 대한 황제의 의무를 인정해주는 분위기였다. 서로마 제국의 수도로서 로마가 쇠퇴하자, 로마의 교황은 독립성이 강화되어 자신을 기독교 신앙의 진정한 보호자로 생각했고, 동로마 제국의 주교들이 교황에게 결정을 내려달라고 간청하면 그것을 기쁘게 수락했다. 동로마 제국의 황제들은 교황을 복종시키기 위해 기꺼이 무력을 사용할 의사도 있었지만, 그것은 로마가 온전하게 동로마 제국의 통제하에 있을 때나 가능한 일이었다. 그리스 교회와 라틴 교회의 분열은 고대 말에 이미 그 씨앗이 자라고 있었다.

기독교의 승리는 공식적인 차원에서 이교도 신앙을 제거했지만, 그 과정에서 일부의 비난에도 불구하고 수많은 기독교 이전의 관행들이 새로운 종교 속에 포함되었다. 형편이 좋은 도시의 성직자가 되는 것이 부와 권력을 쥐는 지름길이 되면서 기독교가 가진 세속적 권력은 부패를 초래하기도 했다. 그 결과, 기독교의 의미가 퇴색하자, 순수주의자들은 복음에 대한 좀더 진실된 답을 추구하게 되었다. 제국의 여러 부분에서 개인들이 좀더 엄격한 체계를 추구하려고 하면서, 이들 고행자 혹은 '수행자'들은 수도사 집단으로 조직화되었다. AD 4세기에는 이집트와 시리아, 소아시아에서 행동에 대한 계율이 등장하기 시작하여 서서히 서쪽으로 전파되었고, 서로마 제국이 비틀거리고 있을 무렵인 AD 5세기 중엽에는 로마의 종교적·문화적 전통 속에 스며들 정도로 확고하게 자리를 잡았다.

하지만 유대인은 광신적 기독교의 희생양이 되었다. 기독교 등장 이전의 로마 제국에서 유대인들은 보통 괴상하지만 받아들일 수는 있는 집단으로, 그리고 그들의 종교는 오래된 신성한 것으로 간주되었다. 반면, 기독교도들에게 그들은 예수를 살해한 자들이었다. AD 3세기, 기독교가 박해를 당할 때도 황제는 유대인의 종교를 존중하여 제사를 요구하지 않았다. 원칙적으로 유대인들은 제국의 법에 의해 계속 보호를 받았지만, 현실적으로 그 법은 광적인 기독교도 폭도들 앞에서 무용지물이나 다름없었다. 유대교 예배당은 파괴되고, 묘지는 약탈당했으며, 심지어 신도들이 개종을 강요당하기도 했다. 그와 같은 압력은 반발을 초래하여 유대인

■■■■■■ 터키 이스탄불의 성 소피아(하기아 소피아Hagia Sophia) 사원. (Ancient Art and Architecture)

들이 로마 제국의 적에게 협력하는 경우도 있었는데, 가장 악명 높은 사례는 AD 614년 페르시아의 예루살렘 공성전 당시에 발생했다. 유대인에 대한 불신이 더욱 커졌고, 정부의 관용과 그에 따른 입법으로 인해 반유대주의 정서가 더욱 확산되었다.

고대 말기에 전쟁으로 인해 발생한 또 하나의 거대한 종교적 변화는 바로 이슬람교가 무력 정벌을 통해 근동과 북아프리카로 번진 것이었다. 성전, 즉 지하드jihad는 팽창을 자극했고, 초기에 정복된 이라크와 시리아, 이집트의 사회공동체 속에서 특권을 가진 전사 계층은 이슬람교 신자가 아닌 주민들에게 추가적인 세금을 부과함으로써 이슬람교로 개종하도록 강요했다. 아랍이 예루살렘과 팔레스타인을 점령하자, 기독교와 유대교의 성지가 이방인의 수중에 들어가게 되었고, 이로 인해 복수에 대한 열망이 싹트게 되었다. 사산조 페르시아와 로마 제국 사이의 정치적인 동서 경쟁은 이제 강력한 종교적 변수로 인해 더욱 복잡해졌다.

이처럼 정치적으로나 종교적으로 광범위하게 상황이 전개되자, 이어서 사회와 문화에도 상당한 변화가 생겼다. 이때까지 로마 제국의 토대는 도시에 있었다. 도시는 널리 확산되는 정부의 중심지이자, 그 지역의 종교적 거점이며, 현지 엘리트들을 끌어들이는 사회적 자석 역할을 했다. 제국의 번영이 도시 조직의 확산을 초래했던 것과 마찬가지로, 제국의 쇠퇴는 도시의 축소와 감소로 이어졌다. AD 4세기와 AD 5세기를 거치는 동안 북부와 서부의 속주에서 농촌의 부와 도시의 활력이 감소하여, AD 6세기 무렵에는 가장 번성한 도시들이 소아시아와 시리아에 치우치게 되었다. 아랍의 정복으로 인해 여전히 로마의 통제하에 있는 지역에서도 도시 조직들이 약화되었다.

역설적이게도, 도시는 다양한 상업적·사회적·지적 공동체로서 아랍의 지배하에서도 여전히 번영을 이어나갔다. 이와 대조적으로 살아남은 동로마 제국과 서로마 제국 이후의 서유럽에서는 인구가 상당히 감소했는데, 이는 전쟁과 총체적인 사회 불안, 질병이 그 원인이었다. AD 540년대에 흑사병이 지중해를 강타하더니, 이어서 거의 두 세기에 걸쳐 정기적으로 재발했다. 병균을 가진 벼룩들이 번성을 하기 위해서는 숙주들이 어느 정도 밀집되어 있어야 했기 때문에, 인구 중심지는 당연히 가장 심한 피해를 입을 수밖에 없었다. 특히 도시와 군대가 심한 피해를 입었고, 심지어 팔레스타인과 같은 농촌지대(여기에는 소규모 마을들이 빽빽하게 밀집되어 있었다)도 큰 피해를 입었다. 또한 부유한 사람들에게 도시 생활의 의무는 이미 그에 따른 혜택을 초과하고 있었다. 발칸 반도 북부 지역과 같은 일부 지역에서는 노출된 평원 지대에서 로마 시대 이전의 거주자들이 사용했던 언덕 요새로 인구가 수직 이동하는 경향이 발생했다. 다른 곳에서는 도시의 잔류 인구가 교회나 수도원과 같은 일종의 대피소 주변이나 로마 도시의 거대 건축물, 이를 테면, 극장이나 원형경기장의 잔해를 사용해 건설한 요새 안에 모여들었다.

문화적 변화

이렇게 축소된 거주지는 성직자 혹은 소수의 강력한 현지 가문이 지배했
지만, 이들 사회를 안정시키고 그들의 우선순위를 결정해준 것은 바로 교
회였다. 이것은 특히 로마 세계의 엘리트들에게 중요한 신분 상승의 수단
이 되었던 교육 분야에서 분명하게 나타났다. 서유럽에서는 다른 교육 수
단이 사라져버렸기 때문에 수도원은 지식의 보호자가 되었고, 반면 동로
마 제국에서는 콘스탄티노플에 있는 교회 시설이 제국 내에서 고등교육
을 받을 수 있는 최고의 기회를 제공했다.

그 결과, 기존에 배워왔던 교과 과정들은 불가피하게 바뀔 수밖에 없
게 되었는데, 그 우선순위는 전적으로 교회가 결정했다. 문법과 수사학에
서 고전적인 표준 교과 과정의 일부 측면들은 여전히 살아남았는데, 이는
여전히 성직자들이 교리와 계율을 대한 논쟁에 참가해야만 했기 때문이
다. 하지만 AD 4세기 주요 저술가들이 가졌던 고전문학 양식에 대한 폭
넓은 지식은 사라져버렸고, 철학 연구를 통해 자극받던 지적 사색은 중단
되었다. 언어에 대한 지식의 감소는 실질적으로 중요한 문제였다. 비잔틴
이탈리아를 벗어나면 서유럽에서 그리스어를 이해할 수 있는 사람이 거
의 없었고, 동로마 제국에서는 라틴어를 구사할 수 있는 사람이 부족하게
되었다. 지중해 세계의 지적 중심지는 아랍에게 점령당한 지역으로 이전
되었다. 그들은 로마 세계에서 가장 중요한 대학 도시인 알렉산드리아를
지배했다. 다른 도시들은 그곳의 가문들이 고등교육에 필요한 비용을 댈
수 있을 정도로 부유했고, 그리스 학문의 비밀을 풀려는 호기심도 왕성했

■■■■■ 법전을 편찬한 테오도시우스 황제.
테오도시우스 법전Codex Theodosianus의 서고트
왕국 교정본에 있는 권두화. (Ancient Art and
Architecture)

다. 그리스 서적, 특히 의학과 논리학, 철학 서적들이 아라비아어로 번역되어 그에 대한 연구가 이루어졌기 때문에 어떤 경우 스페인에 있는 이슬람 계열의 학교가 연결고리 역할을 하여 서유럽이 이런 지식을 재발견하기도 했다(서유럽은 그리스 원전의 아랍어 번역본을 보고 그것을 라틴어로 중역했다).

고대 학문의 여러 분야 중 법률은 계속 발전했다. AD 430년대에 테오도시우스 2세는 대규모 제국 법전 편찬 작업을 감독했고, 한 세기 뒤에는 유스티니아누스가 법률 조항과 법률 교육을 위한 교과서를 대폭 개정했다. 정비된 법률은 권력을 좀더 효율적으로 행사하는 데 도움이 되었는데, 심지어 법전 한 권을 출판해도 권위가 크게 강화되었다. 주목해야 할 사실은 서유럽에서는 로마 제국 이후에 등장한 국가의 지배자들이 로마법과 게르만법을 나름대로 적절한 비율로 통합해 자기만의 법전을 만드는 것이 이롭다는 것을 알았다는 것이다. 이를 통해 로마법의 주요 원칙들이 중세 서유럽의 왕국으로 확실하게 전달되어 많은 유럽 법률의 토대 역할을 했다.지속적으로 발달한 또 하나의 분야는 외교로, 그것은 현실적인 이유 때문에 더욱 촉진되었다. 로마 제국 초기에는 이웃 국가나 잠재적인 위협에 대해 정보를 체계적으로 수집하고 축적하는 전통이 없었다. 하지만 제국이 점점 더 강한 압력에 시달리게 되면서 이런 현실에 변화가 나타나기 시작했다. 아틸라의 훈족이 동로마 제국을 위협하고 있던 AD 5세기에 콘스탄티노플은 국경의

안정성을 확보하기 위한 노력의 일환으로 사산조 페르시아와 관계를 조절하기 위한 체계를 마련했고, 동시에 다른 이웃에 대한 자세한 정보를 갖고 있는 것이 이롭다는 것을 인식하게 되었다. AD 6세기에도 이런 관행들이 계속 유지되어, 동로마 제국의 지배자들은 순전히 페르시아와 경쟁하기 위해 에티오피아에 있는 악숨^Axum 왕조나 중앙아시아에 있는 투르크족의 지배자에 대한 정보를 수집했다. 동로마 제국은 국력이 계속 약해지면서 자신의 생존을 위해 비군사적인 수단에 더 많이 의존하게 되었기 때문에, 잠재적인 적들을 서로 반목시켜 중간에서 어부지리를 얻는 능력은 '비잔틴' 외교술의 고유한 특징이 되었다.

연표

BC 390 갈리아인들이 로마를 약탈하다.

BC 154 당시 그리스 도시 중 하나였던 마실리아가 갈리아족의 위협에 대처하기 위해 로마에 지원을 요청하다.

BC 122 로마와 아이두이족 사이에 동맹이 체결되다. 로마가 알로브로게스족을 상대로 전쟁에 돌입하다.

BC 121 3만 명의 로마군이 20만 명의 아르베르니족과 알로브로게스족의 연합군을 연거푸 패배시키다. 알로브로게스족이 로마의 영토로 편입되다. 프랑스 남부를 가로지르는 비아 도미티아 도로가 건설되어 이탈리아와 스페인을 연결하다.

BC 118 로마 식민지 나르보가 건설되다.

BC 113~BC 101 게르만 계열의 킴브리족과 튜튼족이 갈리아와 로마를 침략하다.

BC 106 그나이우스 폼페이우스와 마르쿠스 툴리우스 키케로가 출생하다.

BC 105 로마가 이주 중인 게르만족에게 아라우시오Arausio에서 엄청난 패배를 당하다.

BC 104~BC 100 가이우스 마리우스가 다섯 번 연속 집정관에 당선되어 게르만족의 위협에 대처하다.

BC 100 율리우스 카이사르가 탄생하다.

BC 91~BC 89 동맹시 전쟁이 일어나다. 이탈리아 반도의 로마 동맹 도시들의 반란이 확산되고, 많은 손실을 입은 끝에 로마가 간신히 이를 진압하다. 로마 시민권이 확대되어 거의 모든 이탈리아 반도의 도시들이 로마의 시민권을 얻게 되다.

BC 88 마리우스가 루키우스 코르넬리우스 술라로부터 동부 속주에 대한 지휘권을 빼앗으려고 하다. 술라가 자신의 군대와 함께 로마에 입성하여, 그런 행동을 한 최초의 로마군 지휘관이 되다.

BC 187   마리우스가 킨나^{Cinna}와 동맹을 맺어 로마의 권력을 장악하고 반대파를 학살하다. 마리우스가 자연사하다.

BC 83~BC 80   술라가 이탈리아에 상륙하자, 폼페이우스가 그와 합류하다. 술라가 그의 적들을 물리치고 내전에서 승리하다. 술라가 독재관이 되어 범법자 명단을 발표하고 국가 개혁을 추진하며 원로원의 권위를 회복시키려고 하다.

BC 79   술라가 은퇴하다.

BC 78   집정관 중 한 명인 레피두스가 쿠데타를 일으키다. 원로원이 폼페이우스를 이용해 그를 패배시키다.

BC 73~BC 71   스파르타쿠스라는 이름의 탈출 검투사가 반란을 일으켜 대규모 노예군대를 끌어 모으다. 그가 연속적으로 로마 군대를 물리치고 이탈리아의 대부분을 유린하다가 마침내 마르쿠스 리키니우스 크라수스에게 패배당하다.

BC 71   아르베르니족이 적대관계에 있는 아이두이족과의 싸움에 그들의 동맹인 세콰니족을 끌어들이다. 아르베르니족이 게르만 용병을 고용한 세콰니족과 함께 아이두이 족을 패배시키다.

BC 70   폼페이우스와 크라수스가 집정관에 당선되다.

BC 67   폼페이우스가 해적을 퇴치하기 위해 특별 지휘권을 부여받다.

BC 66·BC 62   로마의 부실한 관리로 인해 알로브로게스족이 반란을 일으키다.

BC 66   폼페이우스가 폰투스의 미트리다테스 왕을 상대하기 위해 특별 지휘권을 부여받다.

BC 63   집정관 키케로가 카틸리나의 쿠데타 시도를 좌절시키다.

BC 62   폼페이우스가 동부 속주로부터 귀환하나, 자신의 병사들을 위한 토지의 확보나 그의 동부 정착지에 대한 승인을 받는 데 실패하다.

BC 61   카이사르가 원^瀛스페인 속주 총독이 되다.

BC 61   아이두이족이 로마에 도움을 요청하다. 로마는 지원을 거부하지만, 원로원이 공식적으로 그들에 대한 지지를 선언하다. 헬베티족이 프랑스 서부로 이동하기 위해 준비하다.

BC 60   카이사르가 로마로 돌아오자, 그를 포함해 폼페이우스, 크라수스가 제1차 3두정치를 시작하다.

BC 59 카이사르와 비불루스가 집정관에 당선되다. 카이사르가 임기 5년의 갈리아 키살피나 및 달마티아 총독에 임명되다. 갈리아 트란살피나의 총독이 돌연 사망하자, 그 지역 역시 그의 관할이 되다.

BC 58 클로디우스가 키케로를 강제로 추방하다. 카이사르가 키케로의 총독 직책을 인수하다. 6월 말, 카이사르가 비브락테에서 이주 중이던 헬베티족을 패배시키고 그들에게 고향으로 돌아갈 것을 명령하다. 9월 중순에는 아리오비스투스를 패배시키다.

BC 57 로마에서 심각한 소요사태가 발생하다. 폼페이우스가 소환되어 곡물의 공급을 감독하게 되다. 카이사르가 벨가이족을 상대로 전역을 수행하다. 연말에 갈바가 알프스에서 패배하다.

BC 56 3두정치의 위기가 루카에서 폼페이우스와 크라수스, 카이사르가 만나면서 해소되다. 카이사르의 지휘권이 추가로 5년 더 연장되다. 로마가 해전에서 베네티족의 해군을 패배시키다. 레가투스 사비누스가 노르망디의 부족들을 패배시키다. 레가투스 크라수스가 아퀴타니아(프랑스 남서부)를 정복하다. 벨기에 해안과 라인 강 삼각주에서 메나피족과 모리니족이 로마의 침입을 저지하는 데 성공하다.

BC 55 폼페이우스와 크라수스가 두 번째로 집정관이 되다. 게르만 부족들이 라인 강을 넘었으나 카이사르에게 학살당하다. 로마인들이 라인 강에 다리를 놓다. 로마의 제1차 브리타니아 원정이 실시되다.

BC 54 로마에 심각한 폭동이 발생하다. 율리아가 사망하다. 크라수스가 파르티아를 침공하다. 모리니족이 영국 해협에 출현한 로마의 함대에 겁을 먹고 로마에 항복하다. 갈리아에서는 로마군의 동계 야영지가 공격을 받다. 로마의 제2차 브리타니아 원정이 실시되다.

BC 53 크라수스가 카레에서 파르티아군에게 패배하여 전사하다. 카이사르가 벨가이족 토벌을 지휘하다.

BC 52 밀로의 도당에 의해 클로디우스가 살해당하다. 갈리아에서 반란이 일어나다. 알레시아에서 공성전이 벌어지고, 그 결과 베르킨게토릭스가 로마에 항복하다.

BC 51 원로원에서 카이사르의 지위를 두고 공방이 여러 차례 반복되다. 폼페이우스가 정무관직을 수행하고 속주의 총독에 임명되기까지 5년간의 유예 기간을 두어야 한다는 법률을 통과시키다. 키케로가 킬리키아 총독이 되다. 갈리아에 반란이 일어나다. 반란군이 유셀로두눔에서 포위당했다가 항복하다.

BC 50 쿠리오가 원로원에서 카이사르를 지지하는 활동을 벌이다. 카토를 비롯해 다른 유력한 원로원 의원들이 카이사르가 군대의 지휘권을 포기하지 않은 채 집정관에 출마하지 못하게 만들려고 노력하다. 폼페이우스가 자신의 입장을 명확하게 표명하지 않다. 로마군이 중부 갈리아에서 소규모 전역을 수행하다.

BC 49 호민관들이 로마에서 도주하다. 카이사르가 루비콘 강을 건너자, 내전이 발발하다. 폼페이우스가 이탈리아에서 쫓겨나 자신의 군대와 함께 브룬디시움에서 마케도니아로 항해하다. 카이사르가 스페인에서 아프라니우스와 페트레이우스를 패배시키다. 쿠리오가 아프리카에서 패배한 뒤 전사하다.

BC 48 카이사르가 마케도니아로 건너가다. 디라키움에서 대치 상태가 오래 유지되다가, 결국 카이사르가 후퇴하다. 폼페이우스가 파르살루스에서 전투를 벌였다가 결정적인 패배를 당하다. 폼페이우스가 이집트로 도주했다가 그곳에서 살해당하다. 카이사르가 그를 추격하다가 알렉산드리아에서 포위당하다. 카이사르와 클레오파트라 사이의 관계가 시작되다.

BC 47 카이사르가 증원군의 도착과 함께 포위를 뚫고 이어 이집트군을 물리치다. 연말에 아시아로 이동해 젤라에서 파르나케스 왕을 격파하다. 로마로 돌아와 아프리카에서 스키피오와 카토, 유바 왕이 육성하고 있는 폼페이우스파의 군대에 대한 전역을 준비하다.

BC 46 아프리카의 전쟁이 카이사르가 타프수스에서 승리를 거두면서 끝이 나다. 카토와 유바 왕이 자살하고 스키피오가 익사하다. 카이사르가 로마로 돌아와 승전 축하행사를 벌이고, 가을에 스페인으로 출발하다.

BC 45 스페인 전쟁이 문다에서 카이사르가 승리함으로써 끝이 나다. 폼페이우스의 장남인 라비에누스가 전사하다. 카이사르가 로마로 돌아와 독재관이 되다.

BC 44 카이사르가 대규모 파르티아 원정을 계획하다. 카이사르가 브루투스와 카시우스가 주동한 암살음모에 의해 3월 15일에 암살당하다. 옥타비아누스가 로마에 도착하여 과거 카이사르 밑에서 복무했던 병사들을 대상으로 지지자들을 끌어 모으다. 안토니우스가 갈리아 키살피나의 지휘관이 되다.

BC 43 옥타비아누스가 초기에 원로원의 입장에서 안토니우스와 대립하다가, 연말에 레피두스를 포함한 제2차 3두정치를 출범시키다. 이들이 로마를 장악하고 범법자 명단을 다시 도입해 키케로를 포함한 로마의 유명 인사들에 대한 대규모 숙청을 단행하다.

BC 42 브루투스와 카시우스가 필리피에서 패배하다.

BC 41 안토니우스가 알렉산드리아에서 클레오파트라를 방문하고 두 사람의 관계가 만천하에 공개되다.

BC 40 안토니우스가 옥타비아와 결혼하다.

BC 40~BC 36 안토니우스가 파르티아에서 전쟁을 수행하다.

BC 38 섹스투스 폼페이우스가 해전에서 옥타비아누스에게 승리를 거두다.

BC 37 안토니우스가 공개적으로 클레오파트라와 결혼하다.

BC 36 섹스투스 폼페이우스가 시칠리아 근처의 나울로쿠스에서 패배하다.

BC 32 옥타비아가 공개적으로 안토니우스와 이혼하다. 안토니우스와 옥타비아누스 사이에 공개적으로 내전이 발생하다.

BC 31 옥타비아누스가 악티움에서 안토니우스를 패배시키다. 안토니우스와 클레오파트라가 탈출하지만 곧 자결하다. 옥타비아누스가 명실상부한 로마 세계의 지배자가 되다.

BC 27 옥타비아누스가 아우구스투스라는 이름을 갖게 되며 공화정을 부활시키다. 속주들은 원로원과 아우구스투스가 나누어서 통치하다.

BC 27~BC 24 갈리아와 스페인의 전역이 실시되다.

BC 20 파르티아가 노획한 로마의 군기를 반환하다.

BC 12~BC 9 발칸 반도 전역이 실시되다.

BC 12~AD 6 게르마니아 전역이 실시되다.

AD 6~AD 9 속주의 반란이 진압되다.

AD 9 독일의 토이토부르크 숲에서 '바루스의 재앙'이 벌어지다.

AD 14 아우구스투스가 사망하다. 판노니아와 라인 강에 주둔한 군단들이 반란을 일으키다.

AD 17~AD 24 아프리카에서 벌어진 타크파리나스^{Tacfarinas}의 반란을 진압하기 위한 전역이 실시되다.

AD 40~AD 44 마우레타니아 정벌이 실시되다.

AD 43 클라디우스가 브리타니아 정벌에 나서다.

AD 58~AD 63 파르티아 전역이 실시되다.

AD 61 브리타니아에서 부디카가 반란을 일으키다.

AD 66 유대 지방에서 반란이 일어나다.

AD 68~AD 69 4황제의 해. 네로 황제가 자살한 뒤 내전이 벌어지다.

AD 69 베스파시아누스의 승리로 내전이 종식되다.

AD 70 예루살렘이 점령되고 사원이 파괴되다.

AD 83~AD 97 도나우 강 유역의 다키아족과 라인 강 유역의 카티족에 대한 전역이 실시되다.

AD 98 트라야누스가 황위를 계승하다.

AD 101~AD 106 다키아 전쟁이 일어나다.

AD 106 아라비아가 합병되다.

AD 113~AD 117 파르티아 전역이 실시되다.

AD 115~AD 117 유대인이 반란을 일으키다.

AD 117 하드리아누스가 황위를 계승하다. 동부의 점령지로부터 철수하다.

AD 122~AD 126 브리타니아 북부에 하드리아누스 방벽이 건설되다.

AD 132~AD 135 유다이아에서 바르 코흐바^{Bar Kochva}가 반란을 일으키다.

AD 142 브리타니아 북부에 안토니누스 방벽이 건설되다.

AD 161 마르쿠스 아우렐리우스가 황위를 계승하다. 파르티아가 시리아와 아르메니아를 침공하다.

AD 162~AD 166 루키우스 베루스가 파르티아 전역을 수행하다.

AD 166 게르만족이 도나우 강 상류를 건너다.

AD 167~AD 180 마르쿠스 아우렐리우스가 게르만족과의 전쟁을 실시하다.

AD 180	코모두스가 황위를 계승하다. 콰디족과 마르코마니족을 상대로 평화협정이 체결되다.

AD 192	코모두스 황제가 암살당하다.

AD 192~AD 193	5황제의 시대. 내전이 발발하다.

AD 193	셉티미우스 세베루스가 동방 속주에서 페스케니우스 니게르를 패배시키다.

AD 194~AD 195	세베루스가 파르티아 전역을 수행하다.

AD 197	세베루스가 갈리아에서 클로디우스 알비누스를 패배시키다.

AD 197~AD 200	세베루스가 파르티아를 상대로 추가적인 전역을 수행하다.

AD 208~AD 211	세베루스가 아들인 카라칼라와 게타와 함께 브리타니아 북부에 대한 전역을 수행하다.

AD 211	카라칼라가 황위를 계승하다.

AD 213~AD 214	카라칼라가 도나우 강 지역에 대한 전역을 수행하다.

AD 215~AD 217	카라칼라가 동방에 대한 전역을 수행하다.

AD 217	카라칼라가 암살당하다.

AD 222	세베루스 알렉산데르가 황위를 계승하다.

AD 226	사산 왕조의 아르다시르가 파르티아의 왕조를 붕괴시키다.

AD 231~AD 232	세베루스 알렉산데르가 사산 왕조를 상대로 전역을 수행하다.

AD 234~AD 235	세베루스 알렉산데르가 게르만족을 상대로 전역을 수행하다.

AD 235	병사들에게 세베루스 알렉산데르가 암살당하다.

AD 243~AD 244	고르디아누스 황제가 페르시아의 샤푸르 1세에게 패배당하다.

AD 251	데키우스 황제가 고트족과 전투 중에 전사하다.

AD 260	발레리아누스 황제가 페르시아에 패배해 포로가 되다. 프랑크족이 갈리아에 침입하다. 알레마니족이 이탈리아를 침공하다. 발칸 반도에서 반란이 일어나다.

AD 261~AD 268	팔미라의 오다이나투스가 로마 동부 속주들의 지배권을 장악하다.

AD 262~AD 267 고트족이 소아시아 지역에 침입하다.

AD 271 아우렐리아누스 황제가 다키아로부터 로마인들을 철수시키다.

AD 272 아우렐리아누스 황제가 팔미라 제국을 패배시키다.

AD 275 아우렐리아누스 황제가 암살당하다.

AD 284 디오클레티아누스가 황위를 계승하다.

AD 293 4분통치 시대. 디오클레티아누스 황제가 막시미아누스를 공동 아우구스투스(정제)로, 콘스탄티우스와 갈레리우스를 카이사르(부제)로 임명하다.

AD 305 디오클레티아누스 황제와 막시미아누스 황제가 퇴위하다.

AD 312 콘스탄티누스가 밀비우스 다리 전투 이후 로마를 점령하다.

AD 324 콘스탄티누스가 리키니우스를 패배시키고 유일한 황제의 자리에 오르다.

AD 337 페르시아 전역이 시작되는 순간 콘스탄티누스 황제가 사망하다.

AD 353 콘스탄티우스 2세가 찬탈자 마그넨티우스를 패배시키고 제국을 재통일하다.

AD 355 콘스탄티우스 2세가 율리아누스를 카이사르(부제)에 임명하다.

AD 357 율리아누스가 스트라스부르에서 알레마니족을 패배시키다.

AD 361 콘스탄티우스가 사망하다.

AD 363 율리아누스가 페르시아를 침공하나 도중에 사망하다.

AD 376 고트족이 도나우 강을 건너다.

AD 378 발렌스 황제가 아드리아노플 전투에서 패배하여 전사하다.

AD 382 테오도시우스가 고트족을 발칸 반도에 정착시키고 일종의 연방을 형성하다.

AD 394 테오도시우스가 찬탈자 에우게니우스를 패배시키고 제국을 재통일하다.

AD 395 테오도시우스 황제가 사망하고, 제국이 아르카디우스와 호노리우스에 의해 분할되다.

AD 406	게르만족이 라인 강 국경을 돌파하다.
AD 408	스틸리코가 처형당하다.
AD 410	알라리크가 이끄는 서고트족이 로마를 약탈하다.
AD 418	서고트족이 아퀴타니아에 국가를 건설하다.
AD 429	반달족이 지중해를 건너 아프리카로 이동하다.
AD 445	아틸라가 훈족의 유일한 지도자로 선출되다.
AD 451	아틸라가 갈리아를 침공하나 카탈라우니아 평원(트루아^{Troyes} 인근)에서 패하다.
AD 453	아틸라가 사망하다.
AD 455	반달족이 로마를 약탈하다.
AD 476	오도아케르가 서로마의 마지막 황제 로물루스 아우구스툴루스를 퇴위시키다.
AD 493	테오도리쿠스가 라벤나를 점령하고 오도아케르를 살해하다.
AD 502	카바드가 동부 속주를 침공하여 아미다를 점령하다.
AD 505	동부전선에서 휴전이 이루어지다. 다라의 건설이 시작되다.
AD 507	클로비스가 거느리는 프랑크족이 부이예^{Vouillé}에서 서고트족을 패배시키다.
AD 527	동부에서 전쟁이 재개되다. 유스티니아누스 황제가 즉위하다.
AD 532	페르시아와 항구적인 평화조약이 체결되다.
AD 533	벨리사리우스가 반달 왕국을 패배시키고 아프리카를 수복하다.
AD 540	벨리사리우스가 라벤나에 입성하여 동고트 왕국을 멸망시키다. 호스로 1세가 동부 속주를 공격해 안티오크를 점령하다.
AD 542	흑사병이 발생하다.
AD 546	토틸라가 로마를 재점령하다.
AD 552	나르세스가 부스타 갈로룸^{Busta Gallorum}에서 토틸라를 격파하고 그를 죽이다.
AD 562	페르시아와 50년 화평조약이 체결되다.

AD 568	롬바르드족이 이탈리아를 침공하다.
AD 572	유스티니아누스 2세가 동부전선에서 전쟁을 재개하다.
AD 578~AD 579	아바르족이 발칸 반도 침략을 시작하다.
AD 586~AD 587	슬라브족이 아테네와 코린토스까지 습격하다.
AD 591	페르시아와의 전쟁이 종결되다.
AD 602	발칸 반도의 군대가 반란을 일으켜 마우리키우스를 폐위하다.
AD 610	헤라클리우스가 콘스탄티노플을 점령하고 포카스를 죽이다.
AD 614	페르시아가 예루살렘을 점령하다.
AD 622	무함마드가 메디나로 떠나다(헤지라).
AD 626	아바르족이 페르시아의 지원을 받아 콘스탄티노플을 포위하다.
AD 627	헤라클리우스가 니네베에서 페르시아군을 패배시키다.
AD 632	무함마드가 사망하다.
AD 636	아랍이 야르무크 강에서 로마군을 패배시키다.
AD 638	아랍이 예루살렘을 점령하다.
AD 639	아랍이 이집트를 공격하다.
AD 642	아랍이 알렉산드리아를 점령하다.
AD 651	사산조 페르시아의 마지막 지배자인 야즈데게르드 3세가 사망하다.
AD 661	무아위야$^{Mu'awiyah}$가 다마스쿠스에서 칼리프로 즉위하다.

더 읽어볼 자료

1차 문헌

Ammianus Marcellinus, *The Later Roman Empire A.D. 353-378*, ed. W. Hamilton, 1986.

Appian, *The Civil Wars*, tr. J. Carter, 1996.

Blockley, R.C. (ed.), *The Fragmentary Classicising Historyians of the Later Roman Empire II*, 1985.

_____, *The History of Menander the Guardsman*, 1985.

Caesar, *The Civil War*, tr. J. Gardner, 1967.

_____, *The Conquest of Gaul*, tr. J. Gardener, 1982.

Cassius Dio, *The Roman History: The Reign of Augustus*, ed. I. Scott-Kilvert, 1987.

Cicero, *Selected Letters*, tr. D. R. Shackleton-Bailey, 1986.

Lactantius, D*e Mortibus Persecutorum*, ed. J. L. Creed, 1984.

Nixon, C.E.V., & Rodgers, B.S. (eds.), *In Praise of Later Roman Emperors: The Panegyrici Latini*, 1994.

Plutarch, *Fall of the Republic*, tr. R. Warner, revised, 1972.

_____, *The Makers of Rome*, tr. I. Scott-Kilvert, 1965.

Procopius, *The Secret History*, tr. G.A. Williamson, 1981.

Suetonius, *The Twelve Caesars*, tr. R. Graves, revised, 2003.

2차 문헌

Adcock, F., *The Roman Art of War under the Republic*, 1940.

Bachrach, B.S., *Merovingian Military Organization 481-751*, 1972.

Barnwell, P.S., *Emperor, Prefects & Kings, the Roman West, 395-565*, 1992.

_____, *Kings, Courtiers and Imperium. The Barbarian West, AD 565-725*, 1992.

Bishop, M., & Coulston, J., *Roman Military Equipment*, 1993.

Blockley, R.C., *East Roman Foreign Policy, Formation and Conduct from Diocletian to Anastasius*, 1992.

Le Bohec, Y., *The Imperial Roman Army*, 1994.

Bowersock, G.W., Brown, P., and Grabar O. (eds.), *Late Antiquity, A Guide to the Postclassical World*, 1999.

Brown, P.R.L., *The World of Late Antiquity: From Marcus Aurelius to Muhammad*, 1971.

Browning, R., *The Emperor Julian*, 1975.

Brunt, P., *The Fall of the Roman Republic*, 1988.

Burns, T.S., *A History of the Ostrogoths*, 1984.

Bury, J.B., *History of the Later Roman Empire, from the death of Theodosius I to the death of Justinian*, 1923.

Cameron, A., *Circus Factions, Blues and Greens at Rome and Byzantium*, 1976.

Cameron, A., & Long, J., *Barbarians and Politics at the Court of Arcadius*, 1993.

Cameron, A.M., *Procopius and the Sixth Century*, 1985.

_____, *The Later Roman Empire*, 1993.

_____, *The Mediterranean World in Late Antiquity*, 1993.

Cameron, A.M. (ed.), *The Byzantine and Early Islamic Near East III, States, Resources, Armies*, 1995.

Cameron, A.M., & Garnsey, P. (eds.), *The Cambridge Ancient History XIII AD 337-425*, 1997.

Cameron, A.M., Ward-Perkins, B, & Whitby, L.M. (eds.), *The Cambridge Ancient History XIV AD 425-600*, 2000.

Campbell, J.B., *The Emperor and the Roman Army 31 BC-AD 235*, 1984.

Collins, R., *Early Medieval Spain, Unity in Diversity 400-1000*, 1983.

_____, *Early Medieval Europe, 300-1000*, 1991.

Corcoran, S., *The Empire of the Tetrarchs, Imperial Pronouncements and Government AD 284-324*, 1996.

Cormack, R., *Writing in Gold: Byzantine Society and its Icons*, 1985.

Crump, G., *Ammianus Marcellinus as a Military Historian*, 1975.

Dodgeon, M.H., & Lieu, S.N.C., *The Roman Eastern Frontier and the Persian Wars, AD 226-363*, 1991.

Donner, F., *Early Islamic Conquests*, 1981.

Drinkwater, J., *Roman Gaul*, 1983.

Drinkwater, J., & Elton H. (eds.), *Fifth-century Gaul: a Crisis of Identity?*, 1992.

Dupuy, T., *The Military Life of Julius Caesar*, 1969.

Evans, J.A.S., *The Age of Justinian, the Circumstances of Imperial Power*, 1996.

Ferrill, A., *The Fall of the Roman Empire, the Military Explanation*, 1986.

Feugere, M., *Les armes des Romains*, 1993.

Fowden, G., *Empire to Commonwealth, Consequences of Monotheism in Late Antiquity*, 1993.

Frank, R.I., *Scholae Palatinae: the Palace Guards of the Later Roman Empire*, 1969.

Fuller, J., *Julius Caesar: Man, Soldier and Tyrant*, 1965.

Garnsey, P., & Humfress, C., *The Evolution of the Late Antique World*, 2001.

Gelzer, M., *Caesar, Politician and Statesman*, 1968.

Gilliver, C., *The Roman Art of War*, 1999.

Goffart, W., *Barbarians and Romans AD 418-584: The Techniques of Accommodation*, 1980.

Goldsworthy, A., *The Roman Army at War, 100 BC-AD 200*, 1996.

————, *Roman Warfare*, 2000.

Goudineau, C., *César at la Gaule*, Paris, 1990.

Greatrex, G., *Rome and Persia at War, 502-532*, 1998.

Greatrex, G., & Lieu, S.N.C., *The Roman Eastern Frontier and the Persian Wars II, AD 363-630*, 2002.

Gruen, E.S., *The Last Generation of the Roman Republic*, 1974.

Haldon, J.F., *Recruitment and Conscription in the Byzantine Army c.550-950*, 1979.

————, *Byzantium in the Seventh Century, the Transformation of a Culture*, 1990.

Harries, J., *Sidonius Apollinaris and the Fall of Rome*, 1994.

Heather, P.J., *Goths and Romans 332-489*, 1991.

————, *The Goths*, Oxford, 1996.

Holmes, T. Rice, *Caesar's Conquest of Gaul*, 1911.

Holum, K., *Theodosian Empresses: Women and Imperial Dominion in Late Antiquity*, 1982.

Isaac, B., *The Limits of Empire, The Roman Army in the East*, 1990.

James, E., *The Origins of France: from Clovis to the Capetians 500-1000*, 1983.

————, *The Franks*, 1988.

Jones, A.H.M., *The Later Roman Empire 284-602, A Social, Economic and Administrative Survey*, 1964.

Jones, A.H.M., Martindale, J. R., & Morris, J. (eds.), *The Prosopography of the Later Roman Empire I*, 1971.

Kaegi, W.E., *Byzantine Military Unrest, 471-843: An Interpretation*, 1981.

————, *Byzantium and the Early Islamic Conquests*, 1992.

Keppie, L., *The Making of the Roman Army*, 1984.

King, A.C., *Roman Gaul and Germany*, 1990.

Lee, A.D., *Information and Frontiers, Roman foreign relations in late antiquity*, 1993.

Liebeschuetz, J.H.W.G., *Barbarians and Bishops, Army, Church and State in the Age of Arcadius and John Chrysostom*, 1990.

Luttwak, E.N., *The Grand Strategy of the Roman Empire from the First Century AD to the Third*, 1976.

MacMullen, R., *Soldier and Civilian in the Later Roman Empire*, 1963.

_____, *Corruption and the Decline of Rome*, 1988.

McCormick, M., *Eternal Victory, Triumphal Rulership in Late Antiquity, Byzantium and the Early Medieval West*, 1986.

Mango, C.A., *Byzantium: The Empire of New Rome*, 1980.

Martindale, J.R. (ed.), *The Prosopography of the Later Roman Empire II-III*, 1980, 1992.

Matthews, J.F., *Western Aristocracies and Imperial Court AD 364-425*, 1975.

Meier, C., *Caesar*, tr. D. McLintock, 1995.

Millar, F., *The Roman Near East, 31 BC-AD 337*, 1993.

Moorhead, J., *Theoderic in Italy*, 1992.

Nicasie, M.J., *Twilight of Empire: the Roman Army from the Reign of Diocletian until the Battle of Adrianople*, 1998.

Obolensky, D., *The Byzantine Commonwealth*, 1971.

O'Flynn, J.M., *Generalissimos of the Western Roman Empire*, 1983.

Parker, H., *The Roman Legions*, 1928.

Reddé, M, *L'armée Romaine en Gaule*, 1996.

Rich, J., & Shipley, G., *War and Society in the Roman World*, 1993.

Saddington, D., *The Development of the Roman Auxiliary Forces from Caesar to Vespasian*, 1982.

Seager, R., *Pompey, A Political Biography*, 1979.

Southern, P., & Dixon, K.R., *The Late Roman Army*, 1996.

Syme, I., *The Roman Revolution*, 1939.

Thompson, E.A., *Romans and Barbarians, the decline of the Western Empire*, 1982.

_____, *The Huns*, 1995.

Treadgold, W., *The Byzantine Army*, 1995.

_____, *A History of the Byzantine State and Society*, 1997.

Van Dam, R., *Leadership and Community in Late Antique Gaul*, 1985.

Watson, A., *Aurelian and the Third Century*, 1999.

Welch, K., & Powell, A. (eds), *Julius Caesar as Artful Reporter. The War Commentaries as Political Instruments*, 1998.

Weinstock, S., *Divus Iulius*, 1971.

Whitby, L.M., *The Emperor Maurice and His Historian, Theophylact Simocatta on Persian and Balkan Warfare*, 1988.

Whittaker, C.R., *Frontiers of the Roman Empire, a Social and Economic Study*, 1994.

Whittow, M., *The Making of Orthodox Byzantium, 600-1025*, 1996.

Wickham, C., *Early Medieval Italy, Central Power and Local Society 400-1000*, 1981.

Williams, S., *Diocletian and the Roman Recovery*, 1985.

Williams, S., & Friell, G., *The Rome That Did Not Fall: the survival of the East in the Fifth Century*, 1999.

Wolfram, H., *History of the Goths*, 1988.

Wood, I.N., *The Merovingian Kingdoms, 450-751*, 1994.

Yavetz, Z., *Julius Caesar and his Public Image*, 1983.

찾아보기

KODEF 세계 전쟁사 ❸

로마 전쟁
위대한 정복자 율리우스 카이사르와 그의 유산

개정판 1쇄 인쇄 2020년 12월 21일
개정판 1쇄 발행 2020년 12월 28일

지은이 l 케이트 길리버 · 에이드리언 골즈워디 · 마이클 휘트비
옮긴이 l 김홍래
펴낸이 l 김세영
펴낸곳 l 도서출판 플래닛미디어

주소 l 04029 서울시 마포구 잔다리로71 아내뜨빌딩 502호
전화 l 02-3143-3366
팩스 l 02-3143-3360
등록 l 2005년 9월 12일 제 313-2005-000197호
이메일 l webmaster@planetmedia.co.kr

ISBN 979-11-87822-53-0 03900